Die Reichsgesetze

zum Schutze von

Industrie, Handel und Gewerbe

(Gesetze zum Schutze des
gewerblichen geistigen Eigentums, der Urheberrechte, usw.)

Das Markenschutzgesetz vom 11. Jan. 1876,
Das Patentgesetz vom 7. April 1891,
Das Gesetz betr. den Schutz der Gebrauchsmuster vom 1. Juni 1891,
Das Gesetz zum Schutze der Warenbezeichnungen vom 12. Mai 1894,
Das Gesetz zur Bekämpfung des unlauteren Wettbewerbs vom 1. Juli 1896.

Textausgabe mit Einleitung, erläuternden Anmerkungen,
sowie einem Sachregister.

Ein Handbuch

für Juristen, Gewerbtreibende und Techniker

von

C. Davidson,

Rechtsanwalt in Ortenberg.

Zweite vermehrte Auflage.

Gießen

J. Ricker'sche Verlagsbuchhandlung

1898.

Erklärung der Abkürzungen.

R.H.G. = Entsch. des Reichsoberhandelsgerichts.
R.G.C. = Entsch. des Reichsgerichts in Civilsachen.
R.G.St. = Entsch. des Reichsgerichts in Strafsachen.
(NB. Die röm. Ziffer bezeichnet den Band, die arab. Ziffer die Nummer der betr. Entsch.)
D.H.G.B. = Deutsches Handelsgesetzbuch.
St.G.B. = Strafgesetzbuch.
C.P.O. = Civilprozeßordnung.
St.P.O. = Strafprozeßordnung.
P.Bl. = Patentblatt.
B.f.P.M.u.Z. = Blatt für Patent-, Muster- und Zeichenwesen.
Mot. = Motive zum Gesetz.
Komm.Ber. = Kommissionsbericht des Reichstags.

Zur gefl. Beachtung.

Die erste Auflage dieses Werkes ist 1891 in der Sammlung „Deutscher Reichsgesetze" bei der C. H. Beck'schen Verlagsbuchhandlung (Oscar Beck) in München erschienen.

Inhaltsübersicht.

Vorwort zur I. Auflage.

Ein kurzgefaßter, sich nur auf das zum Verständnis unumgänglich Notwendige beschränkender, zugleich aber auch sämmtliche zum Schutze des gewerblichen geistigen Eigentums erlassenen Gesetze umfassender Kommentar existiert bis jetzt meines Wissens nicht. Nachdem in Folge der von der gesammten Industrie dringend gewünschten und von der Reichsregierung ins Werk gesetzten Revision dieser Gesetze soeben wichtige Novellen zu dem Patent- und Musterschutzgesetz beziehungsw. neue Gesetze erlassen worden sind, welche mit dem 1. Oktober l. J. in Kraft treten werden, habe ich mich um so lieber entschlossen, die sämmtlichen zum Schutze des gewerblichen geistigen Eigentums im deutschen Reiche bestehenden Gesetze (nämlich das Patent-, Muster- und Markenschutzgesetz mit den dazu erlassenen Novellen) mit einer systematischen Einleitung dazu und kurzen Erläuterungen des Textes der einzelnen Gesetze unter Hinzufügung der einschlägigen bemerkenswerten Entscheidungen des Reichsgerichts in Civil- und Strafsachen über die hauptsächlichsten streitigen Fragen auf diesen Gebieten herauszugeben, als ich mich in Folge meiner langjährigen Praxis und vielseitigen Beschäftigung mit den verschiedenen mit dem Schutze des gewerblichen Eigentums zusammenhängenden Rechtsfragen für befähigt halten darf, insbesondere den Interessen der hierbei in erster Linie beteiligten Industrie und Gewerbe zu dienen. Auch meine Teilnahme an den Verhandlungen der Konferenz für den Schutz des gewerblichen Eigentums, die Ende November und Anfang Dezember 1890 in Berlin getagt, hat mir zuletzt noch reiche Gelegenheit geboten, mich mit den Anschauungen und den Wünschen der industriellen Welt in ihren hervorragendsten Vertretern auf diesen verschiedenen Gebieten vertraut zu machen. Ich bin hierdurch in den Stand gesetzt worden, deren Standpunkt nach allen Richtungen hin genau kennen zu lernen. Meinem Plan gemäß biete ich also hiermit eine möglichst populär gehaltene und übersichtliche, alle überflüssigen theoretischen Erörterungen vermeidende, nur die Anforderungen des praktischen Lebens ins Auge fassende Bearbeitung dieses an sich ziemlich spröden und schwierigen Rechtsstoffes dar, die, wenn sie auch in erster Linie für das nicht juristisch gebildete Publikum bestimmt ist doch, wie ich hoffe, auch dem Juristen dienlich und nützlich sein wird.

In der, den eigentlichen Kommentaren der einzelnen Gesetze vorausgeschickten, allgemeinen systematischen Einleitung suche ich nicht nur eine Uebersicht der grundlegenden Hauptprinzipien der verschiedenen Schutzgesetze zu geben, sondern zugleich den inneren Zusammenhang, in welchem dieselben stehen, ins Klare zu setzen und zu zeigen, wie dieselben sämmtlich auf einem Grundgedanken beruhen und daher sehr viele prinzipielle Berührungspunkte haben. Ganz besonders sollen dabei auch die Grenzlinien der verschiedenen Schutzgebiete des gewerblichen geistigen Eigentums gezogen werden, soweit dies ihre Natur erlaubt, und auf die Schwierigkeiten einer strikten Einhaltung derselben und die Irrtümer, die dabei leicht unterlaufen können und zu vermeiden sind, hingewiesen werden.

Es existiert zwar schon eine ganze Anzahl von Einzelkommentaren über diese verschiedenen Gesetze, und sind dieselben, soweit sie nicht durch die jetzt erfolgte Umarbeitung des Patentgesetzes in wesentlichen Teilen veraltet sind, zweifellos sehr gründliche und schätzenswerte Bearbeitungen der einzelnen Schutzgesetze. Nur dürfte nicht zu leugnen sein, daß sie weniger für den Gebrauch des praktischen Geschäftsmannes und Gewerbtreibenden geeignet sind, und daher weniger der speziellen Aufgabe, die ich mir gestellt habe, entsprechen. Das Gesetz zum Schutze der sog. Gebrauchsmuster ist aber eine ganz neue Erscheinung auf diesem Gebiete und bis jetzt überhaupt noch nicht kommentiert worden. Da diese Einzelkommentare für jeden, der sich über spezielle Fragen der betreffenden Schutzgesetze noch näher informieren will, von nicht zu unterschätzender Bedeutung sind, so mögen die wichtigsten nachfolgend zusammengestellt sein:

I. Kommentare über das Patentgesetz vom 25. Mai 1877 (ohne die Novelle vom 8. April 1891):

Klostermann, Pat.-Ges. (Berl. 1877); Dambach, Pat.-Ges. (Berl. 1877); Gareis, Pat.-Ges. (Berl. 1877); Kohler, Deutsch. Patentrecht (Mannh. 1878); Rosenthal, Pat.-Ges. (Erl. 1878); Pieper, Pat.-Ges. (Berl. 1877).

II. Kommentare über das Musterschutzgesetz vom 11. Januar 1876 (die Geschmacksmuster betr.):

Klostermann, Urheberrecht an Mustern u. Modellen nach deutsch. u. internat. Recht (Berl. 1876); Dambach, Musterschutzgesetz v. 11./1. 76 (Berl. 1876); Wächter, Urheberrecht an gewerblichen Mustern und Modellen (Stuttgart 1877); Gareis, Dasselbe (1879).

III. Kommentare über das Markenschutzgesetz vom 30. November 1874:

Landgraf (Stuttgart 1875); Meves (Berl. 1875); Stockheim (München 1875); Endemann (Berl. 1875); Jacobson (Berl. 1884); Kohler (Würzb. 1885).

IV. Bearbeitungen sämmtl. bis dahin erlassener Schutzgesetze:

Daude, Lehrbuch des deutschen litterärischen, künstlerischen und gewerblichen Urheberrechts,

(bietet nicht sowohl einen Kommentar der einzelnen einschlägigen Gesetze, als eine systematische Bearbeitung des darin enthaltenen Rechtsstoffes im allgemeinen).

Die Art und Weise der Behandlung sowie die Anordnung des in den nun vorliegenden vier, zum Schutze des gewerblichen geistigen Eigentums erlassenen Reichsgesetzen enthaltenen Stoffes ergiebt sich von selbst: zunächst die systematische Einleitung, in welcher die allgemeinen und allen gemeinsamen Grundsätze sowie die wesentlichen, unterscheidenden Punkte (die Grenzlinien) entwickelt sind, sodann die einzelnen Gesetze mit den nötigen Erläuterungen ihres Textes und den dahin einschlagenden hauptsächlichsten Entscheidungen des Reichsgerichts in folgender Reihenfolge:

1. das Markenschutzgesetz vom 30. Nov 1874,

2. das Musterschutzgesetz vom 11. Jan. 1876 (die sogen. Geschmacksmuster),

3. das Patentgesetz vom 7. April 1891, das an Stelle des Patentgesetzes vom 25. Mai 1877 getreten ist, nebst einer Uebersicht der wichtigsten gesetzlichen Bestimmungen des Auslandes auf dem Gebiete des Patentschutzes.

4. das Gesetz zum Schutze der Gebrauchsmuster (neu erlassen) vom 1. Juni 1891.

Schließlich folgen noch die zu den 4 Gesetzen ergangenen Ausführungsvorschriften.

Es sei mir gestattet, der Hoffnung Ausdruck zu geben, daß das vorliegende Werk seinen Zweck erfüllen und in den Kreisen der deutschen Industrie und der Technik Anklang finden möge!

Offenbach im Juni 1891.

Der Verfasser.

Vorwort zur II. Auflage.

Der Umstand, daß seit dem Erscheinen der I. Aufl., dieselbe erschien 1891 bei der C. H. Beck'schen Verlags-Buchhandlung in München, auf dem Gebiete der Reichsgesetzgebung zum Schutze des gewerblichen Eigentums eine wesentliche Aenderung eingetreten ist und zwar dadurch, daß das frühere Markenschutzgesetz v. 30. Nov. 1894 durch ein neues, das Reichsgesetz v. 12. Mai 1894 zum Schutze der Warenbezeichnungen, ersetzt worden ist und das Gebiet des gewerblichen Rechtsschutzes auch neuerdings durch das Reichsgesetz v. 1. Juli 1896 zur Bekämpfung des unlauteren Wettbewerbs noch eine zur Ausfüllung einer schwer empfundenen Lücke in diesem Schutzgebiete dienende Erweiterung erfahren hat, und daß in Folge dessen die I. Aufl. einer Umarbeitung und Ergänzung bedürftig geworden ist, hat mir die Veranlassung gegeben, mein vorliegendes Werk nun in einer neuen II. Aufl. erscheinen zu lassen.

Die neue Aufl. ist nicht nur durch Hinzufügung einer Erläuterung der beiden erwähnten, neuen Schutzgesetze (das frühere, außer Kraft getretene Markenschutzgesetz v. 30. Nov. 1874 ist weggefallen), sondern auch durch Nachtragung der gesammten Rechtssprechung des Reichsgerichts, des Patentamtes sowie einiger anderer höheren Gerichte bezüglich der in Frage stehenden Schutzgesetze, welche bis in die neueste Zeit (Sept. 1897) Berücksichtigung erfahren hat, ferner auch durch Ergänzung und Berichtigung des Abschnitts, der die wichtigsten Bestimmungen der Patentgesetze des Auslandes zum Gegenstande hat, erheblich erweitert worden, sodaß die Brauchbarkeit dieses Handbuchs als Nachschlagewerk hierdurch nicht unerheblich erhöht sein dürfte.

Was insbesondere die seit dem Erscheinen der I. Aufl. ergangenen Entscheidungen des Reichsgerichts und Patentamtes auf dem Gebiete des gewerblichen Rechtsschutzes angeht, so sind solche namentlich auf dem Gebiete des Patent- und Gebrauchsmusterschutzes ziemlich zahlreich und bemerkenswert, ebenso auch auf dem Gebiete des Schutzes der Warenbezeichnungen, während das Gesetz zur Bekämpfung des unlauteren Wettbewerbs betreffende Entscheidungen des Reichsgerichts, wenigstens soviel mir bekannt, noch nicht ergangen sind, wohl in Folge der kurzen Geltungszeit dieses Gesetzes.

Auch die Litteratur auf diesen Gebieten ist inzwischen recht fruchtbar gewesen und haben die verschied. Schutzgesetze im Einzelnen (bes. das Gesetz zur Bekämpfung des unlauteren Wettbewerbs) zahlreiche Bearbeitungen erfahren, während eine alle Gesetze zum Schutze des gewerbl. Eigentums umfassende Bearbeitung mir nur in dem bezügl. Werke von P. Schmidt (Berl. 1896/97) bekannt geworden ist, welches aber nach Absicht des Verfassers hauptsächlich für die richterliche Praxis bestimmt ist.

Kommentare zu den einzelnen Schutzgesetzen sind in den letzten Jahren erschienen:

a) zum Patentgesetz vom 7. April 1891 und dem Gesetz vom 1. Juli 1891 zum Schutze der Gebrauchsmuster:

Seligsohn (Berl. 1892); Lieber (Berl. 1892); Robolski (Berl. 1893); Landgraf (Berl. 1893); Berger (Berl. 1893); Mandel (Essen 1897); Weber (Essen 1893); Gentsch (Berl. 1894) u. a. m.

b) zum Gesetz vom 12. Mai 1894 zum Schutze der Warenbezeichnungen:

Kent (Berl. 1897, sehr ausführlich); Landgraf (Stuttg. 1897); Rhenius (Berl. 1897); Gentsch (Berl. 1894); Allfeld (Münch. 1894); Finger (Berl. 1895) u. a. m.

c) zu dem Gesetz vom 1. Juli 1896 zur Bekämpfung des unlauteren Wettbewerbs:

Bachem u. Rören (Leipzig 1896); Fuld (Hann. 1896); Hauß (Berl. 1896); Lobe (Leipzig 1896); Kunreuther (Berl. 1896); Heinze (Leipzig 1896); Österrieth (Berl. 1896); Stephan (Berl. 1896) u. a. m.

Solche Einzelkommentare zu letzterwähntem Gesetz sind bald nach dessen Erscheinen wie Pilze aus der Erde geschossen. Eine Praxis bezw. Rechtssprechung auf dem Gebiete des gewerbl. Rechtsschutzes konnte sich wegen Kürze der Zeit noch nicht bilden und sind insb. Entscheidungen des Reichsgerichts in Bezug auf unlauteren Wettbewerb resp. bezügl. der Anwendung dieses Gesetzes auf konkrete Fälle meines Wissens bis jetzt noch nicht ergangen.

Die günstige Beurteilung und gute Aufnahme, welche die I. Auflage meiner vorliegenden Bearbeitung sämmtlicher Schutzgesetze in allen Kreisen, sowohl industriellen wie juristischen, gefunden hat, lassen mich hoffen, daß auch diese II. wesentlich erweiterte und verbesserte Auflage sich bald zahlreiche Freunde erwerben wird, da ich glaube, damit einem wirklichen und vielseitig empfundenen Bedürfnis abgeholfen zu haben; denn „wer vieles bringt, wird manchem etwas bringen."

Ortenberg (Hessen) im November 1897.

Der Verfasser.

A.

Systematische Einleitung.

Unter gewerblichen, geistigem Eigentum versteht man im Gegensatz zu dem Eigentum an einer körperlichen Sache nach Analogie des litterarischen und künstlerischen geistigen Eigentums das ausschließliche Recht auf Benutzung einer auf gewerblichem Gebiete verwirklichten Idee, eines Erfindungsgedankens, eines durch die eigene geistige schöpferische Thätigkeit hervorgebrachten Industrieerzeugnisses (Musters, Modells 2c.). Es begreift in sich nicht nur die patentfähigen Erfindungen, die gewerblich verwertbar sind, sowie die ebenfalls auf ein gewisses Maß von geistiger Thätigkeit zurückzuführenden sogen. Geschmacks- und Gebrauchsmuster (die sogen. Urheberrechte auf gewerblichem Gebiete), sondern auch das ausschließliche Recht jedes Gewerbtreibenden auf Benutzung eines bestimmten, von ihm erdachten und auf seinen Namen eingetragenen Warenzeichens (Marke im engeren Sinne), nicht weniger auch seines im geschäftlichen Verkehr anerkannten Namens oder seiner Firma sowie der von ihm in diesem Verkehr in Anwendung gebrachten und üblichen sonstigen Waren-Auszeichnungen, Ausstattungen („Aufmachung" nach kaufmännischer Terminologie), ferner auch Geschäfts- und Betriebs-(Fabrik)-Geheimnisse und dergl. jeder Art, überhaupt das ganze Geschäft, alle geschäftlichen Verhältnisse, das geschäftliche Renommee eines Gewerbtreibenden, was alles in gewissem Sinne als dessen gewerbliches geistiges Eigentum oder, wie es auch bezeichnet wird, immaterielles Eigentum betrachtet werden kann.

Der Eigentumsbegriff im juristischen Sinne, der nur das Eigentum an körperlichen Sachen im Auge hat, paßt allerdings nicht vollständig auf diese Dinge und kann nur uneigentlich als übertragener Begriff hier angewandt werden. Letztere dienen hierbei gewissermaßen nur als Substrat des Ersteren und kommen eigentlich mehr nur indirekt in Betracht, als Ausflüsse der Rechtssphäre einer bestimmten Persönlichkeit (Individualrechte). Die Bezeichnung der in Frage stehenden individuellen Rechtsgüter als ein „geistiges Eigentum" wird vielfach beanstandet, jedoch mit Unrecht; wenn auch allerdings dieser Begriff nicht für alle erwähnten Erscheinungsformen völlig zutreffend sein mag, so ist diese Bezeichnung doch auf dem Gebiete des gewerblichen Rechtsschutzes allgemein üblich geworden und kann auch ohne Zwang und ohne die Gefahr, eine Unklarheit in diese Rechtsmaterie hineinzutragen, recht wohl in Anwendung gebracht werden, da jeder, den es angeht, weiß, was darunter zu verstehen ist.

Man kann solche wohl auch (mit Kohler) unter der allgemeinen Bezeichnung „Immaterialgüter" zusammenfassen und verständlich bezeichnen.

Der Rechtsbegriff des geistigen Eigentums auf gewerblichem Gebiete gewissermaßen als Pendant zu dem geistigen Eigentum auf litterarischem u. artistischem Gebiete ist neueren Datums und noch in der Entwickelung begriffen, daher auch noch keine abschließende Erörterung und Feststellung desselben möglich, daher auch keineswegs erforderlich, daß dieser neue Rechtsbegriff in die hergebrachten Schablonen des allgemeinen bürgerlichen Rechts sich einzwängen lassen müßte.

Von dieser Auffassung der fr. immateriellen Rechtsgüter als „geistiges Eigentum" war auch die 1890 in Berlin zur Vorberatung des neuen Patentgesetzes usw. zusammengetretene Conferenz für den Schutz des gewerblichen Eigentums, die aus hervorragend sachverständigen Industriellen und Juristen sich zusammensetzte, ausgegangen, indem dieselbe die Errichtung einer Centralstelle für das gesammte geistige Eigentum auf gewerblichem Gebiete anstrebte und den Marken- Patent- Geschmacks- u. Gebrauchsmusterschutz als 4 Spielarten des geistigen Eigentums auf diesem Gebiete behandelte. Bei den Verhandlungen dieser Conferenz ging man in zutreffender Weise davon aus, daß zwischen diesen verschiedenen Spielarten des gewerblichen geistigen Eigentums ein innerer Zusammenhang vorhanden, daß sie auf einer und derselben rechtlichen Basis beruhen und gewissermaßen eine Continuität zwischen sämmtlichen in Frage stehenden Industrieschutzgesetzen anzunehmen sei. Dies ist nun nicht blos bezüglich der oben erwähnten 4 Arten des gewerblichen Rechtsschutzes der Fall, sondern es muß auch das neu hinzugekommene Gesetz gegen den unlauteren Wettbewerb (concurrence déloyale) hierzu gerechnet werden.

Auf allen diesen verschiedenen Gebieten des gewerblichen Eigentums kann mehr oder weniger von einem unlauteren Wettbewerb die Rede sein, d. h. ein solcher ist sowohl auf dem Gebiete des Patentwesens wie auf dem Gebiete des Schutzes von Mustern, Modellen und Warenbezeichnungen möglich, wie überhaupt diese verschiedenen Gebiete trotz ihrer formellen Abgrenzung in den einschlägigen Schutzgesetzen, vielfach in einander übergreifen, sich wechselseitig ergänzen und im Wesentlichen auf denselben rechtlichen Grundprinzipien beruhen, somit auch eine gemeinsame theoretische Begründung erfordern. Demgemäß war es auch geboten, alle zum Schutz des gewerblichen geistigen Eigentums in seinen verschiedenen Erscheinungsformen erlassenen Gesetze auf diese allen gemeinsame, rechtliche Grundlage zu stellen, soweit thunlich gleichförmig zu gestalten und nur den durch die spezielle Natur der einzelnen schutzbedürftigen Gegenstände des gewerblichen Eigentums bedingten Abweichungen Raum zu geben.

Die Idee, daß auch ein besonderer Rechtsschutz für neu geschaffene Produkte menschlicher Erwerbsthätigkeit, d. h. des Gewerbfleißes vonnöten sei, daß auch der Gewerbtreibende jeder Art in dem ausschließlichen Genusse der wohlverdienten Früchte seiner industriellen Thätigkeit und Betriebsamkeit, seiner schöpferischen Gedanken, die sich als Resultat seiner eignen technischen Geschicklichkeit, Findigkeit und Intelligenz ergeben haben, geschützt zu werden verdient, nicht allein im Interesse des betreffenden Urhebers, d. h. der beteiligten Industriellen und Gewerbtreibenden, sondern auch aus Gründen des öffentlichen Wohls, hat sich im Laufe der Zeit nur sehr langsam entwickelt, war vor Dezennien wenigstens bei uns in Deutschland noch in sehr beschränktem Maße anerkannt und ist erst in neuerer Zeit namentlich infolge der bedeutsamen Entwickelung und des Aufblühens von Handel und Gewerbe zum Durchbruch gekommen.

Dieser Rechtsgrundsatz bezüglich des Schutzes des gewerblichen geistigen Eigentums hat sich nun in fast allen zivilisierten Staaten auch in der Gesetzgebung die ihm gebührende Anerkennung verschafft und werden die Urheberrechte auf gewerblichem Gebiete jeder Art fast überall mit gesetzlichem Schutz gegen fremde rechtswidrige Ausbeutung versehen.

Der Rechtsbegriff eines „geistigen Eigentums“ verdankt wie auf dem Gebiete der litterarischen und künstlerischen Produktion, so auch auf dem der industriellen und gewerblichen Thätigkeit seine Entstehung erst den Fortschritten auf diesem Gebiete, den gesteigerten Bedürfnissen des menschlichen Lebens, überhaupt der ganzen kulturellen Entwickelung der neueren Zeit, er hat sich erst seit Ende des vorigen und Anfang dieses Jahrhunderts bis zu seiner jetzigen Bedeutung allmählich entwickelt von unvollkommenen und unklaren Anfängen an. Mit Anerkennung der völligen Freiheit der menschlichen Thätigkeit auf den mannigfachen Gebieten des Erwerbslebens, mit Beseitigung der mittelalterlichen Beschränkungen in dieser Beziehung, insbesondere der Zünfte und Innungen, mit der immer größeren Wertschätzung der Leistungen des Gewerbfleißes erstarkte zugleich je länger je mehr die rechtliche Ueberzeugung von der Schutzwürdigkeit und -Bedürftigkeit aller neuen oder verbesserten Erzeugnisse der gewerblichen Thätigkeit auf allen Gebieten des menschlichen Lebens, nicht nur im Interesse des Urhebers, sondern auch der Allgemeinheit, so daß heutzutage die vollständige gesetzliche Gewährleistung aller gewerblichen Urheberrechte, sei es, daß sie die größte Erfindung oder das kleinste und unbedeutendste Muster zum Gegenstande haben, als eine ganz selbstverständliche Sache betrachtet wird und jeder Eingriff in dergleichen Urheberrechte (d. h. das gewerbliche geistige Eigentum) nicht allein strafrechtlich verfolgt werden kann, sondern auch schadenersatzpflichtig macht.

Dem war in früheren Zeiten und in Deutschland noch bis vor etwa 25 Jahren nicht so. Ein Rechtsschutz für das geistige Eigentum auf gewerblichem Gebiete wurde früher ebensowenig anerkannt und gewährt, wie für das auf dem Felde der Litteratur und bildenden Kunst, auf letzterem wenigstens nur in beschränktem Maße und nicht als Ausfluß eines persönlichen, durch eigne Bethätigung wohlerworbenen Rechtsanspruchs, sondern nur vermöge eines von obrigkeitswegen, d. h. von der jeweiligen Staatsgewalt verliehenen Privilegiums, also eine Garantie für die ungestörte Ausübung und Nutzbarmachung der geistigen Thätigkeit und Leistungsfähigkeit nicht nach Recht, sondern nach Willkür (d. h. Erteilung eines ausschließlichen Privilegiums als eines Gnadenakts). Konnte doch noch zu den Zeiten des deutschen Bundes Schutz litterarischer Erzeugnisse gegen unbefugten Nachdruck also gegen geistigen Diebstahl im wahren Sinne des Wortes nur vermittelst eines solchen, vom hohen deutschen Bundestag allergnädigst verliehenen schützenden

Privilegiums erlangt werden, während ohne solches dieselben damals noch einfach vogelfrei und dem litterarischen Piratentum preisgegeben waren.

Um wieviel mehr war dies bei allen Erzeugnissen auf den Gebieten der Industrie und der Gewerbe der Fall. Die Letzteren sind im deutschen Reiche bekanntlich erst durch die Reichsgesetze über Markenschutz (1874), Musterschutz (1876) und Patentschutz (1877 u. 1891) eines wirksamen Schutzes teilhaftig geworden, während vor Errichtung des deutschen Reiches in den einzelnen Ländern des deutschen Bundes nur sehr mangelhafte Bestimmungen bezüglich des Patentschutzes bestanden, die sich auf einen Vertrag zwischen den früher zum deutschen Zollverein gehörigen Staaten gründeten. In früherer Zeit (schon im 17. und 18. Jahrhundert) hat man in Deutschland, besonders in Rheinland und Westphalen, in beschränktem Maße einen Markenschutz (nämlich die Fabrikzeichen der Eisen- und Stahlwaren-Industrie) gekannt.

Von allen Industriestaaten (Kulturländern) hat zuerst England für einen derartigen Schutz der gewerblichen Erfindungen gesorgt durch eine schon im Jahre 1626 erlassene Parlamentsakte. In Frankreich war derselbe eine von den wohlthätigen Errungenschaften der großen Revolution, indem dort erst durch ein Gesetz vom Jahre 1793 der Schutz der gewerblichen Erfindungen, später auch der gewerblichen Muster und Modelle gewährleistet und geregelt und auf diese Weise die Freiheit der Bewegung und der Unternehmungsgeist auf gewerblichem Gebiete entfesselt wurde.

Es ist eine anerkannte und nirgends mehr angezweifelte Thatsache, daß der großartige Aufschwung der Industrie und der Gewerbe und folgeweise auch des Handels in diesen Ländern von der Zeit des Erlasses dieser überaus wohlthätig und belebend wirkenden Schutzgesetze an datiert, daß alle Staaten, solange sie solcher gesetzlicher Maßnahmen zum Schutze der Urheber= und bezw. Erfinderrechte entbehrten, in der Entwickelung aller gewerblichen Unternehmungen zurückgeblieben sind und daß infolge dieser Erkenntnis fast alle Kulturstaaten im Laufe der Zeit dem Beispiel von England und Frankreich gefolgt und ebenfalls Gesetze zum Schutze des gewerblichen geistigen Eigentums jeder Art erlassen haben.

Während in früheren Zeiten, wie oben bemerkt, dieser Schutz nur im Wege der Verleihung eines besonderen Monopols oder Privilegiums von seiten der Staatsgewalt, gewissermaßen wie ein Gnadenakt, erlangt werden konnte, solcher also rein von der Willkür der betreffenden staatlichen Organe abhing und daher nur von einem auf diese Weise besonders verliehenen, von der Staatsgewalt abgeleiteten Rechte die Rede sein konnte, geht jetzt die allgemeine Rechtsüberzeugung dahin, daß jeder Gewerbtreibende, wie überhaupt jeder Mensch, ein ursprüngliches, angeborenes (nicht abgeleitetes) Recht habe, die Früchte seiner gewerblichen Thätigkeit, wie überhaupt jeder Arbeit, sei sie eine körperliche oder geistige, ausschließlich zu genießen, d. h. über die Produkte seiner geistigen wie körperlichen Thätigkeit allein und nach freiem Ermessen verfügen und jeden Dritten von allen Eingriffen in diese seine persönliche Rechtssphäre, auch in sein geistiges Eigentum, kraft eignen Rechts nicht aber nur kraft eines staatlichen, besonders verliehenen Privilegiums ausschließen zu dürfen.

Wenn nun auch die Tendenz und die Hauptprinzipien der zum Schutze des geistigen Eigentums in diesem Sinne in den verschiedenen Ländern bestehenden Gesetze ganz die gleichen sind, so bestehen doch in Ansehung der Methode namentlich bezüglich der Ausführung dieser besonderen Schutzmaßregeln durchgreifende Verschiedenheiten in den einzelnen Ländern, wie sich später bei der Uebersicht über die in den verschiedenen Staaten bezüglich dieser Materie geltenden Rechtsgrundsätze zeigen wird. Dies gilt namentlich von dem Schutzerteilungsverfahren (d. h. der

Art und Weise wie die Urheberrechte und das gewerbliche geistige Eigentum gesetzlich fixiert wird), in welcher Beziehung große Mannigfaltigkeit besteht, nämlich einerseits das reine Anmelde= und Registrierungsverfahren, andererseits das Aufgebotsverfahren und das noch weitergehende Vorprüfungsverfahren. Diese verschiedenen Schutzerteilungssysteme herrschen in den verschiedenen Staaten, teils rein, teils in kombinierter Weise (was die beiden Letzteren betrifft) und bewegen sich von dem einen Extrem des reinen Anmeldeverfahrens, das z. B. in Frankreich gilt, bis zu dem anderen des mit dem Aufgebot kombinierten sachlichen Vorprüfungsverfahren, das man bei uns in Deutschland gewählt hat und das auch das neue Reichsgesetz über den Patentschutz noch beibehalten, d. h. aus dem alten Gesetz vom 25. März 1876 herübergenommen hat. Darüber, welches dieser Schutzerteilungssysteme den Vorzug verdient und den Interessen der dabei beteiligten Industrie am meisten entspricht, sind zur Zeit die Gelehrten sowohl wie auch die Praktiker noch sehr verschiedener Meinung und herrscht gerade über diese, allerdings einen Kardinalpunkt betreffende, Frage noch großer Streit.

Die Neuheit dieser Rechtsinstitute, die Schwierigkeit ihrer rechtlichen Konstruktion und Begründung bringt es mit sich, daß sich die Ansichten darüber, welcher Modus für die Schutzerteilung der beste und zweckentsprechendste sei, noch nicht gehörig zu klären vermochten, auch fehlt es noch an der, für eine völlig zutreffende Wahl zwischen diesen grundverschiedenen Systemen erforderlichen Summe vielseitiger Erfahrungen und einer genügenden Erprobung derselben.

Vom prinzipiellen Standpunkte aus betrachtet, d. h. wenn man die verschiedenen Urheberrechte auf gewerblichem Gebiete überhaupt als persönliche, selbsterworbene (nicht als von der staatlichen Autorität abgeleitete) Rechte auffassen muß und die bei deren Fixierung von seiten der Staatsgewalt entwickelte

Thätigkeit (ähnlich wie die bei der Erwerbung von Grundeigentum) nur für eine konfirmierende und nicht für eine konstituierende ansehen kann, verdient auch das reine Aufgebotsverfahren mit nur formeller Vorprüfung, wie mir scheinen will, den Vorzug vor den anderen Systemen.

Das Aufgebotsverfahren mit Ausschluß einer materiellen Vorprüfung wird in industriellen Kreisen vielfach als das allein richtige System des Schutzerteilungsverfahrens betrachtet und nicht nur für das Patentwesen, sondern auch für die übrigen Schutzgebiete des gewerblichen Eigentums (den Marken- und Musterschutz) angestrebt.

In dem neuen Patentgesetz haben die gesetzgebenden Faktoren des deutschen Reiches aber aus Gründen, deren Gewicht sich nicht verkennen läßt, zur Zeit neben dem formellen auch noch das materielle Vorprüfungsverfahren kombiniert mit einem verbesserten Aufgebotsverfahren beibehalten, während man andererseits bei dem Marken- und Musterschutz von dem reinen Anmelde- und Registrierungsverfahren noch nicht abgegangen ist, d. h. eine Aenderung des Schutzerteilungsverfahrens noch nicht für angezeigt gehalten hat.

Es finden sich also in unsrer Gesetzgebung zur Zeit auf diesen Gebieten noch die beiden entgegengesetzten Systeme für die Schutzerteilung vertreten. Wenn schon ein einheitlicheres bezw. gleichmäßiges Verfahren in dieser Beziehung auch wohl wünschenswert wäre, so fehlt es jetzt noch an hinreichenden Erfahrungen und Erprobungen der verschiedenen Systeme, um definitiv ein einheitliches Schutzsystem für alle Gegenstände des gewerblichen geistigen Eigentums zu adoptieren.

Ein wesentliches Moment, in dem sich das geistige Eigentum an den hier in Frage stehenden immateriellen Gütern von dem Eigentum an körperlichen Sachen unterscheidet, ist die zeitliche Beschränkung der verschiedenen Urheberrechte an Erfindungen, Geschmacks- und Gebrauchs-Mustern, welche in ihrem Wesen begründet ist. Solche immaterielle Güter werden nämlich, sobald sie einige Zeit in Verkehr gebracht und allgemein zugänglich gemacht worden sind, nach und nach zum Gemeingut aller, entziehen sich auf diese Weise von selbst dem Herrschaftsgebiete des Urhebers und werden die Grundlagen zu weiteren Fortschritten auf den betreffenden gewerblichen Gebieten, denen sie angehören. Auch das konkurrierende öffentliche Interesse erfordert diese zeitliche Beschränkung der fraglichen Ausschließungsrechte, um einer Stagnation in der stetig fortschreitenden Entwickelung von Industrie, Handel und Gewerbe durch allzu ausgedehnte Monopolisierungen vorzubeugen.

Von einer Ausschließlichkeit des Benutzungsrechtes derselben für ewige Zeiten kann somit keine Rede sein und das Recht auf exclusive Benutzung und Ausbeute kann nur solange währen, als die wirtschaftliche Natur der Sache einerseits und das allgemeine Interesse andererseits dies gestattet; denn auch hier greift der allgemeine Grundsatz Platz, daß das Recht die Aufgabe hat, bei dem Güteraustausch jedem denjenigen Anteil an den Früchten der gemeinsamen Erwerbsthätigkeit zu sichern, welcher seiner eigenen Arbeitsleistung entspricht, ohne dabei zum Hemmnis für die Erwerbsthätigkeit anderer Mitarbeiter auf den nämlichen Gebieten zu werden.

Die hervorgehobene prinzipielle Gleichartigkeit aller Objekte des sogen. gewerblichen geistigen Eigentums ist bei den Produkten gewerblicher Erfindungen, den gewerblichen Mustern und Modellen (Geschmacks- wie Gebrauchsmuster) leicht erkennbar, nur bei den Marken und Warenzeichen liegt die Sache nicht so klar und einfach, wie bei den übrigen Gegenständen des gewerblichen Eigentums. Doch gehört ohne Zweifel auch die Fabrik- oder Handelsmarke in diese Kategorie des gewerblichen Eigentums im weiteren Sinne des Wortes und genießt von diesem Gesichtspunkte aus ebenfalls den gleichen gesetzlichen Schutz; denn auch bei der Marke ist der Grund für das daran bestehende gewerbliche Eigentum (als eines quasi-dinglichen Rechts) ebenfalls nur die eigene schöpferische Thätigkeit des betreffenden Inhabers, eine Frucht seiner Arbeiten und Leistungen auf industriellem Gebiete, wenn auch bei ihr von einem Urheberrechte in dem Sinne, wie bei Erfindungen und gewerblichen Mustern, keine Rede sein kann.

Mit dem Schutze der Marke oder des Warenzeichens wird indirekt das damit bezeichnete Industrieerzeugnis geschützt; es dient dieselbe ja nur zur Kennzeichnung der besonderen Qualität und Herkunft der damit bezeichneten Ware und erscheint als ein symbolisches Zeichen für die Identität einer bestimmten Warengattung d. h. dafür, daß diese Ware in ihrer allgemein bekannten besonderen Beschaffenheit und Güte in Wirklichkeit nur von dem betreffenden Fabrikanten oder Gewerbtreibenden, der im rechtlich anerkannten Besitze der darauf befindlichen Marke ist, hergestellt worden sei, sodaß das mit der Marke vertraute kaufende Publikum nach bloßer Ansicht derselben, auch ohne nähere Untersuchung und Prüfung der damit ausgestatteten Ware, sich von deren Qualität und Herkunft versichert halten kann.

Die Marke ist also gewissermaßen nur das Medium, dessen man sich bei dem Warenverkehr zwischen den betreffenden Produzenten und den Konsumenten zu bedienen pflegt der Kürze und Sicherheit halber, um diesen Verkehr zu erleichtern und um den Konsumenten diejenigen Waren, welche von ihnen wegen ihrer besonderen Vorzüge geschätzt und daher verlangt werden, die überhaupt beim Publikum gut eingeführt sind infolge der hervorragenden Leistungsfähigkeit der betreffenden Fabrikanten, mit einiger Sicherheit zuführen zu können.

Hiernach ist die Marke nur Mittel zur Erreichung des bezeichneten Zwecks und soll der durch ihre Registrierung erwirkte gesetzliche Schutz derselben gegen jede Nachahmung sich indirekt nur auf die damit bezeichnete Ware beziehen, nur diese, als ein Produkt der gewerblichen schöpferischen Thätigkeit des Inhabers, damit geschützt werden. Es steht somit auch hierbei im Grunde nur der Schutz eines Objekts des gewerblichen geistigen Eigentums in Frage, welches sich in der bei Herstellung der betreffenden Ware bethätigten Leistungsfähigkeit und Tüchtigkeit darstellt, wobei mehr der allgemeine Charakter der unter einer bestimmten Marke in Verkehr gebrachten Ware, wie spezielle Eigenschaften derselben in Betracht kommen, zum Unterschied von den gewerblichen Mustern und Modellen, die nur auf Grund ganz bestimmter Merkmale resp. Eigenschaften, vollständig individualisirt, als solche wegen ihrer geschmackvollen Gestaltung oder ihrer ganz besonderen Gebrauchsfähigkeit geschützt werden können.

Man kann daher den Markenschutz auch als ein Korrelat des Musterschutzes ansehen, wie der neu eingeführte Gebrauchsmusterschutz ein Korrelat des Patentschutzes sein soll, beide haben denselben Zweck und erzielen denselben Erfolg, nur auf verschiedenen Wegen.

Gewöhnliche Gebrauchsartikel d. h. alle Waren gewöhnlicher Art, die für den Konsum bestimmt sind, können wegen ihrer äußerlich ganz gleichen Erscheinung oder Aehnlichkeit mit anderen Waren derselben Gattung von diesen in Ansehung ihrer inneren Vorzüge, die äußerlich nicht sofort erkennbar sind, in der Regel gar nicht anders als durch Beifügung der Firma des betreffenden Fabrikanten oder eines anderen äußeren, die Firma vertretenden Zeichens unterschieden werden.

Wie die Firma oder der Name eines Gewerbtreibenden sein unantastbares für seinen Geschäftsbetrieb bedeutungsvolles immaterielles Besitztum ist, so auch die Marke, die sich als eine abgekürzte, symbolische Kennzeichnung der Firma oder des Namens dessen, der sie auf rechtmäßige Weise erworben hat darstellt, beide repräsentieren gleichermaßen nur das Geschäft des Inhabers derselben und ist dieser daher zu deren ausschließlichem Gebrauch berechtigt.

Die Marke ist aber nicht für sich allein, sondern nur in ihrer Verbindung mit der betreffenden Ware, für die sie speziell bestimmt ist, also nur bedingungsweise als schutzfähiges Objekt zu betrachten.

Die Gesetzgebung des deutschen Reichs hat denn nun auch, nachdem hierzu in den Jahren 1874, 1876 und 1877 mit den Gesetzen zum Schutze der Marken (Warenzeichen), Geschmacksmuster und Erfindungen die ersten Schritte zu einer Kodifikation dieser allmählich ins Leben eingeführten Rechtsgrundsätze für das ganze Reich geschahen, im Laufe des letzten Decenniums in sehr umfassender und für einen längeren Zeitraum hinreichender Weise für den Rechtsschutz des gewerblichen geistigen Eigentums in allen seinen Erscheinungsformen Fürsorge getroffen; bei der Formulirung der diesbezüglichen Gesetze den gerechtfertigten Wünschen der Industrie und des Gewerbes, wenn auch nicht in allen Stücken so doch nach Möglichkeit Rechnung getragen, so daß man mit Fug und Recht sagen kann, es ist auch auf diesem, seit Jahren lebhaft erörterten, viel umstrittenen, für die Entwickelung der einheimischen Industrie so hochbedeutsamen Gebiete des gewerblichen Rechtsschutzes (wie auch auf anderen Lebensgebieten) von der Legislatur des deutschen Reichs ein großes Werk geschaffen worden, was auch schon, beiläufig gesagt, andere Länder z. B. Oesterreich-Ungarn, deren neue Gesetze zum Schutze von Erfindungen und Gebrauchsmustern in den wesentlichen Grundsätzen mit den entsprechenden Gesetzen des deutschen Reichs übereinstimmen, zur Nachfolge angeeifert hat.

Die solchermaßen für das deutsche Reich erlassenen Gesetze zum Schutze des geistigen Eigentums auf gewerblichem Gebiete sind nun in chronologischer Ordnung folgende:

1. Das Gesetz vom 11. Januar 1876, betr. das Urheberrecht an Mustern und Modellen (sog. Geschmacksmuster);

2. das Patentgesetz vom 7. April 1891 (Schutz von Erfindungen betr.), das an Stelle des Patentgesetzes vom 25. Mai 1877 getreten ist;

3. das Gesetz vom 1. Juni 1891, betr. den Schutz der Gebrauchsmuster;

4. das Gesetz vom 12. Mai 1894 zum Schutz der Warenbezeichnungen, das an Stelle des Gesetzes vom 30. Nov. 1874, den Markenschutz betr., getreten, und endlich

5. das Gesetz vom 1. Juli 1896 zur Bekämpfung des unlauteren Wettbewerbs.

Von diesen Gesetzen haben die 3 erstgenannten die sogen. Urheberrechte an gewerblichen Mustern, Modellen und Erfindungen zum Gegenstande; bei ihnen kann von einem geistigen Eigentum im engeren Sinn gesprochen werden, sie sind am nächsten mit einander verwandt, haben die meisten rechtlichen Berührungspunkte, ergänzen sich wechselseitig und erheischen eine nähere Betrachtung der ihnen gemeinsamen sowie sie trennenden Gesichtspunkte, um sich vor Mißgriffen bei deren Anwendung in der Praxis zu wahren.

Sie alle laufen auf den Schutz einer schöpferischen geistigen Thätigkeit (eines Erfindungsgedankens), die bei der Herstellung von Industrieerzeugnissen der mannigfachsten Art entwickelt werden kann, hinaus und haben die hierdurch begründeten Urheberrechte auf gewerblichem Gebiete zum homogenen Gegenstand. Hieraus entwickeln sich schon eine Reihe ganz gleichartiger, rechtlicher Gesichtspunkte.

Als erstes und ältestes dieser Gesetze erscheint das Gesetz betr. das Urheberrecht an gewerblichen Mustern und Modellen vom 11. Jan. 1876. Dieses den Schutz der (nun allgemein auch offiziell sogenannten) Geschmacksmuster betr. Gesetz bezweckt nach seiner auch durch die Rechtsprechung des Reichsgerichts anerkannten Intention nur allein den Schutz der Geschmacksmuster, d. h. solcher Muster, welche geeignet und dazu bestimmt sind, das ästhetische Gefühl zu befriedigen. Es sollte (nach seinen Motiven) zur Ergänzung des Gesetzes zum Schutze der Urheberrechte an Werken der bildenden Künste (Gesetz vom 9. Januar 1876) dienen und war vorzugsweise dazu bestimmt, das Kunstgewerbe auch bei uns in Deutschland zu heben, da die einheimische Industrie in dieser Beziehung, d. h. was die Befriedigung des Geschmacks angeht, hinter den industriellen Leistungen anderer Staaten (namentlich Frankreichs) wesentlich zurückgeblieben war, sich vorzugsweise mit billigen und mühelosen Nachahmungen von meist von außerhalb entlehnten Mustern begnügte.

Zur Förderung des deutschen Gewerbefleißes auch auf diesem wichtigen gewerblichen Gebiete und um die deutsche Industrie auch hierin konkurrenzfähig mit dem Auslande und unabhängig von demselben zu machen und um ihr den Wettbewerb auch auf dem weiten Gebiete der Kunstindustrie zu erleichtern, hatte man sich auch in Deutschland nach Ueberwindung mancher Schwierigkeiten dazu entschlossen, auch einen gesetzlichen Schutz für die Urheberrechte an gewerblichen Mustern und Modellen einzuführen nach dem Vorbilde einiger europäischen Staaten, welche schon lange zuvor gesetzliche Bestimmungen über den Musterschutz getroffen hatten. Die Erfahrungen der Wiener Weltausstellung gaben hierzu den nächsten Anstoß und ferner auch die Bedürfnisse der Industrie von Elsaß-Lothringen, welche sich nach französischem Rechte bereits seit vielen Jahren der Wohlthaten eines gesetzlichen Musterschutzes zu erfreuen gehabt hatten.

Unser deutsches Musterschutzgesetz vermeidet jede Definition der Gegenstände des Musterschutzes, d. h. jede nähere Umschreibung derselben; es ist darin auch ein Unterschied zwischen den Erzeugnissen der Kunstindustrie und den Mustern der gewöhnlichen Gewerbe nicht gemacht, vielmehr der Schutz (nach den Motiven) allen Mustern und Modellen gleichmäßig gewährt im weitesten Sinne des Wortes und erstreckt sich der Musterschutz auf alle erdenkliche Arten von Mustern und Modellen sofern sie nur irgendwie zur Geschmacksbefriedigung geeignet sind.

Diese Beschränkung des fraglichen Gesetzes auf die Geschmacksmuster unter prinzipieller Ausschließung aller Gebrauchsmuster hatte nun je länger je mehr eine Lücke in der Gesetzgebung bezüglich des Schutzes des gewerblichen Eigentums fühlbar gemacht, da auch sehr viele Gebrauchsmuster nach der Praxis des Patentamtes nicht als patentfähige Erfindungen gelten konnten, somit ganz schutzlos blieben, und ist das neue Gesetz vom 1. Juni 1891 zu dem ausgesprochenen Zwecke erlassen, diese Lücke auszufüllen.

Die Geschmacksmuster im Sinne des Gesetzes vom 11. Januar 1876 sind dazu bestimmt, durch äußere Verzierungen ihrer Flächen oder ihre besondere plastische Gestaltung den Geschmack oder das ästhetische Gefühl, d. h. den Schönheitssinn im allgemeinen zu befriedigen.

Man unterscheidet bei ihnen zwei Hauptkategorien: nämlich Flächenmuster, die auch nur aus ganz einfachen Linien- oder Farbenkombinationen bestehen können und plastische Muster (Modelle) der tektonischen Gewerbe, welche lediglich durch die körperlichen Verhältnisse, durch die Linien des Umrisses auf den Geschmack zu wirken bestimmt sind. Bei beiden Arten ist nach dem Gesetz Neuheit und Eigentümlichkeit erforderlich und wird hierdurch insbesondere die willkürliche Zusammenstellung bereits bekannter Zeichnungen oder Formen mit irgend einem Gebrauchsgegenstand ausgeschlossen (z. B. Verzierung von Briefbogen, Karten, Schachteln u. s. w. mit bekannten Portraits oder sonstigen bildlichen Darstellungen).

Die plastische Darstellung eines Gegenstandes kann durch bloße Schönheit der Linien und der Verhältnisse ästhetische Vorstellungen vermitteln, doch werden im Kunstgewerbe bekanntlich auch vielfach plastische Formen der Wirklichkeit, der Natur und ihren mannigfachen Gestaltungen (eine unerschöpfliche Fundgrube hierfür) entnommen, Motive hieraus entlehnt und mancherlei Kombinationen daraus zu stande gebracht, die als originelle, den Schönheitssinn oder nur den Modegeschmack befriedigende Erzeugnisse der betreffenden Gewerbe betrachtet werden können und kann dies soweit gehen, daß ein derartiges Erzeugnis der Kunstindustrie als ein Kunstwerk im wahren Sinne des Wortes sich darstellt, hinter welchem die Gebrauchsbestimmung und der Gebrauchswert des betreffenden Gegenstandes vollständig zurücktritt und als Nebensache erscheint. Die technische Gebrauchsfähigkeit tritt überhaupt bei allen sog. Geschmacksmustern ganz in den Hintergrund und kommt gar nicht in Betracht

Der charakteristische Unterschied zwischen einem reinen Kunstwerk, d. h. Erzeugnis der bildenden (malenden oder plastischen) Kunst, und einem Erzeugnis der Kunstindustrie besteht aber darin, daß Ersteres sich Selbstzweck, d. h. ausschließlich dazu bestimmt ist, den Schönheitssinn zu befriedigen, während Letzteres einen doppelten Zweck erreichen will, nämlich Befriedigung irgend eines Gebrauchsbedürfnisses des menschlichen Lebens, welches aber bezüglich der Frage der Schutzfähigkeit ganz außer Betracht bleibt, und zugleich des ästhetischen Gefühls oder Geschmacks, also ebenfalls des Schönheitssinnes, wobei aber der erstere Zweck in der Regel die Hauptsache sein wird.

Hiermit ist im wesentlichen die Grenzlinie zwischen den Erzeugnissen der reinen Kunst und denjenigen der Kunstindustrie gegeben. Die Nachbildung von reinen Kunstwerken von seiten der Kunstindustrie, welche bekanntlich vielfältig (z. B. in der Bronce- und Feingußindustrie, auch in der keramischen Industrie) geübt wird, ist gesetzlich durch das Urheberrecht des betreffenden Künstlers beschränkt und eine solche Nachbildung ohne Genehmigung des Berechtigten (Künstlers oder seines Rechtsnachfolgers) nach dem Gesetz vom 9. Januar 1876 ausdrücklich verboten.

Im Falle einer solchen von dem Urheber gestatteten Nachbildung eines Erzeugnisses der bildenden Kunst in Verbindung mit einem Gebrauchsgegenstand (z. B. eines plastischen Kunstwerks mit einer Standuhr, einem Lüster u. dergl., eines Gemäldes mit einem Erzeugnis der Porzellanindustrie 2c.) kann das betreffende kombinierte Erzeugnis der Kunstindustrie aber nur Schutz durch das vorliegende Gesetz betreffend das Urheberrecht an Mustern und Modellen erlangen, nicht aber nach Maßgabe des Gesetzes das Urheberrecht an Werken der bildenden Künste und ist hierin ein weiterer Unterschied zwischen der reinen Kunstproduktion und der dekorativen Kunstindustrie begründet. Dagegen ist die Abstufung von den Erzeugnissen der höchsten vollkommensten Kunstindustrie bis zum einfachsten Muster eine so allmähliche und verschwimmende, daß sich zwischen ihnen eine Grenze nicht ziehen und ein Unterschied nicht machen läßt, was auch praktisch von keiner Bedeutung wäre.

Wenn die reinen Gebrauchsmuster, bei welchen von irgend einer ästhetischen Wirkung durch ihre äußere Gestalt keine Rede sein kann und eine solche auch gar nicht beabsichtigt ist, wenn auch nicht dem Wortlaute des fraglichen Gesetzes vom 11. Januar 1876, so doch der Intention sowie der Auslegung, welche dasselbe in der Rechtsprechung erfahren hat, nach von diesem gesetzlichen Schutze ausgeschlossen sind, worauf schon hingewiesen wurde, so haben in dieser Beziehung doch vielfach Zweifel bestanden und bestehen jetzt noch. Diese waren umsomehr berechtigt, als die Wortfassung des Gesetzes in dieser Beziehung nicht klar und bestimmt genug ist und auch in der Wissenschaft diese Frage anfänglich eine bestrittene war, indem z. B. Professor Klostermann, der als Autorität auf diesem Gebiete gilt, früher die Anschauung vertreten hat, daß das fragliche Gesetz auch auf Gebrauchsmuster Anwendung erleiden müsse, indem er ausführte, „daß der Musterschutz nach unsrem geltenden Rechte die äußere Form der Waren zum Gegenstande hat, gleichviel ob diese Form eine ästhetische oder technische Wirkung erzielen soll“ (cf. Klostermann, Das Urheberrecht 2c. Seite 101 u. 102).

Eine notwendige Folge hiervon, sowie von dem Mangel eines besonderen Gesetzes für den Schutz der Urheberrechte an solchen Gebrauchsmustern, die sich, wie später noch sich zeigen wird, auch in der Regel nicht für Patentschutz eignen, war es, daß dieselben in den meisten Fällen, sei es alsbald, sei es nach vorherigem vergeblichem Versuche, Patentschutz zu erwerben, zu dem bestehenden, nach der Gesetzesinterpretation nur für Geschmacksmuster bestimmten, Musterregister angemeldet wurden, womit aber, wie die Erfahrung gelehrt hat, mancherlei Unzuträglichkeiten verbunden waren und was zugleich große Rechtsunsicherheit auf diesen Gebieten hervorgerufen hat.

Nähere Nachweise in dieser Beziehung finden sich in meiner bei Th. Steinmetz in Offenbach a./M. (1890) erschienenen Schrift: „Das Musterschutzgesetz in seiner praktischen Anwendung“. Bei Gelegenheit der mehrerwähnten Konferenz für den Schutz des gewerblichen Eigentums ist es ebenfalls allseitig anerkannt, beklagt und konstatiert worden, daß in den Geschmacksmuster-Registern, wie sie seither geführt worden sind, mindestens 70—80% reine Gebrauchsmuster enthalten seien.

Diesem allgemein fühlbar gewordenen Uebelstande soll nun durch das jetzt erlassene neue Gesetz zum Schutze der Gebrauchsmuster abgeholfen werden. Ob und inwieweit dieses Ziel damit erreicht werden kann, muß die Erfahrung noch lehren, jedenfalls ist es ein wesentlicher Fortschritt auf dem Gebiete des Schutzes des gewerblichen Eigentums und werden infolge dessen in Zukunft wohl seltener unrichtige Anmeldungen von neuen gewerblichen Mustern vorkommen, wenn auch nicht ganz zu vermeiden sein.

Es sind auch in der That inzwischen, seitdem das Gebrauchsmusterschutzgesetz eingeführt worden, sehr erhebliche Streitfragen in dieser Beziehung aufgetaucht, z. B. ob Flächenerzeugnisse überhaupt als Gebrauchsmuster geschützt werden können, sowie ob und inwieweit „Maschinen“ im technischen Sinne eines solchen Schutzes (d. h. als Gebrauchsmuster im Rechtssinne) teilhaftig werden können und divergierende gerichtliche Entscheidungen in dieser Beziehung ergangen.

Da nach dem bisherigen Rechtszustande bei uns alle Gebrauchsmuster lediglich auf den viel schwerer zu erlangenden Patentschutz angewiesen waren, so war dies, auch abgesehen von den Fällen einer Patentverweigerung, häufig die Veranlassung, daß solche Gebrauchsgegenstände zum Musterregister angemeldet wurden, um das Patentgesetz zu umgehen, aber auf diese Weise rechtlich gar keinen Schutz erlangten.

Während bei den Geschmacksmustern die Einwirkung auf den Schönheitssinn das Charakteristische ist, liegt im Gegensatz hierzu bei den Nützlichkeitsmustern die Originalität und die Bedeutung der Form in einer neuen praktischen Anwendung des betreffenden Gebrauchsgegenstandes. Diese charakteristische Eigenschaft wird vorzugsweise bei plastischen Erzeugnissen in die Erscheinung treten, doch ist sie auch bei Flächenerzeugnissen an sich nicht ausgeschlossen, z. B. bei Geweben, welche einen neuen technischen Effekt, nicht blos eine neue Musterzeichnung repräsentieren (z. B. Ledertuch, Linoleum, Phantasiepapiere u. s. w.), aber dieserhalb nicht patentfähig sind, ferner auch bei Musterzeichnungen für Industrieerzeugnisse, Formularen, Schreibvorschriften und dergleichen Erzeugnissen der graphischen Industrie, die nicht den Schutz gegen Nachdruck auf Grund des Gesetzes vom 11. Juni 1870 erlangen können.

Das Gesetz zum Schutze der Gebrauchsmuster hat scheinbar Flächenerzeugnisse von seinem Schutzbereiche ausgeschlossen, indem es nur von „Modellen“ von Gebrauchsgegenständen spricht, indessen halte ich diese Auslegung, die das Gesetz in dieser Beziehung vielfach gefunden hat (z. B. von einigen Commentatoren) für zu eng und nicht der wahren Intention des Gesetzes entsprechend, was auch sowohl in der Theorie wie in der Praxis schon anerkannt worden ist. Ich verweise bezüglich dieser Frage auf Paul Schmidt: „Die Gesetze zum Schutze des gewerblichen Eigentums" (Berlin bei C. Heymann 1897), der m. E. in zutreffender Weise unter Bezugnahme auf eine von mir in der Zeitschrift für gewerblichen Rechtsschutz (1892 Nr. 11 u. 12) veröffentlichten Abhandlung bezüglich dieser Frage ausgeführt hat, daß auch unter besonderen Umständen Flächenmuster (z. B. Registereinteilung für Handelsbücher u. dergl.) als Gebrauchsmuster schutzfähig sein d. h. als „Modelle" im Sinne des Gesetzes gelten können. Eine gerichtliche Entscheidung in einem diese Frage bejahenden Sinne ist auch bereits (von dem Oberlandesgericht in Hamm 19/9. 94) ergangen, während von dem Reichsgericht diese Frage m. W. noch nicht entschieden worden ist. Es ist auch absolut kein Grund erfindlich, warum dergleichen Flächenmuster vom Gebrauchsmusterschutz ausgeschlossen bleiben müßten, da doch ein prakt. Bedürfnis hierfür vorliegt.

Abgesehen von dieser wichtigen Streitfrage, die noch nicht durch eine präjudizelle Entscheidung des Reichsgerichts zum Austrag gebracht ist, sind die unterscheidenden Merkmale bei diesen beiden Hauptgattungen von gewerblichen Mustern, Geschmacks- und Gebrauchsmuster leicht zu erkennen, eine Verwechselung beider zur Zeit noch getrennter Gebiete des Musterschutzes nicht gut möglich, da die ästhetische Wirkung und der technische Effekt eines bestimmten Gebrauchsgegenstandes grundverschiedene Dinge sind, wenn beide auch wohl mancherlei Berührungspunkte gemein haben. Dagegen ist es nicht ausgeschlossen, daß beide Eigenschaften, die ästhetische Wirkung und der technische Effekt, in einem und demselben Gegenstande vereinigt sein können, daß der Letztere sogar durch die besondere Gestaltung des betreffenden Gegenstandes (d. h. die erstere Eigenschaft) bedingt ist und eigentlich erst hervorgerufen wird, daß somit ein bestimmtes Industrieerzeugnis Gebrauchs- und Geschmacksmuster zugleich sein kann.

Dieser Fall ereignet sich sogar erfahrungsmäßig nicht selten; es steht alsdann dem betr. Urheber eines solchen doppelt originellen Musters, vorausgesetzt, daß beide Eigenschaften sich als neu erweisen, das Wahlrecht zu und hat er selbst darüber zu entscheiden, ob er dasselbe als Geschmacks- oder als Gebrauchsmuster schützen lassen will, doch kann er solches auch selbstverständlich in beide Register anstandslos eintragen lassen.

Eine Schwierigkeit entsteht hierbei nur dann, wenn in einem derartigen Falle das Vorhandensein der einen oder der anderen Eigenschaft zweifelhaft sein sollte und der Urheber in Verkennung dessen, was in Wirklichkeit das eigentlich Charakteristische bei dem betreffenden Muster ist, dasselbe nicht unter den ihm eigentlich gebührenden Schutz stellen läßt und in dieser Beziehung einen Mißgriff gemacht hat.

Dies kann aber für den betr. Urheber insofern verhängnisvoll werden, als nach einer Entscheidung des Reichsgerichts (s. unten die zu dem Gebrauchsmusterschutzgesetz mitgeteilte Entscheidung zu § 6) der Eintrag eines Gebrauchsmusters in das Geschmacksmusterregister unwirksam ist.

Umgekehrt wird man aber nicht von der Unwirksamkeit des Eintrags eines Geschmacksmusters in die Rolle für die Gebrauchsmuster sprechen können, weil die Geschmacksmuster doch selbstredend immer auch in gewissem Sinne Gebrauchsgegenstände sind, die nur durch ihre äußere Gestaltung, Verzierung rc. zugleich zur Befriedigung des ästhetischen Gefühls dienen sollen, wobei jedoch die ausschließlich zur Verzierung dienenden Flächenmuster wohl auszuschließen sind mit der oben erwähnten Einschränkung bezüglich solcher Flächenerzeugnisse, die nicht als

Geschmacksmuster dienen, sondern nur einen praktischen Gebrauchswert haben sollen, d. h. einen technischen Zweck verfolgen und daher nicht als Geschmacksmuster schutzfähig sind. Neuheit der Gestaltung zc., wegen der das betr. Geschmacksmuster unter Schutz gestellt werden soll, wird aber natürlich auch hier vorausgesetzt (z. B. ein neuer Bügel, Schloß u. s. w. eines Artikels der Portefeuillebranche).

Noch eine andere bedeutsame Streitfrage, nämlich in welcher Weise die Art der Verpackung, Etikettirung zc. von Waren irgend welcher Art, die auch mehr nur zur Verzierung dienenden Ausstattungen (Aufmachung) von Waren (z. B. von Erzeugnissen der chemischen Industrie wie Seifen, Farben, Parfümerien und dergl., Cigarren u. s. w.) gegen Nachahmung geschützt werden können, insofern insbesondere Etiketten nicht als Warenzeichen eintragsfähig sind, ist jetzt im Wesentlichen darum bedeutungslos geworden, weil diese Erzeugnisse, die vielfach ein besonderer großer Industriezweig geworden sind, nun nach § 15 des Gesetzes zum Schutze der Warenbezeichnungen gesetzlichen Schutz in hinreichendem Maße genießen. Indessen steht nichts im Wege, derartige nur zur Waren-Verzierung dienliche Artikel als Geschmacksmuster für Flächenerzeugnisse, sofern sie sonst den gesetzlichen Voraussetzungen genügen, schützen zu lassen, was früher schon geschehen ist und auch jetzt noch vielfach geschieht.

Wie bei den Erzeugnissen der Kunstindustrie und den Geschmacksmustern ein zwischen dem Musterschutz und dem künstlerischen Urheberrechte geteiltes Gebiet besteht, so ist andererseits auch bei den Nützlichkeitsmustern die Grenze zwischen den Gegenständen des Musterschutzes und des Patentschutzes unsicher und ineinanderfließend und wird ein Gewerbtreibender, der einen neuen Gebrauchsgegenstand hergestellt hat, sich nicht selten auch in einem Dilemma befinden, welche Schutzart er für sein Produkt wählen soll.

In den Motiven zu dem neuen, den Schutz der sog. Gebrauchsmuster betr. Gesetze ist mit Recht darauf hingewiesen, „daß sich für den Begriff des Gebrauchsmusters erschöpfende Merkmale nicht aufstellen lassen und daß sich daher der Gesetzentwurf nur auf eine allgemein gehaltene Umschreibung beschränke“, und wird darin ferner bezüglich der Grenzziehung zwischen Erfindung und Gebrauchsmuster gesagt, „daß immer ein gewisses Gebiet von Gegenständen verbleiben wird, bei welchen es zweifelhaft sein kann, ob sie richtiger als neue Erfindungen oder als neue Modelle (soll heißen Gebrauchsmuster) angesprochen werden“. Dies trifft aber in gewisser Beziehung, wie gezeigt wurde, auch für die Abgrenzung der Gebiete der Geschmacks- und Gebrauchsmuster zu und wird die Frage, nach welchem der verschiedenen gesetzlichen Systeme Schutz nachgesucht werden muß, zuweilen eine zweifelhafte sein.

Ein Fehlgriff in der Grenzziehung und Wahl der Schutzart bei Gegenständen, welche in das streitige Gebiet der Erfindungen und Gebrauchsmuster fallen, wird in der Regel Nachteile für den betreffenden Gewerbtreibenden nicht im Gefolge haben können wegen der prinzipiellen Gleichartigkeit derselben, welche darin besteht, daß bei beiden alles auf den beabsichtigten, technischen Effekt des betreffenden Produkts und die gewerbliche Verwertbarkeit desselben ankommt. Meldet ein Gewerbtreibender einen von ihm hergestellten neuen Gebrauchsgegenstand, der seiner Beschaffenheit halber richtiger als Gebrauchsmuster zu schützen gewesen wäre, zum Patentschutz an und passiert derselbe auch glücklich die Linie der Vorprüfung und des Aufgebotsverfahrens, dann hat er eben in den Augen des Publikums gewichtigeren und daher qualitativ wertvolleren Patentschutz erlangt, muß aber für diesen vielleicht imaginären Gewinn bedeutend höhere Gebühren zahlen, ohne sich, da er diesen Erfolg voraussehen konnte, hierdurch beschwert fühlen zu dürfen.

Vermag aber ein solches Erzeugnis diese Prüfung auf Patentfähigkeit nicht zu bestehen, dann kann es ohne besondere Schwierigkeiten und weitere Nachteile in das Schutzgebiet der Gebrauchsmuster verwiesen werden, wo es ohne materielle Vorprüfung 2c. zeitlich kürzeren, aber doch auch in den meisten Fällen genügenden und erheblich billigeren Schutz erlangen wird. Doch setzt dies voraus, daß das betr. Erzeugnis gleichzeitig zum Eintrag in die Rolle als Gebrauchsmuster angemeldet worden ist, was mit Rücksicht darauf, daß auch für Gebrauchsmuster die Neuheit Erforderniß der Schutzfähigkeit ist, geboten erscheint. In derartigen Fällen muß daher der betr. Erfinder unbedingt den Gegenstand seiner Erfindung gleichzeitig zur Patentirung sowie zum Eintrag in die Gebrauchsmusterrolle anmelden, was zur Folge hat, daß, wenn der betr. Gegenstand nicht für patentfähig erkannt werden sollte (jedoch nicht wegen mangelnder Neuheit), er doch immerhin noch in die Rolle als Gebrauchsmuster wirksam eingetragen werden kann.

Der umgekehrte Fall, wo jemand eine zweifellos patentfähige Erfindung (z. B. eine Maschine oder dergl.) anstatt für Patentschutz zum Eintrag in das Register für die Gebrauchsmuster etwa der Kostenersparnis halber oder, um den Klippen einer materiellen Vorprüfung auf deren gewerbliche Verwertbarkeit zu entgehen, anmeldet, wird dagegen kaum oder doch jedenfalls nur sehr selten vorkommen, da bekanntlich die meisten Erfinder den Wert ihrer Erfindungen eher über- wie unterschätzen und sie der Regel nach zunächst nach dem, wenn auch schwieriger zu erlangenden, und kostspieligeren Patentschutz greifen werden.

In einem solchen ungewöhnlichen Falle müßte selbstverständlich der weniger weittragende Musterschutz unter allen Umständen seine Wirksamkeit behalten; allein ein Uebergang aus diesem zum Patentschutz wird alsdann, wenn solcher nicht unmittelbar nach der Anmeldung angestrebt wird, später, d. h. erst nach einer genügenden Erprobung der betreffenden Erfindung auf ihre gewerbliche Verwertbarkeit, in der Regel ausgeschlossen sein, weil einem solchen Wechsel bezw. Uebergang prinzipielle Hindernisse im Wege stehen, namentlich der Mangel der Neuheit als Folge der Verbreitung und offenkundigen Benutzung derselben. Auf diesem streitigen bezw. zweifelhaften Gebiete, auf dem sich die eigentlichen Erfindungen im engeren Sinne und die Gebrauchsmuster begegnen und Zweifel bezüglich der zu wählenden Schutzart obwalten können, ist nun die weitere große Streitfrage inzwischen entstanden, ob „Maschinen" als Gebrauchsmuster schutzfähig sein können, resp. was unter einer Maschine im Sinne des Gesetzes zu verstehen ist, d. h. vom technischen Standpunkte aus.

Fast alle Commentatoren der in Frage stehenden Gesetze (Patentgesetz und Gebrauchsmusterschutzgesetz) haben sich für die von mir hier vertretene Auffassung, daß „Maschinen" prinzipiell vom Gebrauchsmusterschutz nicht ausgeschlossen seien, erklärt mit einer einzigen in der Natur der Sache liegenden Einschränkung, von der unten noch näher die Rede sein wird. Auch ist bereits eine gerichtliche Entscheidung (vom Oberlandesgericht in Hamburg) ergangen, die sich dieser Ansicht anschließt, während das Reichsgericht früher diese Frage in verneinendem Sinne entschieden, jedoch in einer Entscheidung aus neuester Zeit (vom 8. Mai 1897) seine früheren Ansichten in dieser Frage wesentlich modifiziert hat und nun ebenfalls Maschinen nicht prinzipiell vom Gebrauchsmusterschutz ausgeschlossen sehen will, (siehe unten die Bemerkungen und Entscheidungen zu § 1 des Gesetzes zum Schutze der Gebrauchsmuster).

Anders verhält es sich nach obiger Darlegung mit der Abgrenzung des Gebietes der Gebrauchsmuster von dem der Geschmacksmuster: denn zwischen beiden besteht eine prinzipielle Verschiedenheit, indem das eine von den Gesetzen der Mechanik, das andere von denen der Aesthetik beherrscht wird. Da aber trotzdem Zweifel entstehen können, in welches Gebiet ein, beide Gebiete berührendes, Erzeugnis zu verweisen sei und die nachteiligen Folgen eines Fehlgriffs später nicht mehr gut zu beseitigen sind, so ist besondere Vorsicht bei der Wahl der Schutzart geboten und in zweifelhaften Fällen eine Anmeldung zu beiden Registern empfehlenswert. Abgesehen hiervon sind in Ansehung des Musterschutzes im allgemeinen noch folgende Grundregeln beachtenswert:

Nach dem Musterschutzgesetz vom 11. Januar 1876 und der Auslegung desselben von seiten des Reichsgerichts gilt u. a. der Grundsatz, daß, wenn auch ganz einfache Geschmacksmuster, die keinen besonderen Kunstwert beanspruchen dürfen, schutzfähig sein können, dieselben sich doch jedenfalls über das Maß des ganz Gewöhnlichen, wie das Reichsgericht in einem Rechtsfall wörtlich sagt, erheben müssen, daß somit ein gewisses Maß von geistiger schöpferischer Thätigkeit des betreffenden Urhebers als vorhanden angenommen werden muß, um überhaupt von einem Urheberrecht sprechen zu können, daß eine gewisse Selbstbeschränkung in dem Streben nach Musterschutz nicht allein im persönlichen Interesse jedes Gewerbtreibenden, sondern auch in dem des allgemeinen Verkehrs, d. h. des Publikums, gelegen ist, da bei zu ausgedehnter Inanspruchnahme des Rechtes auf Musterschutz die beteiligte Industrie leicht lahm gelegt werden könnte, wie in einem von dem gewerblichen Sachverständigenverein in Stuttgart erstatteten Gutachten in einem Musterschutzstreitfalle mit Recht gesagt worden ist.

Die plastische Gestaltungsfähigkeit ist bei fast allen Industrieerzeugnissen für den gewöhnlichen alltäglichen Gebrauch der Natur der Sache nach (z. B. bei Hausgeräten, Handwerkzeug, Bekleidungsgegenständen 2c.), sowie auch mit Rücksicht darauf, daß alle in der Natur und dem Leben vorhandenen, schon Gemeingut gewordenen Formen von vornherein ausgeschlossen sind, sofern nicht etwa eine originelle Kombination verschiedener, bereits solchergestalt gegebener, Formelemente zu einem neuen Formenganzen vorliegt, eine sehr beschränkte auch in dem Sinne, daß die Gebrauchsfähigkeit derselben jedenfalls nicht durch die Anwendung von wenn auch sonst origineller Formen beeinträchtigt werden darf (z. B. ein Federhalter mit zackigen Verzierungen seiner Oberfläche, oder ein Portemonnaie mit scharfkantigem Bügel ꝛc.).

Wenn auch das für die Industrie notwendige und fördersame, aber stets wechselnde Modebedürfnis, und die unausgesetzte Sucht des kaufenden Publikums nach Neuheiten bei allen Gegenständen für den täglichen Gebrauch die Fabrikation von sog. Saisonartikeln, die vorzugsweise den gesetzlichen Musterschutz prätendieren, um auf diese Weise vor dem Publikum ihre Neuheit und Originalität zu dokumentieren, gewissermaßen mit obrigkeitlicher Approbation, wesentlich begünstigt, für die Methode bei der Fabrikation von Saisonartikeln bestimmend und diese Wechselwirkung auch keineswegs zu verwerfen, im Gegenteil für die Entwickelung und Belebung des Gewerbfleißes auf diesem Gebiete sehr förderlich ist, so muß doch hierbei vor Ueberstürzung und einem Zuviel des Guten gewarnt werden, es ist die Aufnahmefähigkeit des Marktes zu berücksichtigen und zu verhüten, daß die Kauflust durch Uebersättigung mit Neuheiten vermindert wird.

Von diesem Gesichtspunkte aus sollte auch bei der Fabrikation von Saisonartikeln die mehr oder weniger problematische Eigenschaft der Neuheit und Originalität jedenfalls nicht auf Kosten der Güte und Solidität derselben zu erzielen versucht werden. Also auch die Interessen des kaufenden Publikums d. h. der Konsumenten soll man bei dem bekannten und an sich auch zu billigenden Wetteifer, immer zuerst und auch vorzugsweise die neuesten Artikel zu bringen, nicht aus den Augen verlieren.

Thatsache ist, wenn man die Sache vom Standpunkte des konsumierenden Publikums aus betrachtet, daß je größer die Einfachheit desto größer die Haltbarkeit wenigstens bei vielen Gebrauchsgegenständen ist und daß ein weises Maßhalten bei den auf den Geschmack wirkenden Verzierungen auf alle Fälle empfehlenswert ist.

Das Recht des Erfinders unterscheidet sich von dem Urheberrecht an gewerblichen Mustern und Modellen dadurch, daß der Gegenstand des Erfinderrechts sich zunächst nicht in der äußeren Gestalt eines greifbaren Gegenstandes verkörpert, sondern in einem bestimmten Effekt und in der Aufstellung gewisser Regeln, deren Anwendung unter verschiedenen Formen stattfinden kann.

Das Erfinderrecht kann aber nicht in derselben Weise, wie die Urheberrechte an Muster oder Modellen, geschützt werden, daß einfach nur die Nachbildung der betreffenden Form verboten würde, in welcher die Erfindung ausgeführt ist, da der technische Effekt sich mit den von dem Erfinder entdeckten Mitteln häufig auch unter veränderten Formen erreichen läßt. Der Schutz des Erfinderrechts ist daher nur in der Weise zu erlangen, daß für jeden einzelnen Fall gewissermaßen ein Spezialgesetz erlassen, d. h. ein besonderes Privilegium durch ein Patent erteilt wird.

Demgemäß ist die Patenterteilung als ein Ausfluß der Gesetzgebung zu betrachten. Das Patent, wenn es auch nicht eine konstituierende, sondern mehr nur eine deklaratorische, bezw. konfirmierende Wirkung in Ansehung des selbsterworbenen Individualrechts des Erfinders haben kann, schafft doch formell ein neues Recht, dessen Inhalt das ausschließliche Benutzungsrecht ist, und wird durch die Erteilung desselben, also durch einen Akt der öffentlichen Gewalt (sog. Rechtspolizei) konstatiert, daß die gesetzlichen Voraussetzungen für die Gewährleistung des Erfinderschutzes im gegebenen Falle vorhanden sind. Mit der

Erteilung von Patenten als Ausfluß einer in gewissem Sinne gesetzgeberischen Thätigkeit ist das Patentamt als Vertreter der hierzu berufenen öffentlichen (Staats-) Gewalt ein für allemal betraut.

Ueber die Voraussetzungen des Patentschutzes, das bei der Patenterteilung ꝛc. einzuhaltende Verfahren u. s. w. enthält das neue Patentgesetz vom 7. April 1891, das an die Stelle des Patentgesetzes vom 25. Mai 1877 getreten ist, die näheren Bestimmungen.

Die Schwierigkeit einer alle möglichen Fälle umfassenden und ganz zutreffenden Definition des Begriffs einer Erfindung im Sinne des Patentgesetzes hat dazu geführt, daß man, wie im alten, ebenso auch in dem neuen Patentgesetz von einer solchen Begriffsbestimmung ganz abgesehen und den § 1 dieses Gesetzes unverändert gelassen hat, obwohl eine solche vielseitig in industriellen Kreisen (z. B. auch von dem deutschen Ingenieurverein) zur Beseitigung der durch den Mangel einer solchen Legaldefinition hervorgerufenen Rechtsunsicherheit für wünschenswert erklärt worden war. Viele Zweifel und Unebenheiten in der Handhabung des Patentgesetzes, welche sich infolge der Undefinierbarkeit des Erfindungsbegriffs bisher ergeben hatten, werden voraussichtlich durch das neue, als Zwischenglied zwischen das Patentgesetz und das Geschmacksmustergesetz eingeschobene, Gesetz für den Schutz der Gebrauchsmuster beseitigt werden, wie sich aus den obigen Betrachtungen dieser Frage ergiebt.

An Versuchen, eine erschöpfende Definition des Begriffs Erfindung zu geben, hat es zwar nicht gefehlt, aber keiner derselben vermochte sich allgemeine Anerkennung zu erwerben, und hat es keinen Zweck, derselben hier Erwähnung zu thun, da sie doch nur ein theoretisches Interesse haben können. Bemerkenswert ist nur eine wegen ihrer Kürze und Bündigkeit sich auszeichnende im Patentblatt von 1880 enthaltene Definition, welche dahin lautet: „Erfindung ist Herstellung einer neuen Art oder eine neue Art der Herstellung von Gebrauchsgegenständen"; statt dessen könnte man den Erfindungsbegriff auch wie folgt definieren: „Verkörperung eines technischen Gedankens zur Erreichung eines bestimmten Gebrauchszwecks auf eine neue oder verbesserte Weise". Indessen ist, wie bemerkt, von einer Definition des Erfindungsbegriffs im allgemeinen nach Ansicht des Patentgesetzes, als praktisch ohne besonderen Wert, abzusehen, diese Frage in jedem einzelnen Falle besonders nach allgemeinen Gesichtspunkten zu prüfen und zu entscheiden nach freiem Ermessen, ohne daß für die hierbei vom Patentamte entwickelte verwaltungsgerichtliche Thätigkeit eine gesetzliche Schranke gezogen ist.

Die Erfindung im Sinne des Gesetzes besteht in einer neuen Kombination von Naturkräften und muß das damit erstrebte Resultut durch diese Kombination erzielt werden können. Nur wenn die Form das Mittel zur Erzielung eines technisch verwendbaren physikalischen oder chemischen Effekts ist, tritt sie in die Sphäre der patentfähigen Erfindungen. Das Resultat, welches durch eine derartige Erfindung erzielt werden soll, muß die Befriedigung eines allgemeinen menschlichen Bedürfnisses sein, aber eines vernünftigen (auch eines Luxusbedürfnisses) und kann nur das Mittel für die Bedürfnisbefriedigung, nicht dieses Resultat unter Patentschutz gestellt werden.

Im Gegensatz zu den Erfindungen stehen die Entdeckungen. Unter letzterem versteht man u. a.: die Erschließung wissenschaftlicher Prinzipien und Thatsachen, die Auffindung unbekannter Naturerzeugnisse, sowie bisher unbekannter Produktivkräfte rc. und können derartige Entdeckungen nicht Gegenstand des Patentschutzes sein, weil das ausschließliche Recht des Erfinders sich nur auf einen von ihm (wenn auch unter Anwendung oder Vermittlung von solchen bisher unbekannten, von ihm entdeckten Naturerzeugnissen oder Naturkräften) selbst neu geschaffenen Gegenstand erstrecken kann.

Dem Gegenstande nach sind nun nach dem Patentgesetze zwei Hauptarten von Erfindungen zu unterscheiden:

1. Erfindungen von Fabrikaten, Gebrauchsgegenständen, Waren rc. und

2. Erfindungen von besonderen Arten eines Verfahrens (Fabrikationsmethoden rc.), sowie von Maschinen, Betriebsvorrichtungen, Werkzeugen oder sonstigen Arbeitsgeräten, welche zur Herstellung von Gebrauchsartikeln jeder Art oder überhaupt als Hilfsmittel irgend welcher menschlichen Thätigkeit dienen.

Auch nach dem neuen Patentgesetz wird es, inhaltlich der Motive zu demselben, als dessen Aufgabe betrachtet, daß dem Erfinder die Frucht seiner Arbeit gesichert und dadurch zugleich der Anreiz zum geistigen Schaffen auf gewerblichem Gebiete verstärkt, andererseits aber auch, daß die Bewegungsfreiheit der Industrie nicht ohne Not gehemmt werde.

Die Tendenz des Gesetzes geht hiernach auch jetzt noch dahin, „Einrichtungen zu treffen, mittelst deren neue Erfindungen auch wirklich als solche erkannt und mit dem Rechtsschutz umgeben werden, aber auch zugleich zu verhindern, daß die Industrie von einer uneinschränkbaren Anzahl äußerlich mit dem Rechtsschutz umkleideter, innerlich aber ungerechtfertigter Patente überflutet wird (daher Beibehaltung des bisherigen viel umstrittenen Vorprüfungsverfahrens), welche entweder in fremde Interessensphären unberechtigterweise ergriffen und erst im Prozeßwege beseitigt werden müßten, oder welche lediglich den Zwecken der Reklame dienten und das Ansehen der deutschen Patente im ganzen herabdrückten".

Die Entwickelung des menschlichen Lebens bis zur Höhe unseres heutigen Kulturzustandes beruht im wesentlichen auf einer ununterbrochenen Kette von ineinandergreifenden fortschreitenden Erfindungen des menschlichen Geistes zur Befriedigung der mannigfachen menschlichen Bedürfnisse, wovon die Kulturgeschichte aller Zeiten und Völker Kunde gibt. Der Mensch war im Naturzustande (in prähistorischer Zeit) im Kampfe ums Dasein darauf angewiesen, erfinderisch zu sein, um seine unabweislichen Lebensbedürfnisse zu befriedigen, und waren alle die hieraus hervorgegangenen Erfindungen der ursprünglichen Geräte (wie z. B. die zur Herstellung des Feuers, Ausübung der Jagd, Bearbeitung des Bodens u. s. w.) lediglich dem angeborenen Selbsterhaltungstriebe des Menschen zuzuschreiben.

Der menschliche Erfindungsgeist, der in seinen Uranfängen, mehr der Not wie dem eigenen Triebe folgend, durch die steigenden Bedürfnisse des sozialen Lebens und die Fortschritte in der Kultur sich zu immer höheren Leistungen, seiner gesteigerten Lebenshaltung entsprechend, angespornt sah, ist schließlich der eigentliche Träger aller Kultur geworden, und sind alle epochemachenden Erfindungen (wie z. B. die der Buchdruckerkunst, der Dampfmaschine, der elektrischen Motoren ꝛc.) als ebensoviele Marksteine in den verschiedenen Perioden der menschlichen Kulturgeschichte zu betrachten, was ja wohl als allgemein bekannt vorausgesetzt werden darf und daher hier keiner näheren Auseinandersetzung bedarf.

Während das Individuum seinen Erfindungsgeist im Anfang nur zur Befriedigung seiner eigenen Bedürfnisse bethätigte und seine, zu diesem Zweck hervorgebrachten, Erfindungen indirekt auch seinen übrigen Mitmenschen zu gute kamen und somit hierdurch zugleich auch die gleichen Bedürfnisse der Allgemeinheit befriedigt wurden, so trat damals ein Gegensatz zwischen diesen verschiedenen Interessen, nämlich denen des Individuums als Erfinder und denen der Allgemeinheit, noch nicht hervor, es entwickelte sich vielmehr ein solcher erst zwischen beiden, sobald der Erfinder sein geistiges Produkt bei fortgeschrittenem Kulturzustand, abgesehen von der Befriedigung seines eigenen Bedürfnisses, auch sonst noch wirtschaftlich für sich nutzbar machen, als sein ausschließliches Individualrecht ausüben wollte durch geeignete Verwertung seines geistigen Eigentums, als eines vermögensrechtlichen Gegenstandes.

Der Erfinder und die Allgemeinheit stehen sich sonach jetzt bei dem gegenwärtigen Stande des sozialen Lebens mit einander entgegengesetzten Interessen gegenüber. Ersterer verlangt die Gewährleistung seiner selbsterworbenen Erfinder- bezw. Urheberrechte auf dem gewerblichen Gebiete, d. h. wirksamen Schutz seines geistigen Eigentums, wie in jedem anderen Privateigentum, die letztere dagegen hat nur ein Interesse an der praktischen Ausführung aller Erfindungen, d. h. an der Ueberführung des hierdurch erreichten technischen Ergebnisses in den Gemeinbesitz zu Nutz und Frommen aller, damit durch die von den Erfindern erzielten technischen Fortschritte auf allen gewerblichen Gebieten auch die allgemeine Wohlfahrt gefördert wird. Von diesem Standpunkte aus bedürfen alle Individualrechte dieser Art im öffentlichen Interesse gewisser Modifikationen.

Auf dem Gebiete der Erfindungen und des Erfinderrechts treten somit das Privat- und das National-Eigentum, die Privat- und die Volkswirtschaft, d. h. die individuellen Rechte sowie die allgemeinen Interessen in Ansehung der auf diese Weise erzeugten Güter in unmittelbare Berührung und Beziehung und hat das Patentgesetz die Aufgabe, diese verschiedenartigen Rechtsverhältnisse zu regeln und, insoweit sie im Widerstreit zu einander stehen, zwischen beiden einen den beiderseitigen entgegengesetzten Interessen möglichst entsprechenden Ausgleich zu stande zu bringen.

Der Erfinder bedarf zur Ausführung seines neuen technischen Gedankens eines besonderen Schutzes von seiten der öffentlichen Gewalt, die die Allgemeinheit vertritt, und wird ihm solcher durch einen besonderen Akt (das Patent) erteilt, in der Erwartung des Gewinnes, den die Allgemeinheit aus der Einführung der betreffenden Erfindung in das Leben durch Förderung des allgemeinen Wohls demnächst ziehen wird.

Diese verschiedenartigen Interessen, diese entgegengesetzten nach Vereinigung strebenden Ansprüche allgemeiner und individueller Art, die Forderung der Verkehrsfreiheit einerseits und das Verlangen nach Beschränkung der Produktion und des Vertriebs andererseits erheischen einen Ausgleich, der nur durch Prüfung im Einzelnen von Fall zu Fall bewerkstelligt werden kann und ist es das Patentamt in seiner Eigenschaft, als die die öffentliche Gewalt in allen Patentangelegenheiten vertretende Behörde, die diesen Ausgleich vollzieht, wie schon erwähnt wurde.

Dasselbe soll hierbei nach folgenden Grundsätzen verfahren:

„Da der Gegenstand der Erfindung sich nicht anders als in der Zukunft bewähren kann, ja das Patent gerade im Ausblick auf die Zukunft erteilt wird, müßte die Erörterung der Wertfrage, so allgemein hingestellt und gewissermaßen zum Ziel und Zweck der Untersuchung gemacht, ausgeschlossen sein. Sachgemäß und sorgsam bewerkstelligt, soll die Prüfung an die Hand geben, ob der angemeldete Gegenstand nicht bloß neu ist, sondern auch im anscheinend nicht Bedeutenden, jene geistige Kombination, jenes überraschende originelle Zusammenfallen von Frage und Antwort, jene Vereinigung von Aufgabe und Lösung, von Vorhaben und Verwirklichung aufweist, welche dem Techniker als Erfindung einen Zuwachs an Wissen und Können bringt. Das weitere bleibt füglich der Erfahrung anheimgestellt. Erweist letztere das Irrtümliche der Voraussetzungen, unter denen das Ausschlußrecht s. Zt. festgestellt worden ist, so tritt die Auflösung des Rechtsverhältnisses ein nach Maßgabe der Vorschriften in dem Gesetz 2c."

„Der geistige Inhalt einer Erfindung mag gering sein und die Brauchbarmachung desselben so spärliche Aussicht auf Erfolg bieten, daß nicht leicht jemand geneigt sein wird, den entsprechenden Versuch, ohne Zusicherung von Schadloshaltung zu machen.

Führt der Besitz eines Patents dennoch zur Erprobung der Brauchbarkeit, so hat die Gesamtheit ersichtlich keinen Grund der Verwirklichung des Vorhabens entgegenzutreten. Ist dagegen der geistige Inhalt der Erfindung derart, daß er nach den durch öffentliche Lehrmittel in den betreffenden Kreisen verbreiteten Kenntnissen, einschließlich der Schulung des Denkvermögens von jedem notwendig gefunden werden wird, der solchen Unterricht genossen, der Erfahrung durch die Arbeit, Bildung, durch das Leben sich zu eigen gemacht hat, oder ist zu erkennen, daß die Brauchbarmachung keine Schwierigkeit bietet, im Bedarfsfalle vielmehr von jedem Sachverständigen ohne Gefahr des Mißlingens übernommen werden kann, so wird der Schutz einer derartigen Erfindung gewiß nicht im Interesse der Gesamtheit liegen 2c."

„Wenn der Gewerbefreiheit die Absicht zu Grunde liegt, die Thätigkeit des Einzelnen nicht zu hemmen, so ergibt sich als weitere Konsequenz auch die Zulässigkeit unmittelbarer Förderung mittelst rechtlicher Anerkennung der Leistungsfähigkeit da, wo das immaterielle Gut ohne begleitende Einwirkung der Staatsgewalt zum Vorteil des Einzelnen und der Gesamtheit gar nicht nutzbar gemacht werden kann. Hier gewährt der Erfindungsschutz Hilfe. Gewerbefreiheit und Patentschutz schließen sich daher gegenseitig nicht aus, sondern ergänzen einander 2c."

Diese Grundsätze, nach welchen das Patentamt bei Erteilung des Patentschutzes und Vollziehung des Ausgleiches zwischen den entgegengesetzten Interessen des Patentsuchers und der Allgemeinheit verfahren soll, hat der frühere Präsident des kaiserl. Patentamtes, Herr von Bojanowski, in seiner Schrift: „Ueber die Entwickelung des deutschen Patentwesens 2c." (Leipzig 1890) u. a. sehr zutreffend ausgeführt, sie erscheinen daher von besonderem Gewicht und jedenfalls der allgemeinen Beachtung wert, weshalb ich dieselben auch hier wörtlich anzuführen mir gestattet habe.

Ueber häufig wiederkehrende Gründe der Abweisung von Patentanmeldungen bemerkt derselbe in seiner zitierten Schrift (vgl. S. 35): „daß viele Anmeldungen aus formellen Gründen wegen Unverständlichkeit, wegen fehlerhafter Ausarbeitung, sinnstörender Uebersetzung, wegen Nichterfüllung der von der Behörde pflichtmäßig gestellten Verlangen 2c. zurückgewiesen werden müßten, daß Unkenntnis des Gesetzes ebensoviel zur Ablehnung von Gesuchen beitrage, wie Mangel an Verständnis für das Wesen der Prozedur, wie oft auch das Anbringen von noch gar nicht ausgereiften Anträgen, deren Vorlegung bei der Behörde beschleunigt werde, um den möglichen Wettbewerb aus dem Felde zu schlagen, wie desgleichen ganz besonders absichtliche Verschleierungen oder gewollte Unvollständigkeit der Beschreibungen, der Zeichnungen oder des Antrags zur Vermeidung der aus der Offenlegung befürchteten Gefahren 2c.“

Die Aufzählung dieser in der Praxis des Patentamtes vorgekommenen Gründe für Abweisung von Patentanmeldungen resp. von Mängeln derselben verdient ebenfalls besondere Berücksichtigung von seiten aller Gewerbtreibenden, Fabrikanten und Technikern, die Schutz für ihre Erfindungen nachsuchen wollen, und kann ihnen als eine Direktive dienen, d. h. eine Anweisung geben, wie sie ihre Patentanmeldungen einzurichten haben, um sich nicht einer Abweisung aus derartigen Gründen auszusetzen.

Das 4. der oben angeführten Schutzgesetze, das Gesetz vom 12. Mai 1894 betr. den Schutz der Warenbezeichnungen, welches zum Ersatz des außer Kraft getretenen Markenschutzgesetzes vom 30. Nov. 1874 erlassen ist, steht, worauf ich schon oben hingewiesen habe, auch in näherem, rechtlichem Zusammenhang mit den 3. bisher erörterten Gesetzen zum Schutze der sogen. Urheberrechte an Mustern, Modellen und Erfindungen, beruht auch auf derselben rechtlichen Grundlage, es finden hierauf auch die nun zur Geltung gelangten Grundprinzipien bezüglich des gewerblichen geistigen Eigentums mut. mut. Anwendung und rechtfertigt sich daher aus diesem Gesichtspunkte diese Verbindung und gemeinsame Behandlung.

Dieses neue Gesetz zum Schutze der Warenbezeichnungen weist erhebliche Verbesserungen gegenüber dem alten Markenschutzgesetz auf. Es sind dies namentlich folgende:

1) daß dieser Schutz nicht nur, wie bisher, an im Firmenregister eingetragene Kaufleute, Fabrikanten 2c., sondern jedem Gewerbtreibenden, überhaupt jeder rechtsfähigen Person (physischen wie auch Korporationen, Firmen 2c.) ohne Rücksicht auf Eintrag in das Firmenregister, der nicht mehr Voraussetzung ist, verliehen werden kann;

2) daß ein besserer Schutz sowohl der Individual- wie der sogen. Freizeichen durch Einführung des formellen Vorprüfungs- und Aufgebotsverfahrens gewährleistet ist;

3) daß nicht mehr blos aus Buchstaben und Zahlen bestehende Zeichen absolut ausgeschlossen und unter Umständen blos aus Worten bestehende Zeichen zuläßig sind, sogen. Wortzeichen (z. B. Phantasieworte 2c.);

4) daß das Zeichenwesen nun beim Patentamte centralisirt ist, indem die Zeichenrolle nicht mehr von den Amtsgerichten sondern für das ganze Reich vom Patentamte geführt wird, und daß hierdurch, sowie durch erweiterte und verbesserte Publicität desselben Collisionen leichter vermieden werden können;

5) daß nun auch den nur zur Ausstattung, Verpackung u. s. w. dienenden Gegenständen, wie Etiketten, bildliche Darstellungen, Umhüllungen, Gefäße u. dergl., überhaupt alles, was man unter dem Namen „Aufmachung“ zusammenzufassen pflegt im geschäftlichen Verkehr, welche, nur einem Nebenzweck dienenden, Gegenstände nach dem bisherigen Rechtszustande nur unter

erschwerenden Umständen oder gar keinen gesetzlichen Schutz finden konnten, ein Rechtsschutz zu Teil werden kann (nach § 15 dieses Gesetzes);

6) daß jedermann auf Löschung eines gesetzlich unzulässigen Warenzeichens klagen kann (sogen. Popularklagen), endlich

7) daß der Gebührensatz erheblich herabgesetzt worden ist und bei Versäumung der Zahlungsfrist nicht ohne Weiteres (d. h. nicht ohne vorherige Mahnung) Verfall eintritt u. s. w.

Noch andere Verbesserungen werden sich bei der Erläuterung der einzelnen Bestimmungen dieses Gesetzes ergeben.

Eine sehr umfangreiche Rechtssprechung des Patentamtes sowie des Reichsgerichts hat sich schon in den wenigen Jahren seit Einführung des Gesetzes zum Schutze der Warenzeichen entwickelt, ganz besonders in Ansehung der Frage der Zulässigkeit von Wortzeichen 2c., von welchem die Industrie und das Gewerbe bisher einen sehr ausgiebigen Gebrauch gemacht hat, wie sich unten bei der Erläuterung des § 4 zeigen wird.

Was hier insbesondere noch den neu eingeführten Schutz von Etiketten und sonstigen Warenausstattungen z. B. durch die so sehr beliebten bildlichen Darstellungen, die z. B. in der chemischen und Cigarren-Industrie gebräuchlich sind, angeht, so kann solcher außer auf Grund des § 15 dieses Gesetzes, insoweit es sich um derartige bildliche Darstellungen (Vignetten, Etiketten 2c.) handelt, ohne Bedenken auch durch Eintrag der betr. Erzeugnisse als Flächenmuster cet. par. in das Register für Geschmacksmuster bewirkt werden, worauf oben schon hingewiesen wurde. Erfahrungsmäßig wird auch der letztere Weg, um Schutz für dergl. Flächenerzeugnisse zu erlangen, die zur verzierenden Ausstattung von mancherlei Waren dienen sollen, um dem Geschmack oder Modebedürfnis des kaufenden Publikums Genüge zu leisten, häufig von Industriellen gewählt, z. B. von lithographischen Anstalten, Druckereien 2c., die mit derartigen Ausstattungsartikeln nicht selten umfangreiche Geschäfte machen, durch deren Absatz an Fabrikanten oder Händler.

Schließlich reiht sich noch diesen Schutzgesetzen das neueste auf dem Gebiete des gewerblichen Rechtsschutzes erlassene Gesetz vom 1. Juli 1896 zur Bekämpfung des unlauteren Wettbewerbs (concurrence déloyale) an.

Ich habe schon oben im Eingang dieses Abschnittes darzulegen gesucht, inwiefern auch dieses Schutzgesetz mit den übrigen zum Schutze des gewerblichen geistigen Eigentums erlassenen Gesetzen im Zusammenhang steht, zum Teil von denselben rechtlichen Grundprinzipien beherrscht wird und ebenfalls zur Ausfüllung von mancherlei Lücken in jenen älteren Gesetzen dient.

Dieses Gesetz erstrebt nicht nur den Schutz von sogen. Betriebs- und Geschäfts-Geheimnissen mannigfachster Art, sondern auch den Schutz des Namens, der Firma, sowie aller sonstigen Geschäftsverhältnisse eines Gewerbtreibenden und nebenbei auch einen Schutz aller Gewerbtreibenden derselben Branche gegen schwindelhafte Reklamen und dergl. Bei Ersteren (den Geschäftsgeheimnissen) läßt sich wohl eine Art von gewerblichem geistigem Eigentum denken und analog konstruiren, während bei letzterer Art des unlauteren Wettbewerbs allerdings dieser rechtliche Gesichtspunkt nicht zutrifft und nur die gleichen rechtlichen Interessen der Industrie und des Gewerbes, wie bei den übrigen fr. Schutzgesetzen, und dasselbe Bedürfnis, den legitimen Gewerbebetrieb geschützt zu sehen, der Anlaß gewesen ist, auch diesen Erscheinungen eines unlauteren Wettbewerbs, als Auswüchse im Concurrenzkampfe der Industrie und Gewerbe, mit gesetzlichen Mitteln entgegenzutreten und sie in den Kreis der gewerblichen Schutzgesetze hereinzuziehen, weil die anderen Gesetze keine praktikable Handhabe dafür bieten (außer für die darin vorgesehenen speciellen Fälle, wie z. B. die in § 15 des Gesetzes zum

Schutze der Warenbezeichnungen) und auch die diesbezüglichen allgemeinen Bestimmungen des bürgerlichen Rechts hierfür nicht für ausreichend erachtet worden sind, wie von mancher Seite behauptet wird, unter Hinweis auf das französische Recht (Art. 1382 des code civil) und die damit gemachten Erfahrungen.

Die Erfahrungen, die man bisher auf diesem besonderen Gebiete des gewerblichen Rechtsschutzes gemacht hat, in der Praxis des Lebens (von einer Rechtsprechung kann noch keine Rede sein), sind noch nicht dazu angethan, um sich ein zuverlässiges Urteil über die Wirksamkeit dieses Schutzgesetzes zu bilden und zu zeigen wie sich dessen Anwendbarkeit auf die Fälle des praktischen vielgestaltigen Lebens, die zur Cognition der Gerichte kommen, bewähren wird.

Hierbei wäre zum Schluß nur noch der gewiß sehr gerechtfertigte Wunsch auszusprechen, daß von dem zum Schutze der Concurrenz in der Industrie erlassenen Strafbestimmungen gegen den unlauteren Wettbewerb, insbesondere gegen schwindelhafte Reklamen nur ein mäßiger Gebrauch gemacht werden, und solcher nicht zu einem gehässigen Denunziationswesen führen möchte, worüber am besten Verbände von Gewerbtreibenden (Kaufleuten, Fabrikanten 2c.) zu wachen hätten, denen auch die Verfolgung von Uebertretungen dieses Gesetzes (§§ 1—4) zu überlassen wäre und zwar ausschließlich; denn die Grenze zwischen einer erlaubten und unerlaubten (d. h. schwindelhaften) Reklame ist erfahrungsmäßig unter Umständen schwer zu ziehen bei den zahllosen, verschiedenartigsten Erscheinungsformen derselben und ist die Waffe, die dieses Gesetz darbietet, doch auch offenbar eine sehr zweischneidige, daher mit Vorsicht zu handhabende.

B.

Das Musterschutzgesetz
vom 11. Jan. 1876.
(Reichsgesetz betreffend das Urheberrecht an Mustern und Modellen.)

Wir **Wilhelm**, von Gottes Gnaden Deutscher Kaiser, König von Preußen ꝛc. verordnen im Namen des Deutschen Reichs, nach erfolgter Zustimmung des Bundesrats und des Reichstags, wie folgt:

§ 1.

Das Recht, ein gewerbliches Muster oder Modell ganz oder teilweise nachzubilden, steht dem Urheber desselben ausschließlich zu.

Als Muster oder Modell im Sinne dieses Gesetzes werden nur neue und eigentümliche Erzeugnisse angesehen.

I. Anmerkungen:

1. „ꝛc. ein gewerbliches Muster oder Modell ꝛc." Eine Definition dieser Begriffe ist in dem Gesetz nicht gegeben worden, da sich eine solche in völlig erschöpfender und zutreffender Weise ebensowenig wie beim Patentgesetz eine Definition des Begriffs einer Erfindung aufstellen läßt und

haben die nämlichen Gründe, welche die Gesetzgebung von einer Begriffsbestimmung des Wortes „Erfindung“ haben absehen lassen, auch die Unterlassung einer näheren Begriffsbestimmung dessen, was hier im Sinne des Gesetzes unter einem gewerblichem Muster oder Modell zu verstehen ist, veranlaßt. Der Natur der Sache nach, d. h. im Hinblick auf die Mannigfaltigkeit und Vielgestaltigkeit der Produktion auf gewerblichem Gebiete würde eine der Absicht des Gesetzes völlig entsprechende Feststellung oder auch nur Umschreibung dieser Begriffe mit unüberwindlichen Schwierigkeiten verknüpft sein und ist nicht wohl ausführbar.

Im Sinne dieses Gesetzes, wenn auch nicht seinem Wortlaute nach, werden indessen nur die sogen. Geschmacksmuster durch dasselbe geschützt (für die sogen. Gebrauchs- oder Nützlichkeitsmuster ist nun das neue Schutzgesetz vom 1. Juni 1891 erlassen) und versteht man hierunter alle Vorbilder für die Form von Industrieerzeugnissen, sofern diese Vorbilder zugleich dazu bestimmt oder geeignet sind, den Geschmack oder das ästhetische Gefühl (d. h. den Farben- und Formensinn) zu befriedigen. Die Geschmacksmuster selbst scheiden sich wieder in zwei Hauptgruppen ab, die in ihrer Erscheinungsart wesentlich von einander verschieden sind, nämlich in plastische (Modelle) und Flächenmuster, welch' letzteren sich durch ihre Zeichnung oder Farbenzusammenstellung vor anderen besonders auszeichnen, während die ersteren in körperlicher Gestaltung in die Erscheinung treten.

Im übrigen besteht kein prinzipieller Unterschied zwischen den Werken der höheren Kunstindustrie, die sich schon den Produkten der bildenden reinen Künste nähern und den einfachsten Mustern, die sich in alltäglichen Gebrauchsgegenständen darstellen, und (wie in den Motiven bemerkt wird) sogar in der Kombination von einfachen Linien und Punkten bestehen können; beide sonst so sehr verschiedenen Erzeugnisse (z. B. ein Kandelaber mit künstlerisch ausgeführten Figuren, im Gegensatz zu einem einfachen Kattunmuster) fallen gleichmäßig unter das Gesetz.

Ein neues, nach diesem Gesetz schutzfähiges Muster kann auch zugleich Gebrauchs- und Geschmacksmuster sein, da ja die Muster aller Art einem bestimmten materiellen Gebrauchszwecke dienen sollen und meist nur nebenbei den ästhetischen Zweck (Farb- oder -Formsinn zu befriedigen) verfolgen, d. h. auch die Aufgabe erfüllen sollen, den Anforderungen der Mode und des Luxus Rechnung zu tragen.

In dieser Beziehung sowie wegen der Grenzlinie zwischen den verschiedenartigen Mustern (Gebrauchs- und Geschmacksmustern) einerseits und den in das Gebiet des Patentschutzes fallenden Erfindungen 2c. ist hier auf die Einleitung zu verweisen, welche näheres hierüber enthält.

Ob ein Muster auf mechanischem Wege (fabrikmäßig) vervielfältigt wird oder nur Handarbeit ist, macht hierbei keinen Unterschied; ebensowenig kommt auf dessen künstlerischen Wert etwas an, d. h. ob es vor den allgemein gültigen Gesetzen der Aesthetik bestehen kann, sondern nur auf die Befriedigung eines mehr oder weniger gebildeten Geschmacks, wobei bekanntlich die jeweilige Mode des Tages eine Hauptrolle spielt.

2. „Urheber" ist derjenige, aus dessen geistiger produktiver Thätigkeit das Muster oder Modell hervorgegangen ist. Ein Gewerbtreibender, der ein von einem Zeichner oder Modelleur hervorgebrachtes Muster vervielfältigt, d. h. auf seine Industrieerzeugnisse überträgt, ist nicht als Urheber zu betrachten, sondern nur der Letztere. Hiervon ist in § 2 dieses Gesetzes eine Ausnahme gemacht.

Mehrere Personen können auch gleichzeitig als Urheber einzelner Teile oder des ganzen Musters betrachtet werden, d. h. bei dessen Herstellung thätig gewesen sein.

3. „ganz oder teilweise nachzubilden 2c." Hierzu ist § 4 zu vergleichen, woraus sich ergibt, daß die freie Benutzung einzelner Motive eines Musters zur Herstellung eines neuen Musters nicht unter das Verbot der Nachbildung fällt.

4. „nur neue und eigentümliche Erzeugnisse." In dieser, in dem Absatz 2 dieses § gegebenen, Erklärung, was im Sinne des Gesetzes unter einem Muster und Modell zu verstehen sei, liegt der Schwerpunkt und die Hauptschwierigkeit des ganzen Gesetzes; denn die Begriffe Neuheit und Eigentümlichkeit sind höchst relative und dehnbare, wie die tägliche Erfahrung lehrt und was vielfach in der Praxis der Gerichte zu Tage getreten ist. Nach den Motiven sind als solche anzusehen alle Muster, welche aus der eignen, geistigen, produktiven Thätigkeit des Urhebers (d. h. orginell)

entstanden und nicht bereits früher vorhanden gewesen oder so einfacher Natur sind, daß bei ihnen von einer geistigen Thätigkeit überhaupt nicht die Rede sein kann.

Sowenig wie durch bloße Reproduktionen von altertümlichen Gegenständen schutzberechtigte Muster oder Modelle entstehen, d. h. Urheberrechte daran erworben werden können (z. B. durch getreue Nachbildung antiker Hausgeräte, Gobelins u. dergl.), ebensowenig kann dies durch Nachbildung von in der Natur oder dem Leben schon vorhandenen, längst Gemeingut aller gewordener Formen geschehen, soweit nicht dabei von einer originellen Formenkombination zur Herstellung eines neuen Formenganzen die Rede sein kann.

Auch bezüglich dieser Frage ist auf die Einleitung zu verweisen, wo noch einiges nähere hierüber zu finden ist, und noch besonders die dort anempfohlene Vorsicht und Selbstbeschränkung bei Anmeldung neuer und eigentümlicher Erzeugnisse, die als Geschmacksmuster gelten sollen, zu betonen.

II. Rechtsprechung (des Reichsgerichts).

1. Das Reichsgesetz vom 11. Januar 1876 betreffend das Urheberrecht an Mustern und Modellen verleiht seinen Schutz nur den Geschmacksmustern, d. h. Mustern, welche durch neue und eigentümliche Zeichnung, Farbegebung oder plastische Form eines Industrieerzeugnisses den Geschmack der Kauflustigen zu befriedigen suchen, nicht auch den sog. Nützlichkeitsmustern, bei welchen nur die an die Form sich knüpfende besondere Nützlichkeit und Brauchbarkeit des Industrieerzeugnisses ꝛc. diesem besonderen Wert verleiht, also das Neue und Eigentümliche nicht in der Form für sich, sondern wesentlich in der gewerblichen Nutzbarkeit zu finden ist. Ob die Form den wahren Kunstsinn befriedigt oder ob sie nur dem wechselnden Geschmacke der Mode dient, ist im Sinne des Gesetzes gleichgültig (R.H.G. XXIV, 32).

2. Nicht jedes Vorbild für die Form eines Industrieerzeugnisses ist Gegenstand des Musterschutzes, Voraussetzung dieses Schutzes ist vielmehr, daß das Erzeugnis, für welches das Muster bestimmt ist, eben dadurch, daß es nach diesem hergestellt wird, den Geschmack befriedigt und dadurch besonderen Wert erhält (R.G.E. IV, 31).

3. Eine Verbindung von Formelememten zu einer neuen Individualform kann in ihrer für die Formempfindung charakteristischen Eigentümlichkeit in einer sehr großen Zahl von Fällen sowohl in Fläche, als auch plastisch durch Behandlung festen Stoffes ꝛc. zur Anschauung gebracht werden. Eine neue eigentümliche Buchstabenform erregt die Formempfindung des Anschauenden sowohl in der plastischen Ausgestaltung jener Form auf den gewerblichen Erzeugnissen der Schriftgießereianstalten. Patrizen (erhabener Schriftschnitt), Matrizen (vertieft eingeprägte) Typen (durch Guß des Schriftzeuges in die Matrizen) sind daher, wenn auch als Werkzeuge des Buchdruckereigewerbes zu betrachten, schutzfähige, gewerbliche Erzeugnisse, da es lediglich nach dem Gesetz darauf ankommt, daß das zum gewerblichen Vorbild bestimmte Werk eine neue eigentümliche Individualform für die Anschauung versinnlicht. Dergleichen Erzeugnisse können aber nach der ausdrücklichen Erklärung des Urhebers entweder nur für Flächenerzeugnisse oder nur für plastische Erzeugnisse bestimmt sein und Schutz genießen und je nach Art der Erklärung ꝛc. das Erzeugnis in der einen oder anderen Weise nachgebildet werden (R.G.C. XIV, 15).

4. Es kann keinem Zweifel unterliegen, daß durch Stilisierung und Ornamentierung von Buchstabenzeichen ebensowohl, wie etwa von mathematischen Figuren oder von gewöhnlichen Erscheinungen aus der Körperwelt (Blätter einer Pflanze u. dergl.), bildliche Darstellungen geschaffen werden können, denen nach Form oder Farbe ein künstlerischer oder kunstindustrieller Wert und eine ihnen innewohnende Originalität nicht abzusprechen ist. Und ebensowenig erscheint es zweifelhaft, daß, wenn auch die einzelnen Bestandteile eines Figurenbildes, jeder Teil für sich betrachtet, bekannt und allgemein verbreiteten Vorbildern entlehnt sind, durch die Kombinierung und Ausschmückung derselben dennoch ein neues und eigentümliches Erzeugnis hervorgebracht werden kann (R.G.St. XII, 57).

5. Die einem Muster gesetzlich zustehenden Schutzrechte werden dadurch nicht beeinträchtigt, daß das fragliche Muster nach den mit ihm verbundenen Zeichen Buchstaben oder dergl. erkennbar nur für den Gebrauch eines einzelnen Abnehmers bestimmt ist (z. B. für eine Eisenbahngesellschaft) (R.G.St. XII, 57).

6. Ueber die Abgrenzung des sachlichen Geltungsgebietes des Musterschutzgesetzes gegenüber dem Geltungsgebiete der sonstigen, das Urheberrecht betreffenden Reichsgesetze und des Patentgesetzes (vgl. Einleitung) sind in der oben (Pos. 3) mitgeteilten Entscheidung des Reichsgerichts in C.S. (XIV Nr. 15) folgende für die Praxis beachtenswerte Grundsätze entwickelt:

„Bei dem Gesetz vom 11. Januar 1876 (Musterschutzgesetz) kommt die Urheberschaft weder in Betracht als Urheberschaft an Zeichnungen und Abbildungen, welche zur Belehrung über Gegenstände des theoretischen Wissens als solche bestimmt sind, (diese finden ihren Schutz gegen Nachdruck durch das Gesetz vom 11. Juni 1870), noch als Urheberschaft in bezug auf solche Originalwerke, welche weder bestimmt sind, der Belehrung noch den Interessen des Gewerbes zu dienen, sondern von ihrem Urheber geschaffen sind, als Werke der bildenden Kunst, d. h. nicht als Mittel zu einem außerhalb ihres (in sich abgeschlossenen) Daseins liegenden Zwecke, sondern als schöne, einen individuellen geistigen Inhalt erschöpfend und harmonisch in der Reinheit der Linien, im Scheine der Farben, in der gediegenen Festigkeit des Materials darstellende Gestaltungen, welche ihren Schöpfer im Erschaffen und den Betrachtenden bei der Anschauung mit der idealen Freude an ihrer Schönheit erfüllen: denn die Urheberschaft des bildenden Künstlers als solchen ist geregelt durch das Gesetz vom 9. Januar 1876; noch schließlich als Urheberschaft in bezug auf Formen, welche zwar zu gewerblicher Verwertung, indessen nicht deswegen erfunden sind, um eine Erhöhung des Wertes gewerblicher, jene Form an sich tragender Erzeugnisse (infolge des Reizes der neu erfundenen eigentümlichen Form auf die Formempfindung der Abnehmer) zu erzielen, sondern deswegen, weil bestimmte Dinge, wenn sie derartig geformt sind, infolge dieser Formation geeigneter werden, Naturkräfte wirksam zur Erreichung eines bestimmten, technischen Effekts in Thätigkeit zu setzen oder zu leiten; denn die Rechte desjenigen, welcher zu diesem Zwecke die Formgestaltung von Gegenständen erfindet, regelt das Patentgesetz 2c.

Nach dieser Abgrenzung des Geltungsgebietes des Musterschutzgesetzes ergeben sich aus den Bestimmungen dieses Gesetzes folgende Grundsätze:

a) daß es bei dem Urheberrecht an Mustern und Modellen nicht wesentlich darauf ankommt, daß das betreffende Originalwerk Erzeugnis gerade eines bestimmten Gewerbes, noch als Vorbild gerade für die Erzeugnisse eines bestimmten Gewerbes erschaffen sei;

b) daß das Gesetz in bezug auf die in ihm geregelte Urheberschaft keinen Unterschied zieht zwischen zur Kunstindustrie gehörigen Gewerben, deren Erzeugnisse etwa (als allein geeignet, die Empfindung für die Schönheit und einen geläuterten Geschmack ästhetisch zu befriedigen) bei jener Urheberschaft allein in Betracht kämen, und den nicht der Kunstindustrie angehörigen Gewerben, in bezug auf deren Erzeugnisse die Urheberschaft im Sinne dieses Gesetzes etwa nicht existiere;

c) daß ferner das Gesetz ebensowenig in bezug auf die in ihm geregelten Urheberrechte für relevant erachtet eine Scheidung der Gewerbe nach ihrem Verhältnisse in bezug auf den Gebrauchszweck und die praktische Gebrauchsanwendung ihrer Erzeugnisse, namentlich nicht eine Scheidung zwischen solchen Gewerben, deren Erzeugnisse (was ihre bei diesem Gesetz gar nicht in Betracht kommenden Gebrauchszwecke und -Anwendung betrifft) als Werkzeuge für ein anderes Gewerbe erscheinen, und diesen anderen Gewerben;

d) daß das Gesetz vielmehr lediglich (im Zusammenhang mit der entsprechenden Beschränkung des dem Urheber zugestandenen Verbietungsrechts) die industriellen Erzeugnisse, bei denen im Sinne des von ihm geregelten Urheberrechts Nachbildungen vorkommen, in zwei große Kategorien scheidet, und zwar in die Kategorie solcher Erzeugnisse, in welchen dasjenige, was an dem Originalwerke als originell in Betracht kommt, (dieses Werk im Sinne des Gesetzes zu einem neuen, eigentümlichen Erzeugnis macht), in der Fläche nachgebildet wird, von der Kategorie, in welcher diese Nachbildung plastisch hergestellt wird, wobei das Gesetz entschieden davon ausgehen muß, daß dasjenige, was bei dem vorbildlichen Originalwerke (dem Muster oder Modell im Sinne des Gesetzes) in bezug auf dessen unerläßliche Neuheit und Eigentümlichkeit den Ausschlag gibt, seinem

Allgemeinbegriffe nach sowohl eine Nachbildung in der Fläche, als auch eine plastische Nachbildung ermögliche.

Aus allen diesen Momenten rechtfertigt sich der Schluß, daß im allgemeinen der Gegenstand des Urheberrechts nach dem Musterschutzgesetz besteht in bildlichen Ausgestaltungen einer Vereinigung von Formelementen zu einem (nicht etwa notwendigerweise schönen, oder die Ansprüche eines geläuterten Geschmacks befriedigenden, wohl aber notwendigerweise neuen und eigentümlichen, d. h. den Formensinn des jene Ausgestaltung Anschauenden in einer eigenartigen, von der Wirkung früher bekannter Verbindungen von Formelementen verschiedenen Weise berührender, und deswegen auch eine originelle Bethätigung der in Formen schöpferischen Kraft des Urhebers bei dieser Schöpfung anzeigenden) individuellen Formenganzen mit der Qualifikation, daß jene bildliche Ausgestaltung als gewerbliches Vorbild gesetzt ist, d. h. als Vorbild für die Nachbildung jenes neuen und eigentümlichen Formeninbegriffs in Gewerben auf oder in deren Erzeugnissen, um durch die Wirkung dieser eigentümlichen Formenschöpfung auf den Formensinn die gewerbsmäßige Verbreitung und Verwertung der betreffenden gewerblichen Erzeugnisse zu fördern 2c.

Nachtrag.

Entscheidungen des Reichsgerichts und anderer Gerichtshöfe (mitget. im B. F. P. M. u. Z.):

1. Durch die Eintragung eines Gebrauchsmusters in das Geschmacksmuster-Register wird der gesetzliche Schutz für dasselbe nicht erworben; eine solche Eintragung ist vielmehr unwirksam. (Entsch. des R. G. v. 26/9. 94. B. F. P. M. u. Z. I S. 276/80).

2. In einem Unistoff ist ein Muster (Flächenmuster) überhaupt nicht zu erkennen. Das durch eine andere Herstellungsprozedur hervorgerufene Aussehen eines Stoffes ist grundsätzlich nicht als Muster zu betrachten (Imitation von dänischem Leder auf Wirkware von Flor). (Entsch. des Landg. Chemnitz vom 5./1. 94. B. F. P. M. u. Z. I S. 402/405).

3. Bei der Benutzung von Tiergestalten (Löwen u. s. w.) zu Geschmacksmustern kann dann von Neuheit und Eigentümlichkeit gesprochen werden, wenn die Anpassung der betr. Tiergestalten für den bestimmten Zweck das Charakteristische

und künstlerisch Schwierige ist. (Entsch. des Landg. München vom 15./1. 94. B. F. P. M. u. Z. I S. 159/60.)

4. Plastisch gehaltene Figuren auf Scheiben für militärische Schießübungen sind als Geschmacksmuster nicht schutzfähig, weil der Musterschutzinhaber selbst mit den Mustern auf den Schönheitssinn einzuwirken nicht die Absicht hatte. (Entsch. des Landg. Dresden vom 25./9. 96. B. F. P. M. u. Z. III S. 99/101).

5. Bildnisse bestimmter Personen (z. B. des Kronprinzen) sind nicht geeignet, die Merkmale eines rechtlich geschützten Musters zu erfüllen. (Entsch. des R. G. St. XXI Nr. 54).

6. Die Herstellung eines Industrieerzeugnisses (Hemdkragen) aus anderem Material bei Gleichheit der Form kann nicht als neues Erzeugnis im Sinne des Musterschutzgesetzes angesehen werden, da eine von dem Material unabhängige eigenartige, abweichende Form dadurch nicht geschaffen wird. (Entsch. des R. G. St. XXIII Nr. 26).

7. Einem ordnungsmäßig angemeldeten u. eingetragenen Geschmacksmuster gebührt der gesetzliche Schutz auch dann, wenn die Anmeldung zu dem Zwecke geschah, die Konkurrenz anderer Gewerbtreibender auszuschließen. (Entsch. des R. G. St. XXVII Nr. 117).

§ 2.

Bei solchen Mustern und Modellen, welche von den in einer inländischen gewerblichen Anstalt beschäftigten Zeichnern, Malern, Bildhauern 2c. im Auftrage oder für Rechnung des Eigentümers der gewerblichen Anstalt angefertigt werden, gilt der Letztere, wenn durch Vertrag nichts anderes bestimmt ist, als der Urheber der Muster oder Modelle.

I. Anmerkungen:

1. „2c. inländische gewerbliche Anstalt." Es kommt nur darauf an, daß die betreffende Anstalt im Inland, d. h. im Gebiet des deutschen Reichs liegt, nicht darauf, daß der Inhaber deutscher Reichsangehöriger sei.

2. „Zeichner, Maler, Bildhauer 2c." Diese in einer gewerblichen Anstalt beschäftigten Personen müssen im

Sinne dieses Paragraphen in einem dauernden vertragsmäßigen Verhältnis zu dem Eigentümer stehen, also gewissermaßen als dessen Gewerbsgehilfen zu betrachten sein. Von anderen derartigen Personen, die den Fabrikanten einzelne Musterzeichnungen rc. auf Bestellung liefern, muß der letztere das Urheberrecht der ersteren durch besonderen Vertrag erst erwerben, d. h. sich übertragen lassen.

3 Der Eigentümer erwirbt das Urheberrecht an solchergestalt hergestellten Mustern direkt aber nur dann, wenn solche in seinem Auftrag und für seine Rechnung hergestellt worden sind.

II. Rechtsprechung (des Reichsgerichts):

Als Urheber eines Musters oder Modells, welches der Eigentümer einer gewerblichen Anstalt von einem Zeichner oder Maler hat anfertigen lassen, um es an einem Werke seiner Anstalt nachzubilden, gilt gesetzlich der betreffende Zeichner oder Maler, wenn nicht die Voraussetzung der Ausnahmebestimmung des § 2 vorliegt. Der Eigentümer der Anstalt kann das ausschließliche Vervielfältigungsrecht nur auf Grund eines speziellen Rechtstitels als Rechtsnachfolger des Urhebers erwerben (nach § 3) (R. G. St. XIII, 71).

§ 3.

Das Recht des Urhebers geht auf dessen Erben über. Dieses Recht kann beschränkt oder unbeschränkt durch Vertrag oder durch Verfügung von Todes wegen auf andere übertragen werden.

I. Anmerkungen:

1. „Uebergang des Rechts auf die Erben rc." findet statt, weil das Urheberecht vermögensrechtlicher Natur ist, wie alle anderen Urheberrechte auf dem Gebiete des gewerblichen geistigen Eigentums. Dasselbe kann daher auch Gegenstand letztwilliger Verfügungen sein.

2. „Beschränkte oder unbeschränkte Uebertragung durch Vertrag rc." Aus denselben Gründen, wie die Vererblichkeit, wird auch die Uebertragung des Urheberrechts durch Vertrag unter Lebenden auf Dritte für statthaft erklärt, welche Befugnis bei einem Gegenstand oder

Recht, das vermögensrechtlichen Charakter besitzt, sich eigentlich von selbst versteht.

3. Daß ein solches Urheberrecht (wie alle anderen) unter Umständen auch Gegenstand einer Zwangsvollstreckung sein kann, folgt aus den unter 1 und 2 bemerkten Grundsätzen von selbst, indem es sich bei den Mustern und Modellen nur um einen vermögensrechtlichen Schutz handelt. Der Gläubiger eines Musterschutzberechtigten tritt in diesem Falle, der indessen der Natur der Sache nach nur sehr selten eintreten wird, nur als Rechtsnachfolger des Urhebers auf, der eventuell auch das Muster oder Modell noch zur Anmeldung zu bringen, sowie überhaupt alle Rechte des Urhebers auszuüben, berechtigt erscheint.

II. Rechtsprechung:

(Bemerkenswerte Entscheidungen des Reichsgerichts hierzu liegen noch nicht vor.)

§ 4.

Die freie Benutzung einzelner Motive eines Musters oder Modells zur Herstellung eines neuen Musters oder Modells ist als Nachbildung nicht anzusehen.

I. Anmerkungen:

1. „Freie Benutzung einzelner Motive 2c." Wenn nach diesem Gesetz die einfache Nachbildung eines geschützten gewerblichen Musters 2c. im ganzen oder auch nur in seinen einzelnen Teilen (z. B. Fuß eines Trinkgeschirrs, Bügel eines Etuis, Schloß eines Albums u. dergl.) verboten ist, so ist doch die freie Benutzung einzelner Motive, d. h. die Aneignung einer in dem Muster liegenden Idee, die weitere Verarbeitung von in dem Muster enthaltenen Formelementen zu einer neuen selbständigen Gestaltung eines anderen Industrieerzeugnisses z. B. durch veränderte Gruppierung oder Kombination 2c. derselben erlaubt.

2. „2c. zur Herstellung eines neuen Musters 2c." Es muß also, wer sich auf die durch diesen Paragraph allgemein eingeräumte Befugnis berufen will, auch seinerseits ein neues (von dem andern verschiedenes) Muster aus den be-

nutzten Motiven (oder Formelementen) eines anderen hergestellt haben; es kann dieses neue Muster auch derselben Warengattung angehören, muß sich aber von demjenigen, dem die Motive dazu entlehnt worden sind, in charakteristischer Weise unterscheiden.

II. Rechtsprechung (des Reichsgerichts):

1. Die freie Benutzung einzelner Motive eines Musters oder Modells zur Herstellung eines, in seiner charakteristischen Gesamtindividualität neuen Musters oder Modells ist statthaft (R. H. G. XXIV, 106).

2. Vergl. hierzu auch die zu § 1, II Pos. 9 mitgeteilte Entscheidung des Reichsgerichts (R. G. C. XIV, 15).

§ 5.

Jede Nachbildung eines Musters oder Modells, welche in der Absicht, dieselbe zu verbreiten, ohne Genehmigung des Berechtigten (§ 1—3) hergestellt wird, ist verboten.

Als verbotene Nachbildung ist es auch anzusehen:

1) wenn bei Hervorbringung derselben ein anderes Verfahren angewendet worden ist, als bei dem Originalwerke, oder wenn die Nachbildung für einen anderen Gewerbszweig bestimmt ist, als das Original;

2) wenn die Nachbildung in anderen räumlichen Abmessungen oder Farben hergestellt wird, als das Original, oder wenn sie sich vom Original nur durch solche Abänderungen unterscheidet, welche nur bei Anwendung besonderer Aufmerksamkeit wahrgenommen werden können;

3) wenn die Nachbildung nicht unmittelbar nach dem Originalwerke, sondern mittelbar nach einer Nachbildung desselben geschaffen ist.

I. Anmerkungen:

1. „Jede Nachbildung eines Musters ꝛc." Unter Muster oder Modell im Sinne dieses Paragraphen kann nur ein wirklich schutzfähiges Muster, das bereits angemeldet und deponiert ist, verstanden werden. Was eine Nachbildung ist, ergibt sich aus dem Inhalte dieses Gesetzes von selbst, nämlich eine im wesentlichen identische Reproduktion des betreffenden Originalmusters, ohne daß hierbei unerhebliche, nicht auffällige, d. h. nur mit besonderer Aufmerksamkeit erkennbare Abweichungen vom Original (vgl. Pos. 2) in Betracht zu ziehen sind, sowie ohne Rücksicht auf das bei der Nachbildung eingehaltene Verfahren (vgl. Pos. 1), ob durch mechanische oder durch Handarbeit. Auch die Nachbildung eines Teils eines geschützten Musters (vgl. Anmerk. 1 zu § 4), dessen Neuheit vorausgesetzt, fällt ebenfalls unter dieses Verbot.

2. „ꝛc. ohne Genehmigung des Berechtigten ꝛc." Auf die Form der Erteilung einer solchen Genehmigung kommt es nicht an; dieselbe wird nicht vermutet, ist vielmehr im Streitfalle zu beweisen. Berechtigt hierzu ist nur der Urheber oder dessen Rechtsnachfolger, letzterer jedoch nur nach Maßgabe des Umfangs des ihm vom Urheber übertragenen Rechts (ob ganz und voll, oder ob nur in beschränktem Maße).

3. „ꝛc. Absicht, dieselben zu verbreiten ꝛc." Aus diesem wesentlichen Erfordernis des Thatbestandes der unerlaubten Nachbildung eines geschützten Musters folgt, daß ohne nachweisbare Verbreitungsabsicht eine verfolgbare Verletzung des Urheberrechtes nicht vorliegt und daß die Nachbildung irgend eines Musters nur zum Privatgebrauch nicht verboten sein soll. Die Verbreitungsabsicht ist nicht nur dann als vorhanden anzunehmen, wenn der betreffende Nachbildner die nachgemachten Muster dem Publikum zum Verkauf anbietet durch Auslegen (im Laden) oder Versendung, sondern auch bei jedem Bereithalten derselben zu diesem Zwecke, nicht aber durch bloße Ankündigung. Die Verbreitungsabsicht, die sich hiernach in gewerbsmäßiger Weise bethätigen muß, muß aber noch innerhalb der Schutzfrist in die Erscheinung treten, da eine Verbreitung nach deren Ablauf selbstverständlich keine Rechtsverletzung mehr enthalten würde. Dagegen ist es einerlei, ob dieselbe im Inlande oder Auslande erfolgt.

4. Die unter Nr. 1—3 in diesem Paragraph hervorgehobenen besonderen Fälle einer verbotenen Nachbildung bedürfen

keiner weiteren Erläuterung mehr. Bezüglich der unter Nr. 1 und 2 bemerkten Fälle ist auf die Anmerk. 1 zu diesem Paragraph zu verweisen und zu Nr. 3 darauf hinzuweisen, daß auch diese Gleichstellung einer Nachbildung nach dem Original mit der nach einer Nachbildung des Originals sich von selbst versteht und daß sogar der Regel nach meist nur Nachbildungen der letzteren Art in Frage kommen können.

II. Rechtsprechung (des Reichsgerichts):

1. Für die Frage, ob die Nachbildung eines Musters eine vorsätzliche sei, ist es unerheblich, ob dem Thäter die Anmeldung oder Niederlegung des geschützten Musters bekannt war (R. H. G. XXIV, 72).

2. Es ist zweifellos, daß schon die Veräußerung an nur eine Person, den Begriff der Verbreitung erfüllt.

Verbotene Nachbildung eines geschützten Musters mit strafbarer Verbreitungsabsicht liegt auch dann vor, wenn ein Dritter im Auftrage eines Abnehmers lediglich für dessen Gebrauchszwecke das Muster nachgebildet hat.

3. Die Wiedergabe eines Gemäldes in plastischem, zum Zwecke der Wirkung durchscheinenden Lichtes bearbeitetem Materiale (Porzellanmasse) sogen. Lithophanie ist keine erlaubte Nachbildung, d. h. keine Nachbildung eines Flächenmusters in plastischer Form (R. G. E. XVIII, 17).

§ 6.

Als verbotene Nachbildung ist nicht anzusehen:

1) die Einzelkopie eines Musters oder Modells, sofern dieselbe ohne die Absicht der gewerbsmäßigen Verbreitung und Verwertung angefertigt wird;
2) die Nachbildung von Mustern, welche für Flächenerzeugnisse bestimmt sind, durch plastische Erzeugnisse und umgekehrt;
3) die Aufnahme von Nachbildungen einzelner Muster oder Modelle in ein Schriftwerk.

I. Anmerkungen:

1. „Als verbotene Nachbildung ist nicht anzusehen ꝛc.“ Hiermit werden die Ausnahmen von der Regel

des § 5 festgestellt, d. h. diejenigen Fälle aufgeführt, welche nicht als verbotene Nachbildung von Mustern im Sinne des Gesetzes angesehen werden sollen, weil durch diese Nachbildung das vermögensrechtliche Interesse des Urhebers nicht beeinträchtigt werden kann, und hiervon drei Fälle ausgeschieden.

2. Zu 1: „Einzelkopie eines Musters." Eine solche soll dann erlaubt sein, wenn sie nicht in der Absicht, dieselbe gewerbsmäßig zu verbreiten und zu verwerten ꝛc., erfolgt und nicht auf mechanischem Wege, sondern durch Handarbeit hergestellt wird.

Das entscheidende Moment hierbei ist die gewinnsüchtige Absicht, deren Abwesenheit bei der Fertigung einer Einzelkopie die erlaubte Nachbildung bedingt.

3. Zu 2: Wenn hiernach auch die Nachbildung von Flächenmustern in plastischer Form gestattet, d. h. keine unerlaubte Nachbildung ist, und umgekehrt, so ist dies nicht so zu verstehen, als ob ein Flächenmuster, das sich an einem plastischen Gegenstand befindet (z B. die Flächenverzierung an einem Porzellangefäß) in derselben Form nachzubilden gestattet sei. Wegen dieser Ausnahmsbestimmung ist es geboten, daß bei jeder Anmeldung eines neuen Musters zugleich ausdrücklich erklärt wird, ob dasselbe für Flächen- oder plastische Erzeugnisse bestimmt sei, und wird jedes Muster nur in der einen oder anderen Eigenschaft geschützt.

4. Zu 3: Daß die Abbildung von Mustern in Schriftwerken, die lediglich zu wissenschaftlichen Zwecken erfolgt, ebenfalls ausnahmsweise als eine zulässige betrachtet werden muß, ist in der Natur der Sache begründet und selbstverständlich.

II. Rechtsprechung (des Reichsgerichts):

Das Gesetz macht den Schutz nicht davon abhängig, daß bei der Anmeldung eine der 2. in § 6 Ziffer 2 genannten Kategorien von Erzeugnissen ausdrücklich bezeichnet und daß richtig angegeben wird, für welche Kategorie das Muster in der That bestimmt ist (R. G. C. IV, 31).

Nachtrag.

Entscheidungen des Reichsgerichts (mitgeteilt im B. f. P. M. u. Z.):

Der Schutz von plastischen Geschmacksmustern gegen Nachahmung durch Flächenerzeugnisse erstreckt sich auch darauf, daß die Nachbildung von Flächenmustern, die sich als Zeichnungen zur plastischen Ausführung darstellen, verboten ist, weil präparatorische Zeichnungen mit dem Modell zusammenfallen (Entsch. vom 30./3. 97, B. f. P. M. u. Z. III, S. 160/62).

§ 7.

Der Urheber eines Musters oder Modells genießt den Schutz gegen Nachbildung nur dann, wenn er dasselbe zur Eintragung in das Musterregister angemeldet und ein Exemplar oder eine Abbildung des Musters 2c. bei der mit Führung des Musterregisters beauftragten Behörde niedergelegt hat.

Die Anmeldung und Niederlegung muß erfolgen, bevor ein nach dem Muster oder Modelle gefertigtes Erzeugnis verbreitet wird.

I. Anmerkungen.

1. Mit der Bestimmung dieses § wird das Prinzip ausgesprochen, daß der Musterschutz von der Registrierung und Hinterlegung des betreffenden Musters abhängig ist; diese Maßregeln sind daher obligatorisch und Bedingung für die Entstehung des Schutzes, der erst mit der Anmeldung und Deponierung beginnt.

2. „Anmeldung zur Eintragung 2c." Die Anmeldung eines Musters genügt nur dann zur Erwerbung des Schutzes, wenn mit ihr zugleich die Hinterlegung des betreffenden Musters erfolgt ist, und ist hierzu nicht auch noch die Eintragung erforderlich. Es gilt also hier derselbe Grundsatz wie bei dem Erwerb des Markenschutzes.

Berechtigt zur Anmeldung ist nur der Urheber oder dessen Rechtsnachfolger oder derjenige, der nach § 2 als solcher anzusehen ist. Die Anmeldung von seiten eines Nichtberechtigten ist wirkungslos; die Legitimation jedoch nicht, wie bei der Erteilung des Markenschutzes, von Amtswegen zu prüfen.

3. „Niederlegung des angemeldeten Musters" ist ebenfalls Bedingung für die Erwerbung des Schutzes und enthält § 9 die näheren Vorschriften, in welcher Weise dieselbe geschehen muß.

4. „Zeitpunkt der Anmeldung und Hinterlegung": Die Zeit, wann ein Muster angemeldet und hinterlegt werden muß, ist von Wichtigkeit für die Wirksamkeit des Schutzes und wird in diesem § Abs. 2 dahin bestimmt, daß beides vor der Verbreitung des betreffenden Musters geschehen sein muß, als sonst die Anmeldung unwirksam ist; denn sobald ein Muster verbreitet, d. h. auf irgend eine Weise in den Verkehr gebracht worden ist, ist dasselbe ins Freie gefallen, Gemeingut geworden und kann von jedem nachgebildet werden.

5. Ein geschütztes Muster mit einem „Registrierungsvermerk" („registriert", „deponiert", „geschützt") zu versehen, ist selbstverständlich zulässig, auch vielfach üblich, aber durch das Gesetz nicht vorgeschrieben und hat daher an sich keine rechtliche Bedeutung, nur insofern, als dadurch der Beweis der Vorsätzlichkeit einer unbefugten Nachbildung leichter hergestellt werden kann.

II. Rechtsprechung (des Reichsgerichts):

1. Eine Verbreitung im Sinne des Gesetzes liegt vor, wenn ein nach dem Muster gefertigtes Erzeugnis mitgeteilt oder zugänglich gemacht worden ist, ohne Unterschied, ob eine Veräußerung oder nur eine Gebrauchsgestattung stattgefunden hat; gleichgültig ist auch, ob das Erzeugnis durch den Urheber selbst oder ohne sein Wissen durch einen anderen verbreitet worden ist (R. G. C. IV, 31).

2. Die vereinzelte Versendung an einen Geschäftsfreund zur bloßen Ansicht, um ihn dadurch zu Bestellungen auf das nach dem Muster herzustellende Erzeugnis zu veranlassen, im Vertrauen auf hierauf beschränkte Benutzung, faßt eine Verbreitung im Sinne des Gesetzes nicht in sich (R. G. St. V, 121).

3. Eine Feststellung der Thatsache, daß die Anmeldung und Niederlegung vor Verbreitung eines nach dem Muster gefertigten Erzeugnisses erfolgt sei, ist nur dann in einer Anklagesache wegen unbefugter Nachbildung eines Musters geboten, wenn der Beschuldigte einen desfallsigen Einwand erhoben hat, da dies ein Strafausschließungsgrund ist (R. G. St. IV, 78).

§ 8.

Der Schutz des gegenwärtigen Gesetzes gegen Nachbildung wird dem Urheber des Musters oder

Modells nach seiner Wahl ein bis drei Jahre lang, vom Tage der Anmeldung ab (§ 7) gewährt.

Der Urheber ist berechtigt, gegen Zahlung der in § 12 Absatz 3 bestimmten Gebühr, eine Ausdehnung der Schutzfrist bis auf höchstens fünfzehn Jahre zu verlangen. Die Verlängerung der Schutzfrist wird in dem Musterregister eingetragen.

Der Urheber kann das ihm nach Absatz 2 zustehende Recht außer bei der Anmeldung auch bei Ablauf der dreijährigen und zehnjährigen Schutzfrist ausüben.

I. Anmerkungen:

1. „Verschiedenheit der Schutzfrist." Die praktische Erwägung, daß die verschiedenen Muster und Modelle bezüglich ihrer Schutzwürdigkeit und Schutzbedürftigkeit sehr verschieden sind, indem einzelne Muster (z. B. die meisten der sogen. Saison- und Modeartikel) nur für kürzere Dauer Schutz brauchen, während andere wertvollere und, weniger der wechselnden Laune der Mode unterworfene, Industrieerzeugnisse auf einen länger dauernden Schutz Anspruch erheben dürfen, hat dazu geführt, die Zeitgrenze für den Schutz von Mustern relativ zu bestimmen und dem betreffenden Urheber es in seine Wahl zu stellen, einen länger oder kürzer dauernden Schutz zu beantragen.

2. „2c. nach seiner Wahl 2c." Dem Urheber steht also innerhalb der gesetzlichen Minimal- und Maximalgrenze (von 1—15 Jahre) das völlig freie Wahlrecht zu; er kann bei der Anmeldung die kürzeste Schutzfrist verlangen und später deren Verlängerung beantragen, welche Berechtigung für ihn darum von Bedeutung ist, weil die größere oder geringere Absatzfähigkeit eines Musters 2c. nicht immer schon zur Zeit der ersten Anmeldung feststeht.

3. „2c. vom Tage der Anmeldung an." Die Schutzfrist beginnt also vom Tage der Anmeldung an zu laufen, d. h. von dem Tage an, an welchem die Anmeldung bei Gericht präsentiert oder protokolliert worden ist, nicht vom Tage des Eintrags an.

II. Rechtsprechung (fehlt).

§ 9.

Das Musterregister wird von den mit der Führung der Handelsregister beauftragten Gerichtsbehörden geführt.

Der Urheber hat die Anmeldung und Niederlegung des Musters oder Modells bei der Gerichtsbehörde seiner Hauptniederlassung, und falls er eine eingetragene Firma nicht besitzt, bei der betreffenden Gerichtsbehörde seines Wohnortes zu bewirken.

Urheber, welche im Inlande weder eine Niederlassung, noch einen Wohnsitz haben, müssen die Anmeldung und Niederlegung bei dem Handelsgericht in Leipzig bewirken.

Die Muster oder Modelle können offen oder versiegelt, einzeln oder in Packeten niedergelegt werden. Die Packete dürfen jedoch nicht mehr als 50 Muster oder Modelle enthalten und nicht mehr als 10 Kilogramm wiegen.

Die näheren Vorschriften über die Führung des Musterregisters erläßt das Reichskanzleramt.

Die Eröffnung der versiegelt niedergelegten Muster erfolgt drei Jahre nach der Anmeldung (§ 7), beziehentlich, wenn die Schutzfrist eine kürzere ist, nach dem Ablauf derselben.

Die Eintragung und die Verlängerung der Schutzfrist (§ 8 Alinea 2) wird monatlich im Deutschen Reichsanzeiger bekannt gemacht.

Die Kosten der Bekanntmachung hat der Anmeldende zu tragen.

I. Anmerkungen:

1. Die näheren Bestimmungen über die Führung des

Musterregisters enthält die Bekanntmachung des Reichskanzleramtes vom 29. Februar 1876.

2. „ꝛc von den mit der Führung des Handelsregisters beauftragten Gerichtsbehörden ꝛc." Dies sind jetzt die Amtsgerichte. Eine bei einer gesetzlich unzuständigen Behörde erfolgte Anmeldung ist rechtlich wirkungslos.

3. „Handelsgericht (jetzt Amtsgericht) in Leipzig." Die Bestimmung, daß Ausländer ihre Muster bei dem Amtsgericht in Leipzig anmelden und niederlegen müssen, steht in Uebereinstimmung mit der gleichen Bestimmung im Markenschutzgesetz und beruht auf derselben Grundlage.

4. „Eröffnung der versiegelt hinterlegten Muster." Durch die Eröffnung der versiegelten Muster wird selbstverständlich der Schutz gegen unbefugte Nachbildung nicht aufgehoben.

Die Geheimhaltung eines Musters oder Modells in der nach diesem § Abs. 4 zulässigen Weise, welche erst nach Ablauf von drei Jahren aufhören soll, ist übrigens eine Maßregel von zweifelhaftem Werte und abgesehen davon, daß sie in vielen Fällen der Natur der Sache nach nicht ausführbar ist, auch im allgemeinen nicht sehr empfehlenswert, in der Regel auch zwecklos. In Erkenntnis der Thatsache, daß diese Schutzeinrichtung mehr Nachteile wie Nutzen zur Folge gehabt hat, wird in weiten Kreisen der Industrie die Beseitigung derselben gewünscht, weil die durch § 11 gewährleistete Oeffentlichkeit des Musterregisters mit der nach § 9 gestatteten Geheimhaltung der Muster nicht vereinbarlich ist.

II. Rechtsprechung (fehlt).

§ 10.

Die Eintragungen in das Musterregister werden bewirkt, ohne daß eine zuvorige Prüfung über die Berechtigung des Antragstellers oder über die Richtigkeit der zur Eintragung angemeldeten Thatsachen stattfindet.

I. Anmerkungen.

1. „ꝛc. ohne zuvorige Prüfung über die Berechtigung des Antragstellers ꝛc." Das Gericht, dem die Führung des Musterregisters obliegt, hat nach dem in

diesem Gesetze angenommenen System der Schutzverleihung gar keine Vorprüfung, nicht einmal eine formelle Prüfung, wie beim Markenschutzgesetz, z. B. in Ansehung der Legitimation des Anmeldenden 2c. vorzunehmen. Die Feststellung der Identität des Antragstellers ist ein Erfordernis, das für alle Akte der freiwilligen Gerichtsbarkeit gleichmäßig gilt.

2. „2c. oder über die Richtigkeit der zur Eintragung angemeldeten Thatsachen 2c." Hiernach ist also auch jede materielle Vorprüfung bei allen zur Anmeldung kommenden Mustern und Modellen absolut ausgeschlossen, es ist dies schon eine notwendige Konsequenz der Bestimmung des § 9 Abs. 4, wonach alle Muster 2c. versiegelt deponiert werden dürfen. Alle in dieser Beziehung sich später ergebenden Streitfragen können daher nur hinterher im Prozeßweg zum Austrag gebracht werden.

II. Rechtsprechung: fehlt.

§ 11.

Es ist jedermann gestattet, von dem Musterregister und den nicht versiegelten Mustern und Modellen Einsicht zu nehmen und sich beglaubigte Auszüge aus dem Musterregister erteilen zu lassen. In Streitfällen darüber, ob ein Muster oder Modell gegen Nachbildung geschützt ist, können zur Herbeiführung der Entscheidung auch die versiegelten Packete von der mit der Führung des Musterregisters beauftragten Behörde geöffnet werden.

I. Anmerkungen:

1. „2c. von dem Musterregister und den nicht versiegelten Mustern 2c. Einsicht zu nehmen 2c." Durch die Bestimmung dieses Paragraphen wird das Prinzip der Oeffentlichkeit des Musterregisters anerkannt, jedoch findet dieselbe hiernach nur in beschränktem Maße statt, da ein erheblicher Teil der deponierten Muster sich jeder Besichtigung entzieht, die bloße Einsicht des Registers aber die erstere nicht ersetzen kann. Es wird daher der Zweck dieser Oeffentlichkeit des Musterregisters, jedem Gewerbtreibenden die Möglichkeit zu gewähren, sich Ueberzeugung davon zu verschaffen, ob das

Muster überhaupt gegen Nachbildung geschützt ist ꝛc., nicht in genügender Weise erreicht. Dieser Mangel einer hinreichenden Oeffentlichkeit muß die dabei interessierten Gewerbtreibenden zu um so größerer Vorsicht bei der Herstellung neuer Muster veranlassen, um sich nicht der Gefahr auszusetzen, in fremde Musterrechte einzugreifen.

2. „Eröffnung versiegelter Musterpackete in Streitfällen." Da (vgl. Anmerk. 1) die Oeffentlichkeit des Musterregisters keine unbedingte ist, so steht es nicht jedem frei, ohne weiteres die Eröffnung versiegelter Musterpackete zu verlangen, um festzustellen, ob ein bestimmtes Muster geschützt sei, und kann nur in Streitfällen von dem Prozeß- oder Strafrichter die Eröffnung solcher Packete angeordnet werden, auch in einem schiedsrichterlichen Verfahren.

II. Rechtsprechung (des Reichsgerichts):

Es ist keine unbedingte Voraussetzung der Entschuldbarkeit des Irrtums im Sinne des Gesetzes vom 11. Januar 1876, daß der Verfertiger einer Nachbildung sich vergewissert habe, ob ein Muster oder Modell im Musterregister eingetragen ist (R. G. St. IX, 125).

§ 12.

Alle Eingaben, Verhandlungen, Atteste, Beglaubigungen, Zeugnisse, Auszüge u. s. w., welche die Eintragung ins Musterregister betreffen, sind stempelfrei.

Für jede Eintragung und Niederlegung eines einzelnen Musters oder Packets mit Mustern ꝛc. (§ 9), wird, insofern die Schutzfrist auf nicht länger als drei Jahre beansprucht wird (§ 8 Absatz 1), eine Gebühr von 1 ℳ für jedes Jahr erhoben.

Nimmt der Urheber in Gemäßheit des § 8 Absatz 2 eine längere Schutzfrist in Anspruch, so hat er für jedes weitere Jahr bis zum zehnten Jahre einschließlich eine Gebühr von 2 ℳ, von elf bis fünfzehn Jahren eine Gebühr von 3 ℳ für jedes einzelne Muster oder Modell zu entrichten. Für jeden Eintragungsschein, sowie für jeden sonstigen Auszug aus dem Musterregister wird eine Gebühr von je 1 *M* erhoben.

I. Anmerkungen:

Die Höhe der Gebühren berechnet sich hiernach:

1. für die ersten drei Jahre für ein einzelnes Muster oder für ein Packet mit 50 Mustern auf je 1 *M*;

2. für die weiteren 4—10 Jahre für jedes Einzel-Muster auch die in versiegelten Packeten hinterlegten, da nach Ablauf der ersten 3 Jahre die Eröffnung der versiegelt niedergelegten Muster erfolgen muß (§ 9), also ohne Ausnahme auf je 2 *M* für jedes weitere Jahr; und

3. für die letzten Jahre der Schutzfrist vom 11.—15. ebenfalls für jedes einzelne Muster ohne Ausnahme auf je 3 *M* für jedes Jahr, so daß im Höchstbetrage für ein Muster für die ganze Schutzdauer 32 *M* zu zahlen sind. Die Erteilung eines Eintragscheines ist nicht erforderlich, d. h. keine Voraussetzung für den Schutz.

II. Rechtsprechung: (fehlt).

§ 13.

Derjenige, welcher nach Maßgabe des § 7 das Muster oder Modell zur Eintragung in das Musterregister angemeldet und niedergelegt hat, gilt bis zum Gegenbeweise als Urheber.

I. Anmerkungen:

1. Durch die Bestimmung dieses Paragraphen wird der rechtliche Grundsatz ausgesprochen, daß derjenige, der ein Muster in Gemäßheit der Vorschriften dieses Gesetzes ordnungsmäßig angemeldet und deponiert hat, die Rechtsvermutung der Urheberschaft für sich hat, d. h. nicht noch besonders zu beweisen braucht, selbst nicht im Bestreitungsfalle, daß er das betreffende Muster rc. wirklich selbst geschaffen, durch seine eigene schöpferische Thätigkeit hervorgebracht und nicht selbst einem fremden Muster nachgebildet hat, welcher Nachweis unter Umständen mit Schwierigkeiten verbunden sein würde und vom allgemeinen Rechtsstandpunkte aus nicht verlangt werden kann.

2. „zc. bis zum Gegenbeweise zc." Der zur Entkräftung dieser Rechtsvermutung (vgl. Anmerk. 1) verstattete Gegenbeweis kann auf jede nach den Grundsätzen des Civilprozesses zulässige Weise geführt werden und hat der Richter über das Resultat dieser Gegenbeweisführung nach seiner freien Ueberzeugung zu entscheiden.

II. Rechtsprechung (des Reichsgerichts):

1. Die in § 13 des Musterschutzgesetzes aufgestellte Rechtsvermutung geht auch dahin, daß das von dem Antragsteller zum Eintrag in das Musterregister angemeldete und niedergelegte Muster oder Modell ein neues sei (R. H G. XXIV, 106).

2. Wenn derjenige, welcher vom Urheber wegen unbefugter Nachbildung gerichtlich belangt wird, behauptet, daß der Kläger das Muster nicht selbst verfertigt habe, oder daß dasselbe kein schutzberechtigtes Original sei, so muß er, der Beklagte oder Beschuldigte, den Beweis für diese Behauptung übernehmen (R. G. C. VIII, 4).

§ 14.

Die Bestimmungen in den §§ 18—36, 38 des Gesetzes vom 11. Juni 1870, betreffend das Urheberrecht an Schriftwerken zc. (Bundesgesetzbl. 1870 S. 339) finden auch auf das Urheberrecht an Mustern und Modellen mit der Maßgabe entsprechende Anwendung, daß die vorrätigen Nachbildungen und die zur widerrechtlichen Vervielfältigung bestimmten Vorrichtungen nicht vernichtet, sondern auf Kosten des Eigentümers und nach Wahl desselben entweder ihrer gefährdenden Form entkleidet, oder bis zum Ablauf der Schutzfrist amtlich aufbewahrt werden.

Die Sachverständigen-Vereine, welche nach § 31 des genannten Gesetzes Gutachten über die Nachbildung von Mustern oder Modellen abzugeben haben, sollen aus Künstlern, aus Gewerbtreibenden verschiedener Gewerbszweige und aus sonstigen Personen, welche mit dem Muster- und Modellwesen vertraut sind, zusammengesetzt werden.

I. Anmerkungen:

Die Bestimmungen des Gesetzes vom 11. Juni 1870 das Urheberrecht an Schriftwerken 2c. betreffend über die civil- und strafrechtlichen Folgen einer unerlaubten Vervielfältigung, über das gerichtliche Verfahren und über die Verjährung sind auch für die aus dem Musterschutz sich ergebenden, gleichartigen Rechtsverhältnisse für anwendbar erklärt und unverändert darauf übertragen worden, weil diese verschiedenen Urheberrechte auf der nämlichen rechtlichen Grundlage beruhen und denselben rechtlichen Charakter haben.

Die Abweichung hinsichtlich der Behandlungsweise der vorrätigen, unerlaubten Nachbildungen, sowie der hierzu bestimmten Vorrichtungen (Formen, Stanzen und dergl.) rechtfertigt sich durch den höheren Wert der hierbei verarbeiteten Stoffe und die Zwecklosigkeit einer gänzlichen Vernichtung der nachgebildeten Muster.

II. Rechtsprechung (des Reichsgerichts):

In Bezug auf die gewerblichen Sachverständigenvereine, welche nach § 14 auch für streitige Musterschutzangelegenheiten gebildet worden sind, wird in einer Reichsgerichtsentscheidung (R. H. G. XXIV, 106) ausgesprochen, daß das Gutachten eines Sachverständigenvereins, in dem wissenschaftlich und namentlich ästhetisch gebildete Männer zusammenwirken mit Gewerbtreibenden, welche ausgewählt sind in Berücksichtigung bewährter Befähigung und geachteter Stellung, eine zuverlässigere Grundlage für die richterliche Beurteilung bildet, als Meinungsäußerungen noch so vieler von den Interessenten benannter, angeblich sachverständiger Personen.

§ 15.

Bürgerliche Rechtsstreitigkeiten, in welchen auf Grund der Bestimmungen dieses Gesetzes eine Klage wegen Entschädigung, Bereicherung oder Einziehung angestellt wird, gelten im Sinne der Reichs- und Landesgesetze als Handelssachen.

I. Anmerkungen:

1. Die Ueberweisung aller zivilrechtlichen, aus diesem Gesetze entspringenden Ansprüche an die Handelsgerichte (jetzt an die

bei den Landgerichten hierfür eingerichteten besonderen Kammern für Handelssachen) entspricht der gleichen für die Rechtsstreitigkeiten aus dem Markenschutz getroffenen Kompetenzbestimmungen und ist aus denselben Gründen geschehen.

2. Die, aus der Verletzung der Urheberrechte an gewerblichen Mustern und Modellen entspringenden, materiellen Rechtsverhältnisse unterliegen dagegen nicht den Bestimmungen des Handelsgesetzbuchs, d. h. sind nicht als Handelssachen im Sinne desselben (Art. 1) zu betrachten.

3. Strafsachen wegen verbotener Nachbildung von Mustern und Modellen gehören vor die zuständigen ordentlichen Strafgerichte, in letzter Instanz an das Reichsgericht.

II. Rechtsprechung (fehlt.)

§ 16.

Das gegenwärtige Gesetz findet Anwendung auf alle Muster und Modelle inländischer Urheber, sofern die nach den Mustern oder Modellen hergestellten Erzeugnisse im Inlande verfertigt sind, gleichviel ob dieselben im Inlande oder Auslande verbreitet werden.

Wenn ausländische Urheber im Gebiete des Deutschen Reichs ihre gewerbliche Niederlassung haben, so genießen sie für die im Inlande gefertigten Erzeugnisse den Schutz des gegenwärtigen Gesetzes.

Im übrigen richtet sich der Schutz der ausländischen Urheber nach den bestehenden Staatsverträgen.

I. Anmerkungen:

1. Den Schutz des vorliegenden Gesetzes genießen nur Inländer oder Ausländer, welche im Inlande (d. h. in Deutschland) ihre gewerbliche Niederlassung haben, für ihre im Inlande hergestellten Erzeugnisse (Muster oder Modelle) und wird also durch dieses Gesetz nur deutsches, nicht ausländisches Fabrikat geschützt.

2. „rc. inländische Urheber." Der betreffende Musterschutz nachsuchende Urheber muß deutscher Reichsangehöriger sein und zwar zur Zeit der Anmeldung und genießt derselbe auch diesen Schutz nur so lange, als er dieses Indigenat besitzt.

3. „ꝛc. im Inlande verfertigt ꝛc." Die nach dem geschützten Muster hergestellten Erzeugnisse müssen sämmtlich ohne Ausnahme im Inlande (Deutschland) verfertigt worden sein und wird demnach jeder Schutz hinfällig, sobald auch nur ein Exemplar des betreffenden Musters im Auslande hergestellt worden ist, und damit alle übrigen auch die im Inlande verfertigten Erzeugnisse schutzlos.

II. Rechtssprechung: (fehlt.)

§ 17.

Das gegenwärtige Gesetz tritt mit dem 1. April 1876 in Kraft. Es findet Anwendung auf alle Muster und Modelle, welche nach dem Inkrafttreten desselben angefertigt worden sind.

Muster und Modelle, welche vor diesem Tage angefertigt worden sind, genießen den Schutz des Gesetzes nur dann, wenn das erste nach dem Muster ꝛc. gefertigte Erzeugnis erst nach dem Inkrafttreten des Gesetzes verbreitet worden ist.

Muster und Modelle, welche schon bisher landesgesetzlich gegen Nachbildung geschützt waren, behalten diesen Schutz; jedoch kann derselbe nur für denjenigen räumlichen Umfang geltend gemacht werden, für welchen er durch die Landesgesetzgebung erteilt war.

Anmerkungen:

Die in diesem Paragraph enthaltenen Uebergangsbestimmungen waren sämmtlich transitorischer Natur, haben jetzt keine praktische Bedeutung mehr und bedürfen somit keiner näheren Erläuterung.

Die Vorschriften des Reichsgesetzes vom 11. Juni 1870, betreffend das Urheberrecht an Schriftwerken u. s. w., welche nach § 14 dieses Gesetzes auch auf das Urheberrecht an Mustern und Modellen entsprechende Anwendung finden sollen, sind in folgenden Paragraphen enthalten.

Entschädigung und Strafen.

§ 18.

Wer vorsätzlich oder aus Fahrlässigkeit einen Nachdruck (§§ 4 ff.) in der Absicht, denselben innerhalb oder außerhalb des deutschen Reichs zu verbreiten, veranstaltet, ist den Urheber oder dessen Rechtsnachfolger zu entschädigen verpflichtet und wird außerdem mit einer Geldstrafe bis zu 1000 Thaler bestraft.

Die Bestrafung des Nachdrucks bleibt jedoch ausgeschlossen, wenn der Veranstalter desselben auf Grund entschuldbaren, thatsächlichen oder rechtlichen Irrtums in gutem Glauben gehandelt hat.

Kann die verwirkte Geldstrafe nicht beigetrieben werden, so wird dieselbe nach Maßgabe der allgemeinen Strafgesetze in eine entsprechende Freiheitsstrafe bis zu sechs Monaten umgewandelt.

Statt jeder aus diesem Gesetz entspringenden Entschädigung kann auf Verlangen des Beschädigten neben der Strafe auf eine an den Beschädigten zu erlegende Geldbuße bis zum Betrage von 2000 Thaler erkannt werden. Für die Buße haften die zu derselben Verurtheilten als Gesamtschuldner.

Eine erkannte Buße schließt die Geltendmachung eines weiteren Entschädigungsanspruchs aus.

Wenn den Veranstalter des Nachdrucks kein Verschulden trifft, so haftet er dem Urheber oder dessen Rechtsnachfolger für den entstandenen Schaden nur bis zur Höhe seiner Bereicherung.

I. Anmerkungen:

1. **Vorsätzliche** Nachbildung eines Musters ist die mit Verbreitungsabsicht und mit dem Bewußtsein der Widerrechtlichkeit sowie der Verletzung eines fremden Urheberrechts ge-

schehene, ohne daß es auf eine gewinnsüchtige Absicht dabei ankommt.

Fahrlässige Veranstaltung einer solchen Nachbildung ist dann als vorhanden anzunehmen, wenn dem Thäter zwar das Bewußtsein der Widerrechtlichkeit fehlt, derselbe aber bei Bethätigung der Sorgfalt und Urteilskraft eines umsichtigen Geschäftsmanns die Verletzung eines fremden Urheberrechtes hätte vermeiden können.

2. „rc. in der Absicht rc. zu verbreiten rc.": Die Verbreitungsabsicht ist ein wesentliches Requisit des Thatbestandes des Vergehens einer widerrechtlichen Nachbildung.

3. „rc. veranstaltet rc." Veranstalter einer Nachbildung ist, wer ein fremdes geschütztes Muster für seine Rechnung anfertigt oder anfertigen läßt.

4. „Geldstrafe bis zu 1000 Thlr. (3000 ℳ)." Dieser Betrag ist das Strafmaximum und nach § 27 des Str. G. B. 3 ℳ das Strafminimum. Die ausschließlich angedrohte Geldstrafe kann nach Abs. 3 im Falle der Uneinbringlichkeit wie alle anderen Geldstrafen des allgemeinen Strafrechts in entsprechende Freiheitsstrafe, d. h. Gefängnisstrafe oder Haft umgewandelt werden (1 Tag Gefängnis für 3—15 ℳ Geldstrafe), jedoch nicht in mehr wie 6 Monate.

5. „auf Grund entschuldbaren, thatsächlichen oder rechtlichen Irrtums in gutem Glauben gehandelt hat." Thatsächlicher Irrtum ist ein solcher über Thatsachen, von deren Existenz oder Nichtexistenz der Thatbestand einer verbotenen Nachbildung abhängt. Er schließt, seine Entschuldbarkeit, d. h. das Nichtvorhandensein einer Nachlässigkeit (Anmerkung 1) vorausgesetzt, die Bestrafung wie die Schadensersatzpflicht aus.

Rechtsirrtum, d. h. Nichtkenntnis des Gesetzes oder Irrtum bezüglich der Auslegung desselben, welcher nach allgemeinen strafrechtlichen Grundsätzen nicht straflos macht, schließt hier, ebenfalls Entschuldbarkeit vorausgesetzt, eine Bestrafung aus, nicht aber die Entschädigungspflicht. In beiden Fällen ist guter Glauben anzunehmen, der durch das subjektive Moment der Entschuldbarkeit, d. h. der Abwesenheit einer Fahrlässigkeit im Sinne des Gesetzes bedingt ist.

6. Verbreitungsabsicht nicht aber die Verbreitung selbst ist Voraussetzung dieses Vergehens, das mit der Herstellung auch nur eines Nachbildungsexemplars vollendet wird. Dem-

gemäß ist auch die Strafbarkeit einer Nachbildung nicht durch eine hierdurch schon verursachte Beschädigung des Verletzten bedingt.

7. „Geldbuße bis zu 2000 Thlr. (6000 ℳ) statt jeder Entschädigung." Die Zuerkennung einer Geldbuße setzt aber unter allen Umständen eine Vermögensbeschädigung des Verletzten voraus. Die die Geldbuße betreffenden Bestimmungen in Absatz 4 und 5 sind mit den entsprechenden Bestimmungen des Markenschutzgesetzes für die Verletzung der Zeichenrechte ganz übereinstimmend (vgl. Anmerk. zu § 18 des Gesetzes zum Schutze der Warenbezeichnungen).

II. Rechtsprechung (des Reichsgerichts):

1. Zum Thatbestande des Vergehens der Nachbildung nach § 18 gehört die Absicht, dieselbe zu verbreiten, nicht die Verbreitung selbst (R. G. St. II, 102).

2. Zum vorsätzlichen Nachdruck (Nachbildung) ist eine eigennützige Absicht nicht erforderlich, sofern nur das Bewußtsein der Widerrechtlichkeit nicht fehlt (R. H. G. XVI, 63).

3. Der Ausdruck „verbreiten" ist im weitesten Sinne zu nehmen, wonach er alle Fälle umfaßt, in welchen der Veranstalter des Nachdrucks (oder der Nachbildung) denselben anderen Personen mitteilt oder zugänglich macht, ohne Unterschied, ob eine Veräußerung oder nur eine Gebrauchsgestattung stattfindet und ob die Mitteilung gegen Entgelt oder unentgeltlich erfolgt (R. H. G. XV, 88).

4. In subjektiver Beziehung genügt zum Thatbestand des Vergehens nach § 18 jedes, auch das geringste Verschulden, jede Außerachtlassung der erforderlichen Umsicht und Besonnenheit (R. H. G. XVI, 63).

5. Der entschuldbare, thatsächliche Irrtum des Abs. 2 des § 18 ist nicht ein selbständiger Strafausschließungsgrund, sondern nur die Negation der Fahrlässigkeit, deren eigentliches Wesen in einem verschuldeten Irrtum über die Kausalität der Handlung beruht (R. G. St. IV, 126).

6. Der Begriff entschuldbarer Irrtum, als Voraussetzung des guten Glaubens im Sinne des § 18 Abs. 2 ist ebenso sehr rechtlicher wie thatsächlicher Natur und gehört die Annahme eines entschuldbaren Rechtsirrtums nicht zu den der Revision entzogenen thatsächlichen Feststellungen (R. G. St. IX, 33).

7. Liegt ein entschuldbarer thatsächlicher Irrtum vor, dann ist auch die Fahrlässigkeit ausgeschlossen (R. G. St. IX, 125).

8. Derjenige, welcher auf Grund eines Eintrags im Musterregister eine Anklage wegen Zuwiderhandlung gegen das Musterschutzgesetz erhebt, ist ohne Rücksicht auf ein ihm zur Last fallendes Verschulden verpflichtet, dem freigesprochenen Beschuldigten die in der Untersuchung aufgewendeten Verteidigungskosten und den durch eine Beschlagnahme des als gesetzwidrige Nachbildung bezeichneten Musters entstandenen Schaden zu ersetzen (R. G. C. VIII, 4).

9. Verbotene Nachbildung eines geschützten Musters mit strafbarer Verbreitungsabsicht liegt auch dann vor, wenn ein dritter im Auftrage eines Abnehmers lediglich für dessen Gebrauchszwecke das Muster nachgebildet hat (R. G. St. XII, 57).

10. Bezüglich der strafbaren Fahrlässigkeit im Sinne des Gesetzes greifen die allgemeinen Grundsätze Platz und nach diesen liegt schuldhafte Fahrlässigkeit nur dann vor, wenn der Angeklagte an der, den Umständen nach gebotenen Aufmerksamkeit es hat fehlen lassen und wenn er bei Anwendung dieser Aufmerksamkeit die Vorstellung von der rechtsverletzenden Kausalität seines Handelns hätte gewinnen können. Es gibt keine gesetzliche Bestimmung, welche allgemein den Nachbildner irgend eines im Verkehr befindlichen Artikels die Verpflichtung auferlege, sich vorher über einen etwa bestehenden Schutz dieses Gegenstandes als Modell oder Muster zu vergewissern (R. G. St. XX, 77).

§ 19.

Darüber, ob ein Schaden entstanden ist, und wie hoch sich derselbe beläuft, desgleichen über den Bestand und die Höhe einer Bereicherung, entscheidet das Gericht unter Würdigung aller Umstände nach freier Ueberzeugung.

I. Anmerkungen:

Die gleiche Bestimmung bezüglich der Feststellung eines Schadensersatzanspruchs dem Grunde nach, sowie bezüglich der Ermittelung der Höhe desselben nach freiem richterlichem Ermessen unter Würdigung aller Umstände findet sich auch in dem Markenschutzgesetz und gelten hier dieselben Grundsätze wie dort. Es kommt bei dieser Frage immer auf die besonderen Umstände des konkreten Falles an und kann man für die Schadensberechnung nicht gut allgemein gültige Regeln aufstellen.

II. Rechtsprechung: (fehlt).

§ 20.

Wer vorsätzlich oder aus Fahrlässigkeit einen anderen zur Veranstaltung eines Nachdrucks veranlaßt, hat die im § 18 festgesetzte Strafe verwirkt und ist den Urheber oder dessen Rechtsnachfolger nach Maßgabe der §§ 18 und 19 zu entschädigen verpflichtet, und zwar selbst dann, wenn der Veranstalter des Nachdrucks nach § 18 nicht strafbar oder ersatzverbindlich sein sollte.

Wenn der Veranstalter des Nachdrucks ebenfalls vorsätzlich oder aus Fahrlässigkeit gehandelt hat, so haften beide dem Berechtigten solidarisch.

Die Strafbarkeit und Ersatzverbindlichkeit der übrigen Teilnehmer am Nachdruck richtet sich nach den allgemeinen gesetzlichen Vorschriften.

I. Anmerkungen:

1. Ueber die Begriffe „Vorsätzlichkeit“ und „Fahrlässigkeit“ vgl. Anmerk. 1 zu § 18.

2. „Wer veranlaßt rc.“ Als Veranlasser einer verbotenen Nachbildung ist derjenige zu betrachten, der den Veranstalter (§ 18) derselben hierzu verleitet hat, ist also gleichbedeutend mit Anstifter (z. B. ein Zeichner rc., der einen Fabrikanten oder Gewerbtreibenden durch Mitteilung einer widerrechtlich nachgebildeten Musterzeichnung, zu deren Vervielfältigung veranlaßt hat).

3. „rc. selbst dann, wenn der Veranstalter nicht strafbar ist.“ Diese Bestimmung weicht von den allgemeinen strafrechtlichen Vorschriften über die Strafbarkeit der Teilnehmer an einem Vergehen ab, ist aber hier durch die besonderen Verhältnisse bedingt, d. h. ein Erfordernis für einen wirksamen Schutz der Urheberrechte.

II. Rechtsprechung (des Reichsgerichts):

1. Der besondere Grund für die Strafausschließung des § 18 Abs. 2 (entschuldbarer Irrtum) gilt auch für den Veranlasser einer verbotenen Nachbildung (R. G. St. IV, 126).

2. Rechtsirrtum des Veranlassers eines Nachdrucks (bezw. einer verbotenen Nachbildung) befreit denselben, wenn er aus Fahrlässigkeit gehandelt hat, ebensowenig wie den Veranstalter von der Verpflichtung zum Schadensersatz (R. H. G. XVI, 62).

§ 21.

Die vorrätigen Nachdrucksexemplare und die zur widerrechtlichen Vervielfältigung ausschließlich bestimmten Vorrichtungen, wie Formen, Platten, Steine, Stereotypabgüsse 2c. unterliegen der Einziehung. Dieselben sind, nachdem die Einziehung dem Eigentümer gegenüber rechtskräftig erkannt ist, entweder zu vernichten oder ihrer gefährdenden Form zu entkleiden und alsdann dem Eigentümer zurückzugeben.

Wenn nur ein Teil des Werkes als Nachdruck anzusehen ist, so erstreckt sich die Einziehung nur auf den als Nachdruck erkannten Teil des Werkes und die Vorrichtungen zu diesem Teile.

Die Einziehung erstreckt sich auf alle diejenigen Nachdrucks-Exemplare und Vorrichtungen, welche sich im Eigentum des Veranstalters des Nachdrucks, des Druckers, der Sortimentsbuchhändler, der gewerbsmäßigen Verbreiter und desjenigen, welcher den Nachdruck veranlaßt hat (§ 20), befinden.

Die Einziehung tritt auch dann ein, wenn der Veranstalter und Veranlasser des Nachdrucks weder vorsätzlich noch fahrlässig gehandelt hat (§ 18). Sie erfolgt auch gegen die Erben derselben.

Es steht dem Beschädigten frei, die Nachdrucks-Exemplare und Vorrichtungen ganz oder teilweise gegen die Herstellungskosten zu übernehmen, insofern nicht die Rechte eines dritten dadurch verletzt oder gefährdet werden.

I. Anmerkungen:

1. Die Einziehung der Objekte des Vergehens (hier der widerrechtlich nachgebildeten Muster, sowie der ausschließlich zu deren Herstellung bestimmten Vorrichtungen, vgl. § 14) soll erfolgen, um jeder weiteren unbefugten Nachbildung vorzubeugen.

2. Bezüglich der abweichenden Bestimmung über die Behandlung der eingezogenen Exemplare und Vorrichtungen vgl. die Anmerkungen zu § 14.

3. Absatz 2 und 3 dieses § 21 bezieht sich nur auf den Nachdruck, nicht auch auf die verbotene Nachbildung von Mustern oder Modellen.

4. Dagegen findet die Bestimmung des Absatz 5 auch auf widerrechtlich nachgebildete Muster und Modelle Anwendung, deren Ueberlassung gegen Zahlung der Herstellungskosten verlangt werden kann, soweit dies ohne Beeinträchtigung der Rechte Dritter geschehen darf.

II. Rechtssprechung (des Reichsgerichts):

1. Die Einziehung, d. h. die Wegnahme, wie die Beschlagnahme (nur vorläufige Beschlagnahme ist hiervon wesentlich verschieden) ist als eine bloße Präventivmaßregel gegen die Fortsetzung und Wiederholung des Nachdrucks (bezw. der Nachbildung eines Musters 2c.) anzusehen (R. G. G. XVI, 63).

2. Wenn bloß die Befürchtung der künftigen Begehung eines Nachdrucks (oder einer Nachbildung) vorliegt, Nachdrucksexemplare oder zur widerrechtlichen Vervielfältigung ausschließlich bestimmte Vorrichtungen noch nicht hergestellt sind, kann eine Einziehung nicht angeordnet werden (R. G. G. XX, 95).

§ 22.

Das Vergehen des Nachdrucks ist vollendet, sobald ein Nachdrucks-Exemplar eines Werkes den Vorschriften des gegenwärtigen Gesetzes zuwider, sei es im Gebiete des Deutschen Reichs, sei es außerhalb desselben, hergestellt worden ist.

Im Falle des bloßen Versuchs des Nachdrucks tritt weder eine Bestrafung noch eine Entschädigungsverbindlichkeit des Nachdruckers ein. Die Einziehung der Nachdrucksvorrichtungen (§ 21) erfolgt auch in diesem Falle.

I. Anmerkungen:

1. „Das Vergehen ist vollendet ꝛc." Das Vergehen der verbotenen Nachbildung eines Musters oder Modells wird vollendet mit der Herstellung eines Exemplars ohne Rücksicht auf die Verbreitung (vgl. Anmerk. 6 zu § 18). Eine Ausnahme hiervon macht die Herstellung einer Einzelkopie (vgl. Anmerk. zu § 6).

2. Die Straflosigkeit eines Versuchs dieses Vergehens entspricht den allgemeinen strafrechtlichen Bestimmungen. Der Wegfall einer Entschädigungspflicht in diesem Falle ist selbstverständlich, weil durch eine bloß versuchte Nachbildung der verletzte Urheber noch nicht beschädigt wird.

Der Einziehung unterliegen im Versuchsfalle nur die Nachbildungsvorrichtungen, (Formen, Stanzen u. dergl.), sofern solche schon fertig sind,

II. Rechtsprechung (des Reichsgerichts):

1. Jede Herstellung weiterer Nachdrucksexemplare (bezw. Muster oder Modelle) nach dem ersten enthält die Fortsetzung des Vergehens, falls es sich nicht um ein neues selbständiges Reat handelt (R. G. St. IX, 33).

2. Die Veranstaltung eines Nachdrucks (einer Nachbildung eines Musters) wird dadurch nicht straflos, daß sie zum Zweck der Verbreitung in einem Lande geschieht, in welchem ein Schutz des geistigen Eigentums nicht stattfindet (R. G. St. IX, 33).

§ 23.

Wegen Rückfall findet eine Erhöhung der Strafe über das höchste gesetzliche Maß (§ 18) nicht statt.

Anmerkung:

Diese vom allgemeinen Strafrecht abweichende Bestimmung bedarf keiner näheren Erläuterung.

§ 24.

Wenn in den Fällen des § 7 Littr. a die Angabe der Quelle oder des Namens des Urhebers vorsätzlich oder aus Fahrlässigkeit unterlassen wird, so haben der Veranstalter und der Veranlasser des Abdrucks eine Geldstrafe bis zu 20 Thaler verwirkt.

Eine Umwandlung der Geldstrafe in Freiheitsstrafe findet nicht statt.

Eine Entschädigungspflicht tritt nicht ein.

Anmerkung:

Diese Bestimmung findet auf das Urheberrecht an Mustern und Modellen (d. h. den Musterschutz) selbstverständlich keine Anwendung.

§ 25.

Wer vorsätzlich Exemplare eines Werkes, welche den Vorschriften des gegenwärtigen Gesetzes zuwider angefertigt worden sind, innerhalb oder außerhalb des Deutschen Reichs gewerbsmäßig feilhält, verkauft oder in sonstiger Weise verbreitet, ist nach Maßgabe des von ihm verursachten Schadens den Urheber oder dessen Rechtsnachfolger zu entschädigen verpflichtet und wird außerdem mit Geldstrafe nach § 18 bestraft.

Die Einziehung der zur gewerbsmäßigen Verbreitung bestimmten Nachdrucks-Exemplare nach Maßgabe des § 21 findet auch dann statt, wenn der Verbreiter nicht vorsätzlich gehandelt hat.

Der Entschädigungspflicht, sowie der Bestrafung wegen Verbreitung unterliegen auch der Veranstalter und Veranlasser des Nachdrucks, wenn sie nicht schon als solche entschädigungspflichtig und strafbar sind.

I. Anmerkungen:

1. „Wer vorsätzlich." Das selbständige Vergehen der

Verbreitung widerrechtlich hergestellter Nachbildungen eines Musters 2c. kann nur vorsätzlich begangen werden, nicht aus Fahrlässigkeit. Ueber den Begriff des Vorsatzes vergl. Anmerk. 1 zu § 18.

2. „gewerbsmäßig feilhält." Ueber die Gewerbsmäßigkeit 2c. vergl. Anmerk. 3 zu § 5. Es genügt zur Vollendung dieses Vergehens schon die Verbreitung auch nur eines Exemplars der verbotenen Nachbildung.

3. „innerhalb oder außerhalb des Deutschen Reichs." Hiernach kommt es auf den Ort des Feilhaltens resp. der Verbreitung nicht an.

4. „zu entschädigen verpflichtet." Der Verbreiter haftet hiernach nur für den von ihm selbst verursachten Schaden und hierfür auch nicht solidarisch mit einem anderen Teilnehmer an dem Vergehen (z. B. mit dem Veranstalter). Anstatt jeder Entschädigung kann auch in diesem Falle wie beim Vergehen nach § 18 auf eine Geldbuße erkannt werden.

Ein Anspruch wegen Bereicherung kann aber unter keinen Umständen gegen den Verbreiter erhoben werden, wenn er nicht vorsätzlich gehandelt hat.

5. Wegen der Einziehung vergl. Anmerkung 1—4 zu § 21. Dieselbe findet in allen Fällen statt, auch wenn der Verbreiter nicht vorsätzlich gehandelt hat.

II. Rechtsprechung (des Reichsgerichts):

1. Das Vergehen des § 25 setzt bezüglich des Gegenstandes der Verbreitung nur den objektiven Thatbestand des Nachdrucks (Nachbildung) nicht aber auch die Strafbarkeit der Veranstalter oder Veranlasser voraus (R. G. St. X, 118).

2. Das Wort „gewerbsmäßig" in § 25 bezieht sich auf jede Art der Verbreitung, nicht bloß auf das Feilhalten oder Verkaufen (R. G. St. X, 118).

3. Erfolgt die Verletzung des Urheberrechtes gewerbsmäßig rücksichtlich mehrerer Schriftwerke 2c. (Muster oder Modelle), so ist die Strafe aus § 25 für jedes Werk (Muster) besonders zu erkennen (R. G. St. IV, 15).

Verfahren.

§ 26.

Sowohl die Entscheidung über den Entschädigungsanspruch, als auch die Verhängung der im gegenwärtigen Gesetze angedrohten Strafen und die Einziehung der Nachdrucks-Exemplare 2c. gehört zur Kompetenz der ordentlichen Gerichte.

Die Einziehung der Nachdrucks-Exemplare kann sowohl im Strafrechtswege beantragt, als im Civilrechtswege verfolgt werden.

I. Anmerkungen:

Die Kompetenz ist für die bürgerlichen Rechtsstreitigkeiten über Musterschutzfragen durch § 15 des Musterschutzgesetzes geregelt (vergl. Anmerk. zu § 15) für Strafsachen aus Kontraventionen gegen dieses Gesetz durch die Strafprozeßordnung für das Deutsche Reich.

II. Rechtsprechung (fehlt).

§ 27.

Das gerichtliche Strafverfahren ist nicht von Amtswegen, sondern nur auf den Antrag des Verletzten einzuleiten. Der Antrag auf Bestrafung kann bis zur Verkündigung eines auf Strafe lautenden Erkenntnisses zurückgenommen werden.

I. Anmerkungen:

1. Der Strafantrag, der für alle Vergehen aus diesem Gesetz wegen Verletzung eines Urheberrechtes erforderlich ist, kann sowohl schriftlich wie mündlich und auch durch Bevollmächtigte gestellt werden.

2. Ein derartiger Strafantrag kann bei mehreren Beteiligten an einem solchen Vergehen nicht geteilt werden und ist als gegen alle Teilnehmer an dem Vergehen gerichtet zu betrachten.

3. Die Zurücknahme eines Strafantrags gegen einen wirkt auch gegen alle übrigen Teilnehmer an einem Vergehen aus diesem Gesetz.

(Vergl. auch Anmerk. zu § 14 des Gesetzes zum Schutze der Warenbezeichnungen).

II. Rechtsprechung: (fehlt).

§ 28.

Die Verfolgung des Nachdrucks steht jedem zu, dessen Urheber- oder Verlagsrechte durch die widerrechtliche Vervielfältigung beeinträchtigt oder gefährdet sind.

Bei Werken, welche bereits veröffentlicht sind, gilt bis zum Gegenbeweise derjenige als Urheber, welcher nach Maßgabe des § 11 Absatz 1, 2 auf dem Werke als Urheber angegeben ist.

Bei anonymen und pseudonymen Werken ist der Herausgeber, und wenn ein solcher nicht angegeben ist, der Verleger berechtigt, die dem Urheber zustehenden Rechte wahrzunehmen.

Der auf dem Werke angegebene Verleger gilt ohne weiteren Nachweis als der Rechtsnachfolger des anonymen oder pseudonymen Urhebers.

I. Anmerkungen:

1. Das Recht, die widerrechtliche Nachbildung eines Musters oder Modells zivil- oder strafrechtlich zu verfolgen, steht dem betreffenden Urheber oder dessen Rechtsnachfolger zu. Ueber die Rechtsvermutung bezüglich der Urheberschaft vergl. Anmerk. 1 u. 2 zu § 13 des Musterschutzgesetzes.

2. Absatz 2 und 3 des § 28 finden der Natur der Sache nach auf Muster rc. keine Anwendung.

§ 29.

In den Rechtsstreitigkeiten wegen Nachdrucks einschließlich der Klagen wegen Bereicherung aus Nachdruck, hat der Richter, ohne an positive Regeln über die Wirkung der Beweismittel gebunden zu sein, den Thatbestand nach seiner freien, aus dem Inbegriff der Verhandlungen geschöpften Ueberzeugung festzustellen.

Ebenso ist der Richter bei Entscheidung der Frage: ob der Nachdrucker oder der Veranlasser des

Nachdrucks (§§ 18 u. 20) fahrlässig gehandelt hat, an die in den Landesgesetzen vorgeschriebenen verschiedenen Grade der Fahrlässigkeit nicht gebunden.

I. Anmerkungen:

1. Das in diesem § aufgestellte Prinzip der freien Beweiswürdigung ist auch für alle Rechtsstreitigkeiten aufgestellt und gelten hier auch die nämlichen Grundsätze, wie dort (vergl. § 260 der C. P. O. ferner auch Anmerk. zu § 19).

2. Die prozessualischen Regeln über die Verteilung der Beweislast werden aber durch dieses Prinzip nicht berührt, bleiben bestehen und hat hiernach der Kläger alle thatsächlichen Voraussetzungen seines Anspruchs, die objektiven wie die subjektiven, zu beweisen.

3. Der Richter hat ohne Rücksicht auf die bestehenden Unterschiede der verschiedenen Arten der Fahrlässigkeit ihrem Grade nach oder der zivil- oder strafrechtlichen Fahrlässigkeit (culpa) einfach nur festzustellen, ob den Angeklagten eine schuldhafte, d. h. vertretbare Fahrlässigkeit zur Last gesetzt werden kann (über den Begriff der Fahrlässigkeit im Sinne dieses Gesetzes vergl. Anmerk. 1 zu § 18).

II. Rechtsprechung (des Reichsgerichts):

Die Frage, ob eine Rechtsverletzung (d. h. eine Uebertretung des Musterschutzgesetzes) fahrlässig geschehen sei, unterliegt der freien, durch Unterscheidung von Fahrlässigkeitsgraden nicht beschränkten Würdigung des Richters (R. H. G. X, 21).

§ 30.

Sind technische Fragen, von welchen der Thatbestand des Nachdrucks oder der Betrag des Schadens oder der Bereicherung abhängt, zweifelhaft oder streitig, so ist der Richter befugt, das Gutachten Sachverständiger einzuholen.

I. Anmerkungen:

1. „ꝛc. technische Fragen ꝛc.“ Hiernach ist das von dem Richter nach seinem Ermessen einzuholende Gutachten von Sachverständigen lediglich auf technische Fragen, d. h. solcher

Fragen, zu deren Beantwortung besondere Fachkenntnisse gehören, beschränkt, darf sich also keinesfalls auf Rechtsfragen erstrecken. Im übrigen steht dem Richter die Art und Weise der Fragestellung an die Sachverständigen vollständig frei.

2. Der Richter ist aber in Gemäßheit des in § 29 aufgestellten Prinzips nicht verpflichtet, über technische Fragen unter allen Umständen Sachverständige zur Begutachtung beizuziehen, es steht dies vielmehr ganz in seinem Ermessen, wie er auch in deren Auswahl in keiner Weise beschränkt ist.

3. Doch soll der Richter bei streitigen technischen Fragen in Musterschutzangelegenheiten vorzugsweise Gutachten von Seiten der bestehenden Sachverständigenvereine einholen (vgl. die zu § 14 sub II mitgeteilte Reichsgerichtsentscheidung in R. H. G. XXIV, 106).

II. Rechtsprechung (des Reichsgerichts):

1. Der Richter kann auch bei technischen Fragen von Einholung eines Gutachtens Sachverständiger Umgang nehmen, falls er durch eigene Prüfung zu einer festen Ueberzeugung gelangt, und steht ihm somit auch das Recht der eigenen Prüfung eines erhobenen Gutachtens zu (R. H. G. VI, 35).

2. Für die Bemessung des Schadensersatzes ist die Einholung des Gutachtens nicht notwendig (R. H. G. XVI, 62).

3. Das Gericht ist nicht verpflichtet, bezüglich der Frage der Nachbildung das Gutachten des Sachverständigenvereins einzuholen (R. G. St. V, 24).

§ 31.

In allen Staaten des Deutschen Reichs sollen aus Gelehrten, Schriftstellern, Buchhändlern und anderen geeigneten Personen Sachverständigen-Vereine gebildet werden, welche auf Erfordern des Richters, Gutachten über die an sie gestellten Fragen abzugeben verpflichtet sind. Es bleibt den einzelnen Staaten überlassen, sich zu diesem Behufe an andere Staaten des Deutschen Reiches anzuschließen, oder auch mit denselben sich zur Bildung gemeinschaftlicher Sachverständigen-Vereine zu verbinden.

Die Sachverständigen-Vereine sind befugt, auf Anrufen der Beteiligten über streitige Entschädigungsansprüche und die Einziehung nach Maßgabe der §§ 18 bis 21 als Schiedsrichter zu verhandeln und zu entscheiden.

Das Bundeskanzler-Amt erläßt die Instruktion über die Zusammensetzung und den Geschäftsbetrieb der Sachverständigen-Vereine.

Anmerkungen:

1. Da die Sachverständigenvereine, insoweit sie auch Gutachten über die Nachbildung von Mustern und Modellen 2c. abgeben sollen, eine andere Zusammensetzung haben müssen, wie die für die Nachdruckstreitfragen gebildeten, so enthält der § 14 des Gesetzes vom 11. Januar 1876 die näheren Bestimmungen darüber, wie die Sachverständigenvereine für Musterschutzangelegenheiten gebildet werden sollen.

2. Daß den Sachverständigenvereinen zugleich die Befugnis beigelegt ist, als Schiedsgerichte in den hierzu geeigneten Fällen auf Anrufen der Parteien zu fungieren, entspricht einem allgemeinen Bedürfnis und finden auf diese gesetzliche Einrichtung die allgemeinen Grundsätze über Schiedsgerichte Anwendung.

§ 32.

Die in den §§ 12 und 13 des Gesetzes, betreffend die Errichtung eines obersten Gerichtshofes für Handelssachen vom 12. Juni 1869 (Bundesgesetzblatt S. 201) geregelte Zuständigkeit des Bundes-Oberhandelsgerichts zu Leipzig wird auf diejenigen bürgerlichen Rechtsstreitigkeiten ausgedehnt, in welchen auf Grund der Bestimmungen dieses Gesetzes durch die Klage ein Entschädigungsanspruch oder ein Anspruch auf Einziehung geltend gemacht wird.

Das Bundes-Oberhandelsgericht tritt auch in den nach den Bestimmungen dieses Gesetzes zu beurteilenden Strafsachen an die Stelle des für das Gebiet, in welchem die Sache in erster Instanz anhängig geworden ist, nach den Landesgesetzen bestehenden obersten Gerichtshofes, und zwar mit derjenigen Zuständigkeit, welche nach diesen Landesgesetzen dem obersten Gerichtshof gebührt.

In den zufolge der vorstehenden Bestimmungen zur Zuständigkeit des Bundes-Oberhandelsgerichts gehörigen Strafsachen bestimmt sich das Verfahren auch bei diesem Gerichtshofe nach den für das Gebiet, aus welchem die Sache an das Bundesoberhandelsgericht gelangt, geltenden Strafprozeßgesetzen. Die Verrichtungen der Staatsanwaltschaft in diesen Sachen werden bei dem Bundes-Oberhandelsgericht von dem Staatsanwalt wahrgenommen, welcher dieselben bei dem betreffenden obersten Landesgerichtshof wahrzunehmen hat. Der bezeichnete Staatanwalt kann sich jedoch bei der mündlichen Verhandlung durch einen in Leipzig angestellten Staatsanwalt oder durch einen in Leipzig wohnenden Advokaten vertreten lassen.

Strafsachen, für welche in letzter Instanz das Bundes-Oberhandelsgericht zuständig ist, und Strafsachen, für welche in letzter Instanz der oberste Landesgerichtshof zuständig ist, können in Einem Strafverfahren nicht verbunden werden.

Die Bestimmungen der §§ 10, 12 Absatz 2, § 16 Absatz 2, §§ 17, 18, 21 u. 22 des Gesetzes vom 12. Juni 1869 findet auch auf die zur Zuständigkeit des Bundes-Oberhandelsgerichts gehörenden Strafsachen entsprechende Anwendung.

Anmerkungen:

1. An Stelle des Bundes-Oberhandelsgerichts ist nun das Reichsgericht getreten.
2. In Gemäßheit der Bestimmung des § 15 des Gesetzes

vom 11. Januar 1876, wonach alle bürgerlichen Rechtsstreitigkeiten wegen Nachbildung von Mustern und Modellen als Handelssachen betrachtet werden sollen, ist die Zuständigkeit des Reichsgerichts auch für alle Musterschutzprozesse als oberste Instanz begründet; ebenso auch für alle Strafsachen auf Grund der Bestimmungen dieses § 32.

Verjährung.

§ 33.

Die Strafverfolgung des Nachdrucks und die Klage auf Entschädigung wegen Nachdrucks, einschließlich der Klage wegen Bereicherung (§ 18) verjähren in drei Jahren.

Der Lauf der Verjährung beginnt mit dem Tage, an welchem die Verbreitung der Nachdrucks-Exemplare zuerst stattgefunden hat.

I. Anmerkungen:

Die Bestimmung dieses § 33, wodurch für alle Klagen (civilrechtliche wie strafrechtliche) wegen Verletzung der Urheberrechte durch Nachdruck oder Nachbildung von Mustern 2c. eine einheitliche Verjährungsfrist von 3 Jahren eingeführt worden ist, bedarf keiner besonderen Erläuterung; es gelten hierzu die allgemeinen Grundsätze über die Klagverjährung.

Darauf, daß der Verletzte Kenntnis von der Verletzung seines Urheberrechts gehabt hat oder nicht, kommt nichts an und beginnt die Verjährung ohne Rücksicht hierauf ihren Lauf vom Tage der ersten Verbreitung des Musters 2c. an.

II. Rechtsprechung (des Reichsgerichts):

Nach § 33 Absatz 2 des Gesetzes vom 11. Juni 1870 beginnt die Verjährung ihren Lauf nicht mit dem Zeitpunkt der Vollendung des Vergehens des Nachdrucks (bezw. der Nachbildung eines Musters), sondern erst mit dem Tage, an welchem die Verbreitung der Nachdrucksexemplare (bezw. der nachgebildeten Muster) zuerst stattgefunden hat. (R. H. G. XXIV, 74).

§ 34.

Die Strafverfolgung der Verbreitung von Nachdrucks-Exemplaren und die Klage auf Entschädigung wegen dieser Verbreitung (§ 25) verjähren ebenfalls in drei Jahren.

Der Lauf der Verjährung beginnt mit dem Tage, an welchem die Verbreitung zuletzt stattgefunden hat.

I. Anmerkungen:

Die Verjährung des Vergehens der Verbreitung im Sinne des § 25 dieses Gesetzes nimmt erst ihren Anfang mit dem Tage der letzten Verbreitung von Exemplaren der strafbaren Nachbildung (bezw. Nachdrucks), weil es sich hier um ein sog. fortgesetztes Vergehen handelt. (Vgl. im übrigen die Anmerk. zu § 33).

II. Rechtsprechung (des Reichsgerichts):

Die Verjährung des Vergehens der Verbreitung 2c. von Exemplaren eines widerrechtlichen Nachdrucks (oder Nachbildung eines Musters) kann solange nicht beginnen, als die Verbreitung 2c. noch dauert. (R. H. G. XXV, 50).

§ 35.

Der Nachdruck und die Verbreitung von Nachdrucks-Exemplaren sollen straflos bleiben, wenn der zum Strafantrage Berechtigte den Antrag binnen drei Monaten nach erlangter Kenntnis von dem begangenen Vergehen und von der Person des Thäters zu machen unterläßt.

Anmerkungen:

Diese Bestimmung, daß der Strafantrag wegen der Vergehen aus diesem Gesetze binnen 3 Monaten vom Tage der erlangten Kenntnis an zu stellen sei, ist übereinstimmend mit der in dem St. G. B. (§ 61) für alle Antragsvergehen gegebenen gleichen Vorschrift.

Der Ablauf dieser Antragsfrist, die lediglich für die Straffrage von Bedeutung ist, schließt aber selbstverständlich die Geltendmachung eines Entschädigungsanspruchs oder den Antrag auf Zuerkennung einer Geldbuße anstatt einer Entschädigung nicht aus.

§ 36.

Der Antrag auf Einziehung und Vernichtung der Nachdrucks-Exemplare, sowie der zur widerrechtlichen Vervielfältigung ausschließlich bestimmten Vorrichtungen (§ 21), ist so lange zulässig, als solche vorhanden sind.

Anmerkungen:

Die Einziehung 2c. von widerrechtlich angefertigten Nachdrucks- oder Nachbildungs-Exemplaren 2c. kann auch noch dann beantragt werden, wenn das Urheberrecht inzwischen erloschen ist.

§ 37.

Die allgemeinen gesetzlichen Vorschriften bestimmen, durch welche Handlungen die Verjährung unterbrochen wird.

Die Einleitung des Strafverfahrens unterbricht die Verjährung der Entschädigungsklage nicht, und ebenso wenig unterbricht die Anstellung der Entschädigungsklage die Verjährung des Strafverfahrens.

Anmerkungen:

In Bezug auf die Unterbrechungsgründe der Verjährung der Straf- wie der Civilklage wird hier auf die allgemeinen, gesetzlichen Vorschriften verwiesen, welche auch hier zur Anwendung kommen sollen.

Da nach diesem § Abs. 2 durch die Einleitung eines Strafverfahrens die Verjährung bezüglich der Entschädigungsklage nicht unterbrochen wird, so empfiehlt es sich für den Verletzten anstatt im Untersuchungsverfahren, dessen Resultat immerhin unsicher ist, Antrag auf Zuerkennung einer Geldbuße zu stellen, eine Entschädigungsklage im Civilwege zu erheben.

C.

Ausführungsverordnungen zum Musterschutzgesetz vom 11. Jan. 1876.

I. Bekanntmachung des Reichskanzler-Amts vom 29. Februar 1876. Die näheren Bestimmungen über die Führung des Muster-Registers betr.

§ 1. Das Musterregister wird von den mit der Führung der Handelsregister beauftragten Gerichtsbehörden geführt (§ 9 des Gesetzes vom 11. Januar 1876 betreffend das Urheberrecht an Mustern und Modellen).

Soweit im Nachstehenden nichts Abweichendes bestimmt ist, kommen die Vorschriften über die Führung des Handelsregisters auch bei dem Musterregister zur Anwendung.

§ 2. Das Musterregister wird nach dem anliegenden Formular A. eingerichtet. Zu demselben ist ein Verzeichnis anzulegen, welches die eingetragenen Namen, bezw. Firmen in alphabetischer Reihenfolge enthält.

§ 3. Zu dem Musterregister werden Akten angelegt, in welche, nach der Zeitfolge, alle dasselbe betreffenden Eingaben, Verhandlungen, Urkunden 2c. gebracht werden.

Eingaben und Verhandlungen, in welchen ein Antrag auf Eintragung in das Musterregister enthalten ist, müssen mit dem Vermerke versehen werden, an welchem Tage und zu welcher Stunde sie bei dem Gerichte eingegangen sind.

§ 4. Die Exemplare und Abbildungen der Muster 2c., welche in Gemäßheit des § 7 des Gesetzes beim Gericht niedergelegt werden, sind in einem besonderen, leicht zugänglichen

Behältnisse sicher aufzubewahren und mit einem Papierstreifen zu versehen, auf welchem das betreffende Blatt des Musterregisters und der Akten angegeben ist.

§ 5. Die Anträge auf Eintragung in das Musterregister können schriftlich und mündlich zu Protokoll gestellt werden. Im ersteren Falle muß die Echtheit der Unterschrift des Antragstellers von einer zur Führung eines öffentlichen Siegels berechtigten Person, unter Beidrückung dieses Siegels, amtlich beglaubigt sein; im letzteren Falle muß die Identität der Person des Antragstellers, sofern derselbe dem Gericht nicht bekannt ist, durch einen bekannten und glaubhaften Zeugen erwiesen werden.

§ 6. Bei der Anmeldung muß bestimmt angegeben werden, ob das Muster 2c., dessen Eintragung verlangt wird, für Flächenerzeugnisse oder für plastische Erzeugnisse bestimmt ist (§ 6 Nr. 2 des Gesetzes). Wenn der Anmeldende eine solche Angabe unterlassen hat, so ist er zur nachträglichen Beibringung derselben mit dem Bemerken aufzufordern, daß die Eintragung des Musters 2c. vor Abgabe dieser Erklärung nicht erfolgen könne. Die Anmeldung eines und desselben Musters 2c. für Flächenerzeugnisse und für plastische Erzeugnisse ist unzulässig.

§ 7. Die Muster können offen oder versiegelt, einzeln oder in Packeten niedergelegt werden. Die Packete dürfen nicht mehr als fünfzig Muster 2c. enthalten und nicht mehr als zehn Kilogramm wiegen (§ 9 Absatz 4 des Gesetzes).

Wenn bei der Gerichtsbehörde ein Packet eingeht, welches mehr als zehn Kilogramm wiegt, oder welches nach der Abschrift, bezw. nach dem Anschreiben mehr als 50 Muster enthält, so ist dasselbe zurückzusenden und die Eintragung in das Musterregister zu verweigern. Auf den Packeten muß äußerlich angegeben sein, wieviel Muster 2c. in denselben enthalten sind.

Außerdem müssen an jedem Muster, bezw. an jedem Packete mit Mustern die Fabriknummern oder die Geschäftsnummern, unter welchen die Muster in den Geschäftsbüchern des Urhebers oder seines Rechtsnachfolgers eingetragen sind, angegeben sein.

§ 8. Alle Eingaben, Verhandlungen, Atteste, Beglaubigungen, Zeugnisse, Auszüge 2c., welche die Eintragung in das Musterregister betreffen, sind stempelfrei.

Die Gebühren, welche für die Eintragung und Niederlegung der Muster entrichtet werden müssen, sind im § 12 des Gesetzes angegeben.

Außerdem hat der Anmeldende nach § 9 des Gesetzes die Kosten der Bekanntmachung im Deutschen Reichsanzeiger zu tragen. Die Kosten betragen für die Bekanntmachung jeder einzelnen 1 ℳ 50 ₰ (nach der Bekanntmachung vom 23. Juli 1876 betragen die Kosten für die Bekanntmachung einer Eintragung einer Schutzfrist oder ihrer Verlängerung 2 ℳ 50 ₰) Eintragscheine werden nur auf ausdrückliches Verlangen des Anmeldenden erteilt. Für jeden solchen Schein, sowie für jeden sonstigen Auszug aus dem Musterregister wird eine Gebühr von 1 ℳ erhoben (§ 12 des Gesetzes).

Die Gebühren sind entweder bar an das Gericht einzusenden oder, auf Verlangen des Anmeldenden, durch Postvorschuß von demselben einzuziehen.

§ 9. Wenn in Gemäßheit des § 8 des Gesetzes eine Verlängerung der Schutzfrist beantragt wird, so ist diese Verlängerung im Musterregister in Spalte 7 einzutragen.

Die Verlängerung der Schutzfrist wird ebenfalls im Deutschen Reichsanzeiger bekannt gemacht, und es hat derjenige, welcher die Verlängerung nachsucht, außer den in § 12 des Gesetzes bestimmten Gebühren die Kosten der Bekanntmachung mit 1 ℳ 50 ₰ zu tragen.

§ 10. Die Eintragung und die Verlängerung der Schutzfrist wird monatlich im Deutschen Reichsanzeiger bekannt gemacht (§ 9 des Gesetzes). Die mit der Führung des Musterregisters betraute Behörde hat am Schlusse jedes Monats ein Verzeichnis der von ihr im Laufe des verflossenen Jahres bewirkten Eintragungen an die „Expedition des Deutschen Reichs- und Preußischen Staatsanzeigers in Berlin“ portofrei einzusenden und zugleich den Kostenbetrag für die Bekanntmachung (siehe §§ 8 u. 9) beizufügen.

Die Expedition des Deutschen Reichsanzeigers übersendet dem Gerichte über die erfolgte Bekanntmachung kostenfrei ein Belagsblatt, welches zu den Akten zu bringen ist. Die Bekanntmachung ist nach folgendem Muster abzufassen:

A. In das Musterregister ist einzutragen: Nr. 1. Firma S c h m i d t & C i e. in Leipzig: Ein Muster für Teppiche; offen; Flächenmuster; Fabriknummer 100; Schutzfrist 1 Jahr; angemeldet am 1. April 1876, vormittags 9 Uhr. — Nr. 2. Fabrikant S c h u l z in Leipzig: Ein Packet mit 20 Mustern für Tapeten; Flächenmuster; Fabriknummer 10—29; Schutzfrist 3 Jahre; angemeldet am 2. April 1876, vormittags 10 Uhr.

— Nr. 3. Glasfabrik von Müller in Leipzig: Eine Glaskrone; versiegelt; Muster für plastische Erzeugnisse; Fabriknummer 20; Schutzfrist 10 Jahre; angemeldet am 3. April 1876, vormittags 11 Uhr.

Leipzig, den 30. April 1876.

Königl. Handelsgericht.

B. In das Musterregister ist eingetragen: Bei Nr. 1. Firma Schmidt & Cie. in Leipzig hat für das unter Nr. 1 eingetragene Teppichmuster die Verlängerung der Schutzfrist bis auf 3 Jahre angemeldet.

Leipzig, den 31. Dezember 1876.

Königl. Handelsgericht.

§ 11. Die versiegelt niedergelegten Muster rc. werden nach Ablauf der Schutzfrist oder, falls die Schutzfrist 3 Jahre übersteigt, nach Ablauf von 3 Jahren, von der Anmeldung ab gerechnet, von Amtswegen eröffnet und können alsdann von jedermann eingesehen werden.

Damit die Eröffnung rechtzeitig erfolge, ist über die versiegelt niedergelegten Muster ein besonderes Verzeichnis zu führen, in welchem der Tag vermerkt wird, an welchem die amtliche Eröffnung vorzunehmen ist. Ueber die erfolgte Oeffnung ist eine kurze Verhandlung aufzunehmen, welche bei den Akten bleibt.

§ 12. Die niedergelegten Muster rc., sowie deren Abbildungen werden 4 Jahre nach Ablauf der Schutzfrist aufbewahrt. Demnächst ist der Urheber, bezw. sein Rechtsnachfolger, aufzufordern, die Muster rc. wieder in Empfang zu nehmen, widrigenfalls über dieselben anderweitig verfügt werden würde.

Wenn der Urheber, bezw. sein Rechtsnachfolger, die Muster rc. nicht in Empfang nimmt, so ist wegen deren weiteren Verwendung die Bestimmung des Reichskanzleramts im geordneten Geschäftswege einzuholen.

II. Bestimmungen des Reichskanzler-Amts über die Zusammensetzung und den Geschäftsbetrieb der künstlerischen, photographischen und gewerblichen Sachverständigenvereine vom 29. Febr. 1876 und bezw. Bekanntmachung des Reichskanzlers vom 16. Juli 1879.

§ 1. In Gemäßheit:

a) des § 16 des Gesetzes vom 9. Januar 1876, betr. das

Urheberrecht an Werken der bildenden Künste (Reichsgesetzblatt S. 4),

b) des § 10 des Gesetzes vom 10. Januar 1876, betr. den Schutz der Photographien gegen unbefugte Nachbildung (Reichsgesetzblatt S. 8),

c) des § 14 des Gesetzes vom 11. Januar 1876, betr. das Urheberrecht an Mustern und Modellen (Reichsgesetzblatt S. 11) werden

a) künstlerische,

b) photographische,

c) gewerbliche

Sachverständigenvereine gebildet. In keinem Bundesstaate darf mehr als ein künstlerischer, ein photographischer und ein gewerblicher Sachverständigenverein bestehen.

§ 2. Der künstlerische und der photographische Sachverständigenverein besteht aus je sieben, der gewerbliche Sachverständigenverein aus zehn Mitgliedern, einschließlich des Vorsitzenden. Für den Fall der Verhinderung einzelner Mitglieder wird eine Anzahl Stellvertreter ernannt

§ 3. Die Ernennung der Mitglieder und Stellvertreter erfolgt durch die zuständige Zentralbehörde, welche auch den Vorsitzenden und dessen Stellvertreter aus der Zahl der Vereinsmitglieder bestimmt. Die Mitglieder und Stellvertreter werden als Sachverständige ein für allemal vereidet.

§ 4. Die Vereine haben das von ihnen verlangte Gutachten nur dann abzugeben, wenn von dem ersuchenden Gerichte

1. in dem Ersuchungsschreiben die zu begutachtenden Fragen einzeln aufgeführt,

2. dem Vereine übersendet sind:

a) die gerichtlichen Akten,

b) die zu vergleichenden Gegenstände, deren Identität durch Anhängung des Gerichtssiegels oder auf andere Art außer Zweifel gestellt und gegen Verwechselung gesichert ist

§ 5. Sobald der Antrag auf Erstattung eines Gutachtens von seiten des Vereins an den Vorsitzenden desselben gelangt ist, ernennt der letztere zwei Mitglieder zu Referenten, welche unabhängig von einander ihre Meinung schriftlich abzugeben und in einer demnächst anzuberaumenden Sitzung des Vereins vorzutragen haben. Nach stattgehabter Beratung erfolgt durch Stimmenmehrheit der Beschluß. Bei Stimmengleichheit gibt die Stimme des Vorsitzenden den Ausschlag.

§ 6. Zur Fassung eines gültigen Beschlusses ist bei dem künstlerischen und bei dem photographischen Sachverständigenvereine die Anwesenheit von wenigstens fünf, bei dem gewerblichen Sachverständigenverein die Anwesenheit von wenigstens sieben Mitgliedern einschließlich des Vorsitzenden und der etwa zugezogenen Stellvertreter erforderlich.

Es dürfen bei dem künstlerischen und dem photographischen Sachverständigenverein nicht mehr als sieben Mitglieder, bei dem gewerblichen nicht mehr als zehn Mitglieder an dem Beschlusse teilnehmen.

§ 7. Nach Maßgabe des gefaßten Beschlusses wird das Gutachten ausgefertigt, von den bei der Beschlußfassung anwesend gewesenen Mitgliedern des Vereins unterschrieben und mit dem, dem Vereine zu überweisenden Siegel untersiegelt. Die etwaige Verwendung von Stempeln zu dem Gutachten richtet sich nach den Gesetzen der einzelnen Bundesstaaten.

§ 8. Jeder Verein ist befugt, für das von ihm abgegebene Gutachten an Gebühren dreißig bis dreihundert Mark zu liquidieren, welche vom requirierenden Gericht sofort nach Eingang des Gutachtens dem Vorsitzenden des Vereins kostenfrei übersandt werden.

§ 9. Wenn die beteiligten Parteien in Gemäßheit des § 31 Absatz 2 des Gesetzes vom 11. Juni 1870 einen Sachverständigenverein als Schiedsrichter anzurufen beabsichtigen, so haben sie ihre desfallsigen Anträge in beglaubigter Form an den Verein gelangen zu lassen.

Die in §§ 4—8 enthaltenen Bestimmungen kommen auch in diesem Falle entsprechend zur Anwendung.

D.

Das Patentgesetz vom 7. April 1891.

Wir **Wilhelm**, von Gottes Gnaden Deutscher Kaiser, König von Preußen ꝛc. verordnen im Namen des Deutschen Reichs, nach erfolgter Zustimmung des Bundesrats und des Reichstags, was folgt:

Art. 1.

An Stelle der §§ 1 bis 40 des Patentgesetzes vom 25. Mai 1877 (Reichsgesetzblatt S. 501) treten folgende Bestimmungen:

Erster Abschnitt.

Patentrecht.

§ 1.

Patente werden erteilt für neue Erfindungen, welche eine gewerbliche Verwertung gestatten.

Ausgenommen sind:

1. Erfindungen, deren Verwertung den Gesetzen oder guten Sitten zuwiderlaufen würde;
2. Erfindungen von Nahrungs-, Genuß- und Arzneimitteln, sowie von Stoffen, welche auf chemischem Wege hergestellt werden, soweit die Erfindung nicht ein bestimmtes Verfahren zur Herstellung der Gegenstände betreffen.

I. Anmerkungen:

1. „**Patente werden erteilt**“, d. h. müssen erteilt werden, wenn die gesetzlichen Voraussetzungen vorliegen. Ueber den Begriff „Patent“, sowie über die historische Entwickelung des Patentwesens überhaupt, ist die Einleitung zu vergleichen und bedarf daher dieser Ausdruck hier keiner weiteren Erläuterung.

Patent im Sinne des Gesetzes heißt die Urkunde, welche von dem Patentamte, als der in Vertretung der Staatsgewalt hierfür eingesetzten öffentlichen Behörde, dem Erfinder bezw. ersten Anmelder über den demselben für seine neue Erfindung gewährten gesetzlichen Schutz ausgefertigt wird, zur Bestätigung dieses Aktes der Rechtspolizei, also gewissermaßen ein Dokument über ein bezüglich dieser Schutzerteilung für einen einzelnen bestimmten Fall erlassenes Spezialgesetz. Ein Patent in diesem Sinne wird aber nur erteilt auf Grund einer vorherigen formellen und materiellen Vorprüfung des zur Patentierung angemeldeten Gegenstandes auf die drei gesetzlichen Voraussetzungen für die Verleihung des Patentschutzes, nämlich: 1. **Erfindung**, 2. **Neuheit**, und 3. **gewerbliche Verwertbarkeit**.

2. „**neue Erfindungen** 2c.“ Auch was den Begriff einer „**Erfindung**“ im allgemeinen, dessen Undefinierbarkeit, sowie den Mangel einer authentischen Definition des Erfindungsbegriffs im vorliegenden Gesetze betrifft, ist auf das hierüber in der Einleitung Gesagte zu verweisen.

Auch das neue Gesetz hat in Uebereinstimmung mit dem alten Gesetz vom 25. Mai 1877 von einer Definition des Begriffs „Erfindung“ abgesehen, weil es bei der Vielgestaltigkeit des praktischen Lebens unmöglich sei, den Begriff Erfindung in unzweifelhafter Weise zu fixieren und weil es sich hier um Schätzung des Wertes geistiger Arbeit handele, sowie um das Maß von Originalität und eigentümlicher Kombination, durch welches der Schutz eines gewerblichen Produkts oder Verfahrens motiviert werden kann, und geht davon aus, daß die Praxis im einzelnen Falle zu einem herkömmlichen Maßstabe führen könne, da es außerordentlich schwierig, durch eine allgemeine Formel eine Grenze zu ziehen zwischen dem, was so auf der Hand liegt, daß es jeder Sachverständige machen kann und dem, was besondere geistige Arbeit — oder auch besonderes **Glück** — erfordert.

In der Einleitung finden sich auch die unterscheidenden Merkmale zwischen Erfindungen und Entdeckungen näher angegeben und ausgeführt, daß letztere eines Patentschutzes nicht teilhaftig werden können.

Nach ihrer äußeren Erscheinung und Zweckbestimmung sind folgende Hauptarten von Erfindungen, die auch in rechtlicher Beziehung teilweise einer verschiedenen Behandlung unterliegen, zu unterscheiden:

a) Erfindung neuer Industrieerzeugnisse (Fabrikate), Waren, die zur Befriedigung irgend eines menschlichen Bedürfnisses dienen und zur Konsumtion bestimmt sind;

b) Erfindung neuer Maschinen, Werkzeuge, Arbeitsgeräte, sonstige Hilfsmittel der Fabrikation 2c., welche zur Herstellung von Industrieerzeugnissen (d. h. der unter a angeführten Gegenstände) dienen sollen;

c) Erfindung neuer Verfahrungsarten, Fabrikationsmethoden, chemischer oder technischer Prozesse 2c., ebenfalls zur Herstellung von chemischen oder technischen Produkten (Waren). Diese Klassifikation ist in Ansehung der beiden erstgenannten Arten keine bestimmt begrenzte, vielmehr eine in einanderübergehende, wie in der Natur der Sache liegt.

3. „gewerbliche Verwertung 2c." Unter einer gewerblichen Verwertung ist dasselbe zu verstehen, d. h. dieser Begriff ist in demselben Sinne zu nehmen, wie der gleiche in dem Musterschutzgesetz vorkommende Begriff (vgl § 6 Pos. 1 des Musterschutzgesetzes). Es ist also damit eine Verwertung in dem und durch das Gewerbe im weitesten Sinne gemeint, also durch jede Thätigkeit, welche mit materiellen Mitteln zur Befriedigung menschlicher Bedürfnisse beiträgt, mithin sowohl die Urproduktion, die Verarbeitung (Fabrikation), wie der Handel. Die gewerbliche Verwertung kann in einem gewerblichen Gebrauch oder in einer gewerblichen Veräußerung bestehen. Hiernach sollen alle patentierbaren Erfindungen einer vermögensrechtlichen Nutzung fähig sein, ein Gelderwerb daraus erzielt werden können; doch müssen sie in diesem Sinne nicht eine bloß subjektive (d. h. vom Standpunkte des Erfinders 2c. aus), sondern eine objektive Verwertbarkeit, d. h eine solche im Verkehr haben, resp. „gestatten", so daß es auf einen wirklich daraus erzielten Gewinn, auf eine objektiv absolute wirtschaftliche Brauchbarkeit nicht ankommt

und das Patentamt nicht diese, sondern nur die Möglichkeit einer solchen zu prüfen hat.

4. „Ausgenommen sind ꝛc.“ Das Gesetz statuiert hier zwei prinzipielle Ausnahmen von den patentfähigen Erfindungen, nämlich, abgesehen von den der Natur der Sache nach unmöglichen unsinnigen Erfindungen (wie z. B. ein perpetuum mobile, Lebenselixir u. dgl.), welche für sich schon wegen der mangelnden Möglichkeit einer Verwertbarkeit resp. Nutzungsfähigkeit von der Patenterteilung ꝛc. ausgeschlossen sind:

a) Erfindungen, deren Verwertung den Gesetzen oder guten Sitten zuwiderlaufen würden und
b) Erfindungen von Nahrungs-, Genuß- und Arzneimitteln u. s. w.

und zwar geschieht dies lediglich aus Rücksichten des öffentlichen Wohls im Interesse der Allgemeinheit aus sanitären und ethischen Gründen.

5. „Den Gesetzen oder guten Sitten zuwiderlaufende Erfindungen ꝛc.“ Welche Erfindungen hierunter zu verstehen sind, bedarf keiner näheren Erläuterung, fällt von selbst in die Begriffe und folgt diese Einschränkung schon aus dem, was über die allgemeinen Erfordernisse einer patentfähigen Erfindung bestimmt ist, insbesondere aus dem Erfordernis der gewerblichen Verwertbarkeit; denn gesetzwidrige oder unsittliche Produkte einer vom Erfindungsgeist befruchteten gewerblichen Thätigkeit dürfen überhaupt schon nach allgemeinen Rechtsgrundsätzen nicht gewerblich verwertet, d. h. nicht in den Verkehr gebracht und verbreitet, können somit auch selbstverständlich noch weniger patentiert werden. Es ist dies im allgemeinen eine thatsächliche Frage, die ausschließlich der diskretionären Entscheidung des Patentamts untersteht.

Der Begriff „gute Sitten“ umfaßt auch das, was man unter „Anstand“ versteht, nicht bloß das schlechthin Moralische nach ethischen Grundsätzen, sondern auch das sogenannt „Konventionelle“, Herkömmliche ꝛc.

6. „Erfindungen von Nahrungs-, Genuß- und Arzneimitteln ꝛc.“ Während die Begriffe „Nahrungs- und Arzneimittel“ — ohne Unterschied, ob für Menschen oder Tiere — zu Zweifeln keinen Anlaß bieten, für sich klar sind, ist dasselbe nicht bei dem, was unter „Genußmittel“ zu verstehen sei, der Fall Ueber die letztere Begriffsbestimmung bestehen Meinungsverschiedenheiten. Im Sinne des Gesetzes

dürften hierunter jedoch nur solche Produkte zu verstehen sein, die nach Art der Nahrungsmittel ebenfalls genossen, d. h. dem menschlichen Körper in flüssigem oder festem Zustande zugeführt werden, also nicht der Begriff von Genußmittel in der Ausdehnung, wie ihn der § 370 der St. G. B. unterstellt, so daß also alle anderen Arten von Genußmitteln, wie Parfüms, Cigarren, Rauch- und Schnupftabak u. dergl., im Sinne dieses Gesetzes nicht als Genußmittel zu betrachten sind; denn die Absicht des Gesetzes, im Interesse der öffentlichen, allgemeinen Wohlfahrt die Patentierung von derartigen Produkten auszuschließen, trifft nur für die Genußmittel im obigen engeren Sinne des Wortes zu.

Unter Arzneimittel sind indessen nur Stoffe, welche zum Zwecke der Heilung angewandt und durch die medizinische Wissenschaft als hierzu verwendbar anerkannt werden, zu begreifen. Chirurgische Instrumente, Apparate u. dergl. sind daher nicht als Arzneimittel zu betrachten, daher patentierbar.

7. „Erfindungen von Stoffen, die auf chemischem Wege hergestellt werden", sind in gleicher Weise wie die Nahrungsmittel für sich allein nicht patentfähig, jedoch insoweit patentierbar, als ein bestimmtes neues Verfahren zu deren Herstellung der Gegenstand der Erfindung ist, und können hiernach chemische Erfindungen, welche eine unmittelbare gewerbliche Verwertung gestatten, patentiert werden. Angabe der Mittel und Wege zur Erzielung des näher bezeichneten Produkts ist erforderlich. Bloße Reaktionen, die bei chemischen Stoffen eintreten, sind nicht schutzfähig. Im Gegensatz hierzu sind aber auf mechanischem Wege hergestellte Stoffe (Lacke, Firnisse 2c.), ebenso auch durch physikalische Prozesse hergestellte Produkte (z. B. Stahl, raffinierte Rohstoffe) patentierbar, ebenso wie auch die betreffenden Verfahrungsweisen selbst.

8. „ein bestimmtes Verfahren zur Herstellung." Ein neu erfundenes Herstellungsverfahren für Nahrungs-, Genuß- und Arzneimittel sowie für chemische Stoffe aller Art kann mit Patentschutz versehen werden, so daß zwar die Anwendung dieser Herstellungsmethoden jedem verboten ist, nicht aber zugleich die Herstellung dieser Gegenstände auf eine andere, von dem patentierten Verfahren abweichende Art. Patentfähig sind auch neue Verfahrungsweisen zur Konservierung oder Verbesserung von Nahrungsmitteln 2c.

II. Rechtssprechung (des Reichsgerichts):

1. Eine neue Erfindung ist auch dann anzunehmen, wenn der wissenschaftliche Lehrsatz, auf welchem sie beruht, bereits bekannt und wenn bereits eine (jedoch eine andere) der aus diesem Lehrsatz sich ergebenden Konstruktionen hergestellt war.

Wenn nicht nur eine Kombination bekannter Mittel vorliegt, sondern diesen auch eine neue Vorrichtung (Justierung) beigefügt worden ist, ferner wenn durch die Kombination bereits bekannter Mittel ein eigentümlicher Erfolg erzielt wird, kann eine solche Kombination als Erfindung betrachtet werden (R. G. C. V, 28).

2. Die Erteilung eines Patentes auf ein Fabrikat ist nicht unter der Beschränkung zulässig, daß dasselbe auf eine bestimmte Weise hergestellt ist. Bei der Erteilung eines Patents für ein Fabrikat (im Gegensatz zu dem für ein bestimmtes Verfahren oder sonstigen Hilfsmittels zur Erzeugung eines solchen) beschränkt sich zwar der Patentschutz auf die Ausschließung Dritter von der gewerbsmäßigen Herstellung des Fabrikats (und dem Inverkehrbringen und Feilhalten desselben), umfaßt aber andererseits jede Art der Herstellung. Das Gesetz kennt ein Patent auf ein mittels eines bestimmten Verfahrens oder einer bestimmten Maschine angefertigtes Fabrikat überhaupt nicht, und kommt es, wenn ein Fabrikat patentiert ist, nicht darauf an, in welcher Weise oder durch welche Maschine dasselbe hergestellt wird. (R. G. C. XIV, 17).

3. Bei der Frage, ob einem Patent ein Erfindungsgedanke zu Grunde liegt, kommt eine erst nachträglich zu Tag getretene Eigenschaft des patentierten Gegenstandes nicht in Betracht.

4. Die Patentierung eines komponierten Apparats schließt nicht ohne weiteres die Privilegierung des Patentinhabers in Betreff aller in der Patentschrift besprochenen Bestandteile ein. (R. H. G. XXV, 27.)

III. Rechtsgrundsätze aus der Rechtsprechung des Patentamtes:

1. Für das Patentamt genügt bei der Entscheidung über die Patentfähigkeit der Neuerungen die Erkenntnis, daß die Verbesserungen durch Mittel, welche einen Erfolg nicht ausschließen, angestrebt werden.

2. Die Kombination bereits bekannter Mittel zur Erzielung eines neuen Erfolgs stellt sich als Erfindung dar. (cf. oben R. G. E. V, 28).

3. Die bloße Uebertragung einer Erfindung auf einen anderen Gebrauchsgegenstand ist keine neue Erfindung; auch in einer bloßen Konstruktionsänderung ist eine Erfindung nicht zu erblicken.

4. Ein schon angewandter Mechanismus kann den Bestandteil einer späteren patentfähigen Gesammteinrichtung ausmachen.

5. Nicht patentfähig sind Wahl von Dimensionen und Einrichtungen, welche innerhalb der herkömmlichen handwerksmäßigen Uebungen fallen.

6. Erweiterte Anwendung eines bekannten Prinzips ist gleichfalls nicht als neue Erfindung zu erachten; ein Prinzip ist überhaupt an sich keine Erfindung, da dasselbe vielen besonderen Einrichtungen resp. Erfindungen zu Grunde liegen kann.

7. Der Umstand, daß ein Prinzip schon früher bekannt geworden ist, kann die Rechtsbeständigkeit eines Patents, welchem die Erfindung einer konkreten Ausführung zu Grunde liegt, nicht in Frage stellen. Es ist bei einer Erfindung gleichgültig, ob das Prinzip, welches ihr zu Grunde liegt, schon früher bekannt war oder nicht.

8. Durch die Bezeichnung des Gegenstandes einer Erfindung als Modeartikel ist die Möglichkeit einer gewerblichen Verwertung als Erfindung nicht ausgeschlossen.

9. Für die Patentfähigkeit einer Erfindung genügt die Möglichkeit einer gewerblichen Verwertung, nicht ist der Beweis erforderlich, daß der Zweck auch wirklich erreicht wird.

10. Eine bloße Vereinigung bereits bekannter und für den vorgesetzten Zweck im wesentlichen gleichwertiger Kombinationen kann als eine neue selbständige Erfindung nicht erkannt werden.

11 Die Angabe eines bestimmten Verhältnisses, in welchem die Bestandteile eines zu erzielenden Produkts zusammengesetzt sein müssen, kann den Gegenstand einer Erfindung bilden.

Nachtrag:

Entscheidungen des Reichsgerichts und Patentamtes (mitgeteilt im Patentblatt und in dem Blatt für Patent-, Muster- und Zeichenwesen):

1. Vertauschung gleichwertiger Materialien ist keine Erfindung. Ist in der Patentschrift die Ausführung der pat. Erfindung auch nur unter Benutzung eines bestimmten Materials beschrieben, so erstreckt sich der Patentschutz doch zugleich auf die Anwendung gleichwertiger Materialien zu demselben Zweck. (Entsch. v. 16./2. 91, P. B. 1891, No. 11 S. 142—47.)

2. Die Anwendung des einer Einrichtung zu Grunde liegenden mechanischen Prinzips bei einer einem anderen technischen Gebiete angehörigen, bekannten Einrichtung kann als Erfindung nicht gelten, wenn die darauf bezüglichen Anordnungen über das bei der Patentanmeldung Sachverständigen Geläufige nicht hinausgehen. (Entsch. v. 5./10. 91, P. B. 1891 Nr. 46 S. 571—73.)

3. In der Uebertragung eines bekannten Prinzips und eines bekannten Mittels auf eine Einrichtung, welche andere Zwecke verfolgt, zur Erreichung dieser Zwecke und einer neuen Wirkung kann eine Erfindung anerkannt werden. Daß der Gedanke der Uebertragung nahe gelegen, ist namentlich dann unerheblich, wenn thatsächlich bisher Niemand auf diesen Gedanken gekommen ist. (Entsch. v. 5./3. 92, P. B. 1892 Nr. 17 S. 255—57.)

4. Die Uebertragung eines bekannten Verfahrens auf gleichfalls bekannte Stoffe, zu deren Verarbeitung dasselbe bisher nicht benutzt wurde, kann eine Erfindung sein, wenn damit neue technisch oder wirtschaftlich erhebliche Wirkungen verbunden sind. Gegenstand eines Patents kann nicht die bloße Aufgabe zur Herbeiführung eines technischen Erfolges sein, sondern nur deren technisch ausführbare Lösung (Entsch. v. 7./12. 91, P. B. 1892 Nr. 7 S. 99—105.)

5. Bei einem Combinationspatent kommt es darauf an, ob es nicht eine Anzahl von Gliedern zusammenfaßt, von denen einzelne auch für sich betrachtet, neu sind und eine Erfindung darstellen und ob die Idee nicht auch der in einer Einzelheit abweichenden Construktion zu Grunde liegt, daß die abweichende Construktion nicht als Patentverletzung anzusprechen sei. (Entsch. v. 19./11. 90, P. B 1891 Nr. 1 S. 2—4.)

6. Bei identischer Combination mehrerer Arbeitsmittel zu demselben Arbeitszwecke kann der Ersatz eines dieser Ar-

beitsmittel durch ein anderes, an sich bekanntes und mit dem ersten gleichwertiges Arbeitsmittel als Erfindung nicht gelten. (Entsch. v. 9/11. 91, P. B. 1892 Nr. 1 S. 2—4.)

7. Durch den Angriff auf die einzelnen Teile wird die Patentfähigkeit einer Combination nicht in Frage gestellt. (Entsch. v. 7./12. 91, B. P. 1892 Nr. 13 S. 203—7.)

8. In einem Analogie-Verfahren auf chemischem Gebiete ist nur dann eine Erfindung zu erblicken, wenn ein nicht zu erwartendes, besonderes Resultat gefunden wird, welches einen wichtigen Fortschritt darbietet. (Entsch. v. 6/11. 93, P. B. 1893 Nr. 52 S. 687—88.)

9. Wenn durch eine bisher unbekannte Anwendung eines sonst bekannten Verfahrens ein neues wertvolles Produkt erzielt wird, so ist die Neuanwendung des Verfahrens patentfähig. (Entsch. v. 27./6 91, P. B. 1891 Nr. 34 S. 429.)

10. Die Verwendung bestimmter Eigenschaften eines bekannten Stoffes zu einem besonderen Zwecke kann nicht patentiert werden. (Entsch. v. 22./6. 93 (des P.-A.), P. B. 1893 Nr. 46 S. 621.)

11. Der Umstand, daß der einem Patente zu Grunde liegende Erfindungsgedanke nicht neu war, kann zur Vernichtung des Patents nicht führen, wenn der Erfindungsgedanke vorher technische Gestaltung überhaupt nicht erfahren hat, oder wenn der Apparat des Patents, früheren Umgestaltungen gegenüber, als ein neues technisch eigenartiges, gewerbliche Vorteile bietendes und deshalb patentfähiges Mittel zu seiner Ausführung erscheint. (Entsch. v. 25./3. 91, P. B. 1891 Nr. 18 S. 229.)

12. Unter dem Erfordernis der gewerblichen Verwertbarkeit ist nicht eine gewinnbringende Verwertbarkeit zu verstehen. (Entsch. v. 6./3. 93, P. B. 1893 Nr. 10 S. 149—50.)

13. Bei der Frage, ob und inwieweit im Falle eines Combinations-Patents die einzelnen Teile der patentierten Gesammtanordnung geschützt sind, handelt es sich um eine Frage der Patentauslegung, die nicht im Nichtigkeitsverfahren, sondern im Patentverletzungsprozesse zum Austrag zu bringen ist. (Entsch. v. 8./1. 94, P. B. 1894 Nr. 8 S. 127—29.)

14. Läßt sich aus dem Patente für die Gesammtkonstruktion (elektrische Accumulatoren) nicht entnehmen, daß der Patentschutz nur auf den Fall des gleichzeitigen Vorhandenseins der in den Patentansprüchen behandelten Eigentümlichkeiten beschränkt sei, so muß jeder dieser Eigentümlichkeiten unter

allen Umständen derjenige Patentschutz zukommen, welcher sich daraus ergiebt, daß sie Eigentümlichkeiten einer gemischten Gesammtconstruktion sind. (Entsch. v. 9./12. 93, P. B. 1894 Nr. 7 S. 121—26.)

15. In einer, wenn auch naheliegenden, aber neuen Verbindung von Arbeitsmitteln kann eine patentfähige Combination, welche sich von einer nicht patentfähigen, handwerksmäßigen Aneinanderreihung unterscheidet, zu finden sein. Ein unklar gefaßter Patentanspruch kann aus der Patentbeschreibung und Zeichnung ergänzt werden. (Entsch. v. 18./12. 93, P. B. 1894 Nr. 9 S. 143—48.)

16. Neue Anordnungen bei Adreßbüchern, Situationsplänen u. s. w. genießen keinen Patentschutz. (Entsch. v. 8./2. 96 (P.-A.) B. f. P. M. u. Z. II, S. 60.)

17. Vorzüge, die nicht Gegenstand der Patentierung sein sollten, sondern nur nebenher hervortreten, begründen die Patentfähigkeit nicht. (Entsch. v. 1./10. 94, B. f. P. M. u. Z. I, S. 89—92.)

18. Wenn auch mit der Uebertragung eines bekannten Mittels besondere technische Schwierigkeiten nicht verbunden waren, so steht das der Annahme einer Erfindung nicht entgegen. Denn sehr oft liegt das die Erfindung begründende Moment nicht in der Art der Lösung einer Aufgabe, sondern darin, daß der sie Lösende überhaupt die Aufgabe stellte. (Entsch. v. 30./11. 95, B. f. P. M. u. Z. II, S. 5—6.)

19. Unerläßliche Voraussetzung der Patentfähigkeit ist die konkrete Lösung einer gestellten Aufgabe. (Entsch. v. 25./1. 96, B. f. P. M. u. Z. II, S. 98—99.)

20. Das Feilhalten nicht selbst patentierter Teile eines Combinationspatents ist nur dann für eine Patentverletzung zu erachten, wenn der Verkäufer weiß, daß die verkauften Teile zur gewerbmäßigen Herstellung bezw. Gebrauch der Combination ohne Erlaubnis des Patentinhabers verwandt werden sollen und wenn sie hierzu verwandt worden sind. (Entsch. v. 17./1. 95, B. f. P. M. u. Z. I, S. 201—3.)

21. Für die Frage, ob eine Combination oder ob Einzelanordnungen geschützt sind, kann die Fassung der Patentanmeldung gegenüber der abweichenden Fassung der Patentschrift von Einfluß sein. (Entsch. v. 8./12. 94, B. f. P. M. u. Z. I, S. 126.)

22. us der Thatsache, daß mehrere Neuerungen in einem

einzigen Patentanspruche zusammengefaßt sind, folgt nicht ohne Weiteres, daß es sich um ein Kombinationspatent handelt. Letzteres ist nur dann der Fall, wenn die mehreren Neuerungen sich gegenseitig zu einer erhöhten Gesammtleistung unterstützen. (Entsch. v. 11./1. 96, B. f. P. M. u. Z. II, S. 112.)

23. Auch Zusatzpatente werden nur für patentfähige Erfindungen erteilt. (Entsch. v. 7./2. 95 (P.-A.), B. f. P. M. u. Z. II, S. 146.)

24. Auch in der Verschiedenheit der Abmessungen und Verhältnisse kann unter Umständen ein Erfindungsgedanke gefunden werden, sofern es keine bloß konstruktive Veränderung ist. (Entsch. v. 30./11. 95, B. f. P. M. u. Z II, S. 237.)

25. Eine Verbesserungserfindung kann die Natur einer selbständigen Erfindung haben, wenn sie durch ihren hervorragenden Erfolg aus dem Wirkungskreise der älteren Erfindung vollständig heraustritt. (Entsch. v. 29./2. 96, B. f. P. M. u. Z. II, S. 291 ff.)

26. Als Erfindung im Sinne des Patentrechts kommt nur dasjenige in Betracht, was die Patentschrift als die bewußte Errungenschaft des Anmelders bezeichnet. (Entsch. v. 23./9. 96, B. f. P. M. u. Z III, S. 69.)

27. Die Uebertragung eines aus dem Haupt-Patente bekannten chemischen Verfahrens auf verwandte Stoffe ist nur patentfähig, wenn mit der Darstellung der im Zusatzpatente genannten Stoffe gegenüber den im Hauptpatente beschriebenen eine wesentlich neue technische Wirkung erzielt wird. (Entsch. v. 26./1. 97, B. f. P. M. u. Z. III, S. 145.)

§ 2.

Eine Erfindung gilt nicht als neu, wenn sie zur Zeit der auf Grund dieses Gesetzes erfolgten Anmeldung in öffentlichen Druckschriften aus den letzten hundert Jahren bereits derart beschrieben oder im Inlande bereits so offenkundig benutzt ist, daß danach die Benutzung durch andere Sachverständige möglich erscheint.

Die im Auslande amtlich herausgegebenen Patentbeschreibungen stehen den öffentlichen Druckschriften erst nach Ablauf von drei Monaten seit dem Tage der Herausgabe gleich, sofern das Patent von demjenigen, welcher die Erfindung im Auslande angemeldet hat, oder von seinem Rechtsnachfolger nachgesucht wird. Diese Begünstigung erstreckt sich jedoch nur auf die amtlichen Patentbeschreibungen derjenigen Staaten, in welchen nach einer im Reichsgesetzblatt enthaltenen Bekanntmachung die Gegenseitigkeit verbürgt ist.

I. Anmerkungen:

1. „Eine Erfindung gilt nicht als neu." Das Gesetz gibt hiernach keine positiven Bestimmungen bezüglich des wesentlichen Requisits der Neuheit, welche sich auch überhaupt nur negativ feststellen läßt, sondern bezeichnet nur negativ und namentlich zwei Fälle, in welchen Neuheit nicht anzunehmen ist, d. h. ausgeschlossen sein soll. Diese Fälle sind jedoch nur als Beispiele zu betrachten und kann auch noch aus anderen thatsächlichen Gründen einer Erfindung der Charakter der Neuheit fehlen (beide Begriffe werden übrigens meist ganz zusammenfallen, da eine Erfindung ohne den Charakter der Neuheit eigentlich nicht wohl denkbar ist). Dies hat lediglich das Patentamt nach den besonderen Verhältnissen des Falles zu beurteilen und nach seinem Ermessen zu entscheiden.

Es wird hierfür objektive Neuheit, nicht bloß subjektive, d. h. solche vom Standpunkte des Erfinders aus, erfordert. Die neue Erfindung muß einen Ueberschuß über das bereits Bekannte aufweisen, sie muß in einer neuen Kombination von Naturkräften bestehen und das erstrebte Resultat hierdurch erreicht werden können.

2. „zur Zeit der Anmeldung." Die Anmeldung muß eine ordnungsmäßige und nach dem Gesetz (vgl. §§ 20 und 21) wirksame gewesen sein, um den im Gesetz vorgesehenen Erfolg zu haben und sind unvollständige Anmeldungen nicht zur Sicherung der Priorität dienlich.

3. „in öffentlichen Druckschriften bereits derart beschrieben." Oeffentliche Druckschriften im Sinne dieses Paragraphen sind solche, die dem Publikum allgemein zugänglich gemacht sind; nur für bestimmte Personenkreise

(z. B. geschlossene Vereine) bestimmte sind nicht darunter zu verstehen. Der Vermerk „als Manuskript gedruckt“ genügt an sich noch nicht, um den Charakter der Oeffentlichkeit auszuschließen; entscheidend ist nur, ob die betreffende Schrift veröffentlicht und allgemein zugänglich gemacht ist, durch wen, aus welchem Grunde und in welcher Sprache dies geschehen, ist einerlei. Nicht nur durch die Presse, sondern auch durch andere mechanische oder chemische Mittel bewirkte Vervielfältigungen der betr. Schrift sind darunter zu verstehen. Ob der Inhalt der Schrift dem Publikum thatsächlich bekannt geworden, ist gleichgültig.

4. „aus den letzten hundert Jahren.“ Diese Zeitbeschränkung war in dem alten Patentgesetz nicht enthalten und ist einem vielseitig in industriellen Kreisen geäußerten Wunsche gemäß in den § 2 des neuen Gesetzes eingeschaltet worden. Dieselbe bezweckt die Nachforschungen nach Erfindungsbeschreibungen in zu alten Druckschriften (z. B. in den Schriften eines Plinius oder Aristoteles) abzuschneiden, um Anmeldungen auf ihre Neuheit zu prüfen. Daß die Neuheit von Erfindungen bei Beschreibungen derselben in Druckschriften der letzten hundert Jahre ausgeschlossen sein solle, hat darin seinen Grund, daß dadurch vermieden werden soll, daß die Ergebnisse der wichtigen Erfindungsperioden, wie sie in der Mitte des Jahrhunderts zu Tage getreten, bereits jetzt zum Gegenstand neuer Patente gemacht werden könnten.

5. „im Inlande bereits so offenkundig benutzt.“ Für die Frage der Benutzung kommt nichts darauf an, ob dieselbe eine gewerbliche oder nur eine häusliche war, wenn sie nur eine offene, nicht eine geheime war. Sie darf sich auch nicht in bloßen Versuchen darstellen, sondern eine wirkliche Benutzung mit Ziehung eines wirtschaftlichen Nutzens sein. Benutzung im Auslande kann diese Folge nicht nach sich ziehen. Bei offenkundiger Benutzung durch den Erfinder selbst ist Offenkundigkeit in der Regel nur dann anzunehmen, wenn die Erfindung einem von dem Kreise des Erfinders verschiedenen Personenkreise zugänglich gewesen ist. Solche geschieht durch Gebrauch, Vertrieb und Feilhalten.

6. „Benutzung durch andere Sachverständige möglich erscheint.“ In beiden Fällen, in denen die Neuheit einer Erfindung wegen Offenkundigkeit durch Beschreibung in Druckschriften oder durch die Benutzung derselben ausge-

schlossen sein soll, gibt dies den Maßstab für die Frage der Ausschließung der Patentierung ab und findet diese nicht statt, wenn z. B. die Erfindung nur insoweit veröffentlicht ist, als sie in einer rein wissenschaftlichen, noch keine wirtschaftliche Verwertung gestattenden Entdeckung besteht.

7. „Die im Auslande amtlich herausgegebenen Patentbeschreibungen.“ Diese Bestimmung ist neu, in dem vorliegenden neuen Patentgesetz dem § 2 als Absatz 2 beigefügt worden und zwar ist dies ebenfalls infolge von in industriellen Kreisen allseitig geäußerten Wünschen geschehen. Dieselbe bietet nicht nur dem Ausländer, sondern auch dem Inländer einen Vorteil, nämlich dann, wenn letzterer aus Geschäftsrücksichten, etwa weil ihm im Auslande eher die Mittel zur Ausführung seiner Erfindung zu Gebote stehen, an dieser weiter gehenden Begünstigung Interesse hat. Es wurde hierbei aber zugleich der Grundsatz der Gegenseitigkeit gewahrt und die Ausnahme auf ausländische Patentschriften beschränkt, da für inländische Patentschriften mit Rücksicht auf die Bestimmung des § 23 Absatz 4 kein Bedürfnis mehr für eine solche Ausnahmsbestimmung vorliegt.

8. Bezüglich der auf öffentlichen Ausstellungen vor ihrer Patentierung ausgestellten, neu erfundenen Gegenstände gelten ebenfalls die allgemeinen Grundsätze dieses Paragraphen und steht eine offenkundige Benutzung einer neuen Erfindung auf diese Weise ebenfalls einer späteren Patentierung derselben entgegen, wenn nicht für bestimmte Ausstellungen durch Spezialgesetz eine Ausnahme von diesem Grundsatz statuiert worden ist.

II. Rechtsprechung (des Reichsgerichts):

1. Bezüglich des Begriffs der Neuheit verlangt das Gesetz nur, daß die Benutzung eine öffentliche, also keine geheime sei, und daß sie in der Weise stattgefunden habe, um anderen Sachverständigen die Benutzung der Erfindung möglich zu machen, also in allen wesentlichen Teilen für Sachverständige erkennbar sei (R. G. C. III, 25).

2. Für die Offenkundigkeit der Benutzung einer Erfindung kommt es nur darauf an, daß Sachverständige Kenntnis davon erlangen können, nicht dagegen ist der Nachweis erforderlich, daß jemand auf diese Weise wirklich Kenntnis davon erlangt habe. Ebenso kommt es bei der Beschreibung in öffentlicher

Druckschrift nur auf die Möglichkeit, nicht auf die wirklich erlangte Kenntnis an (R. G. C. I, 20).

III. Rechtsgrundsätze aus der Rechtsprechung des Patentamtes:

1. Durch die öffentliche Beschreibung und Benutzung wird eine Erfindung zum Gemeingut nur dann, wenn dadurch nicht allein der Erfolg derselben, sondern auch die Mittel, diesen Erfolg hervorzubringen, offenkundig geworden sind.

2. In der Vorführung einer Erfindung auf einer öffentlichen Ausstellung ist eine offenkundige Benutzung der Erfindung zu erblicken; dies ist nur dann nicht der Fall, wenn bei der Ausstellung das Wesentliche einer Erfindung (z. B. die innere Einrichtung einer Maschine) nicht, oder bei einem Verfahren nur das Produkt desselben gezeigt wird.

3. In der bloßen Anführung zweier Fälle der Nichtneuheit einer Erfindung kann keine erschöpfende Definition des Begriffs der Neuheit gefunden werden; es war eine solche von dem Gesetz gar nicht beabsichtigt und sollte damit nur das bezeichnet werden, was unbedingt nicht als neu gelten soll.

4. Vorzeigung einer Erfindung an mehrere Personen, um ein Urteil über den Wert einer Erfindung zu erlangen, nimmt derselben nicht den Charakter der Neuheit.

5. Eine die Patentfähigkeit ausschließende Offenkundigung einer Erfindung tritt nicht schon dann ein, wenn nur einige Exemplare des erfundenen Gegenstandes verkauft sind, namentlich nicht, wenn die Geheimhaltung dabei ausbedungen ist, Sachverständige eine komplizierte Maschine nur im Betrieb gesehen haben, ein einzelner Sachverständiger nähere Kenntnis von der Erfindung genommen hat, die Existenz der Erfindung und deren Art, nicht aber die eigentümliche Konstruktion bekannt war.

6. Mitteilung des Plans einer Erfindung an Geschäftsfreunde und Vorzeigung von Proben an solche ist nicht als offenkundige Benutzung im Sinne des Gesetzes anzusehen.

7. Versuche zur Herstellung einer neuen Maschine begründet keine offenkundige Benutzung der letzteren.

8. Die Versendung von Zirkularen und Zeichnungen, welche Sachkundige in den Stand setzen, den Gegenstand einer

Erfindung zu benutzen, ist als eine offenkundige Benutzung zu erachten.

9. Eine in einer öffentlichen Druckschrift mitgeteilte Zeichnung einer Erfindung steht der Erteilung eines Patents nur dann entgegen, wenn sie den Gegenstand der Erfindung hinreichend deutlich erkennen läßt.

Nachtrag.

Entscheidungen des Reichsgerichts und Patentamts (mitgeteilt im Patentblatt und in dem Blatt für Patent-, Muster- und Zeichenwesen):

1. Die zweckmäßige Ausgestaltung bekannter Methoden und Handgriffe ist noch keine Erfindung. (Entsch. v. 9./11. 91, P. B. 1892, Nr. 4 S. 45—50.)

2. In dem Abschluß eines Vertrags über die Verwertung einer Erfindung und in dem Verkauf von 2 Exemplaren des patentierten Gegenstandes ist eine offenkundige Vorbenutzung nicht zu erblicken. (Entsch. v. 11./5 91, P. B. 1891, Nr. 29 S. 373—77.)

3. In Ansehung des Begriffs der offenkundigen Benutzung im Sinne des § 2 sind die Ausdrücke „offenkundig" und „öffentlich" nicht gleichbedeutend (d. h. es kann eine Benutzung öffentlich ohne offenkundig zu sein). (Entsch. v. 9./5. 92, P. B. 1892, Nr. 30 S. 427—29.)

4. Sofern nach den bestehenden Umständen des einzelnen Falles anzunehmen ist, daß dem Sachverständigen, welchem Kenntnis von den zur Anwendung eines Verfahrens notwendigen Einrichtungen gegeben wird, damit zugleich unzweideutig die Kenntnis des Verfahrens selbst vermittelt wird, schließt die offenkundige Benutzung der Einrichtungen, welche eine solche Kenntnis vermittelt, die Neuheit des betreffenden Verfahrens als Gegenstand einer patentfähigen Erfindung aus. (Entsch. v. 21./3. 92, P. B. 1892, Nr. 21 S. 305—8.)

5. Die Ausübung von Prioritätsrechten aus dem Uebereinkommen mit Oesterreich-Ungarn vom 6./12. 1891 stützt sich nicht unmittelbar auf die dortige Anmeldung, setzt vielmehr eine nachfolgende Anmeldung in Deutschland voraus. (Entsch. (des P.-A.) v. 29./11. 94, B. f. P. M. u. Z. I, S. 197—98.)

6. Ein Betrieb ist bereits dann als nicht offenkundig anzusehen, wenn diejenigen, welche Zutritt zu ihm haben, ohne

ausdrückliche Verpflichtung zur Geheimhaltung, nur aus den Umständen schließen mußten, daß die Geheimhaltung bezweckt sei. (Entsch. (des P.-A.) v. 19./3. 95, B. f. P. M. u. Z. I, S. 291.)

7. Die vom Betriebsinhaber auferlegte Pflicht, ein Betriebsgeheimnis zu wahren, kann auch durch schlüssige Handlungen als aufgehoben angesehen werden. Durch diese nachträgliche Aufhebung der Geheimhaltungspflicht kann eine früher ausschließlich als Betriebsgeheimnis stattgehabte Benutzung eines Erfindungsgegenstandes nachträglich als eine offenkundige angesehen werden. (Entsch. v. 14./7. 97, B. f. P. M. u. Z. III, S. 207.)

§ 3.

Auf die Erteilung des Patents hat derjenige Anspruch, welcher die Erfindung zuerst nach Maßgabe dieses Gesetzes angemeldet hat. Eine spätere Anmeldung kann den Anspruch auf ein Patent nicht begründen, wenn die Erfindung Gegenstand des Patents des früheren Anmelders ist. Trifft diese Voraussetzung teilweise zu, so hat der spätere Anmelder nur Anspruch auf Erteilung des Patents in entsprechender Beschränkung.

Ein Anspruch des Patentsuchers auf Erteilung des Patents findet nicht statt, wenn der wesentliche Inhalt seiner Anmeldung den Beschreibungen, Zeichnungen, Modellen, Gerätschaften oder Einrichtungen eines anderen oder einem von diesem angewendeten Verfahren ohne Einwilligung desselben entnommen und von dem letzteren aus diesem Grunde Einspruch erhoben ist. Hat der Einspruch die Zurücknahme oder Zurückweisung der Anmeldung zur Folge, so kann der Einsprechende, falls er innerhalb eines Monats seit Mitteilung des hierauf bezüglichen Bescheides des Patentamts die Erfindung seinerseits anmeldet, verlangen, daß als Tag seiner Anmeldung der Tag der Bekanntmachung der früheren Anmeldung gesetzt wird.

I. Anmerkungen:

1. „Auf die Erteilung des Patents hat derjenige Anspruch ꝛc.“ Hiernach soll nicht dem Erfinder, sondern dem ersten Anmelder das Patent verliehen werden, nur der letztere hierauf Anspruch haben und unterscheidet sich hierin unser Gesetz wesentlich von anderen Patentgesetzen (z. B. dem von England und Nordamerika), nach welchen nur dem Erfinder selbst auf Grund eidlicher Bekräftigung der gesetzliche Schutz erteilt wird.

Der Grundsatz, daß dem ersten Anmelder die Rechtsvermutung der Urheberschaft zur Seite stehe, welcher bezüglich des Urheberrechts an gewerblichen Mustern ꝛc. gilt, findet auf das Erfinderrecht keine Anwendung und steht dem wahren Erfinder gegenüber dem Anmelder einer Erfindung das Recht des Einspruchs wegen widerrechtlicher Entnahme zu.

2. „welcher die Erfindung zuerst angemeldet hat.“ Es entscheidet also für das Patentrecht nicht die Priorität der Konzeption der Erfindung, sondern die Priorität der Anmeldung derselben. Bei gleichzeitiger Anmeldung einer und derselben Erfindung von seiten mehrerer Personen an ein und demselben Tage entscheidet für die Priorität die Zeit der Eröffnung resp. Präsentation des betreffenden Patentgesuchs. Findet auch letztere gleichzeitig statt (ein Fall, der sich sehr selten ereignen wird), dann hat jeder Anmelder gleichen Anspruch auf Patenterteilung.

Anmeldungen können auch von Ausländern gemacht werden, ebenso auch von Handelsgesellschaften, Korporationen (nicht bloß von physischen Personen) und ist persönliche Voraussetzung auf seiten des Anmelders nur die Handlungsfähigkeit. Eine spätere Anmeldung wird zurückgestellt, solange das Verfahren über die frühere Anmeldung schwebt und falls letztere zur Patentierung führt, zurückgewiesen. Das Ausschließungsrecht gegen Dritte wird erst durch die Patenterteilung geschaffen.

3. „nach Maßgabe dieses Gesetzes ꝛc.“ Die den Anspruch auf Patenterteilung begründende Anmeldung muß eine dem Gesetz entsprechende sein. Eine unvollständige bezw. mangel-

hafte Anmeldung begründet noch keine Priorität, solange die betreffenden Mängel nicht beseitigt sind, und erst von diesem Momente an kann dieselbe als gewahrt betrachtet werden, da eine unvollständige Anmeldung, wenn sie nicht rechtzeitig ergänzt bezw verbessert wird, nach § 21 zurückgewiesen werden muß Wer also zuerst eine Erfindung vorschriftsmäßig anmeldet, gilt als der erste Anmelder.

4. Bezüglich der Erfindungen von Bediensteten (Beamten) in einer Fabrik oder in einem sonstigen Etablissement, oder auch in einer öffentlichen Anstalt (z. B Post, Telegraphenanstalt), der sogenannten Etablissementserfindungen, gilt der Grundsatz, daß, wenn ein solcher eine Erfindung in seiner dienstlichen bezw. amtlichen Eigenschaft gemacht hat, der Inhaber der betreffenden Fabrik oder die betreffende Behörde die Erteilung des Patents für diese Erfindung für sich in Anspruch nehmen und solche ohne besondere Erlaubnis anmelden kann, und daß, wenn dies nicht der Fall ist, der betreffende Bedienstete die Erfindung für sich als sein Individualrecht beanspruchen darf (vergl. Rechtsprechung).

5. „Eine spätere Anmeldung kann den Anspruch auf ein Patent nicht begründen, wenn ꝛc." Dieser in dem neuen Gesetz zu § 3 Abs. 1 gemachte Zusatz betrifft die Frage der sogenannten „Abhängigkeitspatente" und soll die bezüglich der Fälle einer Konkurrenz zwischen verschiedenen Anmeldungen und Patenten bestehenden Zweifel beseitigen.

Entgegen der Praxis des Reichsgerichts, die die Entscheidung über die Beziehungen zweier Patente zu einander ausschließlich dem Rechtswege zuwies, soll hiernach das Patentamt im Erteilungsverfahren das Verhältnis der späteren zur früheren Anmeldung feststellen ꝛc. Dieser Vorbehalt der Abhängigkeit, den das Patentamt ausspricht, soll für die Tragweite des Patents ebenso maßgebend sein, wie sonstige Beschränkungen, welche das Amt dem Inhalte der Anmeldung gegenüber festgestellt hat. Umgekehrt soll das Nichtvorhandensein eines solchen Vorbehalts, bis zur etwaigen Einschränkung eines Patents im Nichtigkeitsverfahren, den Patentinhaber gegen das Verbietungsrecht des Inhabers des älteren Patentes schützen (Komm.-Ber.). Demselben ist damit die uneingeschränkte Benutzung der Erfindung gewährleistet. Im ersten Falle hat das Patentamt die spätere Anmeldung einfach zurückzuweisen, im zweiten Falle (teilweises Eingreifen) hat es das Patent nur unter Wahrung des älteren Patentrechts also in entsprechender Beschränkung zu erteilen.

Die in den vorbezeichneten Richtungen ergehenden Feststellungen des Patentamtes binden die Gerichte ebenso wie alle sonstigen auf den Inhalt des Patents bezüglichen Feststellungen.

6. „Ein Anspruch des Patentsuchers 2c. findet nicht statt 2c., wenn der wesentliche Inhalt seiner Anmeldung den Beschreibungen 2c. eines anderen ohne dessen Einwilligung entnommen ist und 2c." Dieser Absatz 2 des § 3 bestimmt, was Rechtens ist im Falle einer widerrechtlichen Entnahme einer Erfindung ihrem wesentlichen Inhalte nach (Erfindungsraub) und setzt voraus, daß der wesentliche, nicht etwa nur ein untergeordneter Teil einer fremden Erfindung entnommen worden sei, ohne Rücksicht, ob dies von dem Anmelder selbst oder einem Dritten geschehen ist.

7. „und von dem letzteren aus diesem Grunde Einspruch erhoben ist." Hiernach darf das Patentamt im Falle einer Erfindungsentwendung diesen Umstand bei der Patenterteilung nicht von Amts wegen berücksichtigen, sondern nur auf Antrag des Verletzten nicht einer anderen Person.

8. „Hat der Einspruch die Rücknahme oder Zurückweisung der Anmeldung zur Folge, so kann der Einsprechende, falls er innerhalb eines Monats seit Mitteilung des hierauf bezüglichen Bescheides des Patentamts die Erfindung seinerseits anmeldet, verlangen, daß als Tag seiner Anmeldung der Tag vor Bekanntmachung der früheren Anmeldung festgesetzt werde." Dieser von dem Reichstag beschlossene Zusatz zu dem Absatz 2 des § 3 beruht auf der Erwägung, daß die bisherigen Bestimmungen des Patentgesetzes in dieser Beziehung nicht genügen, um den Erfinder vor den Nachteilen zu schützen, welche ihm dadurch erwachsen können, daß eine neue Erfindung ihm entwendet und alsdann einem Dritten patentiert werde, daß hierzu nicht der Einspruch genüge, daß er vielmehr berechtigt sein müsse, die Uebertragung des Patents im Erteilungs- wie im Nichtigkeitsverfahren zu verlangen. Eine solche Erweiterung des Schutzes des wirklichen Erfinders gegenüber dem, der ihm seine Er-

findung widerrechtlich entwendet, entsprach auch den in gewerblichen Kreisen in dieser Beziehung geäußerten Wünschen. Es wurde jedoch von einer förmlichen Patentübertragung in solchen Fällen abgesehen und dem Einspruchberechtigten nur die Priorität gewahrt, für den Fall er seine betreffende, ihm entwendete Erfindung selbst binnen Monatsfrist angemeldet, bis zum Tage vor der Bekanntmachung der früheren Anmeldung. Statt dessen kann der Berechtigte auch vor dem Civilgericht auf Uebertragung des Patents auf ihn selbst klagen.

9. Das Verhältnis zweier zusammengehörigen Erfindungen (Abhängigkeit- und Zusatz-Patente) ist analog dem Nachbarverhältnis im Sachenrecht. Hierfür gelten die allgemeinen Regeln des Lizenzzwanges, der Ausführungspflicht, die namentlich dahin geht, daß der Patentinhaber thunlichst die eine Erfindung in Verbindung mit der anderen zur Ausführung bringt.

Wenn zwei Patente dieser Art in einer Hand, dann gilt die Verbesserungserfindung als ein Accessorium des Rechts an der Haupterfindung, was durch Erwerbung eines Zusatzpatents (vergl. § 7) zum Ausdruck gebracht wird.

II. Rechtsprechung (des Reichsgerichts):

1. Ob der Patentsucher zugleich der wirkliche Erfinder des angemeldeten Gegenstandes sei, ist gleichgültig (R. G. E. VII, 19).

2. Die Verletzung eines auf eine Kombination mehrerer Vorrichtungen erteilten Patents durch Herstellung und Inverkehrbringen der einen der zu kombinierenden Vorrichtungen wird unter der Voraussetzung begangen, daß solche unter der dem Angeklagten bewußten Bestimmung, mit den anderen Teilen der patentierten Kombinations-Erfindung verbunden zu werden, erfolgt ist (R. G. E. XXII, 32).

III. Rechtsgrundsätze aus der Rechtsprechung des Patentamts:

Besteht die Erfindung in einer Arbeit, welche der Erfinder infolge seines Dienstvertrags auszuführen oder nach der Ausführung dem Dienstherrn zu überlassen verpflichtet ist, so erwirbt er kein Urheberrecht an der betreffenden Erfindung.

Nachtrag:

Entscheidungen des Reichsgerichts und des Patentamtes (mitgeteilt im Patentblatt und im Blatt für Patent-, Muster- und Zeichenwesen).

1. Es besteht ein Anspruch des Erfinders auf Uebertragung des einem Dritten erteilten Patentes, falls der Inhaber den wesentlichen Inhalt seiner Anmeldung widerrechtlich den Einrichtungen des Erfinders entnommen hat. Dieser Anspruch ist nach bürgerlichem Rechte verfolgbar. (Entsch. v. 28./5. 92. P. B. 1892, Nr. 40, S. 577—80).

2. Bereits vor der Anmeldung zum Patent besteht ein Recht an der, dieser zu Grunde liegenden Erfindung. Der rechtmäßige Besitzer der letzteren hat unter Umständen ein Klagerecht auf Uebertragung des ohne seinen Willen auf eben diese Erfindung erteilten Patentes. (Entsch. v. 19./2. 96. B. f. P. M. u. Z. II, S. 115).

3. Dem Patentinhaber ist gegen öffentliche Warnung des Inhabers eines früheren Patentes, die Ausführung des späteren enthalte einen Eingriff in das frühere Patent, Schutz zu gewähren, da ein solches Verfahren, ein späteres Patent ohne Weiteres als eine Verletzung des früheren darzustellen, ohne dessen Beseitigung rechtswidrig ist. (Entsch. v. 21./3. 96. B. f. P. M. u. Z. II, S. 179—81).

4. Einstweilige Verfügung zum Schutze des Patentinhabers gegen das Vorgehen des Inhabers eines anderen Patentes, die Abnehmer des nach dem ersten Patente hergestellten Erfindungsgegenstandes mit Patentverletzungsklagen zu bedrohen, ist zulässig. (Entsch. v. 4./11. 96. B. f. P. M. u. Z. II, S. 340—41).

5. Unzulässige Abhängigkeitserklärung liegt vor, wenn das Patentrecht nicht seinem Inhalte nach der Allgemeinheit gegenüber, sondern nur seiner Ausübung nach gegenüber dem Inhaber eines älteren Patentrechts beschränkt wird. (Entsch. v. 6./2. 97. B. f. P. M. u. Z. III, S. 70—71).

6. Ist eine offene Handelsgesellschaft in Liquidation im Sinne des § 3 Abs 2 des Patentgesetzes als Verletzte anzusehen, so kann rechtswirksam Einspruch von ihr nur erhoben werden, wenn innerhalb der Einspruchsfrist sämmtliche zur gemeinschaftlichen Vertretung berufenen Liquidatoren damit einverstanden sind. (Entsch. v. 15./6. 97. B. f. P. M. u. Z. III, S. 204).

§ 4.

Das Patent hat die Wirkung, daß der Patentinhaber ausschließlich befugt ist, gewerbsmäßig den

Gegenstand der Erfindung herzustellen, in Verkehr zu bringen, feilzuhalten oder zu gebrauchen.

Ist das Patent für ein Verfahren erteilt, so erstreckt sich die Wirkung auch auf die durch das Verfahren unmittelbar hergestellten Erzeugnisse.

I. Anmerkungen:

1. „Das Patent hat die Wirkung, daß der Patentinhaber ausschließlich befugt ist ꝛc." Die jetzige Wortfassung des § 4 im Gegensatz zu der negativen Fassung des früheren Gesetzes („Daß niemand befugt sei u. s. w.") ist gewählt worden, um die unzutreffende Auffassung, als ob die Patenterteilung lediglich ein negatives Recht erzeuge, zu beseitigen, da das Recht aus dem Patente neben dem Verbietungsrechte auch eine positive Seite habe, sofern es dem Inhaber das Recht gewährleiste, die Erfindung seinerseits in dem durch das Patentamt festgestellten Umfang auszunutzen (§ 3 Abs. 1), ferner um die Fassung dieses Paragraphen mit den entsprechenden Bestimmungen der übrigen Gesetze zum Schutze des geistigen Eigentums in Uebereinstimmung zu bringen und um auf diese Weise festzustellen, daß der Patentinhaber berechtigt ist, die Erfindung selbst zu benutzen und jeden anderen von der Benutzung auszuschließen. Der Patentinhaber ist auch befugt, wegen Patentverletzung aus der Zeit zwischen der Bekanntmachung und Erteilung des Patents Schadenersatz zu fordern. Während der Schwebezeit sind nur vorbereitende Schritte und Sicherungsmaßregeln zulässig.

2. „gewerbsmäßig den Gegenstand der Erfindung herzustellen ꝛc." Das Ausschließungsrecht des Patentinhabers bezieht sich sonach nur auf eine gewerbsmäßige Ausnutzung der Erfindung, d. h. ein gewerbsmäßiges Herstellen, Inverkehrbringen, Feilhalten oder Gebrauchen. Eine gewerbsmäßige Herstellung ꝛc. ist dann anzunehmen, wenn sich dieselbe als eine fortgesetzte, auf Erzielung eines Gewinns abzweckende Thätigkeit darstellt und kann hierzu selbst eine einmalige Herstellung u. s. w. genügen. Auch die Herstellung zum Zweck des Exports in der Absicht, den Gegenstand erst nach Beendigung des Patentschutzes in Verkehr zu bringen, ist nicht erlaubt.

Die Anfertigung einer Einzelkopie von einem patentierten Gegenstand, um solche für den Privatgebrauch zu verwenden, ist daher auch ohne Genehmigung des Patentinhabers gestattet und fällt, weil nicht gewerbsmäßig, nicht unter das Ausschließungsrecht. Inverkehrbringen ist jede Art der geschäftlichen Verbreitung. Feilhalten ist Angebot unter Bereitstellung des betr. patentierten Gegenstandes.

3. „gewerbsmäßig — zu gebrauchen ꝛc." Mit dieser Bestimmung ist der Absatz 2 des § 4 des bisherigen und damit auch die hiernach geltende Verschiedenheit in der Wirkung des Patents beseitigt und diese Vorschrift auf alle Gebrauchsgegenstände erstreckt worden, da die Einschränkung des Rechtsschutzes bei Gegenständen, welche nicht Arbeitsgeräte u. dergl., sondern lediglich Gebrauchsmittel sind, innerlich nicht begründet erscheint und zuweilen Nachteile für den Patentinhaber dadurch erwachsen sind Dieser Erweiterung gegenüber ist es aber nicht mehr für zulässig erachtet worden, den Patentschutz auch auf das Gebiet des häuslichen Gebrauchs zu erstrecken, was durch die Charakterisierung des Gebrauchs als eines gewerbsmäßigen erreicht wird.

Die Frage der Zulässigkeit der Benutzung von dergleichen patentierten Gegenständen für den häuslichen Bedarf (z. B. einer Nähmaschine, eines Kochapparats u. s. w.) war früher bestritten und ist dieser Zweifel mit dieser Gesetzesänderung nun endgültig beseitigt.

Die gewerbsmäßige Benutzung ist aber im weitesten Sinne zu verstehen, so daß auch die im Bereiche der Land- und Forstwirtschaft, des Bergbaus und Verkehrswesens u. s. w. darunter begriffen ist.

4. „Ist das Patent für ein Verfahren erteilt, so erstreckt sich die Wirkung auch auf die durch das Verfahren unmittelbar hergestellten Erzeugnisse." Die dem § 4 neu hinzugefügte Bestimmung ist im Interesse der chemischen Industrie erlassen worden, vorzugsweise um der unredlichen Konkurrenz, die derselben durch ausländische chemische Fabriken bereitet wird, vorzubeugen.

In der Rechtssprechung des Reichsgerichts war dieser Grundsatz bisher schon zur Geltung gebracht worden und wird derselbe durch diese gesetzliche Bestimmung lediglich bestätigt, d. h. das Gesetz in diesem Punkte authentisch interpretiert. Diese Bestimmung erstreckt sich aber auch auf die Erzeugnisse eines mechanischen Verfahrens (nicht weniger auch auf die eines physikalischen Prozesses), gilt also nicht bloß für ein chemisches Verfahren. Bei einem Verfahren ohne körperliches Erzeugnis gibt es selbstverständlich keinen Produktenschutz.

5. Nach der Fassung des § 4, d. h. der Absicht desselben ist auch unzweifelhaft, daß eine Verletzung des Patentrechtes auch in dem Falle vorliegt, wenn Jemand gewerbsmäßig Gegenstände, welche im Auslande ohne Erlaubnis des Patentinhabers nach dem Patente hergestellt sind, in das Inland einführt, sie aber daselbst nicht absetzt, vielmehr nach dem Auslande weiter vertreibt, d. h. daß auch der sogen. Transitverkehr darunter begriffen ist, was früher streitig war, ebenso auch die in Zollentrepots liegenden Waren.

Eine Entscheidung des Reichsgerichts vom 25. Oktober 1890 spricht sich in gleichem Sinne aus. Dagegen fällt eine Herstellung oder ein Feilhalten patentierter Gegenstände im Auslande nicht unter das Verbot, wohl aber sowohl der Import wie der Export patentierter Waren, sofern bei Letzterem die Vorbereitungen hierzu 2c. im Inlande getroffen werden.

6. Das Gesetz will jede Art des gewerblichen Inverkehrbringens einer patentierten Ware und jede dahin zielende Thätigkeit treffen; dahin gehört jede Unterstützung dieser Verbreitung durch gewerbsmäßige Vermittelung, durch Makeln, Annoncen, Zirkulare u. s. w. Es verbietet die Verbreitung der patentierten Waren, mag sie mit oder ohne vorherige Verarbeitung stattfinden (so z. B. den Faden im Gewebe, das Leder an den Schuhen 2c.). Gestattet ist dagegen der Kauf von patentierten Waren, sofern er nicht zum Zweck des Wiederverkaufs stattfindet, und ebenso der Bezug von solchen aus dem Auslande für den eignen Bedarf.

Der Gebrauch eines chirurgischen Instruments, z. B. in der Hand eines Arztes, kann durch kein Patent beschränkt werden, wohl aber der Gebrauch einer patentierten Doucheeinrichtung in einer öffentlichen Badeanstalt. Ebenso kann auch die Benutzung eines patentierten Gegenstandes zu wissenschaftlichen Zwecken, z. B. von Seiten eines akademischen Lehrers zu Demonstrationen oder Versuchen, weil hier auch die Gewerbsmäßigkeit fehlt, ohne Patentverletzung geschehen. Das Recht auf eigene Benutzung involviert zugleich das Recht, Dritten die Benutzung zu untersagen, welches Recht mittelst der Klage auf Unterlassung (Negatoria) geltend gemacht werden kann.

II. Rechtssprechung (des Reichsgerichts):

1. Die bloße zeitliche Priorität der Erfindung im Sinne des geistigen Eigentums derselben ist für den Patentschutz rechtlich bedeutungslos, solange die Erfindung nicht für die Zwecke des gewerblichen Lebens oder Verkehrs technisch verwirklicht oder doch der Anfang solcher technischen Ausführung gemacht worden ist.

Nicht die bewußte Nachahmung, sondern lediglich die Identität des Gegenstandes der Erfindung ist für den Patentschutz entscheidend. (R. G. St. VIII, 63.)

2. Wer im Inlande wissentlich eine durch Patent geschützte, im Auslande bestellte und angefertigte Ware bezieht, auf Lager nimmt und teils zur Effektuierung von Bestellungen, teils zur Probe in das Ausland verschickt, ist sowohl wegen Feilhaltens, wie wegen Inverkehrbringen der geschützten Erfindung strafbar. (R. G. St. X, 104.)

3. Es besteht keine Kollision von Patentrechten, wenn das eine Patent ein Fabrikat, das andere eine Maschine zur Herstellung dieses Fabrikats zum Gegenstande hat. (R. G. C. IX, 28.)

4. Bei Stoffen, welche auf chemischem Wege hergestellt werden, bildet den Gegenstand der entsprechend dem § 4 des Patentgesetzes geschützten Erfindung nicht lediglich das bestimmte Verfahren zur Herstellung des Stoffes, sondern zugleich der Stoff selbst, soweit er mittelst des Verfahrens hergestellt wird. (NB. dieser Grundsatz ist jetzt durch das Gesetz selbst sanktioniert worden). (R. G. C. XXII, 3.)

5. Ein einmaliges Inverkehrbringen des Gegenstandes der einem anderen patentierten Erfindung kann ein gewerbsmäßiges im Sinne des § 4 Abs. 1 darstellen. Zur Gewerbsmäßigkeit des Herstellens oder Inverkehrbringens ist nicht notwendig, daß ein wiederholtes Herstellen &c. geschehen oder das Inverkehrbringen sich als Teil der gewerbsmäßigen Thätigkeit dargestellt, zu deren Zweck geschieht. (R. G. St. XV, 10.)

6. Vergl. hierzu auch die oben zu § 1 mitgeteilte Entscheidung (R. G. C. XIV, 17).

Nachtrag:

Entscheidungen des Reichsgerichts und des Patentamts (mitgeteilt im Patentblatt und im Blatt für Patent-, Muster- und Zeichenwesen).

1. Im Patentverletzungsprozeß ist das Patent in demjenigen

Umfang zur Geltung zu bringen, in welchem dasselbe nach dem erkennbaren Willen des Patentamts erteilt worden ist. Sind bei der Erteilung des Patents Vorschriften über die Herstellung des patentierten Gegenstandes nicht für erforderlich erachtet worden, so muß diese Auffassung auch im Patentverletzungsverfahren respektiert und der im Patente zum Ausdruck gebrachte Erfindungsgedanke trotz des Mangels solcher Vorschriften geschützt werden. Das Patent gewährt keinen Schutz gegen Erfindungen, welche durch die patentierte Erfindung zwar angeregt sein mögen, aber außerhalb des dem Erfinder zum Bewußtsein gelangten, in der Patentschrift hervortretenden Erfindungsgedankens liegen. In solchen Fällen besteht im rechtlichen Sinne kein Abhängigkeitsverhältnis zwischen der neuen und der patentierten Erfindung. (Entsch. v. 15/12. 90, P. B. 1891, Nr. 8 S. 102–10.)

2. Ein Patent, welches die Anwendung eines gewissen konstruktiven Mittels an einer Maschine unter Schutz stellt, wird auch durch die Herstellung des Mittels verletzt. (Entsch. v. 9./11. 91, P. B. 1892, Nr. 3 S. 43—44.)

3. Die Verletzung eines Patents kann auch in dem bloßen gewerbsmäßigen Benutzen des Gegenstandes der Erfindung bestehen. (Entsch. v. 6./12. 93, P. B. 1894, Nr. 6 S. 108—9.)

4. Einstweilige Verfügung zum Schutze des durch das Patent gewährten Benutzungsrechtes ist zulässig. (Entsch. v. 8./4. 93, P. B 1893, Nr. 28 S. 412.)

5. Einem Patentinhaber kann, wenn eine Patentverletzung glaubhaft gemacht, durch einstweilige Verfügung untersagt werden, Inserate zu veröffentlichen oder Zirkulare und Briefe zu vertreiben, welche die Abnehmer vor Ankauf eines von einem Dritten hergestellten, vermeintlich unter den Patentschutz fallenden Artikels warnen. (Entsch. v. 15/12. 94, B. f. P. M. u. Z. I, S. 114—15.)

6. Die in dem Inhalt des Rechts eines Patentinhabers eingeschlossene Befugnis zur Herstellung des Erfindungsgegenstandes umfaßt auch die ausschließliche Befugnis zur Anfertigung derjenigen Objekte, die als Teile dieses Gegenstandes dienen sollen. (Entsch. v. 18./9. 97, B. f. P. M. u. Z. III, S. 229.)

§ 5.

Die Wirkung des Patents tritt gegen denjenigen

nicht ein, welcher zur Zeit der Anmeldung bereits im Inlande die Erfindung in Benutzung genommen oder die zur Benutzung erforderlichen Veranstaltungen getroffen hatte. Derselbe ist befugt, die Erfindung für die Bedürfnisse seines eigenen Betriebs in eigenen oder fremden Werkstätten auszunutzen. Diese Befugnis kann nur zusammen mit dem Betriebe vererbt oder veräußert werden.

Die Wirkung des Patents tritt ferner insoweit nicht ein, als die Erfindung nach Bestimmung des Reichskanzlers für das Heer oder für die Flotte oder sonst im Interesse der öffentlichen Wohlfahrt benutzt werden soll. Doch hat der Patentinhaber in diesem Falle gegenüber dem Reich oder dem Staate, welcher in seinem besonderen Interesse die Beschränkung des Patents beantragt hat, Anspruch auf angemessene Vergütung, welche in Ermanglung einer Verständigung im Rechtswege festgesetzt wird.

Auf Einrichtungen an Fahrzeugen, welche nur vorübergehend in das Inland gelangen, erstreckt sich die Wirkung des Patents nicht.

I. Anmerkungen:

1. „Die Wirkung des Patents tritt gegen denjenigen nicht ein, welcher zur Zeit der Anmeldung bereits im Inlande die Erfindung in Benutzung genommen hat rc.“ Diese Bestimmung des § 5 Abs. 1 betrifft die Fälle des Erfindungsbesitzes, d. h. der Vorbenutzung der Erfindung, sofern solche eine geheime d. h. nicht offenkundige war, welch' letztere die Patentierung nach § 2 überhaupt ausschließt, und namentlich den Fall, wo zwei Personen gleichzeitig die nämliche Erfindung gemacht haben, was sich nicht selten ereignet, und nur der eine solche zur Patentierung angemeldet hat, wie auch den Fall widerrechtlicher Entnahme (Erfindungs-Entwendung), wenn der eigentliche Erfinder keinen Einspruch und auch keine Nichtig-

keitsklage gegen den widerrechtlicher Weise Anmeldenden erheben will.

2. „oder die zur Benutzung erforderlichen Veranstaltungen getroffen hatte." Diese Alternative umfaßt diejenigen Fälle, die im gewerblichen Leben vorkommen können, in denen die neue Erfindung von einem anderen als dem Patentinhaber zur Zeit der Anmeldung des Patents bereits gemacht ist, oder die zu deren Ausführung erforderlichen Veranstaltungen bereits getroffen sind, ohne daß die Erfindung selbst bereits benutzt ist (z. B. durch Anfertigung von Modellen, Herstellung von Einrichtungen hierfür, Errichtung von Bauten zur Fabrikation u. dergl., nicht aber die bloße Anfertigung von Zeichnungen, die theoretische Darstellung eines Verfahrens 2c.). (Vergl. hierzu die Entscheidung des Reichsgerichts R. G. St. XVI, 126, worin der Sinn des Gesetzes bezüglich des Begriffs Veranstaltungen sich näher präzisiert findet unter II, 5).

3. „Derselbe ist befugt, die Erfindung für die Bedürfnisse seines eigenen Betriebs in eigenen und fremden Werkstätten auszunutzen." Dieser Satz ist in dem vorliegenden revidierten Gesetz diesem Paragraphen noch neu hinzugefügt worden (eine derartige Bestimmung fehlt im alten Gesetz), weil der im Abs. 1 des § 5 vorgesehene Rechtsschutz nicht seine Begrenzung durch die Art und den Umfang der Benutzung findet, in welche die Erfindung zur Zeit der Anmeldung schon genommen war, welche Frage in der Praxis verschieden beantwortet worden, und weil davon auszugehen ist, daß die dem Patentinhaber gegebene Untersagungsbefugnis gegenüber demjenigen, welcher kraft früherer eigener Benutzung ein materielles Anrecht auf die Erfindung erworben hat, überhaupt nicht in Wirksamkeit tritt. Aus diesem Grunde soll durch diesen Satz ausgesprochen werden, daß dem Erfindungsbesitzer eine beliebige Erweiterung der Ausnutzung für die Zwecke seines Betriebs (aber auch nur für diesen Zweck) gestattet ist.

4. „Diese Befugnis kann nur zusammen mit dem Betrieb vererbt oder veräußert werden." Dieser weitere auf Antrag der Reichstagskommission noch in diesen Paragraphen des neuen Gesetzes aufgenommene Zusatz beruht auf dem Gedanken, daß das Erfindungsbesitzrecht mit dem Betriebe, nicht mit der Person zusammengeht, und soll damit dieser Sinn der fraglichen Ausnahmsbestimmung des

Gesetzes zu schärferem Ausdruck gebracht werden, da die Frage der Uebertragbarkeit nach dem früheren Gesetz zweifelhaft war.

5. „Die Wirkung des Patents tritt ferner insoweit nicht ein, als die Erfindung nach Bestimmung des Reichskanzlers für das Heer u. s. w., überhaupt im Interesse der öffentlichen Wohlfahrt benutzt werden soll." Der Absatz 2 des § 5 begreift in sich die Fälle, in welchen eine sogen. Patent-Expropriation stattfinden darf. Dieselbe beruht auf dem allgemeinen Grundsatz, daß beim Widerstreit zwischen den Privatinteressen des Patentinhabers und denen der Allgemeinheit, wenn ein solcher sich nicht auf andere Weise ausgleichen läßt, die Interessen des öffentlichen Wohls den Vorrang haben und hinter ihnen die des Patentinhabers zurücktreten müssen. (Vergl. über diese Frage auch die Einleitung.) Es kann im Gesamtinteresse des Landes aus militärischen Rücksichten, durch die Anforderungen der Gesundsheitspflege oder durch andere Bedürfnisse der allgemeinen Wohlfahrt geboten sein, daß von einer patentierten Erfindung, sei es durch die Verwaltung selbst, sei es auf ihre Anordnung durch Privatpersonen unverweilt Gebrauch gemacht werde.

Die Enteignung einer Erfindung aus diesen Gründen ist Verwaltungssache und der Reichskanzler nach dem Gesetz das Vollzugsorgan hierfür. Sie tritt an die Stelle des Lizenzzwangs (vergl. § 11). Der Patentinhaber, dessen Patent auf diese Weise außer Wirksamkeit gesetzt, d. h. expropriiert wird, hat aber Anspruch auf volle Entschädigung und ist ihm nicht nur der gegenwärtige, sondern auch der zukünftige Schaden (auch der ihm entgangene Gewinn) zu ersetzen. Der Betrag des Schadens wird im Falle des Bestreitens im Rechtswege durch die ordentlichen Gerichte festgesetzt in gleicher Weise, wie in den Fällen der Enteignung des allgemeinen Rechts. Die Enteignung erfolgt durch Erlaß des Reichskanzlers, eine bestimmte Form ist nicht vorgeschrieben. Mit der Eröffnung des Erlasses tritt die Enteignungswirkung ein. Dieselbe braucht nicht notwendig die ganze Wirksamkeit des betreffenden Patents zu zerstören. Die Entschädigungsklage ist gegen den Fiskus desjenigen Staates zu richten, zu dessen Gunsten die Beschränkung bezw. Enteignung des Patents ausgesprochen wurde, event gegen den Reichsfiskus. Der Enteignungsausspruch kann sich auch gegen den Anspruch auf Erteilung des Patents richten.

6. „Auf Einrichtungen an Fahrzeugen zc.“ Diese weitere gesetzliche Ausnahme von der Wirkung des Patents beruht auf der Freiheit des internationalen Verkehrs, der durch private Privilegien in keiner Weise eingeschränkt werden darf. Unter Fahrzeugen im Sinne des Gesetzes, die sich nur vorübergehend (zeitweise) im Inlande befinden, sind zu verstehen Eisenbahnwägen, Lokomotiven, Schiffe zc. —

Diese Ausnahme rechtfertigt sich durch die Natur der Sache und die Rücksichten auf die internationalen Beziehungen.

II. Rechtsprechung (des Reichsgerichts):

1. Der Schutz des Erfindungsbesitzes im Sinne des § 5 Abs. 1 hat nur bezüglich der Herstellung des betreffenden patentierten Gegenstandes und der Anwendung eines Verfahrens einen persönlichen Charakter, bezüglich der Gegenstände der Erfindung aber einen sachlichen Charakter, so daß dieselben der Weiterveräußerung und freien Verfügung im Verkehr von seiten des redlichen Besitzers unterliegen. Die Wirkungslosigkeit des Patents zu Gunsten des Erfindungsbesitzers begründet hiernach nicht nur ein persönliches Ausnahmerecht, sondern erstreckt sich auch auf das Inverkehrbringen oder Feilhalten von solchen Gegenständen einer patentierten Erfindung von seiten dritter Besitzer, die solche von dem Erfindungsbesitzer in gutem Glauben erworben haben. (R. G. St. VI, 6).

2. Durch die Bestimmung des § 5 Abs. 1 wird der frühere Besitzstand des Erfindungsbesitzers nicht bloß in dem Sinne geschützt, daß das Patent nur insoweit wirkungslos ist, als der frühere Besitzstand nach Art und Umfang reicht, sondern es tritt die Unwirksamkeit des Patents zwar nur relativ dem im Erfindungsbesitze Befindlichen gegenüber gegen diesen aber im vollen Umfange ein. (R. G. St. V, 125).

3. Als zur Benutzung der Erfindung erforderliche (bezw. dienliche) Veranstaltungen im Sinne des § 5 Abs. 1 ist auch die Anfertigung von Modellen zu betrachten. (R. G. C. X, 25.)

4. Zur Wahrung der Priorität für den Patentinhaber gegenüber demjenigen, der sich im Vorbesitz der betreffenden Erfindung befindet, genügt nicht jede, sondern nur eine formell korrekte Anmeldung. (R G. St. VII, 127).

5. Die in § 5 Abs. 1 gebrauchten Worte: „die zur Benutzung erforderlichen Veranstaltungen“ sind nach dem Willen des Gesetzgebers nicht dahin auszulegen, daß hiermit nur solche Fälle bezeichnet werden sollten, wo alle für die Benutzung erforderlichen Veranstaltungen vollständig getroffen seien, so daß ohne weiteres die Benutzung beginnen könne. Aus der Bemerkung der Kommission des Reichstags, die diesen Zusatz zu diesem Paragraph beantragt: „sie verhehle sich nicht, daß es im einzelnen Falle oft schwierig sein möge, die Grenze genau zu bestimmen, bis zu der die Veranstaltungen getroffen sein müssen 2c.“ erhellt, daß damit nicht gemeint war, es müßten sämtliche zur Benutzung erforderlichen Veranstaltungen in der Art getroffen sein, daß die Benutzung sofort beginnen könne. Hiernach ist der Sinn des Gesetzes in der Art zu präzisieren, daß einerseits nicht jede Vorbereitungshandlung genügt, andererseits aber auch nicht sämmtliche Vorbereitungshandlungen erforderlich sind, vielmehr nur diejenigen zur Benutzung erforderlichen Veranstaltungen gemeint sind, welche die Erfindung im Wesentlichen auszuführen bestimmt sind und hiermit den ernstlichen Willen, die Erfindung sofort zu benutzen, zweifellos kundgeben. (R. G St. XVI, 126).

6. Der § 5 des Patentgesetzes hat den Fall der Doppelerfindung im Auge, die unabhängig von einander vor sich gegangen. Hiernach zessiert dem Vorbenutzer der Erfindung gegenüber die Wirkung des Patents, welche nach § 4 darin besteht, daß der Patentinhaber jedem die gewerbsmäßige Herstellung, Inverkehrbringung, Feilhaltung des Gegenstandes der Erfindung untersagen kann; zessiert dies aber dem Vorbesitzer der Erfindung gegenüber, so folgt daraus, daß demselben die gewerbsmäßige Herstellung u. s. w. nicht untersagt werden kann, d. h. daß er zu alledem befugt ist, nur nicht ausschließlich, aber neben dem Patentinhaber, wenn dieser auch Dritten gegenüber allein das Untersagungsrecht des § 4 hat. (R. G. C. XXVI, 14).

Nachtrag:
Entscheidungen des Reichsgerichts und des Patentamts (mitgeteilt im Patentblatt und im Blatt für Patent-, Muster- und Zeichenwesen).

1. Zum Begriff der zur Benutzung erforderlichen Veranstaltungen gehört es nicht, daß der betreffende Erfinder zur

fabrikmäßigen Ausbeutung seiner Erfindung übergegangen ist und auch eine Rentabilitätsberechnung abgeschlossen hat. (Entsch. v. 14./1. 93, P.-B. 1893, Nr. 7 S. 102—4.)

2. Der Begriff des „in Benutzungnehmens" im Sinne der §§ 5 und 36 des Patentgesetzes wird durch eine der in § 4 erwähnten Thätigkeiten, gewerbsmäßige Herstellung, Inverkehrbringen, Feilhalten oder Gebrauchen erfüllt. Nicht derjenige ist der Erfinder, welcher die Herstellung einer neuen ihm zweckmäßig scheinenden Sache von einem Anderen verlangt, sondern derjenige, welcher die Möglichkeit der Ausführung findet und die Sache herstellt. (Entsch. v. 25./1. 95, B. f. P. M. u. Z. I, S. 147.)

3. Die Wirkung des Patents tritt auch gegen denjenigen ein, welcher zur Zeit der Anmeldung bereits im Inlande die Erfindung in Benutzung genommen oder die zur Benutzung erforderlichen Veranstaltungen getroffen hatte, wenn der Vorbenutzer den Gegenstand der Erfindung den Geräthschaften oder Einrichtungen des Patentinhabers selbst ohne dessen Einwilligung entnommen hat. Durch § 5 wird also nur der redliche Besitzer geschützt. (Entsch. v. 28./11. 95, B. f. P. M. u. Z. II, S. 3—5.)

§ 6.

Der Anspruch auf Ertheilung des Patents und das Recht aus dem Patent gehen auf die Erben über. Der Anspruch und das Recht können beschränkt oder unbeschränkt durch Vertrag oder Verfügung von Todeswegen auf andere übertragen werden.

I. Anmerkungen:

1. „Der Anspruch auf Ertheilung des Patents ꝛc. gehen auf die Erben über." Im Sinne dieses Paragraphen ist, wenn von dem Anspruch auf Ertheilung des Patents gesprochen wird, mit diesem Rechtsanspruch das Recht des ersten Anmelders, nicht das des Erfinders gemeint, das auf dessen Erben übergehen soll. Indessen ist in Gemäßheit des zu § 5 in dem neuen Gesetz gemachten Zusatzes auch das Recht des Erfindungsbesitzers und somit auch des eigentlichen Erfinders nicht nur vererblich, sondern auch unter Lebenden wie auf den Todesfall übertragbar (vergl. Anmerk. 4 zu § 5), was sich

bezüglich des Erfinderrechtes als eines Vermögensrechts von selbst versteht und keiner besonderen Anerkennung in diesem Gesetze, das sich nur mit dem Patentrechte nicht mit dem eigentlichen Erfinderrechte beschäftigt, bedurfte.

Ebenso können auch die auf § 2 Abs. 2 sich basierenden Ansprüche auf die Erben übergehen. Ein Heimfall eines Patentrechtes an den Fiskus in Ermangelung aller Erben findet nicht statt.

2. „Der Anspruch und das Recht können 2c. durch Vertrag oder Verfügung von Todeswegen übertragen werden." Die Formen für diese Uebertragsarten richten sich nach den allgemeinen gesetzlichen Bestimmungen über Rechtsgeschäfte dieser Art. Anzeige von der Zession eines Patentanspruchs bezw. -Rechts ist nicht erforderlich. Die Uebertragung eines solchen Anspruchs oder Rechts unter Lebenden wird nicht korrekt als Zession bezeichnet, da sie doch eine Zession im eigentlichen Sinne nicht ist und es bei ihr an einem debitor cessus fehlt. Dieselbe soll aber, wenn in beweisender Form beigebracht, in der Patentrolle vermerkt werden. Dieser Vermerk ist aber für die Gültigkeit des betreffenden, der Uebertragung zu Grunde liegenden Akts nicht entscheidend; doch bleibt, so lange dies nicht geschehen ist, der frühere Patentinhaber patentrechtlich berechtigt und verpflichtet (vergl. § 19 Abs. 2). Das Patentrecht kann aber nicht nur völlig zu Eigentum übertragen, sondern auch ausschließliche oder beschränkte Nutzungsrechte daran eingeräumt werden (z. B. Nießbrauch, Pfandrecht, Lizenzen vergl. Note 3), in welchen Fällen der Veräußerer Patentinhaber und sowohl für Klagen auf Nichtigkeit wie auf Zurücknahme passiv legitimiert bleibt.

Der ausschließlich Nutzungsberechtigte ist zu Lizenzerteilung, Klage auf Entschädigung wegen Patentverletzungen sowie zum Strafantrag berechtigt, der Lizenzträger dagegen nicht.

3. Die freiwillige Lizenzerteilung ist ein besonderer Fall der beschränkten Uebertragung des Patentrechts (über die gezwungene resp. notwendige Lizenzerteilung enthält § 11 die näheren Bestimmungen). Dieselbe kann entgeltlich (durch Kauf) oder unentgeltlich geschehen.

4. Bezüglich der sogen. Etablissementspatente, d. h. solche, die entweder in einem Etablissement durch successives Zusammenwirken der Ideen und Thätigkeit mehrerer ohne Unterscheidbarkeit des eigentlichen Urhebers gemacht oder von dem

Patentinhaber dem Etablissement übertragen worden sind, gilt der Grundsatz, daß dieselben nicht unbedingt als mit dem Etablissement verbunden, d. h. als ein wesentliches Stück desselben anzusehen sind und kommt es im Falle des Verkaufs eines Etablissements, dem dergleichen Patente zustehen, auf die Umstände des Falles an, ob dieselben als stillschweigend mitverkauft anzusehen sind.

5. Daß das Patentrecht nicht nur, sondern auch der Anspruch auf Erteilung eines Patents, als wirkliche Vermögensobjekte, die veräußerlich sind, um deswillen auch der Zwangsvollstreckung unterliegen, steht außer Zweifel, gleichwie dies bei allen übrigen Urheberrechten, die sich auf das geistige Eigentum an Schriftwerken 2c., sowie an gewerblichen Mustern und Modellen gründen, der Fall ist. Der Gläubiger wird in einem solchen Falle einfach Rechtsnachfolger des Patentinhabers im Wege einer Zwangszession.

II. Rechtsprechung (des Reichsgerichts):

1. Ein Patentrecht kann, weil ein vererbliches und veräußerliches Vermögensrecht, sowohl von einem Gläubiger im Wege der Zwangsvollstreckung in Anspruch genommen werden, wie auch zu einer Konkursmasse gezogen werden. (R. H. G. XXII, 78.)

2. Die zwangsweise Veräußerung eines Patentrechtes im Konkurse des Patentinhabers kann auch ohne Zustimmung desselben erfolgen und äußert ihre Wirkung auch gegen den Erfinder, dem gegenüber sie auch die in § 4 des Patentgesetzes festgesetzte Wirkung äußert. (R. G. St. VII, 121.)

3. Ein Vertrag über den Kauf eines Patentrechts für eine Maschine zur Herstellung von Gegenständen, welche gewerblich vertrieben werden, kann seitens des Käufers wegen wesentlichen Irrtums bei dem Vertragsabschluß angefochten werden, weil ihm bei dem Vertragsabschlusse die Thatsache unbekannt war, daß ein Dritter bereits ein Patentrecht in Bezug auf das durch die betreffende Maschine herzustellende Fabrikat besaß. (R. G. C. XX, 18.)

4. Die Nichtigkeitserklärung eines vorher von dem ursprünglichen Patentinhaber verkauften Patents hat nicht die Wirkung auf die vertragsmäßige Verpflichtung des Patentkäufers zur Zahlung des vereinbarten Kaufpreises an den Patentverkäufer, daß der erstere von der Zahlung des Kaufpreises ganz

befreit wird, sondern kann unter Umständen nur eine angemessene Reduktion des Kaufpreises zur Folge haben nach Maßgabe der Zeit, welche von der Uebertragung des verkauften Patents bis zu dessen Nichtigkeitserklärung verstrichen und während welcher der Käufer das betreffende Patent trotz des Nichtigkeitsgrundes ausgenützt hat. (R. G. E. XX, 29.)

Nachtrag:

Entscheidungen des Reichsgerichts und des Patentamtes (mitgeteilt im Patentblatt und im Blatt für Patent-, Muster- und Zeichenwesen).

1. Ein Vertrag, nach welchem der Patentinhaber einem Anderen die „alleinige und unbeschränkte Ausnutzung" eines patentierten Verfahrens entgeltlich überlassen hatte, schließt nicht das Recht zu weiteren Lizenzerteilungen ein. (Entsch. (des O. L G. Dresden) v. 11./12. 92, P.-B. 1892, Nr. 49 S. 724—26.)

2. Die Vermutung spricht dagegen, daß ein Lizenzvertrag ein gewagtes Geschäft sei. (Entsch. v. 8./12. 88, P.-B. 1893, Nr. 16 S. 245.)

3. Das aus der Patenterteilung nach dem deutschen Patentgesetze erwachsende Recht ist als eine im Deutschen Reiche befindliche Sache zu behandeln und ist die Frage, welches Aktes es bedarf, um das Patenteigentum zu übertragen, nach deutschem Rechte zu beurteilen. (Entsch. v. 3./5. 93, P.-B. 1893, Nr. 25 S. 358 f.)

4. Der Vertrag, durch welchen Jemand sich verpflichtet, einem anderen gegen Entgelt eine Erfindung mitzuteilen, ist nicht als Kauf sondern als Vertrag über eine Dienstleistung zu beurteilen (Entsch. v. 7./4. 93, P.-B. 1893, Nr. 24 S. 343—44.)

5. In der vertragsmäßig übernommenen Pflicht, ein Patent zu übertragen, ist zugleich die weitere Pflicht enthalten, den Gegenkontrahenten durch Erläuterung der Erfindung zur Benutzung des Patentes in den Stand zu setzen. (Entsch. v. 7./6. 93, P.-B. 1893, Nr. 35 S. 481—82.)

6. Ein Patentinhaber, der den Alleinverkauf der von ihm hergestellten Maschinen einem Anderen für ein bestimmtes Gebiet überträgt, ist nicht berechtigt, einem Dritten zu erlauben, daß er Maschinen nach dem Patent fabriziert und in jenem

Gebiete absetzt. (Entsch. v. 20./1. 94, P.-B. 1894, Nr. 12 S. 226—28.)

7. Die deutschen Gerichte sind nicht zuständig, über Klagen auf Feststellung oder Abtretung des Eigentums an einem ausländischen Patentrechte zu entscheiden. (Entsch. v. 30./4. 94, B. f. P. M. u. Z. I, S. 1—3.)

§ 7.

Die Dauer des Patents ist fünfzehn Jahre; der Lauf dieser Zeit beginnt mit dem auf die Anmeldung der Erfindung folgenden Tage. Bezweckt eine Erfindung die Verbesserung oder sonstige weitere Ausbildung einer anderen, zu gunsten des Patentsuchers durch ein Patent geschützten Erfindung, so kann dieser die Erteilung eines Zusatzpatentes nachsuchen, welches mit dem Patent für die ältere Erfindung sein Ende erreicht.

Wird durch die Erklärung der Nichtigkeit des Hauptpatents ein Zusatzpatent zu einem selbständigen Patent, so bestimmt sich dessen Dauer und der Fälligkeitstag der Gebühren nach dem Anfangstage des Hauptpatents. Für den Jahresbetrag der Gebühren ist der Anfangstag des Zusatzpatents maßgebend. Dabei gilt als erstes Patentjahr der Zeitabschnitt zwischen dem Tage der Anmeldung des Zusatzpatents und dem nächstfolgenden Jahrestage des Anfangs des Hauptpatents.

I. Anmerkungen:

1. „Die Dauer des Patents ist 15 Jahre." Dies ist die Maximalgrenze für die Dauer eines Patents und steht es im freien Willen des Patentinhabers, wie lange er innerhalb dieser Zeitgrenze sein Patent aufrecht erhalten will, da er jederzeit durch ausdrücklichen oder stillschweigenden Verzicht dessen Erlöschung herbeiführen kann.

Demgemäß kann der Patentinhaber durch Zahlung der erhöhten Gebühren (wie beim Musterschutz) selbst bestimmen, wie lange er den gesetzlichen Schutz für seine Erfindung in Anspruch nehmen will. Eine Verlängerung des Schutzes über diese Maximalgrenze hinaus könnte nur in einem besonderen Falle durch ein Spezialgesetz erlangt werden.

2. „der Lauf dieser Zeit beginnt mit dem auf die Anmeldung folgenden Tage.“ Dieser Anfangstermin ist der Tag, an welchem die Patentanmeldung in vollständiger und korrekter Weise bei dem Patentamte präsentiert wird, d. h. der darauffolgende Tag und läuft die Frist mit dem diesem Tage entsprechenden Kalendertag (ohne Unterschied, ob Sonn- oder Feiertag) des 15. Jahres ab.

3. „Bezweckt eine Erfindung die Verbesserung oder sonstige weitere Ausbildung einer anderen.“ Hiermit ist der Rahmen, innerhalb welchem Zusatzpatente vom Patentamte erteilt werden können, erweitert worden. Es wird hierbei vorausgesetzt: a) eine patentfähige Haupterfindung, b) eine weitere Erfindung, die die Verbesserung oder weitere Ausbildung der Haupterfindung bezweckt, c) Identität der Person der Haupt- und Zusatz-Anmeldung. Hinsichtlich der Legitimation des Anmelders ist der Eintrag in die Rolle maßgebend, welcher Voraussetzung für die Erteilung eines Zusatzpatentes ist (nicht an Nutznießer oder Lizenzträger).

Der Patentinhaber kann übrigens für seine Verbesserungserfindung ein neues selbständiges Patent erwerben, das dann den allgemeinen Bestimmungen über Patente auch hinsichtlich seiner Dauer unterliegt (eine Verbesserungserfindung unterscheidet sich überhaupt nicht prinzipiell von einer selbstständigen Erfindung, da im Grunde alle Erfindungen nur Verbesserungen des technischen Zustandes der Gewerbe darstellen), oder er kann sich auf die Nachsuchung eines Zusatzpatents zu seinem früheren Patent, das dann jenem gegenüber als Hauptpatent erscheint, beschränken, in welchem Falle das erstere das Schicksal des letzteren — abgesehen von dem Falle der Nichtigkeitserklärung des Hauptpatents — teilt und folglich auch mit Ablauf der Zeit für das Hauptpatent erlischt.

Wegen dieser Abhängigkeit vom Hauptpatente sind für das Zusatzpatent auch weit geringere Gebühren (vgl. § 8 Abs. 2) zu zahlen. Bei der Wahl zwischen diesen beiden Arten von Patenten wird sich der Patentinhaber durch die größere oder geringere Bedeutung der betreffenden Verbesserungserfindung leiten lassen.

4. Die Haupterfindung muß aber mit der Verbesserungs-Erfindung in einem wirtschaftlichen Zusammenhang stehen und genießt das Zusatzpatent für Letztere den gesetzlichen Schutz nur als ein mit dem Hauptpatent verbundenes Nebenrecht. Es kann auch unabhängig vom Hauptpatent erlöschen, durch Verzicht, Nichtigkeitserklärung oder Zurücknahme.

5. „Wird durch die Erklärung der Nichtigkeit des Hauptpatents ein Zusatzpatent zu einem selbstständigen Patent, so bestimmt sich dessen Dauer nach dem Anfangstage des Hauptpatents 2c." Diese besondere Bestimmung bezüglich des Schicksals eines solchen Zusatzpatents im Falle einer Vernichtung des Hauptpatents ist in dem vorliegenden revidierten Gesetz dem § 7 neu als Absatz 2 hinzugefügt worden, um die in dieser Beziehung bisher bestandenen Zweifel zu beseitigen. Schon nach der Praxis des Patentamtes wurde ein Zusatzpatent nicht schon durch die Erklärung der Nichtigkeit des Hauptpatents für erloschen betrachtet, sondern konnte je nach Lage der Sache zu einem selbständigen Patente werden. Auch die Gebührenfrage erheischte für dergleichen Fälle einer gesetzlichen Regelung, welche nun in diesem Absatz 2 des § 7 sachgemäß erfolgt ist.

II. Rechtsgrundsätze aus der Rechtsprechung des Patentamts:

Sind der Besitzer des Hauptpatentes und des Verbesserungspatents verschiedene Personen, so darf jeder von ihnen das Patent (bezw. Erfindung) des anderen nur mit dessen Bewilligung benutzen. Die hieraus entspringenden Kollisionen sind von den ordentlichen Gerichten zu entscheiden.

§ 8.

Für jedes Patent ist vor der Erteilung eine Gebühr von dreißig Mark zu entrichten (§ 24 Abs. 1).

Mit Ausnahme der Zusatzpatente (§ 7) ist außerdem für das Patent mit Beginn des zweiten und jedes folgenden Jahres der Dauer eine Gebühr zu entrichten, welche das erste Mal fünfzig Mark beträgt und weiterhin jedes Jahr um fünfzig Mark steigt.

Diese Gebühr (Absatz 2) ist innerhalb sechs Wochen nach der Fälligkeit zu entrichten. Nach Ablauf der Frist kann die Zahlung nur unter Zuschlag einer Gebühr von zehn Mark innerhalb weiterer sechs Wochen erfolgen.

Einem Patentinhaber, welcher seine Bedürftigkeit nachweist, können die Gebühren für das erste und zweite Jahr der Dauer des Patents bis zum dritten Jahre gestundet und, wenn das Patent im dritten Jahre erlischt, erlassen werden.

Die Zahlung der Gebühren kann vor Eintritt der Fälligkeit erfolgen. Wird auf das Patent verzichtet oder dasselbe für nichtig erklärt oder zurückgenommen, so erfolgt die Rückzahlung der nicht fällig gewordenen Gebühren.

Durch Beschluß des Bundesrats kann eine Herabminderung der Gebühren angeordnet werden.

Anmerkungen:

1. „Für jedes Patent ist vor der Erteilung eine Gebühr von 30 Mark zu entrichten." Diese vor der Erteilung des Patents zu entrichtende Gebühr deckt zugleich die Patentgebühr für das erste Jahr.

Die Abänderung des früheren Gesetzes hinsichtlich der Zeit der Zahlung der Patentgebühr für das erste Jahr (nach dem alten Gesetze war Vorauszahlung nicht Bedingung der Patenterteilung) beruht darauf, daß früher Patente vielfach augenscheinlich nur zum Zwecke der Reklame nachgesucht wurden, daß Mißbräuchen solcher Art damit vorgebeugt werden soll und daß die Reichskasse für die durch die Drucklegung der Patentschriften 2c. erwachsenden Kosten in den Anmeldungsgebühren (*M.* 20) allein nur unzureichende Deckung erhält.

Der zu diesem Zweck in Absatz 1 aufgenommene Grundsatz (der Vorauszahlung) wird in der Vorschrift über das Erteilungsverfahren (§ 24 Absatz 1) zur Durchführung gebracht und soll im Falle der Versagung eines Patents ohne besonderen Antrag die Rückerstattung der vorausbezahlten Gebühr erfolgen (§ 26).

2. „Mit Ausnahme der Zusatzpatente (§ 7) ist ꝛc. eine Gebühr zu entrichten, welche das erste Mal 50 Mark beträgt."

Diese Gebühr ist eine Ertragssteuer, keine Konzessionsgebühr und eine Klage darauf nicht statthaft, weil die Nichtzahlung derselben nur den Verfall des Patents zur rechtlichen Folge haben kann. Für die Zusatzpatente ist nur eine einmalige Gebühr von 30 Mark für die Erteilung zu entrichten, sowie die allgemeinen Prüfungsgebühren von 20 Mark.

Die bisherige progressive Gebühr von 50 Mark für alle selbständigen Patente ist trotz vielfacher Klagen über zu hohe Gebühren beibehalten worden mit Rücksicht auf die jedenfalls mit großen Kosten verknüpfte, durch das neue Gesetz eingeführte Reorganisation des Patentamtes, sowie von dem wirtschaftlichen Gesichtspunkte aus, um den Patentinhaber zu einer alle Jahre wiederholten Prüfung zu veranlassen, ob für ihn noch ein ausreichendes Interesse zur Aufrechterhaltung des Patents vorliege

3. „Diese Gebühr ist innerhalb 6 Wochen nach der Fälligkeit zu entrichten ꝛc. Nach Ablauf der Frist kann die Zahlung nur unter Zuschlag einer Gebühr von 10 Mark innerhalb weiterer 6 Wochen erfolgen." Die dreimonatliche Zahlungsfrist des alten Gesetzes ist zwar hiernach in dem neuen Gesetz auf 6 Wochen abgekürzt, es wird aber darin noch eine zweite gleiche Frist für eine nachträgliche Zahlung gewährt, in welcher die Folgen einer Unachtsamkeit noch beseitigt werden können mit Zahlung einer Zuschlaggebühr von 10 Mark, nachdem der Patentinhaber durch eine amtliche Mitteilung auf die Unachtsamkeit hingewiesen worden. Eine solche Mahnung von seiten des Patentamts soll in Zukunft nach Ablauf der ersten 6wöchigen Frist regelmäßig erfolgen, wenn dies auch im Gesetz nicht ausdrücklich vorgeschrieben wird, und zwar durch einfachen Brief an den in der Patentrolle eingetragenen Berechtigten. Aus diesem Grunde ist die Richtigstellung der Legitimation jedes Patentinhabers oder seines Vertreters in der Patentrolle von besonderer Wichtigkeit. Das Alter eines Patents wird vom Tage der Anmeldung an berechnet und bestimmt sich hiernach auch der Tag der Fälligkeit der Gebühr. Das Unterlassen

einer Mahnung hat keine Rechtsfolgen in Ansehung der Erlöschung des Patentes (gemäß § 9).

4. „Einem Patentinhaber, welcher seine Bedürftigkeit nachweist, können die Gebühren für das erste und zweite Jahr bis zum dritten Jahr gestundet ꝛc. werden.“ Ein Rechtsanspruch auf Stundung und Nachlaß der Gebühren wie beim Armenrecht im Civilprozeß besteht nicht, es werden diese gesetzlichen Wohlthaten von dem Patentamte nach pflichtmäßigem Ermessen erteilt, können auch bei nachgewiesener Bedürftigkeit von demselben abgelehnt werden.

Die zeitliche Beschränkung der Stundung beruht auf der Erwägung, daß der Erfinder aus den Erträgnissen der Erfindung, wenn sie rentabel ist, die Mittel zur Zahlung werde ziehen können. Die gestundeten Gebühren werden eventuell im Wege der gewöhnlichen Klage (nicht auf dem der Steuerexekution) eingezogen, wenn solche im dritten Jahre nicht erlassen worden oder schon vorher auf das Patent verzichtet wurde. Der Antrag auf Stundung ist bezüglich der ersten Jahresgebühr spätestens vor Ablauf der in § 24 Abs. 1 bestimmten Frist, bei der zweiten Jahresgebühr vor Ablauf der 2. Mal 6. Wochen zu stellen, die Bedürftigkeit glaubhaft zu machen.

5. „Die Zahlung der Gebühren kann vor Eintritt der Fälligkeit erfolgen.“ Die hiernach gestattete Vorauszahlung der Patentgebühren für mehrere Jahre oder die ganze Dauer des Patents, welche bisher schon von dem Patentamte ohne Einschränkung zugelassen zu werden pflegte und vielseitigen Wünschen Rechnung trägt, ist nun auch in dem Gesetz selbst für zulässig erklärt und zu diesem Ende dem § 8 in Absatz 4 die entsprechende allgemeine Bestimmung der Zulässigkeit der Zahlung vor der Fälligkeit beigefügt worden.

Die hiernach gesetzlich sanktionierte Vorauszahlung bedingte die weiter sich eigentlich von selbst verstehende Vorschrift, daß im Falle eines Verzichts (§ 9) der Nichtigkeitserklärung (§ 10) oder der Zurücknahme (§ 11) eines Patents die bis dahin fällig gewordenen, vorausbezahlten Gebühren auf Verlangen zurückzuzahlen sind.

6. „Durch Beschluß des Bundesrats kann eine Herabsetzung der Gebühren angeordnet werden.“ Diese ferner in dem neuen Gesetz dem § 8 noch als Absatz 5

hinzugefügte Bestimmung, welche den Bundesrat zu einer eventuellen Herabminderung der gesetzlich auf die bisherige Höhe fixierten Patentgebühren autorisiert, ist eine der Regierung mit Umgehung der gesetzgebenden Faktoren eingeräumte Befugnis, diese lebhaft gewünschte Herabsetzung, sobald es angängig erscheint, ohne weiteres eintreten zu lassen.

(Rechtssprechung siehe zu § 9.)

§ 9.

Das Patent erlischt, wenn der Patentinhaber auf dasselbe verzichtet, oder wenn die Gebühren nicht rechtzeitig bei der Kasse des Patentamts oder zur Ueberweisung an dieselbe bei einer Postanstalt im Gebiete des Deutschen Reichs eingezahlt sind.

I. Anmerkungen:

1. „Das Patent erlischt, wenn der Patentinhaber auf dasselbe verzichtet." Durch ausdrücklichen Verzicht, welcher, wenn das Patent mehreren Personen als Mitberechtigten, oder einer Handelsgesellschaft zusteht, von allen Berechtigten ausgehen muß, wird das Patent und damit die Wirkung der Ausschließlichkeit der Benutzung der patentierten Erfindung beseitigt und kann solche hiernach von jedem benutzt werden.

Eine besondere Form für den ausdrücklichen Verzicht ist nicht vorgeschrieben, er kann in jeder Weise (schriftlich oder mündlich) erfolgen, muß aber unzweifelhaft, unzweideutig, d. h. wie jeder Verzicht rechtsverbindlich sein. Nichterhebung einer Klage gegen den Verletzer eines Patentrechts involviert keinen Verzicht darauf, dagegen enthält ein an das Patentamt gerichteter Löschungsantrag selbstverständlich einen solchen.

Durch den Verzicht erlischt das Patent in seiner Totalität und ergreift dieser Erlöschungsgrund alle Rechte am Patent, die Vollberechtigungen wie die Teilberechtigungen (Lizenzen, Nießbrauch, Pfandrecht ꝛc.). Verzichten kann nur der Patentinhaber und gilt dem Patentamt gegenüber nur der in die Rolle Eingetragene als solcher. Hat er bereits über sein Patent ganz oder teilweise verfügt (durch Verkauf oder Lizenzerteilung), so hat er seinen durch den Verzicht geschädigten Rechtsnachfolger schadlos zu halten.

2. „oder wenn die Gebühren nicht rechtzeitig bei der Kasse des Patentamts ꝛc. eingezahlt sind." Hierin, d. h. in der nicht rechtzeitigen Gebührenzahlung, wird ein stillschweigender Verzicht auf das Patent erblickt, und zwar tritt die Erlöschung des Patents in diesem Falle ipso jure ein, ohne Rücksicht auf die Ursachen der Nichtzahlung selbst dann, wenn dieselbe etwa durch höhere Gewalt verhindert worden sein sollte. Die objektive Thatsache der Nichtzahlung führt den Verfall herbei, die subjektiven Gründe werden nicht untersucht und können selbst die triftigsten Entschuldigungsgründe den Verfall des Patents nicht aufhalten. In außerordentlichen Fällen (wie Krieg u. dergl.) muß die Gesetzgebung, soweit nötig und möglich, Fürsorge treffen.

Der Patentinhaber hat die Dauer seines Patents also ganz in der Hand, indem es ihm freisteht, dasselbe jederzeit durch Nichtzahlung der Gebühren verfallen zu lassen. Ueber die Zahlungsfristen vergl. § 8 Note 3, deren Berechnung richtet sich nach § 200 der C. P. O.

Unter „nicht rechtzeitig" ist zu verstehen: nicht innerhalb der in § 8 bestimmten Zahlungsfristen.

3. „oder zur Ueberweisung an dieselbe bei einer Postanstalt im Gebiete des deutschen Reichs eingezahlt sind." Dieser Zusatz zu der fraglichen Bestimmung des § 9 im neuen Gesetz, welcher die Einzahlung an eine Postanstalt im Gebiete des deutschen Reichs der direkten Zahlung an die Kasse des Patentamtes gleichstellt, ist auf Antrag der Kommission des Reichstags im Interesse der Patentinhaber, die außerhalb Berlins wohnen und dort auch keinen Vertreter haben, beigefügt worden, um dieselben vor dem Erlöschen ihrer Patente zu bewahren, falls die Auszahlung der Gebühren seitens der Post an die Kasse des Patentamtes aus irgend einem Grunde verzögert worden sein sollte. Es steht jedem, der ein Interesse daran hat, das Patent vor Verfall zu bewahren, frei, die Gebühren für dasselbe zu bezahlen.

4. Die Erlöschungsgründe des § 9 bewirken nur ein Aufhören des Patents für die Zukunft, nicht für die Vergangenheit, für welche es in jeder Beziehung in rechtlicher Wirksamkeit bleibt, so daß Patentverletzungen auch noch nach dem Erlöschen des Patents gerichtlich verfolgt werden können.

II. Rechtsprechung (des Reichsgerichts):

Auch ein bereits durch Nichtzahlung der Gebühren erloschenes Patent kann noch nachträglich auf Grund des § 10 für nichtig erklärt werden. (R. H. G. XXV, 27.)

Nachtrag.

Entscheidungen des Reichsgerichts und des Patentamts (mitgeteilt im Patentblatt und in dem Blatt für Patent-, Muster- und Zeichenwesen):

1. Die Bestimmungen in § 8 Abs. 2 und 3 und § 9 des Patentgesetzes vom 7./4. 91 finden auch Anwendung auf Patente, die vor dem 1. Oktober 91 erteilt worden sind. (Entsch. des P.-A., P. B. 1892, Nr. 20 S. 293.)

2. Verschweigt der Verkäufer eines Patentes, daß die Patentgebühr rückständig ist und kommt infolge dessen das Patent wegen Nichtzahlung der Gebühr zur Erlöschung, so hat er dem Käufer Schadenersatz zu leisten. (Entsch. des O. L. G. Dresden P. B. 1892, Nr. 46 S. 675—78.)

3. Der Veräußerer eines Patents ist nicht verpflichtet, vor Umschreibung des Patents durch rechtzeitige Gebührenzahlung für dessen Erhaltung zu sorgen. (Entsch. des O. L. G. Karlsruhe v. 21./1. 93, P. B. 1894, Nr. 20 S. 333--34.)

4. Der Patentinhaber ist zur Aufrechterhaltung des Patents durch rechtzeitige Gebührenzahlung verpflichtet, obwohl er das in eine Gesellschaft eingebrachte Patent dem anderen Gesellschafter verpfändet hat. (Entsch. v. 18./9. 97, B. f. P. M. u. Z. III, S. 228.)

§ 10.

Das Patent wird für nichtig erklärt, wenn sich ergibt:

1. daß der Gegenstand nach § 1 und 2 nicht patentfähig war,
2. daß die Erfindung Gegenstand des Patents eines früheren Anmelders ist,
3. daß der wesentliche Inhalt der Anmeldung den Beschreibungen, Zeichnungen, Modellen, Gerätschaften oder Einrichtungen eines anderen oder

einem von diesem angewendeten Verfahren ohne Einwilligung desselben entnommen war.

Trifft eine dieser Voraussetzungen (1 bis 3) nur teilweise zu, so erfolgt die Erklärung der Nichtigkeit durch entsprechende Beschränkung des Patents.

I. Anmerkungen:

1. „Das Patent wird für nichtig erklärt“ Die Nichtigkeit des Patents aus den in § 10 bezeichneten drei Gründen tritt nicht von selbst ein, sondern kann nur auf Antrag im verwaltungsgerichtlichen Verfahren vom Patentamte durch Urteil erklärt werden und tritt erst hierdurch in Wirksamkeit, und zwar in den Fällen, in denen ein Patent entgegen den Vorschriften dieses Gesetzes zu Unrecht erteilt und die Erhebung des Einspruchs versäumt wurde. Auch selbst dann, wenn im Aufgebotsverfahren Einwendungen gegen die Patenterteilung zurückgewiesen wurden, bleibt die Nichtigkeitsklage noch zulässig und kann hierdurch eine wiederholte Prüfung des Patents auf Neuheit oder Entnahme herbeigeführt werden.

2. Der Antrag auf Nichtigkeitserklärung ist, solange als das Patent in Wirksamkeit besteht, zulässig und verjährt nur im Falle der Nichtigkeit nach pos. 1 (mangelnde Patentfähigkeit) in fünf Jahren (vergl. § 28).

3. „wenn sich ergibt: 1. daß der Gegenstand nach §§ 1 und 2 nicht patentfähig war.“ Dieser erste Nichtigkeitsgrund ist die objektive Patentunfähigkeit der betreffenden Erfindung wegen mangelnder Neuheit oder gewerbsmäßiger Verwertbarkeit derselben (vergl. die Anmerkungen zu §§ 1 und 2).

4. „2. daß die Erfindung Gegenstand des Patents eines früheren Anmelders ist.“ Dieser zweite Nichtigkeitsgrund ist subjektiver Art, erst durch das vorliegende neue Gesetz aufgestellt und in den § 10 noch eingeschoben worden, um außer Zweifel zu stellen, daß in den Fällen, in welchen ein Patent entgegen der Vorschrift des § 3 Abs. 1 erteilt ist, die Herstellung des dieser Vorschrift entsprechenden Zustandes im Wege des Nichtigkeitsverfahrens zu erfolgen hat. Hiermit ist den Nichtigkeitsinstanzen die Entscheidung in Fällen der Kollision zwischen mehreren Patenten auch dann vorbe-

halten, wenn die Bestimmungen der §§ 1 und 2 zur Beseitigung einer solchen Kollision nicht ausreichen.

5. „3. daß der wesentliche Inhalt der Anmeldung den Beschreibungen rc. eines anderen ohne dessen Einwilligung entnommen war." Der dritte subjektive und relative, auf den Fall einer widerrechtlichen Entnahme basierende Nichtigkeitsgrund kann nur von dem Verletzten geltend gemacht werden, derselbe ist ausreichend thatsächlich zu begründen und dürfen Nichtigkeitsgründe dieser Art nicht von Amtswegen berücksichtigt werden (vergl. Anmerk. zu § 3 Abs. 2). Gleichgültig ist, ob der Patentinhaber hierbei bewußt rechtswidrig oder in gutem Glauben gehandelt hatte. Auf eine rechtswidrige Absicht resp. irgend ein Verschulden kommt es bei diesem Nichtigkeitsgrund nicht an.

6. Zu dem Antrage auf Nichtigkeitserklärung im Falle des § 10 Nr. 1 (objektive Nichtigkeit) ist jedermann berechtigt, selbstverständlich auch die hierzu berufenen staatlichen Organe (Staatsanwaltschaften rc.) im öffentlichen Interesse der Gesammtheit, jeder Privatmann wegen Verletzung seiner eigenen Interessen. Im letzteren Falle wirkt auch das lediglich von einer Partei erstrittene Urteil auf Nichtigkeit eines Patents für alle. Die Nichtigkeitsklage ist in diesem Falle gewissermaßen als sogenannte Popularklage zu betrachten.

Dagegen wirkt ein, einen Nichtigkeitsantrag verwerfendes Urteil in diesem Falle nur unter den Parteien, d. h. dem Privatmanne gegenüber, gegen den es ergangen, und kann somit von jedem anderen trotzdem immer wieder von neuem Nichtigkeitsklage erhoben werden.

In den beiden anderen Fällen einer subjektiven resp. relativen Nichtigkeit ist nur der Verletzte (nicht jeder Dritte) zur Antragstellung befugt.

7. Die Nichtigkeitsklage kann als rein deklarativ zu jeder Zeit, solange das Patent besteht, erhoben werden, ist also an keine Frist gebunden (mit Ausnahme von Nr. 1) und kann selbst noch gegen ein bereits (durch Verzicht rc.) erloschenes Patent gerichtet werden, um dessen Unrechtmäßigkeit während der Zeit seiner Wirksamkeit und die hieraus zu ziehenden rechtlichen Konsequenzen nachträglich festzustellen.

Die Nichtigkeitsklage auf Grund des § 10 Nr. 1 (mangelnde

Neuheit und gewerbliche Verwertbarkeit 2c.) verjährt nach § 28 dieses Gesetzes in fünf Jahren.

Der richterliche Ausspruch der Nichtigkeit hebt das bis dahin provisorische Recht aus dem Patent rückwirkend und mit Wirkung für jedermann auf und ist die Sache in diesem Falle so anzusehen, als ob das betreffende Patent überhaupt niemals erteilt worden sei.

Die rückwirkende Kraft, welche hiernach der Nichtigkeitserklärung beizumessen ist, hat zur Folge, daß Patentverletzungen, welche vor der Nichtigkeitserklärung begangen wurden, weder civil- noch strafrechtlich verfolgbar sind.

Der Antragsteller, der die Nichtigkeitserklärung wegen widerrechtlicher Entnahme (Nr. 3) erwirkt, hat darum auch keinen Anspruch auf Erteilung bezw. Uebertragung des betreffenden Patents für diese ihm entwendete Erfindung zu seinen Gunsten (vergl. Anm. zu § 3 Abs. 2).

Nach erklärter Nichtigkeit können daher auch die voraus bezahlten Patentgebühren reklamiert werden (vergl. Anm. 5 zu § 8).

8. Im Civil- oder Strafverfahren wegen Patentverletzungen kann der Beklagte, wenn er die Einrede der Nichtigkeit vorschützt, verlangen, daß zunächst die Nichtigkeit nach dem hierfür vorgeschriebenen Verfahren von dem Patentamte u. s. w. festgestellt, d. h diese Präjudizialfrage auf diese Weise erledigt und das Verfahren vor den ordentlichen Gerichten wegen der angeblichen Patentverletzung insolange, bis dies geschehen, ausgesetzt werde. Der Richter kann auch eine solche Vorentscheidung von Amtswegen provozieren, da er für die Entscheidung über die Nichtigkeitsfrage nicht zuständig ist.

9. Weitergehende Ansprüche, welche dem Beschädigten im Falle der Nichtigkeitserklärung nach Nr. 3 auf Grund des bürgerlichen Rechts etwa noch zustehen sollten, hat derselbe im Rechtswege vor den ordentlichen Gerichten geltend zu machen.

10. „Trifft eine dieser Voraussetzungen (1—3) nur teilweise zu, so erfolgt die Erklärung der Nichtigkeit durch entsprechende Beschränkung des Patents.“ Diese in dem gegenwärtigen Gesetz dem § 10 (neu) als Absatz 2 beigefügte ergänzende Bestimmung entspricht dem in der Praxis hervorgetretenen Bedürfnis, auch die teilweise Nichtigkeit eines Patents erklären zu können, sowie der entsprechenden Aenderung des § 3 hinsichtlich der sogenannten

Abhängigkeitspatente (vergl. die Anmerkungen zu § 3). Die Gerichte sind an die Abhängigkeitserklärung gebunden und der zweite Erfinder vorher an der Verwertung seiner Erfindung zur Verbesserung nicht gehindert.

II. Rechtsprechung (des Reichsgerichts):

1. Das Erlöschen des Patentes schließt die Klage auf Nichtigkeitserklärung desselben nicht aus. Dieselbe ist in ihren Voraussetzungen und Wirkungen verschieden von dem Erlöschen des Patents (vergl. oben Anm. 7) (R. H. G. XXV, 27).

2. Ein Patent kann auch teilweise für nichtig erklärt werden, vorausgesetzt, daß die Erfindung sich nicht als ein untrennbares Ganzes darstellt (vergl. oben Anm. 10) (R. H. G. XXV, 46).

3. Die bloße Priorität der Anmeldung eines Patents gibt kein Recht, die im § 10 vorgesehene Klage auf Vernichtung eines später angemeldeten Patents zu erheben (R. G. C. VII, 20).

4. Ein Patent kann nicht deshalb für nichtig erklärt werden, weil durch die Patenterteilung ein bestehendes Patentrecht eines anderen verletzt ist (R. G. C. XI, 28). (Vergl. § 10 Nr. 2 und Anm. 4 zu § 10, wonach diese Entscheidung jetzt nicht mehr zutrifft, da gesetzlich das Gegenteil feststeht.)

5. Da nur das Patentamt darüber zu befinden hat, ob der Antrag auf Nichtigkeitserklärung mit Grund gestellt ist, so kann den Gerichten auch nicht die Entscheidung darüber zustehen, ob ein solcher Antrag thatsächlich genügend substanziiert ist, da dadurch der Entscheidung des Patentamtes vorgegriffen würde. Auch darf der Strafrichter den Antrag auf Gewährung einer Frist zum Zwecke der Erhebung einer Nichtigkeitsklage vor dem Patentamte nicht ablehnen (R. G. St. VII, 46). (Vergl. oben Anm. 8 zu § 10.)

6. Im Nichtigkeitsverfahren kann das als nichtig angefochtene Patent nicht für abhängig von einem anderen Patente erklärt werden, vielmehr steht (cf. Entscheidung des Reichsgerichts vom 16. April 1883) das Erkenntnis hierüber lediglich den ordentlichen Gerichten zu 2c.

Solche Entscheidungen des Patentamtes betreffen aber lediglich die Rechtsbeständigkeit oder Nichtigkeit des angefochtenen Patents, nicht das Verhältnis dieses Patents 2c. zu einem anderen Patent 2c. Zu den bürgerlichen Rechtsstreitigkeiten gehören auch die Streitigkeiten über die aus Patenten entspringenden Privatrechte, insbesondere Streitigkeiten darüber, ob die Benutzung eines später erteilten Patents eine Verletzung des aus einem früher erteilten Patent entspringenden Rechts enthalte 2c. (R. G. C. XII, 27). (Vergl. den in dieser Entscheidung ausgesprochenen Rechtsgrundsätzen gegenüber § 10 Nr. 2 des neuen Gesetzes auch Anm. 4 oben zu § 10, wonach das frühere Gesetz dahin abgeändert ist, daß das Patentamt allerdings jetzt auch das Verhältnis zwischen zwei verschiedenen, denselben Gegenstand betreffenden und mit einander collidierenden Patenten auch im Nichtigkeitsverfahren festzustellen hat, so daß diese Fragen nicht mehr zur Kompetenz der ordentlichen Gerichte gehören.)

7. Die Nichtigkeitserklärung eines Patents hat nicht schon an sich die rechtliche Folge, daß ein bezüglich desselben abgeschlossener Lizenzvertrag als von Anfang an nichtig zu betrachten und deshalb der Erteiler der Lizenz zur Rückerstattung der bis zur Nichtigkeitserklärung für die Lizenzgewährung empfangenen Leistungen zu verurteilen ist; denn der Lizenzvertrag besteht nicht in der Uebertragung einer Art dinglichen Rechts an der patentierten Erfindung (quasi-dinglichen Rechts), sondern nur in der dem anderen erteilten Erlaubnis zur Benutzung der Erfindung; es besteht also nur ein obligatorisches Verhältnis zwischen ihm und dem Patentinhaber (R. G. C. XVII, 12).

8. Nach der Nichtigkeitserklärung eines Patents können die vor derselben verübten Verletzungen des Patents nicht mehr als solche bestraft werden (nach § 34 des Pat.-Ges.); denn das Gesetz will das Recht des Erfinders auf ausschließliche Benutzung seiner neuen Erfindung schützen und straft die Verletzung dieses Rechts durch wissentliche Benutzung der Erfindung seitens eines dritten Unbefugten. Steht aber durch Nichtigkeitserklärung des Patents fest, daß die Erfindung keine neue war, so steht fest, daß der Patentinhaber kein Erfinder im Sinne des Gesetzes war, daß er kein ausschließliches Recht auf die Benutzung der Erfindung hatte und daß ein Recht des Erfinders in Wahrheit nicht verletzt ist und sind damit die Voraussetzungen des Schutzes, den § 34 bezweckt, fortgefallen 2c. (R. G. St. XIV, 66).

III. Rechtsgrundsätze aus der Rechtsprechung des Patentamts.

1. Undeutlichkeit der Patentansprüche ist kein Nichtigkeitsgrund. Bei der Tragweite dieser Ansprüche ist die Beschreibung und der Titel des Patents zu berücksichtigen.

2. Nach § 10 Nr 2 (jetzt nach dem neuen Gesetz Nr. 3) kann nur der wirkliche Erfinder oder sein Rechtsnachfolger Nichtigkeitskläger sein.

3. Wird ein Hauptpatent für nichtig erklärt, so bedingt dies nicht ohne weiteres die Nichtigkeit eines Zusatzpatents, sondern nur in dem Falle, wenn die darin enthaltenen angeblichen Neuerungen und Verbesserungen ebenfalls der Neuheit entbehren.

4. Die bloße Erteilung eines Patents im Auslande (ohne Veröffentlichung der Patentbeschreibung) bildet keinen Nichtigkeitsgrund.

5. Im Falle des § 10 Nr 1 kann die Nichtigkeitserklärung von jedem beantragt werden, der seinen Antrag auf mangelnde Neuheit der Erfindung gründet (Popularklage).

Aus der Unvollkommenheit der Beschreibung und Zeichnung kann ein Nichtigkeitsgrund nicht abgeleitet werden.

6. Ein Patent kann auch teilweise für nichtig erklärt werden, vorausgesetzt, daß sich die Erfindung nicht als untrennbares Ganzes darstellt.

7. Derselbe Nichtigkeitskläger kann den einmal rechtskräftig zurückgewiesenen Antrag wiederholen, wenn er auf neue Thatsachen gestützt werden kann.

Nachtrag:
Entscheidungen des Reichsgerichts und des Patentamtes (mitgeteilt im Patentblatt und in dem Blatt für Patent-, Muster- und Zeichenwesen):

1. Inkorrektheit der Beschreibung bildet keinen Nichtigkeitsgrund. (Entsch. v. 13./7. 91, B P. 1891, Nr. 44 S. 45)

2. Wegen der bloßen Befürchtung, es könnten die Einrichtungen nicht mehr so wie im Patent beschrieben ausgeführt werden, und es könnte dadurch in ein anderes Patent eingegriffen werden, ein Patent einzuschränken, ist unzulässig. (Entsch v. 5/12. 92, P. B. 1893, Nr. 6 S 75 79)

3. Eine offenkundige Vorbenutzung, welche erst nach dem bei der Patenterteilung festgesetzten Anmeldetag geschehen, ist

nicht von Erheblichkeit. (Entsch. v. 26./6. 95, B. f. P. M. u. Z. I, S. 285—86.)

4. Die erste Herstellung des Gegenstandes, durch welchen die Erfindung in die Erscheinung tritt, kann eine Benutzung der Erfindung darstellen. Benutzt wird die Erfindung recht eigentlich durch die Herstellung des Gegenstandes, durch den sie in die Erscheinung tritt, und geschieht diese Herstellung offenkundig im Sinne des Gesetzes, so ist die Benutzung eine offenkundige. (Entsch. v. 11./12 95, B. f. P. M. u. Z. II, S. 97—98.)

5. Bereits aus dem Patentgesetz vom 25. Mai 1877 ist der Grundsatz zu entnehmen, daß ein Patent für nichtig zu erklären sei, wenn sich ergebe, daß die Erfindung Gegenstand des Patents eines früheren Anmelders ist. (Entsch. v. 8./12. 94, B. f. P. M. u. Z. I, S. 187.)

6. Die Einwilligung des Erfinders zur Patentanmeldung von seiten eines Dritten kann auch durch schlüssige Handlungen erfolgen und kann alsdann von einer widerrechtlichen Entnahme der Erfindung keine Rede sein. (Entsch. (des P.-A.), v. 8./11. 94 B. f. P. M. u. Z. I, S. 136.)

7. Der Nichtigkeitsgrund des § 10 Nr. 2 des Patentgesetzes trifft nur zu, wenn das Patent des früheren Anmelders auch noch zur Zeit der Urteilsfällung in Kraft ist. (Entsch. (des P.-A.) v. 3./10. 95, B. f. P. M. u. Z. II, S. 110.)

8. Die Bestimmung des § 10 Nr. 2 des Patentgesetzes vom 7. April 1891 findet auch Anwendung auf Patente, die unter der Herrschaft des Patentgesetzes vom 25. Mai 1877 erteilt worden sind. (Entsch. (des P.-A.) v. 26./11. 96, B. f. P. M. u. Z. II, S. 68, vergl. auch die oben sub. 5 mitgeteilte Entsch. des R. G.)

9. Der Thatbestand der widerrechtlichen Entnahme (§ 3 Abs. 2, § 10 Nr. 3 des Patentgesetzes) kann nicht vorliegen, a. wenn die zur Zeit der Patentanmeldung vorhandene Einwilligung hinterher zurückgezogen ist und b. wenn die Einwilligung arglistig vom Anmelder erschlichen ist. (Entsch. (des P.-A.) v. 7./1. 97, B. f. P. M. u. Z. III, S. 144.)

§ 11.

Das Patent kann nach Ablauf von drei Jahren, von dem Tage der über die Erteilung des Patents erfolgten Bekanntmachung (§ 27 Absatz 1) gerechnet, zurückgenommen werden:

1. wenn der Patentinhaber es unterläßt, im Inlande die Erfindung in angemessenem Umfange zur Ausführung zu bringen, oder doch alles zu thun, was erforderlich ist, um diese Ausführung zu sichern;
2. wenn im öffentlichen Interesse die Erteilung der Erlaubnis zur Benutzung der Erfindung an andere geboten erscheint, der Patentinhaber aber gleichwohl sich weigert, diese Erlaubnis gegen angemessene Vergütung und genügende Sicherstellung zu erteilen.

I. Anmerkungen:

1. „Das Patent kann nach Ablauf von drei Jahren zurückgenommen werden." In diesem Paragraphen werden die Grundsätze geregelt, nach welchen dem Patentinhaber aus Rücksicht auf das öffentliche Wohl die Verpflichtung obliegt, sogenannte Lizenzen zu erteilen, d. h. anderen die Mitbenutzung seiner patentierten Erfindung zu gestatten (Lizenzzwang) und demselben ferner das Patent entzogen werden kann, wenn er seine Verpflichtung, durch die Ausführung seiner Erfindung zugleich auch den öffentlichen Interessen zu dienen, verabsäumt, worüber das Patentamt nach seiner freien Ueberzeugung unter Erwägung aller Umstände zu entscheiden hat.

Abgesehen von diesen, mit dem Individualrechte des Patentinhabers, das als ein Vermögensrecht nicht nach Willkür, sondern nur nach bestimmten, gesetzlich fixierten Grundsätzen entzogen werden kann, kollidierenden Interessen der Allgemeinheit stehen Lizenzerteilungen prinzipiell in seinem Ermessen. (Vergl. über die Frage auch die Einleitung.)

2. „von dem Tage der über die Erteilung des Patents erfolgten Bekanntmachung an gerechnet (§ 27 Abs. 1)." Dieser erläuternde und bezw. erweiternde Zusatz bezüglich der Berechnung der dreijährigen Frist für die Ausführung der Erfindung, welcher dem § 11 des neuen Ge-

setzes noch beigefügt wurde, hat den Zweck, etwaige Zweifel in dieser Beziehung zu beseitigen und für diese Fristberechnung eine feste Basis zu geben.

3. „1. wenn der Patentinhaber es unterläßt, im Inlande die Erfindung in angemessenem Umfange zur Ausführung zu bringen." Die Ausführungspflicht des Patentinhabers involvirt nicht auch zugleich die Verpflichtung, den Nachweis der Ausführung zu liefern; es muß vielmehr bei einer Klage auf Zurücknahme die mangelnde oder ungenügende Ausführung zur Begründung dieses Antrags nachgewiesen werden.

Wenn auch die drei ersten Jahre seit der Patenterteilung von der Befugnis zur Zurücknahme des Patents nicht betroffen werden, d. h. vor Ablauf dieser Frist ein hierauf gerichteter Antrag überhaupt nicht gestellt werden kann, so ist doch während dieser Frist der Patentinhaber nicht von der Ausführungspflicht befreit und kann und wird bei einer späteren Revokationsklage auf das Verhalten während der drei ersten Jahre Rücksicht genommen.

Rechtliche Hindernisse der Ausübung sind hierbei aber zu berücksichtigen, z. B. wenn die Ausübung der Erfindung von der Benutzung einer anderen Erfindung, deren Patent noch läuft, abhängig ist, oder wenn ein staatliches Verbot der Ausübung derselben im Wege steht. Es darf daher die Zurücknahme eines Patents überall da nicht ausgesprochen werden, wo der redliche Wille des Patentinhabers nicht zu bezweifeln ist, seiner Pflicht genügen zu wollen und in seinem Verhalten nicht ein Versuch zu einer dem Gemeinwohl nachteiligen Monopolisierung liegt; wohl aber in dem Falle, wenn z. B. jemand eine Erfindung für Deutschland patentiren läßt, um dadurch jede Konkurrenz auszuschließen, hiernach aber die Erfindung nur im Auslande ausbeutet. Aus dieser Rücksicht genügt daher nicht der Nachweis, daß die betreffende Erfindung im Auslande ausgeführt worden sei, sondern dies muß im Inlande geschehen sein, wovon nur eine Ausnahme durch das mit Italien geschlossene Uebereinkommen über den gegenseitigen Patent-, Muster- und Markenschutz nach Art. 5 statuirt worden ist.

4. „in angemessenem Umfange." Was hierunter zu verstehen sei, hat das Patentamt nach seinem freien Ermessen im einzelnen Falle zu beurteilen und lassen sich hierfür allgemeine Grundsätze nicht aufstellen. Der Patentinhaber kann die

patentirte Erfindung auch in der Weise zur Ausführung bringen, daß er dieselbe einem anderen überträgt, Lizenzen erteilt 2c.

5. „oder doch alles thut, was erforderlich ist, um die Ausführung zu sichern." Es sind also auch bei diesem Revokationsgrunde die Vorbereitungen zur Ausführung zu berücksichtigen, welche je nach der Natur der Erfindung, den zur Ausführung erforderlichen, mehr oder weniger kostspieligen und zeitraubenden Einrichtungen 2c. sowie den wirtschaftlichen und örtlichen Verhältnissen 2c. ins Gewicht fallen und gegebenenfalls als hinreichend erachtet werden können, eine Zurücknahme des Patents für ausgeschlossen zu erklären. Solche Veranstaltungen sind z. B. Herstellung von Fabrikräumen, Anschaffung von Arbeitsmaschinen, Abschluß von Lizenzverträgen u. dergl. Auch bei Würdigung dieser Umstände ist das freie Ermessen entscheidend.

6. „2. wenn im öffentlichen Interesse die Erteilung der Erlaubnis zur Benutzung der Erfindung an andere geboten erscheint." Die Frage, ob ein öffentliches Interesse, den Patentinhaber zur Lizenzerteilung verpflichtet zu halten, im gegebenen Falle vorliegt, ist ebenfalls nach freiem Ermessen zu entscheiden (vergl. Anm. 1). Besondere Anhaltspunkte hierfür sind nicht gegeben und ist hierbei das Prinzip maßgebend, daß durch das Ausschließungsrecht des Patentinhabers bei einer Erfindung die Lizenzverweigerung von seiten desselben nicht die allgemeinen wirtschaftlichen Interessen des Landes, das Wohlbefinden der Bevölkerung und die nationale Arbeit 2c. geschädigt werden dürfen. Auch die Fälle, in welchen eine Expropriation eines Patents gemäß § 5 Absatz 2 vom Reichskanzler verfügt werden kann, können zur Begründung der Verpflichtung der Lizenzerteilung und eventuell einer Klage auf Zurücknahme dienen (vergl. Anm. 5 zu § 5).

7. „der Patentinhaber aber gleichwohl sich weigert, diese Erlaubnis zu erteilen." Weitere gesetzliche Voraussetzung für die Zulässigkeit eines Antrags auf Zurücknahme eines Patents (Revokationsklage) ist, daß an den Patentinhaber das Verlangen auf Lizenzerteilung von jemand gestellt und solche von ihm ausdrücklich verweigert worden ist.

8. „gegen angemessene Vergütung." Die einfache Offerte von seiten des Lizenznachsuchenden genügt nicht, dieselbe muß vielmehr eine objektiv annehmbare sein

d. h. mit dem Nachsuchen der Erlaubnis zur Benutzung einer patentierten Erfindung zugleich eine der eventuellen Einräumung dieser Lizenz entsprechende Vergütung angeboten werden. Ob aber die demgemäß angebotene Entschädigung eine der Sachlage entsprechende und angemessene sei, hat das Patentamt lediglich nach seinem Ermessen nach den bezüglichen Grundsätzen des Civilprozesses zu entscheiden. Anhaltspunkte für die Bemessung der Höhe einer angemessenen Vergütung bieten u. a. die Preise, die der Patentinhaber bereits für Erteilung der Erlaubnis zur Benutzung in anderen Fällen erhalten hat.

9. Bezüglich des Verhältnisses von Verbesserungserfindungen bezw. -Patenten zu Hauptpatenten, wenn solche in verschiedenen Händen sich befinden, gilt im allgemeinen der Grundsatz, daß weder der Inhaber des einen noch des anderen an sich zur Lizenzerteilung an den anderen verpflichtet erscheint und kann auch bei ihnen ebenfalls aus Rücksicht auf das Gemeinwohl und die wirtschaftlichen Interessen des Landes die Lizenzerteilung auf Grund der Bestimmung des § 11 Absatz 2 eventuell erzwungen werden.

10. „und genügende Sicherstellung." Es genügt auch nicht das bloße Anerbieten einer angemessenen Vergütung (vergl. Anm. 9), sondern es ist hierfür auch genügende Sicherheit zu leisten, sofern dieselbe nicht sogleich erlegt werden kann, welche Frage ebenfalls vom Patentamte wie die Angemessenheit der Vergütung zu prüfen und zu entscheiden ist.

11. Die Klage auf Zurücknahme ist insofern eine Popularklage, als jeder aus dem Volke in die Rechtslage kommen kann, welche diese Klage d. h. den Anspruch auf Lizenzerteilung begründet, nämlich das persönliche Interesse an der pflichtmäßigen Ausführung des Patents und führt derselbe mit der Geltendmachung seines persönlichen Anspruchs zugleich auch gewissermaßen die Geschäfte der Allgemeinheit, die an der Lizenzerteilung bezw. an einer ausgiebigen Ausführung des betreffenden Patents ebenfalls ein rechtliches Interesse hat. Diese Klage ist somit der Nichtigkeitsklage auf Grund des § 10 Nr. 1 ganz analog. Die Revokationsklage, die auch von einer öffentlichen Behörde erhoben werden kann, ist gegen den Patentinhaber zu richten, ohne Unterschied, auf welchem Rechtstitel sein Ausschließungsrecht beruht. Die Rechte eines Lizenzträgers können aber hierdurch nicht berührt, d. h. aufgehoben werden. Auf die Rücknahme „kann", muß aber nicht vom Patentamte und eventuell in

zweiter Instanz vom Reichsgericht erkannt werden; es hängt diese Entscheidung völlig von dem freien Ermessen dieser Gerichte ab.

Die richterlich ausgesprochene Rücknahme hebt das Patentrecht vom Tage der Rechtskraft der betreffenden Entscheidung an, also nur für die Zukunft auf; es bleibt solches bis zu diesem Tage bestehen und hat somit das Erkenntnis auf Rücknahme keine rückwirkende Kraft.

Die Abweisung des einen Antragstellers schließt die Klage eines anderen ebensowenig wie bei der Nichtigkeitsklage aus.

Dem Patentinhaber bleiben alle Rechte, welche er von der Erteilung des Patents an bis zu dessen Zurücknahme erworben, vollständig vorbehalten und ungeschmälert, also auch alle Ansprüche aus etwaigen Patentverletzungen. Eine Rückzahlung der Gebühren findet nicht statt, es sei denn, daß sie im voraus bereits für mehrere Jahre über die Zeit der Rücknahme des Patents hinaus gezahlt waren.

12. Der urteilsmäßigen Erklärung der Zurücknahme eines Patents in Gemäßheit der Bestimmungen dieses Paragraphen muß aber einer Androhung der Zurücknahme unter Angabe von Gründen und Festsetzung einer angemessenen Frist zur nachträglichen Erteilung der in gesetzmäßiger Weise geforderten Lizenz vorausgehen (vergl. § 30 Abs. 3).

II. Rechtssprechung (des Reichsgerichts):

1. Im Falle einer Aufhebung resp. Zurücknahme eines Patents auf Grund der Bestimmungen des § 11 können Patentverletzungen, welche während des Bestehens des Patents vorgefallen sind, auch nach der Aufhebung noch strafrechtlich verfolgt bezw. zur Begründung einer Civilklage benutzt werden (R. G. St. VII, 46).

2. Bei einer Klage auf Zurücknahme eines Patents auf Grund des § 11 Nr. 1 hat der Antragsteller den in dieser Gesetzesstelle bestimmt gekennzeichneten Thatbestand (der Nichtausführung der Erfindung) zu behaupten und im Falle des Bestreitens zu beweisen und wird alsdann das Patentamt regelmäßig im Sinne des Gesetzes auf Zurücknahme des Patents zu erkennen haben, es sei denn, daß diese Behörde nach ihrem gewissenhaften Ermessen trotz jener Klarlegung des Antragstellers aus gerichtsbekannten oder von dem in dieser Richtung beweispflichtigen Patentinhaber nachgewiesenen eigen-

artigen Voraussetzungen des Falles die Ueberzeugung gewonnen hat, daß durch das betreffende Verhalten des Patentinhabers die deutschen volkswirthschaftlichen Interessen, namentlich die Interessen der deutschen Gewerbsindustrie effektiv nicht benachteiligt worden seien ꝛc. (R. G. E. IX, 29).

3. Entscheidung des R. G. E. XVII, 12 (vergl. pos. II, 7 der zu § 10 mitgeteilten Rechtsprechung).

4. Der Antrag auf Patentzurücknahme gemäß § 11 Nr. 1 kann nicht darauf gegründet werden, daß der Gegenstand des Patents überhaupt nicht ausführbar sei. (R. G. E. XXII, 24).

Nachtrag:

Entscheidungen des Reichsgerichts und des Patentamts (mitgeteilt im Patentblatt und im Blatt für Patent-, Muster- und Zeichenwesen).

1. Die Zurücknahme eines Patents kann mangels Ausführung erfolgen, wobei sowohl die mit der Ausführung zu beschäftigende Industrie, wie auch die hiesigen Consumenten, die letzteren insofern zu berücksichtigen sind, als ihnen nicht die Erlangung des betreffenden Artikels zum Kauf durch bloßen Bezug aus dem Ausland vertheuert werden darf. (Entsch. v. 26./11. 90, P. B. 1891, Nr. 5 S. 53—56.)

2. Der Patentinhaber kann sich der gesetzlichen Ausführungspflicht nicht mit der Darlegung entziehen, daß ein Bedarf für eine lohnende Fabrikation (bei einer solchen im Ausland) nicht vorhanden sei. Um die Unterlassung der Ausführung entschuldbar zu machen, bedarf es der Darlegung besonderer Hindernisse, welche sich als nicht überwindlich herausstellen. (Entsch. v. 6./5. 91, P. B. 1891, Nr. 27 S. 345—50.)

3. Teilweise Ausführung einer Erfindung im Inlande genügt nicht, und ist nicht als eine solche in angemessenem Umfang zu betrachten, wenn das ganze Verhalten des auf Rücknahme des Patentes verklagten Patentinhabers darauf hinweist, daß er bestrebt war, die Ausnützung seines Patentes in Deutschland möglichst für seine ausländische Fabrikation zu monopolisieren. Die Bestimmung des § 11 bezweckt gerade Schutz gegen ein solches Verfahren. (Entsch. v. 21./9. 91, P. B. 1891, Nr. 43 S. 531—35.)

4. Der Patentinhaber, welcher in öffentlichen Blättern Verkaufs- und Lizenzanerbietungen erläßt oder sein Patent verkauft, hat damit noch nicht Alles gethan, was erforderlich

ist, um die Ausführung der ihm patentierten Erfindung im Inlande zu sichern. (Entsch. (des P.-A.) v. 27./8. 91, P. B. 1891, Nr. 49 S. 597—99.)

5. Der Patentinhaber hat Alles gethan, was erforderlich ist, um die Ausführung der patentierten Erfindung im Inlande zu sichern, wenn er leistungsfähigen einheimischen Fabriken Lizenzen erteilt hat. Unschädlich ist es, wenn wegen Mangel an Nachfrage von diesen Fabriken die Fabrikation eingestellt worden ist. (Entsch. (des P.-A.) v. 3./12. 91, P. B. 1892, Nr. 12 S. 189—90.)

6. Die Rücknahme eines Patents auf Grund des § 11 hat keine rückwirkende Kraft. (Entsch. v. 6./12. 93, P. B. 1894, Nr. 5 S. 92—94.)

7. Die Vorschrift in § 11 des Patentgesetzes ist nicht als Strafandrohung für eine Versäumnis anzusehen, sondern sie muß in Rücksicht auf die inländischen Produzenten oder Konsumenten, oder beider in Anwendung kommen, gleichviel, ob die Ausführung in Kenntnis oder Unkenntnis des Gesetzes unterblieben ist.

Die Ausführungsmaßnahmen, welche der Patentinhaber nach der Zustellung der Klage trifft, sind bei der Entscheidung nicht zu berücksichtigen. (Entsch. v. 22./2. 93, P. B. 1893, Nr. 14 S. 205—6.)

8. Eine nur im Deutschen Reiche patentierte und nur in der Schweiz ausgeführte Erfindung ist auch der Rücknahme des Patents auf Grund des § 11 unterworfen. (Entsch. v. 22./4. 96, B. f. P. M. u. Z. II, S. 317—20.)

Art. 5 des Uebereinkommens zwischen dem Deutschen Reich und der Schweiz betr. den gegenseitigen Patent-, Muster- und Markenschutz vom 13./4. 92, wonach die Rechtsnachteile, welche nach den Gesetzen der vertragsschließenden Teile eintreten, wenn eine Erfindung nicht innerhalb einer bestimmten Frist (3 Jahre) ausgeführt wird, auch dadurch ausgeschlossen werden sollen, daß die Ausführung in dem Gebiete des anderen Teils erfolgt, bezieht sich nur auf den Fall, daß in beiden Ländern Patente für die betr. Erfindung erwirkt worden und ist daher bei einer nur im Deutschen Reiche patentierten Erfindung, die nur in der Schweiz ausgeführt aber nicht patentiert ist, die Zurücknahme des Patents zulässig auf Grund des § 11, 1 des Patentgesetzes. (Entsch. des P.-A. v. 10./10. 95 u. des R.-G. v. 22./4. 96, B. f. P. M. u. Z. II, S. 315—20.)

§ 12.

Wer nicht im Inlande wohnt, kann den Anspruch auf die Erteilung eines Patents und die Rechte aus dem Patent nur geltend machen, wenn er im Inlande einen Vertreter bestellt hat. Der letztere ist zur Vertretung in dem nach Maßgabe dieses Gesetzes stattfindenden Verfahren, sowie in den das Patent betreffenden bürgerlichen Rechtsstreitigkeiten und zur Stellung von Strafanträgen befugt. Der Ort, wo der Vertreter seinen Wohnsitz hat, und in Ermangelung eines solchen der Ort, wo das Patentamt seinen Sitz hat, gilt im Sinne des § 24 der Civilprozeßordnung als der Ort, wo sich der Vermögensgegenstand befindet.

Unter Zustimmung des Bundesrats kann durch Anordnung des Reichskanzlers bestimmt werden, daß gegen die Angehörigen eines ausländischen Staates ein Vergeltungsrecht zur Anwendung gebracht werde.

I. Anmerkungen:

1. „**Wer nicht im Inlande wohnt, kann den Anspruch auf Erteilung eines Patents u. s. w. nur geltend machen, wenn er im Inlande einen Vertreter bestellt hat.**“ Da das Gesetz bezüglich des Anspruchs auf Patente keinen Unterschied macht zwischen Inländer und Ausländer, dieselben vielmehr völlig gleich behandelt, so erscheint es zur Herstellung eines prompten, sichern und einfachen Geschäftsganges bei dem Patentamte geboten, daß alle diejenigen Patentinhaber, welche nicht ihren Wohnsitz im Inlande haben, in welchem Falle auch Inländer sein können, einen gehörig bevollmächtigten Vertreter bestellen. Der Name des Vertreters und jede Veränderung in der Vertretung soll in der Patentrolle, die beim Patentamte geführt wird, eingetragen werden und ist zu diesem Ende in beweisender Form zur Kenntnis desselben zu bringen. Wenn auch keine Verpflichtung zur Anzeige einer Veränderung in der Person des Vertreters besteht, so liegt solche doch im Interesse des Patentinhabers

selbst, um sich vor den Nachteilen der Unterlassung dieser Anzeige zu bewahren, da das Patentamt nur mit eingetragenen Vertretern verkehrt und zu verkehren braucht.

Auch fremde Konsuln dürfen die Vertretung ausländischer Patentinhaber übernehmen.

2. „Der letztere (Vertreter) ist zur Vertretung in dem nach Maßgabe dieses Gesetzes stattfindenden Verfahren, sowie in den das Patent betreffenden bürgerlichen Rechtsstreitigkeiten und zur Stellung von Strafanträgen befugt." Hiermit sind die Rechte und Pflichten des Vertreters eines Patentsuchers oder Inhabers gegeben, er vertritt den letzteren in jeder Beziehung gerichtlich wie außergerichtlich in allen auf das Patent Bezug habenden Geschäften, im Erteilungs-, Nichtigkeits- und Zurücknahme-Verfahren, in allen bürgerlichen Rechtsstreitigkeiten aus Patentverletzungen, sowie über alle das Patent berührende Rechtsfragen (Vererblichkeit, Uebertragbarkeit und alle Rechtsgeschäfte über Patente, Patentverkäufe, Lizenzerteilungen 2c.) und ist auch zur Stellung von Strafanträgen befugt. Letztere Befugnis hatte der Vertreter nach dem früheren Gesetze nicht und ist ihm dieselbe erst noch durch das vorliegende neue Gesetz beigelegt worden. Der Vertreter wird von dem Patentamte und den Gerichten so angesehen und behandelt, als ob er selbst der Patentinhaber wäre.

3. „Der Ort, wo der Vertreter seinen Wohnsitz hat, in Ermangelung eines solchen der Ort, wo das Patentamt seinen Sitz hat (Berlin), gilt im Sinne des § 24 der C.P.O. als der Ort, wo sich der Vermögensgegenstand befindet." Diese die Zuständigkeit der Gerichte des Inlandes für Rechtsstreitigkeiten aus Patenten von nicht im Inlande wohnenden Patentinhabern regelnde Bestimmung im neuen Gesetz weicht von der bezüglichen Bestimmung des früheren Gesetzes wesentlich ab, indem diese veränderte Kompetenzbestimmung eine wesentliche Erweiterung des geltenden Rechtes in dieser Beziehung in sich schließt und eine Lücke ausfüllt, deren Bestehen sich in der Praxis fühlbar gemacht hat.

Da das Patent einen Vermögensgegenstand des Patentinhabers bildet, so muß auch die Möglichkeit gegeben sein, gegen den Inhaber eines deutschen Patents, welcher im Inlande keinen Wohnsitz hat, nicht blos wegen der das Patent betreffenden Ansprüche, sondern auch nach § 24 der C.P.O. wegen aller vermögensrechtlicher Ansprüche Klage zu erheben. Der Anwendbarkeit dieser civilprozessualischen Vorschrift steht aber zur Zeit der Umstand entgegen, daß es an einer Bestimmung darüber fehlt, an welchem Ort das Patent als Vermögensobjekt seinen Sitz hat, d. h. an welchem Ort sich dieses Vermögen befindet, um hiernach den Gerichtsstand des Vermögensbesitzes in Gemäßheit des § 24 der C. P. O. für begründet erklären zu können. Diese, zu einer erweiterten Kompetenz der inländischen Gerichte in Rechtsstreitigkeiten gegen im Auslande wohnende Patentinhaber führende Bestimmung in § 12 entspricht einem praktischen Bedürfnis und paßt sich dieselbe den entsprechenden Bestimmungen der C. P. O. an.

4 „Unter Zustimmung des Bundesrates kann durch Anordnung des Reichskanzlers bestimmt werden, daß gegen die Angehörigen eines ausländischen Staates ein Vergeltungsrecht zur Anwendung gebracht werde." Diese dem § 12 als Absatz 2 in dem neuen Gesetz hinzugefügte Bestimmung bezüglich der Zulässigkeit von sogen. Retorsionsmaßregeln war im früheren Gesetz nicht enthalten, hat lediglich eine politische und bezw. national-ökonomische Bedeutung und ist an sich für die inländischen Patentinhaber von keinem praktischen Interesse. Mit Rücksicht auf von vielen Seiten gegen irgend welche Vergeltungsmaßregeln, auch nur die Androhung von solchen, geäußerten Bedenken wurde in dieser Beziehung von dem Gesetzgeber konstatiert, daß die verbündeten Regierungen im Einzelfalle erst nach sorgfältiger Prüfung aller Umstände und nur im Falle dringender Notwendigkeit von diesem ihnen durch diese gesetzliche Bestimmung eingeräumten Mandate Gebrauch machen würden, daß sie aber im Interesse der deutschen Industrie und Gewerbe diese Befugnis nicht entbehren könnten.

II. Rechtsprechung (des Reichsgerichts):

1. Aus der Bestimmung des § 12 kann nicht gefolgert werden, daß ein einem Ausländer gültig erteiltes Patent erlischt, wenn zeitweilig ein Vertreter des Patentinhabers im Inlande nicht bestellt ist 2c. Die Vertretung durch einen im Inlande wohnenden Vertreter ist nur in dem eigentlichen Patentverfahren und bei der Geltendmachung der Rechte aus

dem Patente im Wege des Civilverfahrens notwendig (R. G. St. VI, 43).

2. Der ausländische Patentinhaber, der vorschriftsmäßig einen im Inlande wohnenden Vertreter bestellt hat, ist nicht behindert, den zur Verfolgung von Patentverletzungen erforderlichen Strafantrag persönlich oder durch einen anderweitig hierzu Bevollmächtigten zu stellen (R. G. St. VI, 6).

(NB. Nach dem neuen Patentgesetz ist übrigens nun auch der bestellte Vertreter des Patentinhabers zur Stellung von Strafanträgen ꝛc. wegen Patentverletzung befugt, vergl. Anm. 2 zu § 12).

Zweiter Abschnitt.

Patentamt.

§ 13.

Die Erteilung, Erklärung der Nichtigkeit und die Zurücknahme der Patente erfolgt durch das Patentamt.

Das Patentamt hat seinen Sitz in Berlin. Es besteht aus einem Präsidenten, aus Mitgliedern, welche die Befähigung zum Richteramte oder zum höheren Verwaltungsdienste besitzen (rechtskundige Mitglieder) und aus Mitgliedern, welche in einem Zweige der Technik sachverständig sind (technische Mitglieder).

Die Mitglieder werden, und zwar der Präsident auf Vorschlag des Bundesrats, vom Kaiser ernannt. Die Berufung der rechtskundigen Mitglieder erfolgt, wenn sie im Reichs- oder Staatsdienste ein Amt bekleiden, auf die Dauer dieses Amts, andernfalls auf Lebenszeit.

Die Berufung der technischen Mitglieder erfolgt entweder auf Lebenszeit oder auf fünf Jahre. In letzterem Falle finden auf sie die Bestimmungen im

§ 16 des Gesetzes, betreffend die Rechtsverhältnisse der Reichsbeamten, vom 31. März 1873 keine Anwendung.

Anmerkungen:

1. „Die Erteilung, die Erklärung der Nichtigkeit und die Zurücknahme der Patente erfolgt durch das Patentamt." Das Patentamt, dessen Einsetzung wegen des in dem Patentgesetze adoptierten Prinzips der Vorprüfung aller Patente, sowie wegen der bezüglich der ferneren Rechtsbeständigkeit der erteilten Patente entstehenden Streitfragen erforderlich war, ist ausschließlich zuständig für die Erteilung oder Versagung von Patenten, die Nichtigkeitserklärung oder Zurücknahme derselben mit vollständiger Umgehung der ordentlichen Gerichte bezüglich dieser Fragen, jedoch unter Wahrung eines Instanzenzugs, wie er in dem Abschnitt über das Verfahren in Patentsachen (§§ 20—34 dieses Gesetzes) angeordnet ist und in welchem für Entscheidungen über Nichtigkeit oder Zurücknahme eines Patents das Reichsgericht die letzte Instanz bildet. Die ordentlichen Gerichte sind nur für Entscheidungen über Patentverletzungen, Strafen und Entschädigungsansprüche zuständig.

2. Die nähere Organisation des Patentamtes zur zweckentsprechenden Erledigung dieser ihm (vergl. Anmerk. 1) zugewiesenen Geschäfte erfolgt im Verordnungswege, ebenso die Feststellung der Geschäftsordnung (vergl. die hierzu erlassenen Ausführungsverordnungen).

3. In Absatz 2 des § 13 findet sich die Art und Weise der Zusammensetzung des Patentamtes, der Berufung bezw. der Anstellung der Mitglieder (rechtskundige und technische, ständige und unständige), sowie die Dienstverhältnisse derselben im Näheren angegeben. Für die Frage der Qualifikation der rechtskundigen Mitglieder sind die Bestimmungen des Gerichtsverfassungsgesetzes bezüglich der Qualifikation zum Richteramte maßgebend und für die Rechtsverhältnisse der sämmtlichen Mitglieder des Patentamtes im übrigen die Bestimmungen des Reichsbeamtengesetzes vom 31. März 1873.

§ 14.

In dem Patentamte werden gebildet:

1. Abteilungen für die Patentanmeldungen (Anmeldeabteilungen),
2. eine Abteilung für die Anträge auf Erklärung der Nichtigkeit oder auf Zurücknahme von Patenten (Nichtigkeitsabteilung),
3. Abteilungen für Beschwerden (Beschwerdeabteilungen).

In den Anmeldeabteilungen dürfen nur solche technische Mitglieder mitwirken, welche auf Lebenszeit berufen sind. Die technischen Mitglieder der Anmeldeabteilungen dürfen nicht in den übrigen Abteilungen, die technischen Mitglieder der letzteren nicht in den Anmeldeabteilungen mitwirken.

Die Beschlußfähigkeit der Anmeldeabteilungen ist durch die Anwesenheit von mindestens drei Mitgliedern bedingt, unter welchen sich zwei technische Mitglieder befinden müssen.

Die Entscheidungen der Nichtigkeitsabteilung und der Beschwerdeabteilungen erfolgen in der Besetzung von zwei rechtskundigen und drei technischen Mitgliedern. Zu anderen Beschlußfassungen genügt die Anwesenheit von drei Mitgliedern.

Die Bestimmungen der Civilprozeßordnung über Ausschließung und Ablehnung der Gerichtspersonen finden entsprechende Anwendung.

Zu den Beratungen können Sachverständige, welche nicht Mitglieder sind, zugezogen werden. Dieselben dürfen an den Abstimmungen nicht teilnehmen.

I. Anmerkungen:

1. „In dem Patentamte werden 1. Abteilungen für Patentanmeldungen (Anmeldeabteilungen),

2. eine Abteilung für Erklärung der Nichtigkeit oder für Zurücknahme von Patenten (Nichtigkeitsabteilung), 3. Abteilungen für Beschwerden (Beschwerdeabteilungen) gebildet." Vorstehende, von der früheren wesentlich abweichende Organisation des Patentamtes, die jetzt ins Leben treten wird, ist durch das neue vorliegende Gesetz um deßwillen eingeführt worden, um den Patentsuchern größere Garantie für die Entscheidungen über ihre Ansprüche zu bieten und der Rechtssprechung des Patentamtes überhaupt eine größere Sicherheit und Gleichförmigkeit zu gewähren. Es sollen damit die Rechtsbehelfe der Patentsucher vermehrt werden. Von Schaffung einer dritten Instanz im Anmeldeverfahren wurde jedoch abgesehen und dafür in diesem Verfahren noch eine besondere Vorprüfung mit Vorbescheid seitens eines Mitglieds der betreffenden Anmeldeabteilung als erste Instanz (vergl. § 21 Abs. 1) eingeführt. Diese letzterwähnte neue Einrichtung in dem vorliegenden Gesetze beruht auf der Erwägung, „daß, indem dieses Mitglied der Anmeldeabteilung von der Mitwirkung bei den entscheidenden Beschlußfassungen durch die Anmeldeabteilung selbst ausgeschlossen würde, indem ferner sowohl im Verfahren vor den Anmeldeabteilungen, als vor den Beschwerdeabteilungen neue Umstände zum Nachteil der Beteiligten nicht berücksichtigt werden dürften, ohne daß denselben Gelegenheit zur Aeußerung gegeben worden, und indem endlich der Beschwerdeabteilung durch ihre Besetzung mit zwei rechtskundigen Mitgliedern und durch die hier obligatorische mündliche Verhandlung der Charakter einer gerichtlichen Abteilung verliehen würde, damit für den Patentsucher drei förmliche Instanzen geschaffen wären und damit auch den vielfach laut gewordenen Wünschen der Interessenten für Zulassung einer sogenannten Anerkennungsklage gegenüber von Abweisungen durch die Verwaltungsabteilungen gebührende Rechnung getragen werde." (Komm.-Bericht.)

2. Durch die in Absatz 2 diesem Paragraphen weiter noch in dem vorliegenden Gesetze neu hinzugefügte Bestimmung, daß in den Anmeldeabteilungen nur auf Lebenszeit berufene technische Mitglieder, sowie daß technische Mitglieder der Anmeldeabteilungen nicht in den übrigen Abteilungen (Beschwerde- und Nichtigkeitsabteilung) mitwirken dürfen und umgekehrt, soll den Beteiligten insbesondere den Patentsuchern eine weitere

Garantie für die Richtigkeit der von den verschiedenen Abteilungen zu erteilenden Entscheidungen geboten werden.

3. Im übrigen ist in dem neuen Gesetz an den Bestimmungen über die Art und Weise der Besetzung der Anmelde- und Nichtigkeitsabteilungen nichts geändert und nur bestimmt worden, daß auch bei den Beschwerdeabteilungen Entscheidungen (nicht auch andere Beschlüsse) in der Besetzung von zwei rechtskundigen und drei technischen Mitgliedern erfolgen müssen (Absatz 4).

4. „Die Bestimmungen der C P.O. über Ausschließung und Ablehnung der Gerichtspersonen finden entsprechende Anwendung." Hiernach sind auch für die Mitglieder des Patentamtes folgende Ausschließungsgründe, wie bei Gerichtspersonen, gegeben:

a) unmittelbare Beteiligung, d. h. eigenes Interesse eines Mitglieds an der Sache (z. B. als Partei 2c.),

b) eheliches Verhältnis zwischen einem Mitgliede und dem an einem Patentstreit Beteiligten,

c) Verwandtschaft, Schwägerschaft und Adoption in gerader Linie, sowie in der Seitenlinie bis zum dritten Grade zwischen solchen Personen,

d) ein Vertretungsverhältnis (als Bevollmächtigter oder Vormund 2c.) zwischen denselben,

e) die Eigenschaft als Zeuge oder Sachverständiger in Bezug auf dieselbe Sache und

f) die Mitwirkung bei einer Entscheidung in einer früheren Instanz oder in einem schiedsrichterlichen Verfahren.

Ablehnungsgrund ist z. B. die Besorgnis der Befangenheit, d. h. ein Grund, welcher geeignet ist, Mißtrauen in die Unparteilichkeit des betreffenden Mitglieds zu setzen.

Ueber alle Ablehnungsgesuche dieser Art entscheidet das Patentamt selbst nach seiner Geschäftsordnung, die die für das desfallsige Verfahren erforderlichen Bestimmungen enthält.

II. Rechtsgrundsätze aus der Rechtsprechung des Patentamts:

Ueber rein technische Fragen haben die technischen Mitglieder des Patentamtes zu entscheiden und es kann daher in der Regel Anträgen in der Berufungsinstanz auf Vernehmung von anderen Sachverständigen nicht entsprochen werden, da nicht anzunehmen ist, daß denselben ein höheres Maß von Sachkunde beiwohne, als den Mitgliedern des Patentamts.

§ 15.

Die Beschlüsse und die Entscheidungen der Abteilungen erfolgen im Namen des Patentamts; sie sind mit Gründen zu versehen, schriftlich auszufertigen und allen Beteiligten von Amtswegen zuzustellen.

Anmerkungen:

1. „Die Beschlüsse und Entscheidungen der Abteilungen erfolgen im Namen des Patentamts." Was unter „Beschlüssen und „Entscheidungen" zu verstehen ist und wodurch sich beide Begriffe unterscheiden, ergibt sich aus den Bestimmungen über das Verfahren des Patentamts.

Entscheidungen werden erteilt über Anträge auf Nichtigkeitserklärung oder Zurücknahme eines Patents von der Nichtigkeitsabteilung, sowie über Beschwerden gegen Beschlüsse über Versagung oder Erteilung eines Patents von den Beschwerdeabteilungen, welche Abteilungen in diesen Fällen als gerichtliche Abteilungen fungieren; es findet aber nur gegen die Entscheidungen der Nichtigkeitsabteilungen weitere Berufung ans Reichsgericht statt (nicht aber auch gegen die Entscheidungen der Beschwerdeabteilungen).

Beschlüsse der verschiedenen Abteilungen des Patentamts sind zu erlassen im Erteilungsverfahren über die Zulassung oder Zurückweisung eines Patentanspruchs, können auch von den Nichtigkeits- und Beschwerdeabteilungen als Zwischenverfügungen in den dazu geeigneten Fällen erlassen werden, sowie auch zur Leitung des Verfahrens. Gegen letztere, d. h. prozeßleitende Verfügungen ist eine Beschwerde nicht zulässig.

2. Ueber das Zustellungswesen ist das Erforderliche in § 17 dieses Gesetzes sowie in der Ausführungsverordnung vom 11. Juli 1891 (§ 12) bestimmt. Beteiligte Personen, denen Beschlüsse 2c. des Patentamts eintretendenfalls zuzustellen sind, sind der Patentsucher, der Einspruchерhebende, der Patentinhaber, die Parteien im Nichtigkeits- und Zurücknahme-Verfahren.

3. Die Art und Weise der Ausfertigung und Begründung der Beschlüsse und Entscheidungen richtet sich nach allgemeinen Grundsätzen und den Bestimmungen der Ausführungsverordnungen.

§ 16.

Gegen die Beschlüsse der Anmeldeabteilungen und der Nichtigkeitsabteilung findet die Beschwerde statt. An der Beschlußfassung über die Beschwerde darf kein Mitglied teilnehmen, welches bei dem angefochtenen Beschlusse mitgewirkt hat.

Anmerkungen:

1. „Gegen die Beschlüsse der Anmeldeabteilungen und die Nichtigkeitsabteilungen findet die Beschwerde statt." Darüber, was unter einem Beschluß im Sinne dieses Gesetzes zu verstehen ist, vgl. § 15 Anm. 1. Diese Beschwerde ist nicht übereinstimmend mit dem Begriff der Beschwerde im Sinne der C. P. O.; sie ist an keine Frist gebunden, soweit dies das vorliegende Gesetz nicht vorschreibt. Das Patentgesetz kennt zwei verschiedene Arten der Beschwerde, solche, die an eine Notfrist gebunden sind, wie die in § 26 vorgesehene Beschwerde, sowie die einfachen, formlosen Beschwerden, die nicht an eine Frist gebunden und gebührenfrei sind. Für Beschwerden, welche nach den für anwendbar erklärten Bestimmungen der C. P. O. zulässig sind, gelten die ein schlägigen Bestimmungen der C. P. O.

2. Die im zweiten Satze dieses Paragraphen enthaltene Bestimmung bezüglich des Ausschlusses der Mitglieder, welche bei dem angefochtenen Beschluß mitgewirkt haben, von der Beschlußfassung über die Beschwerde beruht auf demselben Gedanken, wie die entsprechende Bestimmung in § 14 Absatz 2.

§ 17.

Die Bildung der Abteilungen, die Bestimmung ihres Geschäftskreises, die Formen des Verfahrens, einschließlich des Zustellungswesens, und der Geschäftsgang des Patentamtes werden, soweit dieses Gesetz nicht Bestimmungen darüber trifft, durch Kaiserliche

Verordnungen unter Zustimmung des Bundesrats geregelt.

Anmerkungen:

1. Die näheren Bestimmungen über die in diesem Paragraphen bezeichneten Gegenstände (Organisation des Patentamtes, d. h. der Abteilungen desselben, Geschäftsordnung ꝛc.) sind in der hierüber erlassenen Verordnung enthalten (vgl. Abschnitt G).

2. „ꝛc. einschließlich des Zustellungswesens ꝛc.". Diese in dem neuen Gesetze in diesem Paragraphen gemachte Einschaltung ist an die Stelle des darin weggefallenen Abs. 2 des § 15 des früheren Gesetzes getreten und beruht diese Aenderung in den Bestimmungen über das Zustellungswesen darauf, daß die frühere Art der Zustellung (nach § 15 Abs. 2) in den meisten Fällen unnötige Umstände verursachte und dann zu Weiterungen führte, wenn der Adressat die Vollziehung des Empfangsscheins verweigert. Das neue Gesetz geht davon aus, daß für solche Fälle, in welchen der Fristenlauf entscheidende Rechtswirkungen mit sich bringt, das Zustellungswesen der Civilprozeßordnung anzuwenden, im übrigen aber einfachere Formen einzuführen seien, und sollen die Einzelheiten im Wege der Ausführungsverordnung geregelt werden.

§ 18.

Das Patentamt ist verpflichtet, auf Ersuchen der Gerichte über Fragen, welche Patente betreffen, Gutachten abzugeben, sofern in dem gerichtlichen Verfahren von einander abweichende Gutachten mehrerer Sachverständigen vorliegen.

Im Uebrigen ist das Patentamt nicht befugt, ohne Genehmigung des Reichskanzlers außerhalb seines gesetzlichen Geschäftskreises Beschlüsse zu fassen oder Gutachten abzugeben.

I. Anmerkungen:

1. Wenn dem Patentamte in Gemäßheit der Bestimmung des § 18 zugleich auch die Verpflichtung obliegt, in Rechtsstreitigkeiten über Patente (z. B. wegen Patentverletzungen ꝛc.) auf Ersuchen der betreffenden Gerichte Gutachten zu erstatten,

so steht dasselbe in seiner Eigenschaft als einer begutachtenden Behörde in dieser Beziehung den für die Begutachtung von Streitigkeiten in Musterschutzsachen eingerichteten Sachverständigen-Vereinen völlig gleich und gilt auch bei ihm der allgemeine Grundsatz, daß die Gerichte auch an dergleichen, von dem Patentamte abgegebenen Gutachten nicht unbedingt gebunden sind. Dagegen sind die Gerichte verpflichtet, in bürgerlichen Rechtsstreitigkeiten über Patente der Bestimmung des § 369 der C. P. O. gemäß der Regel nach Gutachten von dem Patentamte in den dazu geeigneten Fällen einzuholen und sollen dieselben nur, wenn besondere Umstände es erfordern, andere Sachverständige auswählen. Derselbe Grundsatz gilt auch für Strafsachen wegen Uebertretungen der Bestimmungen des Patentgesetzes nach § 73 der St. P. O. Unter „Gerichte" sind aber nicht die Staatsanwaltschaften zu verstehen und sind letztere, denen ja keine richterlichen Funktionen obliegen, nicht berechtigt, Gutachten vom Patentamte einzufordern, wie in der Natur der Sache liegt.

2. Diese Verpflichtung des Patentamtes zur Erstattung von Gutachten auf Ersuchen der Gerichte ist aber nun durch den dem § 18 in dem neuen Gesetze gemachten Zusatz: „sofern in dem gerichtlichen Verfahren von einander abweichende Gutachten mehrerer Sachverständigen vorliegen" wesentlich eingeschränkt worden gegen früher, indem hiernach das Patentamt nicht mehr zur Abgabe von ersten Gutachten, sondern nur zur Erstattung von sogenannten Obergutachten zur Beseitigung des Widerspruchs zwischen von einander abweichenden Gutachten mehrerer anderer Sachverständiger gehalten ist.

Zu dieser gesetzlichen Einschränkung des Wirkungskreises des Patentamtes als einer begutachtenden Behörde haben nach den Motiven folgende Erwägungen geführt: „Die dadurch (die Abgabe von Gutachten) dem Patentamte erwachsende Thätigkeit ist insofern für diese Behörde selbst förderlich, als letztere dadurch in dauernder Berührung mit der Rechtsprechung gehalten wird und ihre Mitglieder eine genauere Kenntnis von den Wirkungen erhalten, welche das Patent im gewerblichen Leben äußert. Als bedenklich habe sich jedoch die unterschiedslose Heranziehung des Patentamts zur Erstattung gerichtlicher Gutachten erwiesen, und zwar nicht nur in der Richtung, daß dasselbe häufig in die Lage gebracht werde, über ein in thatsächlicher Beziehung noch nicht ausreichend geklärtes Material sich zu äußern, sondern vornehmlich auch aus dem Grunde, weil die Aussprüche des Patentamtes in der weiteren Entwickelung des Rechtsfalles zum Gegenstande der Kritik durch anderweit vernommene Sachverständige gemacht würden, ohne daß das Patentamt in der Lage sei, die nicht immer zutreffenden Ausführungen seinerseits richtig zu stellen, was aber sein Ansehen als technische Zentralinstanz beeinträchtigen könne."

Hiermit ist die Beschränkung der Verpflichtung des Patentamts auf Erstattung von sogenannten Obergutachten motiviert worden, ohne daß hierbei eine Einschränkung der den Gerichten zustehenden freien Beweiswürdigung beabsichtigt war.

3. Unter Gutachten im Sinne dieses Paragraphen ist aber nicht bloß eine amtliche Auskunft u. dgl., sondern eine wissenschaftlich motivierte Aeußerung über irgend eine bestrittene technische Frage zu verstehen. Zuständig für die Erstattung von dergleichen Gutachten sind die Beschwerdeabteilungen nach Maßgabe der Bestimmungen der Ausführungs-Verordnung vom 11. Juli 1891 (§ 2 Abs. 3).

4. Mit Rücksicht auf die, die Wirksamkeit des Patentamtes als einer begutachtenden Behörde noch weiter einschränkende Bestimmung des Absatz 2 dieses Paragraphen kann dasselbe nur mit besonderer Genehmigung des Reichskanzlers z. B. als Schiedsgericht fungieren oder von nichtgerichtlichen Behörden oder Privatpersonen eingeforderte Gutachten abgeben.

II. Rechtsprechung (des Reichsgerichts):

In Gemäßheit des § 18 des Patentgesetzes ist es die Behörde (das Patentamt) als solche, welche das Gutachten abzugeben hat; es kann somit eine persönliche Vernehmung der Mitglieder des Patentamtes nicht stattfinden und wird, da die Begutachtung von Patentfragen zu den Dienstobliegenheiten des Patentamtes gehört, die gutachtliche Aeußerung desselben in der für die schriftlichen Erlasse dieser Behörde angeordneten Form erfolgen und die Pflichtmäßigkeit des einzelnen Gutachtens durch den Diensteid verbürgt (R. G. C. VI, 96).

§ 19.

Bei dem Patentamte wird eine Rolle geführt, welche den Gegenstand und die Dauer der erteilten

Patente, sowie den Namen und Wohnort der Patentinhaber und ihrer bei Anmeldung der Erfindung etwa bestellten Vertreter angibt. Der Anfang, der Ablauf, das Erlöschen, die Erklärung der Nichtigkeit und die Zurücknahme der Patente sind, unter gleichzeitiger Bekanntmachung durch den Reichsanzeiger, in der Rolle zu vermerken.

Tritt in der Person des Patentinhabers oder seines Vertreters eine Aenderung ein, so wird dieselbe, wenn sie in beweisender Form zur Kenntnis des Patentamts gebracht ist, ebenfalls in der Rolle vermerkt und durch den Reichsanzeiger veröffentlicht. Solange dieses nicht geschehen ist, bleiben der frühere Patentinhaber und sein früherer Vertreter nach Maßgabe dieses Gesetzes berechtigt und verpflichtet.

Die Einsicht der Rolle, der Beschreibungen, Zeichnungen, Modelle und Probestücke, auf Grund deren die Erteilung der Patente erfolgt ist, steht, soweit es sich nicht um ein im Namen der Reichsverwaltung für die Zwecke des Heeres oder der Flotte genommenes Patent handelt, jedermann frei.

Das Patentamt veröffentlicht die Beschreibungen und Zeichnungen, soweit deren Einsicht jedermann freisteht, in ihren wesentlichen Teilen durch ein amtliches Blatt. In dasselbe sind auch die Bekanntmachungen aufzunehmen, welche durch den Reichsanzeiger nach Maßgabe dieses Gesetzes erfolgen müssen.

I. Anmerkungen:

1. Die Bestimmungen dieses Paragraphen verfolgen den Zweck, in allen Patentangelegenheiten so viel wie möglich Oeffentlichkeit herrschen zu lassen, damit sich jedermann über den Inhalt der erteilten Patente, über die Person der Patentinhaber oder deren Vertreter, sowie über alle die eingetragenen

Patente betr. Rechtsverhältnisse (über Beginn und Dauer der Wirksamkeit derselben, Erlöschung derselben durch Verzicht oder Zurücknahme oder über die Richtigkeit derselben 2c.), durch Einsichtsnahme von der Rolle 2c. leicht und sicher unterrichten kann. Der Zweck der Patentgesetzgebung (bemerken in dieser Beziehung die Motive des Gesetzes), die Förderung einer raschen Vervollkommnung der Technik, die nur zu erreichen ist, wenn jede technische, durch die Erteilung eines Patents als solche anerkannte Verbesserung unverzüglich zum Gemeingut gemacht und als Anregungsmittel für neue Verbesserungen benutzt wird, erfordert dauernde Offenhaltung des Inhaltes der Patente 2c.

2. Zur Erreichung dieses Ziels einer vollständigen Oeffentlichkeit in allen Patentangelegenheiten dienen drei Organe bezw. Mittel für die Veröffentlichung: a) die Patentrolle, b) das Patentblatt und c) der Reichsanzeiger.

Die Patentrolle hat die Bestimmung, daß in sie alle die erteilten Patente betr. Rechtsverhältnisse eingetragen werden und daß sie somit hierüber in jeder Beziehung Auskunft gewähren können, zu welchem Ende sie jedermann zur Einsicht offen steht, sofern nicht militärische Rücksichten oder dergl. entgegenstehen. Der Eintrag ist im Wesentlichen nur als Registrirungsact ohne rechtsbegründende Bedeutung zu betrachten, wie denn überhaupt die Thätigkeit des Patentamtes bei Erteilung von Erfindungspatenten nicht als eine konstituirende zu betrachten ist, worauf schon in der Einleitung (Absch. A.) hingewiesen worden ist.

Das amtliche Patentblatt, das ebenfalls für jedermann zugänglich und käuflich ist, soll dagegen zur Befriedigung weitergehender Bedürfnisse der technischen Kreise nähere Auskunft geben über den Inhalt, die Beschreibungen und Zeichnungen aller erteilten Patente, sowie zugleich eine Uebersicht über die zu Recht bestehenden, sowie die erloschenen Patente 2c., überhaupt für das gewerbliche Publikum einen bequemen und zuverlässigen Wegweiser auf dem Gebiete des Patentwesens abgeben.

Der Reichsanzeiger endlich, der bereits durch das Marken-, sowie das Musterschutz-Gesetz zum amtlichen Publikationsorgan bestimmt worden ist, soll demselben Zwecke auch bei den Patenten dienen, indem alle dieselben betr. Entscheidungen und Beschlüsse auch im Reichsanzeiger bekannt gemacht und zur allgemeinen Kenntnis gebracht werden sollen, insoweit dies in dem Gesetz speziell vorgeschrieben ist (vgl. z. B. §§ 19, 23 u. 26).

3. Die Kosten für diese Bekanntmachungen im Reichsanzeiger werden aus der für die Kosten des Patenterteilungsverfahrens einzuzahlenden Pauschalsumme von 20 Mk. gedeckt.

II. Rechtsprechung (des Reichsgerichts):

Die zu veröffentlichende Beschreibung eines Patents soll nach § 19 Absatz 4 des Patentgesetzes die von dem Patentsucher eingereichte Beschreibung „in ihren wesentlichen Teilen" wiedergeben. Die unveränderte Wiedergabe derselben enthält mithin das stillschweigende Anerkenntnis des Patentamts, daß alle Teile der von dem Patentsucher eingereichten Beschreibung wesentlich seien. Dies ist aber nicht gleichbedeutend mit der Erklärung, daß das Patentamt alle Teile der Beschreibung als neu und patentfähig anerkenne und unter den Schutz des Patents stelle 2c. — Dem Patentamte können daher auch solche Teile der Beschreibung, welche nicht neu und patentfähig sind und nicht patentiert werden sollen, dennoch aus technischen Rücksichten als wesentlich und der Veröffentlichung bedürftig erscheinen. Man hat keinen Grund, anzunehmen, daß das Patentamt alle Teile der in der Patentschrift veröffentlichten Beschreibung für neu und patentfähig erklärt und zu patentieren beabsichtigt habe. Vielmehr ist diese Annahme nur hinsichtlich derjenigen Teile gerechtfertigt, bezüglich derer der Patentanspruch von dem Patentsucher erhoben und von dem Patentamt nicht zurückgewiesen worden ist. Hiermit ist übrigens nicht ausgeschlossen, daß die sonstigen Teile der Beschreibung zur Auslegung benutzt werden können. (R. H. G. XXV, 27.)

Nachtrag:

(Entsch. des Reichsgerichts, mitgeteilt im Patentblatt).

Der Erwerber eines Patentes kann gegen den Veräußerer und gegen dessen bösgläubigen Rechtsnachfolger auf Grund des Veräußerungsvertrags die Rechte aus dem Patente so geltend machen, als ob er in die Patentrolle eingetragener Inhaber des Patentes wäre.

Die Weiterabtretung eines Patentrechts wird dadurch nicht ausgeschlossen, daß durch dieselbe die Interessen des ursprünglichen Patentinhabers mit Rücksicht auf den ihm zustehenden Anteil am Reingewinn aus der Ausbeutung beeinträchtigt werden. (Entsch. des R. G. v. 3./5. 93. P. B. 1893. Nr. 25 S. 358—64).

Dritter Abschnitt.

Verfahren in Patentsachen.

§ 20.

Die Anmeldung einer Erfindung behufs Erteilung eines Patents geschieht schriftlich beim Patentamt. Für jede Erfindung ist eine besondere Anmeldung erforderlich. Die Anmeldung muß den Antrag auf Erteilung des Patents enthalten und in diesem Antrage den Gegenstand, welcher durch das Patent geschützt werden soll, genau bezeichnen. In einer Anlage ist die Erfindung dergestalt zu beschreiben, daß darnach die Benutzung derselben durch andere Sachverständige möglich erscheint. Am Schlusse der Beschreibung ist dasjenige anzugeben, was als patentfähig unter Schutz gestellt werden soll (Patentanspruch). Auch sind die erforderlichen Zeichnungen, bildlichen Darstellungen, Modelle und Probestücke beizufügen.

Das Patentamt erläßt Bestimmungen über die sonstigen Erfordernisse der Anmeldung.

Bis zu dem Beschlusse über die Bekanntmachung der Anmeldung sind Abänderungen der darin enthaltenen Angaben zulässig. Gleichzeitig mit der Anmeldung sind für die Kosten des Verfahrens zwanzig Mark zu zahlen.

I. Anmerkungen:

1. Bezüglich des Verfahrens vor dem Patentamte ist im allgemeinen zu bemerken, daß, wie bereits in der Einleitung (vgl. Seite 8 ff.) erwähnt wurde, von den drei verschiedenen, herrschenden Systemen, die bei dem Patenterteilungsverfahren Anwendung finden, nämlich: dem reinen Anmeldeverfahren,

dem Vorprüfungsverfahren und dem Aufgebotsverfahren nach dem vorliegenden Gesetz für das Deutsche Reich das Vorprüfungsverfahren kombiniert mit dem Aufgebotsverfahren angenommen worden ist aus den in der Einleitung (loc. cit.) angeführten Gründen. Dieses Patenterteilungsverfahren, das in §§ 20—27 geregelt wird, hat hiernach folgende Abschnitte:

a) die Anmeldung der Erfindung durch den Patentsucher nach § 20, welcher die näheren Erfordernisse derselben enthält;

b) die erste Vorprüfung derselben durch ein Mitglied der betr. Anmeldeabteilung sowohl in formeller wie in materieller Hinsicht mit eventueller Erteilung eines Vorbescheids in Gemäßheit des § 21;

c) die zweite Vorprüfung und Beschlußfassung über die Anmeldung von Seiten der betr. Anmeldeabteilung, der solche zugewiesen ist, nach § 22;

d) der Erlaß der öffentlichen Bekanntmachung, sowie die Auslegung der Anmeldung bezw. der darin enthaltenen Erfindung und die Eröffnung der Einspruchsfrist bezw. des Aufgebotsverfahrens nach § 23;

e) die Beschlußfassung über die Erteilung oder Versagung des in der Anmeldung nachgesuchten Patents durch die betr. Abteilung nach vorheriger fakultativer Ladung und Anhörung der Beteiligten, sowie eventuell der für nötig erachteten Beweisaufnahmen, gemäß der §§ 23—25;

f) das Verfahren und die Beschlußfassung über Beschwerden gegen Beschlüsse auf Versagung oder Erteilung des nachgesuchten Patents vor einer Beschwerdeabteilung mit obligatorischer mündlicher (event. kontradiktorischer) Verhandlung zwischen den Beteiligten ꝛc. (Beschwerdeinstanz) nach § 26, und endlich

g) die Bekanntmachung der Erteilung des Patents im Reichsanzeiger und die Ausfertigung der Patenturkunde nach § 27, womit das Erteilungsverfahren seinen definitiven Abschluß findet.

Eine ordnungsmäßige und vollständige Patentanmeldung kann eventuell alle diese Stadien durchlaufen oder auch schon in einem früheren ihre endgültige Erledigung finden. Doch bleiben jedem Patentsucher alle diese verschiedenen (drei) Instanzen zur Durchführung seines Patentgesuchs gewahrt. Hiermit sind aber auch alle Mittel erschöpft, um zur Patentierung einer

Erfindung zu gelangen, weitere Rechtsbehelfe zu diesem Zwecke gibt es nicht, insbesondere auch keine Anerkennungsklage, die bei den ordentlichen Gerichten angebracht werden könnte. (vgl. Anm. 1 zu § 14.)

2. „Die Anmeldung einer Erfindung behufs Erteilung eines Patents geschieht schriftlich bei dem Patentamte." Die Anmeldung bildet (wie die Klage im Civilprozeß) die Grundlage für das weitere Patenterteilungsverfahren, sie muß daher korrekt, vollständig und verständlich sein, in einer Antragsformel den Patent-Anspruch genau bezeichnen und feststellen, so daß das Patentamt und die Beteiligten (d. h. die Einspruchsberechtigten) nicht genötigt sind, aus weitläufigen Beschreibungen den Inhalt des Anspruchs erst zu ermitteln. Der sog. Patentanspruch muß also klar und bestimmt ohne jede Zweideutigkeit formuliert sein.

3. „Für jede Erfindung ist eine besondere Anmeldung erforderlich." Wenn mehrere selbstständige Erfindungen gleichzeitig angemeldet werden, dürfen dieselben nicht in einer Anmeldung zusammengefaßt, sondern müssen ganz getrennt jede für sich in einer besonderen Schrift angemeldet werden. Umfaßt sie mehrere Erfindungen und wird die Trennung der Aufforderung nach § 21 gemäß nicht bewirkt, so wird die ganze Anmeldung zurückgewiesen. Die Anmeldung muß von einem Erfindungsgedanken beherrscht sein. Mehrere Patentansprüche sind dagegen zulässig und können mehrere Ausführungsformen desselben neuen technischen Gedankens in einem Patente geschützt werden.

4. „In einer Anlage ist die Erfindung dergestalt zu beschreiben, daß darnach die Benutzung derselben durch andere Sachverständige möglich erscheint." Diese die nähere Beschreibung der Erfindung enthaltende Anlage, die auch noch durch Zeichnungen u. s. w. zu erläutern ist, bildet einen wesentlichen Bestandteil der Anmeldung, ist auch von der Anmeldungsschrift getrennt zu halten und darf nicht mit derselben in einem Schriftstück vereinigt sein. Die „Patentbeschreibung" muß ebenfalls wie der „Patentanspruch" klar, bestimmt und überhaupt derart abgefaßt sein, daß jeder andere Sachverständige (außer dem Patentsucher bezw. Erfinder) danach die betr. Erfindung benutzen kann, sowie daß zusammen mit dem Anspruch der Schutzbereich der Er-

findung begrenzt wird, denn je klarer die Erfindung beschrieben ist, desto sicherer ist der Schutz.

5. „Am Schlusse ist dasjenige anzugeben, was als patentfähig unter Schutz gestellt werden soll rc." Der Patentanspruch, den man hierunter zu verstehen hat, soll den oben (Anm. 2) angegebenen Erfordernissen entsprechen, er soll den rechtlich-technischen Gehalt der Erfindung zum Ausdruck bringen und die zur Kennzeichnung derselben notwendigen Merkmale wiedergeben. Neben dem Hauptanspruch sind Nebenansprüche zulässig.

6. „Auch sind die erforderlichen Zeichnungen u. s. w. beizufügen rc." Die Beifügung von Zeichnungen, bildlichen Darstellungen (einerlei auf welchem technischen Wege solche hergestellt worden), Modellen und Probestücken (von Industrieprodukten, Waren rc.) ist hiernach ebenso wie die Beilage einer Beschreibung obligatorisch und bilden dieselben eine weitere notwendige Anlage der Anmeldung. Fehlt eine oder die andere dieser unerläßlichen Anlagen zur Patentanmeldung, dann kann dieselbe als unvollständig ohne weiteres zurückgewiesen werden, wenn der Aufforderung zur Ergänzung derselben nicht rechtzeitig Genüge geleistet wird.

7. „Das Patentamt erläßt Bestimmungen über die sonstigen Erfordernisse der Anmeldung rc." Diese weiteren Erfordernisse, welche das Patentamt noch anordnen kann, können aber nur formeller Natur sein und dürfen nicht in das Materielle der Sache eingreifen. Sie beziehen sich mehr auf den äußeren Geschäftsgang rc., dessen Erleichterung und Sicherung und erfolgen dergleichen formale Anordnungen (reglementäre Vorschriften) im Verordnungswege.

8. „Bis zum Beschlusse über die Bekanntmachung der Anmeldung sind Abänderungen der darin enthaltenen Angaben zulässig." Hiernach sind Abänderungen zwar nicht der Anmeldung selbst (d. h. nicht Einfügung einer neuen oder wesentlichen Erweiterung der angemeldeten Erfindung, für welche der Weg der Anmeldung einer Verbesserungserfindung und Antrag auf Zusatzpatent freisteht) wohl aber der darin enthaltenen Angaben, Zusätze zur Erläuterung u. dergl. bis zum Beschlusse über diese Bekanntmachung zulässig. Es soll durch diese abgeänderte (eingeschränkte) Zeitbestimmung ermöglicht werden, daß mit dem Zeitpunkte des Beschlusses das für die Beurteilung erforderliche Material

abgeschlossen vorliegt mit Rücksicht auf die Bestimmung des § 23 Absatz 3.

9. „Gleichzeitig mit der Anmeldung sind für die Kosten des Verfahrens 20 Mark zu zahlen.“ Die Einzahlung dieser Prüfungsgebühr, die übrigens nicht gestundet werden kann (vergl. § 8 Abs. 4), soll gleichzeitig mit der Anmeldung erfolgen, was nicht so zu verstehen ist, daß diese der Anmeldung unmittelbar beigefügt werden müßte, sondern nur so, daß sie so zeitig geschieht, daß die Anmeldung als gehörig erfolgt anzusehen ist, also bevor dieselbe in amtliche Behandlung genommen wird. Sie kann auch nachgeholt und die bis dahin unvollständige Anmeldung damit ergänzt werden. Rückzahlung der Kosten des Verfahrens findet, sobald eine formelle oder materielle Prüfung der Anmeldung erfolgt ist, nicht mehr statt, anderenfalls erfolgt die Rückerstattung unter Abzug der entstandenen baren Auslagen.

II. Rechtsprechung (des Reichsgerichts):

1. Ueber die Frage, ob ein Patent zu erteilen ist, entscheidet allein und ausschließlich das Patentamt in dem dafür festgesetzten Verfahren. (R. G. St. VII, 46.)

2. Die Bedeutung der Patentschrift ist nicht lediglich eine rechtliche, sondern zunächst eine technische, insofern die Beschreibung und die zur Veranschaulichung derselben dienende Zeichnung nicht lediglich dazu bestimmt ist, den Umfang des Patentrechts festzustellen, sondern zunächst dazu, die Möglichkeit der Benutzung der Erfindung durch Verdeutlichung der Vorrichtungen oder des Verfahrens darzuthun. Dies gilt namentlich von der Beschreibung, die der Anmeldung als Anlage nach § 20 beizufügen und während des Aufgebotsverfahrens offen zu legen ist. Deren Zweck ist, dem Patentamte darzulegen, daß eine Erfindung gemacht sei, die eine gewerbliche Verwertung gestattet. (R. G. H. XXV, 27.)

III. Rechtsgrundsätze aus der Rechtsprechung des Patentamtes:

1. Ist auch für jede Erfindung eine besondere Patentanmeldung erforderlich, so kann doch für eine in mehrere Teile zerfallende Erfindung ein einheitliches Patent erteilt werden.

2. Handelt es sich um ein sogenanntes Zusammensetzungs-Patent, so ist nur die Totalität der gemeinschaftlich zu dem beschriebenen Zweck wirksamen Konstruktion, nicht die einzelnen Details geschützt. Bei einem solchen sind die einzelnen Teile nur dann geschützt, wenn dies ausdrücklich in der Patentschrift zum Ausdruck gebracht ist.

3. Ein sogenanntes Zusammensetzungs-Patent liegt nur vor, wenn eine besondere, aus der Zusammensetzung als solcher sich ergebende und damit bedingte Wirkung erkennbar ist, andernfalls sind die einzelnen und sofern etwas anderes nicht ausdrücklich erkennbar ist, alle in der Patentschrift beschriebenen wesentlichen Teile für patentiert zu erachten.

Nachtrag:
Entscheidungen des Reichsgerichts und des Patentamtes (mitgeteilt im Patentblatt und in dem Blatt für Patent-, Muster- und Zeichenwesen):

1. Die Wiederaufnahme des Verfahrens in Gemäßheit der Bestimmungen der C. P. O. ist nicht als ein in dem Patentanmeldeverfahren zulässiges prozessuales Rechtsinstitut anzuerkennen. (Entsch. (des P.-A.) v. 10/11. 94, B. f. P. M. u. Z. I, S. 146.)

2. Nach der amtlichen Veröffentlichung der Patentbeschreibungen ist der Abdruck weder der Patentschriften noch der der Anmeldung beigelegten Patentbeschreibungen und Zeichnungen als Nachdruck zu bezeichnen, es ist dies nur vor der Patenterteilung der Fall und unterliegen die vor dieser Zeit hergestellten Nachdrucksexemplare nach § 36 des Gesetzes vom 11. Juni 1870 der Einziehung, wobei die Verlagsfähigkeit nicht als Erfordernis des Schutzes gegen Nachdruck anzusehen ist. (Entsch. v. 12./2. 95, B. f. P. M. u. Z. I, S. 198—201.)

3. Es thut dem Patentschutz keinen Abbruch, wenn in der Patentschrift der geschützte Gegenstand nicht streng nach seinem wissenschaftlichen Namen, sondern nach der im gewerblichen Verkehr üblichen Bezeichnung gekennzeichnet ist. (Entsch. v. 12./4. 97, B. f. P. M. u. Z. III, S. 118—19.)

§ 21.

Die Anmeldung unterliegt einer Vorprüfung durch ein Mitglied der Anmeldeabteilung.

Erscheint hierbei die Anmeldung als den vorgeschriebenen Anforderungen (§ 20) nicht genügend, so wird durch Vorbescheid der Patentsucher aufgefordert, die Mängel innerhalb einer bestimmten Frist zu beseitigen.

Insoweit die Vorprüfung ergibt, daß eine nach §§ 1, 2, 3 Abs. 1 patentfähige Erfindung nicht vorliegt, wird der Patentsucher hiervon unter Angabe der Gründe der Aufforderung benachricht, sich binnen einer bestimmen Frist zu äußern.

Erklärt sich der Patentsucher auf den Vorbescheid (Absatz 2 und 3) nicht rechtzeitig, so gilt die Anmeldung als zurückgenommen; erklärt er sich innerhalb der Frist, so faßt die Anmeldeabteilung Beschluß.

Anmerkungen.

1. „Die Anmeldung unterliegt einer Vorprüfung durch ein Mitglied der Anmeldeabteilung." Diese dem § 21 in dem gegenwärtigen Gesetze neu hinzugesetzte, in das Patent-Erteilungs- resp. Vorprüfungs-Verfahren eine weitere Instanz einfügende Bestimmung soll dem Patentsucher eine weitere Kautel für eine sachgemäße, gründliche und gerechte Behandlung seiner Anmeldung gewähren. Es ist diese ganz neue Einrichtung bereits oben im Zusammenhang mit der in § 14 angeordneten veränderten Organisation des Patentamtes besprochen und erläutert worden (vergl. Anm. 1 zu § 14). Der Vorprüfer kann Ermittelungen anstellen, den Anmelder mündlich hören sowie Zeugen und Sachverständige vernehmen (§ 25). Der Vorbescheid desselben ist nicht aufechtbar, jedoch genügt die rechtzeitige Erklärung des Patentsuchers, aus der ein Widerspruch gegen den Vorbescheid erkennbar ist, um die Anmeldung zur Beschlußfassung vor die Anmeldeabteilung zu bringen (Abs. 4).

2. „Erscheint hierbei die Anmeldung als den vorgeschriebenen Anforderungen (§ 20) nicht genügend, so wird durch Vorbescheid der Patentsucher aufgefordert, den Mangel innerhalb be-

stimmter Frist zu beseitigen." Mit dieser Bestimmung in Absatz 2 ist nur die Vorprüfung und Vorbescheidung der Anmeldung in *formeller* Hinsicht gemeint. Dieselbe ist auf die in § 20 aufgestellten, allgemeinen formellen Erfordernisse zu richten. Wenn die Beseitigung der hierbei gerügten formalen Mängel rechtzeitig erfolgt, was auch nach Ablauf der gesetzten Frist aber noch vor dem, die Anmeldung zurückweisenden Beschluß geschehen darf, dann gilt die Anmeldung als mit dem *Tage des Einlangens* der geforderten Ergänzungen bezw. Berichtigungen erfolgt und richtet sich die Priorität der Anmeldung nach diesem letzteren Zeitpunkte.

3. „*Insoweit die Vorprüfung ergibt, daß eine nach §§ 1, 2 und 3 Abs. 1 patentfähige Erfindung nicht vorliegt, wird der Patentsucher hiervon mit Angabe der Gründe benachrichtigt mit der Aufforderung, sich binnen bestimmter Frist zu äußern.*" Diese Bestimmung bezieht sich auch auf die durch das neue Gesetz eingeführte *erste* Vorprüfung der Anmeldung durch *ein* Mitglied der Anmeldeabteilung (Abs 1), welche hiernach nach Erledigung der formellen Vorprüfung auch eine *materielle* sein soll (vergl. Anm. 1). Ergeben sich bei einer Anmeldung formelle wie materielle Mängel, so sollen die Aufforderungen zur Beseitigung beider, wenn thunlich, vereinigt werden.

4. „*Erklärt sich der Patentsucher auf den Vorbescheid (Abs. 2 und 3) nicht rechtzeitig, so gilt die Anmeldung als zurückgenommen.*" Auf Grund des Resultats der in erster Instanz nach obiger Bestimmung zunächst von nur einem Mitglied vorgenommenen formellen und materiellen Vorprüfung soll dem Patentsucher durch Benachrichtigung hiervon Gelegenheit gegeben werden, seine angemeldete Erfindung selbst noch einmal zu prüfen und hiernach eventuell seine Anmeldung *freiwillig* zurückzuziehen, d. h. auf dieselbe ausdrücklich oder stillschweigend durch Verstreichenlassen der ihm gesetzten Frist zur Verbesserung bezw. Aeußerung zu verzichten, um sich nicht einer Abweisung derselben auszusetzen, in welchem Falle sich dieses erstinstanzliche Vorverfahren damit erledigt d. h. seinen Zweck der Sichtung der Patentanmeldungen, soweit sie unzureichend formell oder materiell begründet sind, erfüllt hat. Dieses erste Vorprüfungsverfahren mit Vorbescheidung ist analog dem avis préalable des französischen Patentrechtes oder hat doch Aehnlichkeit mit dieser

Institution und verfolgt den nämlichen Zweck. Die Rücknahme der Anmeldung im Falle nicht rechtzeitiger Erklärung tritt ipso jure ein und findet eine Wiedereinsetzung gegen diese Versäumnis nicht statt. Die als zurückgenommen erachtete Anmeldung gilt formell und materiell als erledigt, doch ist eine neue Anmeldung derselben Erfindung zulässig doch mit der Priorität nur vom Tage der neuen Anmeldung, welcher Tag auch für die Frage der Neuheit entscheidend ist.

5. „erklärt er sich innerhalb der Frist, so faßt die Anmeldeabteilung Beschluß." Diese zweite Alternative ist dahin zu verstehen, daß, wenn der Patentsucher sich in Folge der an ihn in erster Instanz von dem Vorprüfer ergangene Vorbescheidung binnen der bestimmten Frist erklärt d. h. entweder die gerügten Mängel in zulässiger Weise beseitigt oder sich bei dem Vorbescheid desselben nicht beruhigen will, dann nimmt das Erteilungsverfahren seinen weiteren Fortgang und wird nun die Sache zur Beschlußfassung an die Anmeldeabteilung selbst übergeleitet, welche dann die Sache in dem weiter vorgeschriebenen Verfahren nach §§ 22 ff zu erledigen hat. Für die Berechnung der Frist sind die einschlägigen Bestimmungen der C. P. O. (§§ 199 und 200) maßgebend.

§ 22.

Ist durch die Anmeldung den vorgeschriebenen Anforderungen (§ 20) nicht genügt oder ergibt sich, daß eine nach §§ 1, 2, 3 Absatz 1 patentfähige Erfindung nicht vorliegt, so wird die Anmeldung von der Abteilung zurückgewiesen. An der Beschlußfassung darf das Mitglied, welches den Vorbescheid erlassen hat, nicht teilnehmen.

Soll die Zurückweisung auf Grund von Umständen erfogen, welche nicht bereits durch den Vorbescheid dem Patentsucher mitgeteilt waren, so ist demselben vorher Gelegenheit zu geben, sich über diese Umstände binnen einer bestimmten Frist zu äußern.

Anmerkungen:

1. „Ist durch die Anmeldung den vorgeschrie-

denen Anforderungen (§ 20) nicht genügt, oder ergibt sich, daß eine nach §§ 1, 2, 3 Abs. 1 patentfähige Erfindung nicht vorliegt, so wird die Anmeldung von der Abteilung zurückgewiesen 2c." In Konsequenz der in dem vorliegenden Gesetz neu eingeführten Vorprüfung und Vorbescheidung des Patentsuchers nach § 21 durch ein Mitglied der Abteilung ist die weitere Bestimmung in § 22 getroffen, daß, im Falle der Patentsucher sich bei dem ihm in Gemäßheit des § 21 zugegangenen Vorbescheid nicht beruhigen, d. h. denselben nicht für richtig anerkennen will bezw. ihm nicht nachgelebt hat, die Abteilung weiter darüber zu befinden hat und die Anmeldung wegen der durch den Vorbescheid gerügten Mängel derselben förmlich zurückweisen kann. Diese Bestimmung hat aber zur Voraussetzung, daß diese Beschlußfassung der Abteilung über die Ordnungsmäßigkeit der Anmeldung oder die Patentfähigkeit des angemeldeten Gegenstandes auf einer von der ersten Vorprüfung von seiten des einzelnen Mitglieds völlig getrennten, wiederholten Prüfung und selbstständigen Beurteilung beruht, also gewissermaßen als ein besonderes Verfahren und Beschlußfassung in zweiter Instanz sich gestalten soll, wenn auch von einer Entscheidung dieser Fragen in zweiter d. h. höherer Instanz im eigentlichen Sinne des Wortes hierbei keine Rede sein kann. Die Anmeldeabteilung wird durch die in dem Verfahren vor dem Vorprüfer geschaffene Rechts- und Sachlage nicht gebunden, sie kann den Patentsucher ebenfalls hören u. s. w., denselben auffordern, seine Anmeldung zu beschränken und, wenn er die Anmeldung trotzdem im ganzen Umfang aufrecht erhält, solche zurückweisen.

2. „An der Beschlußfassung darf das Mitglied, welches den Vorbescheid erlassen hat, nicht teilnehmen." Eine notwendige, durch die Natur der Sache gegebene Folge davon, daß die wiederholte Prüfung und Beschlußfassung der Abteilung nach der in Rede stehenden Bestimmung (vergl. Anm. 1) eine selbständige, zweitinstanzliche sein soll, ist die weitere, daran geknüpfte Vorschrift, daß das betreffende Mitglied, von dem die erste Prüfung und Vorbescheidung ausgegangen ist, an der zweiten Prüfung und Beschlußfassung der Abteilung über denselben Gegenstand nicht teilnehmen darf, was allgemeinen prozessualischen Grundsätzen entspricht.

3. Die weitere mit dieser neuen Einrichtung (Trennung

des Vorprüfungsverfahrens d. h. abgesonderte Vornahme derselben von seiten des Vorprüfers und der Abteilung) im Zusammenhang stehende Bestimmung in Absatz 2 bezüglich der Behandlung der Sache, wenn neue d. h. dem Patentsucher noch nicht mitgeteilte, daher unbekannte Umstände (sogenannte Nova), worunter nur neue Thatsachen oder Beweismittel zu verstehen sind, der von der Abteilung zu beschließenden Zurückweisung zu Grunde gelegt werden sollen, rechtfertigt sich von selbst. Es soll also in derartigen Fällen dem Patentsucher allgemeinen Rechtsprinzipien gemäß zunächst noch rechtliches Gehör verstattet werden.

4. Was die nach §§ 21 und 22 in zwei Stadien zu prüfende Frage der Patentfähigkeit der angemeldeten Erfindung durch ein Mitglied der Abteilung und die Abteilung selbst betrifft, so ist in dieser Beziehung auf die einschlägigen Bestimmungen des materiellen Patentrechtes in §§ 1, 2 und 3 Abs. 1, sowie die diesen Paragraphen beigegebenen Erläuterungen zu verweisen.

§ 23.

Erachtet das Patentamt die Anmeldung für gehörig erfolgt und die Erteilung des Patents nicht für ausgeschlossen, so beschließt es die Bekanntmachung der Anmeldung. Mit der Bekanntmachung treten für den Gegenstand der Anmeldung zu Gunsten des Patentsuchers einstweilen die gesetzlichen Wirkungen des Patents ein (§§ 4 und 5).

Die Bekanntmachung geschieht in der Weise, daß der Name des Patentsuchers und der wesentliche Inhalt des in seiner Anmeldung enthaltenen Antrags durch den Reichsanzeiger einmal veröffentlicht wird. Mit der Veröffentlichung ist die Anzeige zu verbinden, daß der Gegenstand der Anmeldung einstweilen gegen unbefugte Benutzung geschützt sei.

Gleichzeitig ist die Anmeldung mit sämtlichen Beilagen bei dem Patentamt zur Einsicht für jedermann auszulegen. Auf dem durch § 17 des Gesetzes bestimmten Wege kann angeordnet werden, daß die Auslegung auch außerhalb Berlins zu erfolgen habe.

Die Bekanntmachung kann auf Antrag des Patentsuchers auf die Dauer von höchstens sechs Monaten, vom Tage des Beschlusses über die Bekanntmachung an gerechnet, ausgesetzt werden. Bis zur Dauer von drei Monaten darf die Aussetzung nicht versagt werden.

Handelt es sich um ein im Namen der Reichsverwaltung für Zwecke des Heeres oder der Flotte nachgesuchtes Patent, so erfolgt auf Antrag die Patenterteilung ohne jede Bekanntmachung. In diesem Falle unterbleibt auch die Eintragung in die Patentrolle.

I. Anmerkungen:

1. Der Absatz 1 dieses Paragraphen (derselbe war früher § 22 des Gesetzes), der die Bekanntmachung der Anmeldung, wenn sie gehörig erfolgt, d. h. allen Anforderungen des § 20 entsprechend befunden worden ist, anordnet und die Wirkung derselben bestimmt, setzt voraus, daß die betreffende Anmeldung die ersten formellen wie materiellen Vorprüfungen in Gemäßheit der Vorschriften der §§ 21 und 22 bestanden habe, d. h. zur weiteren Behandlung im Aufgebotsverfahren für würdig befunden worden sei, und tritt hiernach die Anmeldung in ein weiteres Stadium des Patenterteilungsverfahrens, das sogenannte Aufgebotsverfahren, ein, welches mit der Beschließung der Bekanntmachung beginnt und dessen Formen 2c. in diesem und den folgenden §§ 23--26 festgestellt sind. Bis zu diesem Zeitpunkte sind noch Abänderungen bezw. Berichtigungen der Anmeldungen zulässig (vergl. Anm. 2 zu § 21), von da an aber vollständig ausgeschlossen, da von diesem Zeitpunkte d. h der Bekanntmachung an einstweilen die gesetzlichen Wirkungen des Patents eintreten sollen (vergl. §§ 4 und 5).

Wird die Bekanntmachung der Anmeldung verfügt, so ist zunächst nur anzunehmen, die Behörde habe wesentliche Mängel darin nicht gefunden, das Gesuch vielmehr äußerlich für ordnungsmäßig abgefaßt und angebracht und inhaltlich die Patentfähigkeit nicht ohne weiteres für ausgeschlossen erachtet. Aus der Thatsache der Auslegung folgt aber noch nicht, daß die Patenterteilung nun gesichert sei, wenn anders kein Einspruch erhoben wird, es müssen vielmehr alle der Patenterteilung entgegenstehenden Umstände, welche bis zur entgültigen Beschlußfassung zur Kenntnis der Abteilung kommen, noch hierbei berücksichtigt werden. Zweck der Bekanntmachung ist nur die Wahrung der Interessen der Gesammtheit, d. h. das Publikum an der Prüfung der Anmeldung im Wege des Einspruchs zu beteiligen.

2. Die Bestimmung des Schlußsatzes des Abs. 1 ist im Interesse des Patentsuchers darum geboten, weil derselbe für den Fall, daß sich das Patenterteilungsverfahren, bis es alle gesetzlichen Stadien durchlaufen, verzögern sollte, was schon wegen Wahrung der gesetzlichen Frist in der Regel der Fall sein wird, eines provisorischen Schutzes für seine angemeldete Erfindung benötigt ist, um demnächst nach definitiver Erteilung des nachgesuchten Patentschutzes inzwischen etwa stattgehabte Patentverletzungen, d. h. rechtswidrige Benutzung seiner Erfindung auf dem gerichtlichen Wege verfolgen zu können, was ihm in Ermangelung eines solchen einstweiligen Schutzes nicht möglich wäre. Wenn auch während der Dauer des solchergestalt erteilten provisorischen Patentschutzes Klagen im Civil- oder Strafverfahren wegen Patentverletzungen anhängig gemacht werden können, so kann während der Zeit dieses nur provisorischen Zustandes ein Urteil auf Grund der §§ 35 ff. gegen den Erfindungsverletzer nicht ergehen, sondern es muß das Verfahren insolange ausgesetzt werden, bis auf das Provisorium die definitive Patenterteilung erfolgt ist. Selbstverständlich wird aber in einem derartigen Fall, wenn das Patent hinterher versagt worden und damit der provisorische Schutz hinfällig geworden ist, einer nur hierauf basierten Klage der Boden entzogen

3. Absatz 2 dieses Paragraphen enthält die näheren Bestimmungen über die Art und Weise, wie die Bekanntmachung geschehen, d. h. wie sie eingerichtet und veröffentlicht werden soll.

Die weiteren Detailvorschriften hierüber finden sich in der Ausführungsverordnung.

4. In Absatz 3 wird sodann die mit der Bekanntmachung

zu verbindende öffentliche Auslegung der Anmeldung mit sämmtlichen Beilagen (als da sind: Beschreibungen, Zeichnungen, Modelle, Probestücke) angeordnet.

Diese Auslegung muß in den Geschäftslokalitäten des Patentamtes in der Weise geschehen, daß sie für jedermann zugänglich ist, deren Einsicht möglich ist, jedoch darf die Einsicht nur zum Zwecke des Einspruchs erfolgen.

Diese Einrichtung der Offenlegung ist nun in dem neuen Gesetz gegen früher dahin erweitert worden, daß auf dem durch § 17 des Gesetzes bestimmten Wege (d. h. durch Kaiserl. Verordnung mit Zustimmung des Bundesrats) auch die Auslegung der Anmeldung außerhalb Berlins angeordnet werden kann, und ist diese im Gesetz vorgesehene, die Vorschrift der Offenkundigmachung erweiternde Maßregel zum Zweck der Erleichterung der Kenntnisnahme von der offengelegten Erfindung eingeführt worden, weil, wie die Motive sagen, die Bekanntmachung im Reichsanzeiger den Beteiligten eine erschöpfende Information darüber, ob eine Anmeldung in bestehende Rechte eingreift und demgemäß im Wege des Einspruchs anzufechten sei, nicht gewähren könne und es hierzu in der Regel der Kenntnis von dem eigentlichen Inhalte der Anmeldung bedürfe. Es wird damit also den Interessen der von Berlin entfernt wohnenden Industriellen, deren Geschäftsbetrieb den Einwirkungen des Patentgesetzes unterliegt, gedient, um sich mit weniger Kosten und Weitläufigkeiten über alle Patent-Anmeldungen informieren und auf dem Laufenden halten zu können, indem hierdurch die Möglichkeit gegeben ist, auch an anderen wichtigen Industrieplätzen Auslegestellen neben Berlin einzurichten, was durch die Ausführungsverordnung näher bestimmt werden soll.

5. Die Bestimmung in Absatz 4, welche fakultativ die Aussetzung der Bekanntmachung der Anmeldung auf die Dauer von höchstens sechs Monaten gestattet, ist ebenfalls eine Neuerung des vorliegenden Gesetzes, die bestimmt ist, den Interessen der Patentsucher zu dienen. Diese Aussetzung, die bis zur Dauer von drei Monaten geschehen muß, also obligatorisch ist, setzt aber einen Antrag des Patentsuchers voraus, kann also ohne einen solchen d. h. von Amtswegen nicht angeordnet werden. Diese neu in das Gesetz aufgenommene Einrichtung entspricht einem dringenden Bedürfnis und soll den Patentsucher vor den Nachteilen, welche durch die unmittelbar

nach der Beschlußfassung erfolgende Bekanntmachung (bezw. Veröffentlichung) einer angemeldeten Erfindung in Deutschland denselben treffen können, möglichst bewahren; denn die Bekanntmachung wird von der ausländischen Gesetzgebung meist als ein Patenthindernis angesehen, sie kann auch zu anderweitigen, der Patentierung im Auslande hinderlichen Veröffentlichungen führen; der Patentanmelder kann aber ein naheliegendes Interesse daran haben, zunächst darüber Gewißheit zu erhalten, ob das Patentamt die betreffende Erfindung für patentfähig erachtet, um sie erst hiernach auch im Auslande anzumelden. Eine Aussetzung ist nicht erforderlich, wenn es sich um die rechtzeitige Anmeldung in einem Lande handelt, mit dem Deutschland in dieser Beziehung (Ausschluß der Neuheit infolge öffentlicher Bekanntmachung) einen Vertrag abgeschlossen hat, wie z. B. mit Oesterreich-Ungarn und Italien.

6. Die Bestimmung des Absatzes 5 bezüglich eines im Namen der Reichsverwaltung für Zwecke des Heeres oder der Flotte nachgesuchten Patents rechtfertigt sich von selbst und gelten für diese Ausnahmsbestimmung dieselben Gründe der öffentlichen Wohlfahrt wie zu § 5 bezüglich der Patentexpropriation.

7. Es entspricht dem in dem vorliegenden Gesetze beibehaltenen ganzen System der Vorprüfung sowie der vollständigen Offenkundigmachung einer jeden angemeldeten Erfindung, daß unser Gesetz die Verschleierung des Erfindungsgedankens, wie die Patentgesetze anderer Länder, als Nichtigkeitsgrund aufstellt; es würden ohne die durch dieses System (des Vorprüfungs- und Aufgebotsverfahrens) bedingte Veröffentlichung aller Erfindungen, auch solcher, welche nicht zur Anwendung kommen, d. h. in die Praxis überführt werden, viele, wenn auch nicht sofort technisch realisierbare Erfindungsgedanken verloren gehen, da der ohne Erfolg thätig gewesene Erfinder wohl selten Anlaß zu einer vollständigen und wahrheitsgemäßen Veröffentlichung seiner Erfindung haben wird, was aber zu beklagen wäre, da aus einem anfänglichen Mißerfolge bei dem Versuche der Verwertung einer Erfindung noch nicht deren Wertlosigkeit gefolgert werden darf und da diese Veröffentlichungen von Patentbeschreibungen, die nicht zu einer Patenterteilung geführt haben, doch wohl Anzeiger dafür sein können, welche Wege sich zur Zeit und dem gegenwärtigen Stande des technischen Wissens und Könnens als nicht gangbar erwiesen haben, (vergl. von Bojanowsky, a. a. O. S. 148).

II. Rechtsprechung (des Reichsgerichts):

1. Die im Patentgesetze an die Anmeldung des Patentsuchenden geknüpften rechtlichen Schutzwirkungen treten nur dann ein, wenn die Anmeldung in allen Stücken den gesetzlichen Anforderungen entspricht. (R G. St. VII, 127).

2. Patentbeschreibungen und Zeichnungen („Patentschriften"), auf deren Grund das Patent erteilt wurde, dürfen nach Erteilung des Patents auch ohne Genehmigung des Erfinders bezw. Patentinhabers durch den Druck vervielfältigt und verbreitet werden und kann ein Nachdruck von solchen Beschreibungen nicht auf Grund der Bestimmungen des Reichsgesetzes vom 11. Juni 1870 über das Urheberrecht an Schriftwerken verfolgt werden; dagegen ist der Nachdruck von dergleichen Patentschriften in der Zeit vor der Erteilung des Patents nicht erlaubt; denn so wenig dem Patentamte der Abdruck und die Verbreitung der Beschreibung und Zeichnung vor der Patenterteilung gestattet ist, um so viel weniger kann diese Befugnis jedem Dritten eingeräumt werden. (R. H. G. XXV, 20).

Nachtrag:

Entscheidungen des Reichsgerichts und des Patentamtes (mitgeteilt im Patentblatt und im Blatt für Patent-, Muster- und Zeichenwesen).

1. Hat Jemand nach der seitens eines Anderen bewirkten Anmeldung einer Erfindung den Gegenstand derselben in Benutzung genommen, so macht er sich einer Patentverletzung schuldig, wenn er nach der Bekanntmachung der Anmeldung durch das Patentamt die Benutzung fortsetzt. (Entsch. v. 29./3. 92, P. B. 1892, Nr. 23 S. 346—48.)

2. Die Priorität der Anmeldung eines chemischen Analogieverfahrens ist von dem Tage an zu rechnen, an welchem das Verfahren mit dem Antrage auf Patentierung dem Patentamte unterbreitet wurde, nicht von dem Tage an, an dem der technische Effekt und damit die Eigenschaft des Verfahrens als Erfindung dargelegt wurde.

Die Priorität der Anmeldung auf ein chemisches Verfahren wird durch die anfänglich unrichtige wissenschaftliche Erkenntnis des aus dem Verfahren sich ergebenden Produkts beeinflußt. (Entsch. v. 27./2. 96, B. f. P. M. u. Z. II, S. 279.)

§ 24.

Innerhalb der Frist von zwei Monaten nach Veröffentlichung (§ 23) ist die erste Jahresgebühr (§ 8 Absatz 1) einzuzahlen. Erfolgt die Einzahlung nicht binnen dieser Frist, so gilt die Anmeldung als zurückgenommen.

Innerhalb der gleichen Frist kann gegen die Erteilung des Patents Einspruch erhoben werden. Der Einspruch muß schriftlich erfolgen und mit Gründen versehen sein. Er kann nur auf die Behauptung gestützt werden, daß der Gegenstand nach §§ 1 und 2 nicht patentfähig sei, oder daß dem Patentsucher ein Anspruch auf das Patent nach § 3 nicht zustehe. Im Falle des § 3 Absatz 2 ist nur der Verletzte zum Einspruch berechtigt.

Nach Ablauf der Frist hat das Patentamt über die Erteilung des Patents Beschluß zu fassen. An der Beschlußfassung darf das Mitglied, welches den Vorbescheid (§ 21) erlassen hat, nicht teilnehmen.

I. Anmerkungen:

1. Die neue Bestimmung in Absatz 1 dieses Paragraphen hat das vorliegende Gesetz in Konsequenz der neuen Vorschrift in § 8 Absatz 1, wonach die Einzahlung der Patentgebühr für das erste Jahr mit dreißig Mark vor der Erteilung des Patents erfolgen muß, getroffen, sie dient zur Ausführung des dort ausgesprochenen Grundsatzes und findet hierin ihre Rechtfertigung. Die Frist, die nach den einschlägigen Bestimmungen der C. P. O. zu berechnen ist, beginnt mit dem Tage, an welchem die betr. Nummer des Reichsanzeigers in Berlin zur Ausgabe gelangt, über welchen Tag aber der Patentinhaber keine besondere Mitteilung erhält.

2. Der Absatz 2 stellt fest, daß die Erhebung des Einspruchs nur innerhalb der achtwöchigen Frist, nicht aber darüber hinaus bis zum Augenblick der Beschlußfassung zulässig sein soll. Diese Beschränkung ist geboten, um die Beschlußfassung des

Patentamts auf Grund eines völlig abgeschlossenen, nicht jeden Augenblick noch einer nachträglichen Ergänzung ausgesetzten Materials vorbereiten zu können.

3. Die Gründe, aus denen Einspruch erhoben werden kann, haben hierin auch gegen früher eine Erweiterung erfahren, um diese Bestimmung mit den bei §§ 3, 10 und 22 besprochenen Grundsätzen in Einklang zu bringen (vergl. die Anmerkungen zu §§ 3 und 10).

Der Einspruch kann hiernach gestützt werden:

a. auf die Behauptung, daß der Gegenstand der Anmeldung nach §§ 1, 2, 3 Absatz 1 nicht patentfähig sei (d. h. überhaupt keine Erfindung sei, keine gewerbliche Verwertung gestatte, oder nicht neu sei, oder die angemeldete Erfindung der Gegenstand des Patents eines früheren Anmelders sei),

b. auf die Behauptung, daß dem Patentsucher ein Anspruch auf das Patent nach § 3 Absatz 2 nicht zustehe, weil er den wesentlichen Inhalt seiner Anmeldung der Erfindung, d. h. den Beschreibungen, Zeichnungen, Modellen, Gerätschaften oder Einrichtungen des Einsprechenden oder einem von diesem angewendeten Verfahren ohne dessen Einwilligung entnommen habe (Erfindungsentwendung).

Im ersten Falle (a) steht das Recht, Einspruch zu erheben, jedermann zu (wie die Popularklage im Nichtigkeitsverfahren, vergl. Anm. 6 zu § 10) nach den zu § 10 in dieser Beziehung erörterten Grundsätzen, im letzten Fall aber n u r dem Verletzten (vergl. Anm. 5 zu § 10, ferner auch noch die Anmerkungen zu §§ 1, 2 und 3). Der Einspruch, der in 2 Exemplaren einzureichen ist, muß den Rechtsgrund erkennen lassen und dem Patentsucher zur Erklärung binnen bestimmter Frist mitgeteilt werden. Im Falle eines Einspruchs ist die Entscheidung näher zu begründen, andernfalls nur dann, wenn die Anmeldung ganz oder teilweise zurückgewiesen wird.

Die gerichtlichen Kosten des Einspruchverfahrens fallen dem Staate zur Last, die außergerichtlichen den Parteien selbst.

4. Während also im e r s t e n der oben (Anm. 3) unterschiedenen beiden Fälle des Einspruchs jeder Handlungsfähige, gleichviel ob Inländer oder Ausländer, ob physische oder juristische Person (auch Handelsgesellschaften, Fabriketablissements) zur Erhebung des Einspruchs berechtigt ist, ohne besonderen Nachweis eines Interesses an der Sache, erscheint im z w e i t e n Falle nur derjenige, dem die Erfindung 2c. entwendet worden ist, zur

Einspruchserhebung legitimiert, er braucht aber nicht selbst der Erfinder zu sein, auch der Rechtsnachfolger desselben ist eventuell hierzu legitimiert.

Zur Begründung des Einspruchs im zweiten Falle kommt es auch nur auf die objektive Widerrechtlichkeit der Entnahme (d. h. der Erfindungsentwendung) an, nicht darauf, daß der Patentsucher hierbei auch subjektiv widerrechtlich gehandelt habe und ihn ein Verschulden treffe, auch im Falle des guten Glaubens desselben, d. h. wenn die Erfindungsentwendung etwa von einem Dritten, von dem er sein Recht erst abgeleitet, ausgegangen sein sollte, kann dieserhalb Einspruch erhoben werden.

5. Nach Ablauf der Einspruchsfrist tritt das Erteilungs- resp. Aufgebots-Verfahren in das weitere Stadium der Beschlußfassung von seiten der Anmeldeabteilung, an welcher ebensowenig wie an der nach § 22 stattfindenden Vorprüfung und Beschlußfassung der Abteilung das Mitglied, das den Vorbescheid nach § 21 erlassen hat, teilnehmen darf, und zwar aus demselben Grunde nicht.

Hiernach kann die betreffende Anmeldeabteilung sich in diesem Stadium ohne Weiteres, d. h. ohne Beweisaufnahme durch Zeugen oder Sachverständige sowie ohne Anhörung der Beteiligten und mündliche Verhandlungen über die Erteilung (und bezw. Versagung) des nachgesuchten Patents schlüssig machen, wenn es sich von der Richtigkeit oder Unrichtigkeit der Angaben des Patentsuchers oder Einsprechenden nach seinem freien Ermessen überzeugt hat.

6. Die Frist zur Zahlung der ersten Jahresgebühr sowie zur Erhebung des Einspruchs ist in dem neuen Gesetz zur Erleichterung von deren Berechnung auf zwei Monate (anstatt wie in dem früheren Gesetz acht Wochen) bemessen worden, sie ist von dem auf den Tag der Veröffentlichung der Anmeldung im Reichsanzeiger folgenden Tage an zu berechnen und endigt somit mit dem diesem Tage entsprechenden Monatstage. Nichtzahlung dieser Gebühr innerhalb dieser Frist wird als stillschweigender Verzicht auf die Anmeldung angesehen; die stillschweigende Zurücknahme in diesem Falle wird ohne weiteres angenommen, es bedarf keines besonderen, diese Thatsache feststellenden Beschlusses und kann auch nicht durch eine nachträgliche Einzahlung dieser Gebühr die Wirksamkeit dieses Verzichts beseitigt werden.

7. Vor der Beschlußfassung der Anmeldeabteilung in Gemäßheit des Absatz 3 kann dieselbe (nach § 25) die Ladung und Anhörung der Beteiligten (d. h. contradiktorische Verhandlung) sowie die für erforderlich erachteten Beweiserhebungen anordnen. Die Erhebung des Einspruchs hat ein contradiktorisches Verfahren zur Folge, dasselbe wird von dem Patentamte bezw. der Anmeldeabteilung mittelst Austausches von Schriftsätzen vermittelt, worauf sodann noch die mündliche Verhandlung folgen kann (nicht muß).

II. Rechtssprechung:

Der Einspruch muß innerhalb der Einspruchsfrist mit Gründen versehen werden. (Entsch. des P.-A. v. 20./4. 94, P. B. 1894, Nr. 25 S. 379.)

§ 25.

Bei der Vorprüfung und in dem Verfahren vor der Anmeldeabteilung kann jederzeit die Ladung und Anhörung der Beteiligten, die Vernehmung von Zeugen und Sachverständigen, sowie die Vornahme sonstiger zur Aufklärung der Sache erforderlicher Ermittelungen angeordnet werden.

Anmerkungen:

1. Dieser § 25 ist auf Antrag der Reichstagskommission neu in das vorliegende Gesetz eingeschaltet worden.

Es soll mit dieser Bestimmung die fakultative Mündlichkeit für die erste Instanz des Erteilungsverfahrens aufrecht erhalten werden in der Erwartung, daß das Patentamt von den ihm hiernach eingeräumten Befugnissen in geeigneter und den Interessen der Industrie Rechnung tragender Weise Gebrauch machen werde, und soll damit in unzweideutiger Weise zum Ausdruck gebracht werden, daß in jedem Stadium des Anmeldeverfahrens, also auch schon vor dem Beschlusse über die Auslegung und insbesondere auch während der Vorprüfung (§ 21) die Anhörung der Beteiligten und sonstige Ermittelungen zulässig seien.

Diese Anordnungen sind aber sämmtlich, wie bemerkt, für das Patentamt nur fakultativ, können, müssen aber nicht getroffen werden.

§ 26.

Gegen den Beschluß, durch welchen die Anmeldung zurückgewiesen wird, kann der Patentsucher, und gegen den Beschluß, durch welchen über die Erteilung des Patents entschieden wird, der Patentsucher oder Einsprechende innerhalb eines Monats nach der Zustellung Beschwerde einlegen.

Mit der Einlegung der Beschwerde sind für die Kosten des Beschwerdeverfahrens Zwanzig Mark zu zahlen, erfolgt die Zahlung nicht, so gilt die Beschwerde als nicht erhoben.

Ist die Beschwerde an sich nicht statthaft oder ist dieselbe verspätet eingelegt, so wird sie als unzulässig verworfen.

Wird die Beschwerde für zulässig befunden, so richtet sich das weitere Verfahren nach § 25. Die Ladung und Anhörung der Beteiligten muß auf Antrag eines derselben erfolgen. Dieser Antrag kann nur abgelehnt werden, wenn die Ladung des Antragstellers in dem Verfahren vor der Anmeldeabteilung bereits erfolgt war.

Soll die Entscheidung über die Beschwerde auf Grund anderer, als der in dem angegriffenen Beschlusse berücksichtigten Umstände erfolgen, so ist den Beteiligten zuvor Gelegenheit zu geben, sich hierüber zu äußern.

Das Patentamt kann nach freiem Ermessen bestimmen, inwieweit einem Beteiligten im Falle des Unterliegens die Kosten des Beschwerdeverfahrens zur Last fallen, sowie anordnen, daß dem Beteiligten, dessen

Beschwerde für gerechtfertigt befunden ist, die Gebühr (Absatz 1) zurückbezahlt wird.

Anmerkungen:

1. Durch die in § 26 (war früher § 25 des Gesetzes) enthaltenen Bestimmungen werden die für die Beschwerde im Erteilungs- resp. Aufgebots-Verfahren geltenden Grundsätze normiert, sie betreffen das weitere Verfahren in der Beschwerdeinstanz, welche das letzte Stadium im Erteilungsverfahren bildet, und findet hiermit dieses Verfahren seinen vollständigen Abschluß.

Beschwerden können geführt werden:

a) vor der Auslegung und Bekanntmachung wegen der Zurückweisung der Anmeldung oder wegen einer Beschränkung der Patentansprüche nur vom Patentsucher;

b) nach der Auslegung 2c. wegen Versagung oder Beschränkung des Patents oder wegen Zurückweisung des Einspruchs von dem Patentsucher oder von dem Einsprechenden oder von beiden.

2. Das Beschwerdeverfahren, als das der zweiten Instanz im Erteilungsverfahren, hat hier in einigen wesentlichen Punkten eine Aenderung und im Vergleich mit den früheren bezüglichen Bestimmungen eine erhebliche Verbesserung erfahren, nämlich darin:

a) daß die Anhörung der Beteiligten (des Patentsuchers wie des Einsprechenden), d. h. die mündliche und eventuell auch kontradiktorische Verhandlung der Sache in dieser letzten Instanz obligatorisch gemacht ist, was früher nicht der Fall war, also auf Antrag eines der Beteiligten angeordnet werden muß und nur ausnahmsweise abgelehnt werden kann, wenn die Ladung und Anhörung des Antragstellers bereits vorher in dem Verfahren vor der Anmeldeabteilung erfolgt war, so daß also der Antragsteller unter allen Umständen wenigstens einmal mit seiner mündlichen Erläuterung und Begründung seines Anspruchs gehört werden muß, wobei jedoch zu bemerken ist, daß eine Ladung im Verfahren vor dem Vorprüfer der Ladung vor die Anmeldeabteilung nicht gleichsteht;

b) daß, wenn die Entscheidung über die Beschwerde auf Grund anderer, als der in dem angegriffenen Beschlusse berücksichtigten Umstände erfolgen soll, den Beteiligten (ebenfalls obligatorisch) zuvor Gelegenheit zu geben ist, sich hierüber zu äußern (mündlich oder schriftlich).

3. Diese beiden, ebenfalls vorzugsweise zur Vermehrung der Garantien der Patentsucher in Ansehung einer gerechten und unparteiischen Würdigung ihrer Ansprüche dem Beschwerdeverfahren in dem neuen Gesetze gegebenen, Erweiterungen werden in den Motiven hierzu, und zwar zunächst die oben unter a erwähnte Neuerung, mit folgenden Erwägungen gerechtfertigt:

„Aus dem Umstande, daß Anmelder nicht selten dem Gegenstande ihrer Anmeldung eine zu hohe Bedeutung beilegen, daß in ihnen deshalb leicht die Ueberzeugung erwirkt wird, ihre Erfindung begegne nicht der verdienten Würdigung und daß sie somit bestrebt sind, jedes sich darbietende Mittel zur Erzielung einer besseren Wertschätzung zu erschöpfen, erwächst die Verpflichtung, in dem Gesetz diesen Anschauungen insoweit Rechnung zu tragen, als andere sachliche Rücksichten dies gestatten, um damit der Gefahr vorzubeugen, daß das Vertrauen in die gerechte und einsichtige Prüfung der angemeldeten Erfindungen in weiteren Kreisen erschüttert werde. Es ist deshalb besonderer Wert darauf zu legen, daß die, mit keinem weiteren Rechtsmittel anfechtbaren Beschlußfassungen des Patentamtes durch ein Verfahren vorbereitet werden, welches auch in den Augen des Publikums Zweifel über die eingehende Würdigung des gesammten Sachverhaltes möglichst ausschließt."

Die beabsichtigte Umgestaltung des Patentamtes gestattet es zunächst, die bisher nach § 25 Absatz 2 des Gesetzes lediglich in das Ermessen des Patentamtes gestellte Zulassung der mündlichen Verhandlung insoweit zur Regel zu erheben, als es dem berechtigten Bedürfnis entspricht (§ 26 Absatz 4).

Der Wert der mündlichen Verhandlung für die Beteiligten liegt weniger in der Aufklärung der entscheidenden Abteilung über die Bedeutung und Tragweite der Vorlagen, als vielmehr in der Beruhigung der Beteiligten, daß zu dem ablehnenden Beschlusse des Patentamtes irrige oder mißverständliche Anschauungen nicht geführt haben. Es kann dem Ansehen des Patentamtes nur förderlich sein, wenn die Beteiligten durch eine häufigere Anwendung des mündlichen Verfahrens Gelegenheit erhalten, sich diese Ueberzeugung zu verschaffen. Dem Interesse der Sache entspricht es daher, wenn das mündliche Verfahren in gewissen Grenzen dem Patentamte zur Pflicht gemacht wird."

4. Bezüglich der fernerhin noch in das Patentgesetz neu aufgenommenen Vorschrift des Abs. 5 (vgl. Anm. 2, b), nach welcher der zweitinstanzlichen Beschlußfassung neue Thatsachen und Erwägungen nicht zu Grunde gelegt werden sollen, über welche sich die Beteiligten nicht zuvor geäußert, bezw. sich zu äußern Gelegenheit erhalten haben, wird bemerkt, daß auch hierin eine Gewähr für die gründliche Würdigung der Interessen des Patentsuchers liege und daß, ebenso wie der Beteiligte Gelegenheit erhalten solle, die vor der ersten Instanz erhobenen und zum Grunde der Abweisung gemachten Bedenken zu erörtern, es auch billig sei, ihm die Möglichkeit zu bieten, zur Aufklärung der in zweiter Instanz neu hervorgetretenen Bedenken beizutragen.

Die hiermit den Beschwerdeabteilungen weiter noch gegebene Direktive ist ausnahmslos bindend.

5. Was die Bestimmung des letzten Absatzes dieses Paragraphen bezüglich der Kosten des Verfahrens, namentlich die eventuell anzuordnende Rückerstattung der bezahlten Beschwerdegebühr (Absatz 1), betrifft, so wurde die Entscheidung über diese Kostenfrage darum in das Ermessen des Patentamts gestellt, weil sehr häufig eine Zurückweisung in erster Instanz, (die hiernach in der Beschwerdeinstanz aufgehoben worden), durch Umstände verursacht wurde, welche dem Beschwerdeführer selbst zur Last fallen und von demselben somit die Verfolgung der Sache in die Beschwerdeinstanz hätte vermieden werden können.

6. Die Aenderung der Fristbestimmung im Absatz 1, indem hier statt vier Wochen ein Monat gesetzt wurde, beruht auf derselben Erwägung wie die gleiche Aenderung der Fristbestimmung im § 24 Absatz 1, nämlich der Erleichterung der Fristberechnung.

Es ist übrigens nicht nötig, daß die nach Absatz 1 zu entrichtende Beschwerdegebühr gleichzeitig mit der Einlegung der Beschwerde eingezahlt wird, sondern es genügt, wenn dies innerhalb der hierfür bestimmten einmonatlichen Frist geschieht.

7. Mit dem Beschwerdeverfahren schließt das Erteilungs- und Aufgebots-Verfahren definitiv ab, es hat hiernach das Patentamt ausschließlich und endgültig über Erteilung oder Versagung von Patenten zu befinden und zu entscheiden und kann weder von dem Patentsucher noch von dem Einsprechenden dieserhalb der Rechtsweg beschritten werden, welcher über diese Fragen unbedingt ausgeschlossen ist. Dem letzteren bleibt aber immerhin noch der Weg offen, ein gegen seinen Einspruch

erteiltes Patent später im Nichtigkeitsverfahren (nach § 28) anzufechten, während dem Patentsucher ein weiterer Rechtsbehelf nicht mehr zur Seite steht und dieser es später nur etwa mit einer neuen Anmeldung seiner Erfindung in veränderter Gestalt, soweit ihm der § 2 nicht entgegensteht, versuchen könnte.

§ 27.

Ist die Erteilung des Patents endgültig beschlossen, so erläßt das Patentamt darüber durch den Reichsanzeiger eine Bekanntmachung und fertigt demnächst für den Patentinhaber eine Urkunde aus.

Wird die Anmeldung nach der Veröffentlichung (§ 23) zurückgenommen oder wird das Patent versagt, so ist dies ebenfalls bekannt zu machen. Die eingezahlte Jahresgebühr wird in diesen Fällen erstattet. Mit der Versagung des Patents gelten die Wirkungen des einstweiligen Schutzes als nicht eingetreten.

I. Anmerkungen:

1. Nachdem die Patentanmeldung im Vorprüfungs- und Aufgebots-Verfahren alle Stadien durchlaufen und die Erteilung des Patents endgültig beschlossen ist, sei es, daß überhaupt kein Einspruch erhoben oder solcher zurückgewiesen wurde und die gesetzliche Beschwerdefrist von einem Monat abgelaufen, oder die Beschwerde durch Beschluß der Beschwerdeabteilung verworfen ist, gegen welchen Beschluß kein weiteres Rechtsmittel (abgesehen von der Nichtigkeitsklage) mehr zulässig ist, erfolgt die Bekanntmachung der Patenterteilung im Reichsanzeiger und die Ausfertigung der Patenturkunde, welche lediglich Beweis- und Legitimationsurkunde ist, nicht Trägerin des Rechts und deren Besitz zum Uebergang des Rechts auf einen Dritten nicht erforderlich ist, was eine Folge des mehrerwähnten Mangels einer konstituirenden Wirksamkeit der Patenterteilung. Die Wirksamkeit des Patents tritt aber nicht erst mit dieser Bekanntmachung der Patenterteilung im Reichsanzeiger, sondern schon früher mit der Bekanntmachung der Anmeldung im Aufgebotsverfahren ein (vgl. § 23 Absatz 1) und hat dieselbe keine

weiteren rechtlichen Folgen, als daß damit das Patentrecht und der bis dahin provisorisch erteilte Schutz zu einem definitiven wird, und nun jeder, der die bisher nur provisorisch geschützte Erfindung inzwischen verletzt hat, civil- oder strafrechtlich belangt werden kann, da während der Dauer des provisorischen Schutzes keine Verurteilung wegen Patentverletzung erfolgen kann.

2. Ebenso soll auch die im Erteilungsverfahren endgültig versagte Patenterteilung, sowie die Zurücknahme einer Anmeldung nach ihrer Veröffentlichung im Reichsanzeiger bekannt gemacht werden, um zur allgemeinen Kenntnis zu bringen, daß die bereits veröffentlichte, angeblich neue Erfindung nicht patentfähig sei, d. h. nicht zur Erteilung eines Patents geführt habe und daher auch nicht geschützt sei, somit von jedem in Gebrauch genommen werden könne.

3. Bezüglich der diesem Paragraphen noch in dem neuen Gesetz eingefügten Bestimmung, daß die eingezahlte Jahresgebühr in diesen Fällen des Absatz 2 erstattet werden soll, ist auf das zu § 8 in dieser Beziehung Bemerkte zu verweisen.

4. Dem Patentinhaber soll eine Mitwirkung bei der endgültigen Feststellung des Wortlautes der in die Patenturkunde aufzunehmenden Beschreibung eingeräumt werden, soweit geschäftliche Rücksichten dies gestatten und das Erforderliche hierüber in der zu erlassenden Ausführungs-Verordnung bestimmt werden.

II. Rechtsprechung:

Als Erfindung im Sinne des Patentrechts kommt nur dasjenige in Betracht, was die Patentschrift als die bewußte Errungenschaft des Anmelders bezeichnet. Zufällige, nach der Patenterteilung entdeckte Vorzüge des Erfindungsgegenstandes sind nicht geschützt. (Entsch. des R. G. v. 23./9. 96, B. f. P. M. u. Z. III, S. 69.)

§ 28.

Die Einleitung des Verfahrens wegen Erklärung der Nichtigkeit oder wegen Zurücknahme des Patents erfolgt nur auf Antrag.

Im Falle des § 10 Nr. 3 ist nur der Verletzte zu dem Antrage berechtigt.

Im Falle des § 10 Nr. 1 ist nach Ablauf von fünf Jahren, von dem Tage der über die Erteilung des Patents erfolgten Bekanntmachung (§ 27 Absatz 1) gerechnet, der Antrag unstatthaft.

Der Antrag ist schriftlich an das Patentamt zu richten und hat die Thatsachen anzugeben, auf welche er gestützt wird. Mit dem Antrage ist eine Gebühr von fünfzig Mark zu zahlen. Erfolgt die Zahlung nicht, so gilt der Antrag als nicht gestellt. Die Gebühr wird erstattet, wenn das Verfahren ohne Anhörung der Beteiligten beendet wird.

Wohnt der Antragsteller im Auslande, so hat er dem Gegner auf dessen Verlangen Sicherheit wegen der Kosten des Verfahrens zu leisten. Die Höhe der Sicherheit wird von dem Patentamte nach freiem Ermessen festgesetzt. Dem Antragsteller wird bei Anordnung der Sicherheitsleistung eine Frist bestimmt, binnen welcher die Sicherheit zu leisten ist. Erfolgt die Sicherheitsleistung nicht vor Ablauf der Frist, so gilt der Antrag als zurückgenommen.

I. Anmerkungen:

1. Das Verfahren wegen Erklärung der Nichtigkeit oder wegen Zurücknahme eines Patents, welches in §§ 28 bis 33 des Gesetzes geregelt wird, findet vor der sogenannten Nichtigkeitsabteilung des Patentamtes statt mit Zulassung der Berufung ans Reichsgericht (vergl. § 33).

Ueber die Organisation bezw. Zusammensetzung dieser Nichtigkeitsabteilung vergl. § 14 Abs. 1 Nr. 2 und Abs. 4 sowie die Anmerkungen hierzu und über die Gründe für die Erklärung der Nichtigkeit oder Zurücknahme eines Patents die §§ 10 und 11, bei welchen die Grundsätze des materiellen Patentrechts bezüglich dieser Gründe erörtert sind.

Hiernach unterliegen Patente, welche formell zu Recht aber materiell zu Unrecht erteilt worden sind, der Erklärung der Nichtigkeit im Wege der Klage, zu deren Erhebung in den

Fällen des § 10 Abs. 1 und 2 jeder ermächtigt ist (sogenannte Popularklage, vergl. Anm. 6 zu § 10), in welchem Falle ein kostenloses, nur auf Wahrung des öffentlichen Interesses abzielendes Verfahren zur Beseitigung der dem Patentamte zur Last fallenden Irrungen und zur Herstellung des normalen Rechtszustandes stattfindet.

Wenn ein Antrag auf Nichtigkeitserklärung oder Zurücknahme eines Patents beim Patentamt eingelaufen ist, so hat die Nichtigkeitsabteilung zunächst Beschluß zu fassen, mit welchem die Einleitung des Verfahrens angeordnet oder verweigert wird. Gegen diesen Beschluß findet Beschwerde (nicht Berufung) statt. Ein abgewiesener Antrag kann jederzeit erneuert werden. Die Nichtigkeitsklage resp. Klage auf Zurücknahme muß ein bestimmtes Patent, das vernichtet oder zurückgenommen werden soll, bezeichnen. Beklagter ist der in die Patentrolle Eingetragene oder dessen Erben (bezüglich der Eigentumsverhältnisse ist nur die Patentrolle maßgebend). Der Klaggrund muß thatsächlich genügend substanziiert, die Beweismittel (Zeugen 2c.) angegeben sein, wobei Parteieid als Beweismittel ausgeschlossen ist. Die Prozeßfähigkeit richtet sich nach den einschlägigen Bestimmungen der C. P. O. (§§ 50 und 51).

2. In Absatz 1 dieses Paragraphen wird sodann noch bestimmt, daß die Einleitung des Verfahrens immer nur auf Antrag (niemals von Amtswegen) stattfindet.

In dem auf Antrag (aus den oben angeführten Gründen) eingeleiteten Nichtigkeitsverfahren soll die nämliche Prüfung, wie im Erteilungsverfahren, nur sorgfältiger wiederholt werden, sie wird jedoch in diesem Verfahren insofern zu einer weiter reichenden, als darin die Frage, ob eine Erfindung vorliege u. s. w., im Sinne des § 1 Abs. 1 einer wiederholten Erörterung unterzogen werden darf.

Den Antrag kann unter den angegebenen Voraussetzungen auch eine Behörde (z. B. die Staatsanwaltschaft) stellen.

Der Antragsteller riskiert aber dabei, daß ihm die Kosten des Verfahrens nach § 31 zur Last gesetzt werden können.

3. Nach der Bestimmung des Absatz 2 ist nur in dem Falle des § 10 Absatz 3 der Verletzte zu dem Antrage berechtigt und ergibt sich hieraus, daß in denjenigen Fällen, welche das neue Gesetz in Ergänzung des früheren Patentgesetzes in § 10 Nr. 2 dem Nichtigkeitsverfahren ebenfalls unterstellt,

jedermann zu dem Antrag auf Erklärung der Nichtigkeit befugt ist, da es im allgemeinen Interesse liegt, daß die Tragweite der Patente festgestellt und eine Kollision zwischen mehreren Patenten beseitigt wird.

4. Von besonderer Wichtigkeit ist die Bestimmung des Absatz 3, daß im Falle des § 10 Nr. 1 (Mangel der objektiven Patentfähigkeit) nach Ablauf von fünf Jahren, von dem Tage der über die Erteilung des Patents erfolgten Bekanntmachung (§ 27 Abs. 1) gerechnet, der Antrag unstatthaft ist, daß also die Nichtigkeitsklage, soweit sie auf § 10 Nr. 1, mangelnde Patentfähigkeit des betreffenden Gegenstandes nach §§ 1 und 2 des Gesetzes (vergl. die Erläuterungen zu diesen Paragraphen), gestützt werden will, in fünf Jahren verjährt, dieselbe ist ebenfalls in das vorliegende Gesetz neu aufgenommen worden und wird in den Motiven des Gesetzes zu ihrer Rechtfertigung bemerkt, u. a. „daß dadurch verhütet werden soll, daß das Patent, welches oft ein bedeutendes Vermögensobjekt darstellt und die Grundlage für große wirthschaftliche Unternehmungen und Werthe bildet, während unbegrenzter Zeit der Prüfung auf die wechselnde Beurteilung der Patentfähigkeit ausgesetzt bleibt."

5. Die Bestimmung in Absatz 4, daß in dem schriftlich beim Patentamt einzureichenden Antrag die Thatsachen, auf welche er gestützt wird, anzugeben sind, ist nicht dahin zu verstehen, daß in Ermangelung einer für hinreichend erachteten thatsächlichen Begründung des Antrags derselbe a limine zurückgewiesen werden könnte, vielmehr muß das Nichtigkeits- 2c. Verfahren ohne Rücksicht auf diese Frage unter allen Umständen eingeleitet werden, da eine Ergänzung des thatsächlichen Materials, das zur Begründung des betreffenden Antrags dienen soll, im Laufe des Verfahrens stattfinden kann.

6. Neu ist die weitere Vorschrift in Absatz 4, daß mit dem Antrag eine Gebühr von fünfzig Mark zu zahlen ist und der Antrag als nicht gestellt gilt, wenn die Zahlung nicht erfolgt. Wenn es aber zu dem wesentlichen Teile der Verhandlungen vor der Nichtigkeitsabteilung, nämlich der mündlichen Anhörung der Parteien, nicht kommt, sei es weil die Nichtigkeitsklage zurückgenommen worden, oder weil der Patentinhaber auf seinem Rechte nicht besteht und deshalb dem Antrag ohne weiteres entsprochen wird, so soll die gezahlte Gebühr zurück-

erstattet werden, da in diesem Falle die Einbehaltung der Gebühr eine Härte involvieren würde.

7. Die im letzten Absatz dieses Paragraphen enthaltene Bestimmung, wonach der im Auslande wohnende Antragsteller eine Sicherheit für die Kosten des Verfahrens zu leisten hat, welche ebenfalls im vorliegenden Gesetz neu geschaffen wurde, erscheint angemessen und beruht auf der naheliegenden Erwägung, daß dem Patentinhaber in einem derartigen Falle die Gefahr droht, ohne Ersatz für die Auslagen zu bleiben, welche ihm durch die Vertretung seiner Ansprüche im Nichtigkeitsverfahren erwachsen.

Die Kostenkautionspflicht und die hierauf bezüglichen einzelnen Bestimmungen in Absatz 5 des § 28 sind den entsprechenden Bestimmungen in § 102 ff. der C. P. O. nachgebildet, beruhen auf derselben Intention und bedürfen keiner weiteren Erläuterung.

II. Rechtsprechung (des Reichsgerichts):

1. Nach dem für das Verfahren in Patentsachen (Nichtigkeitserklärung der Zurücknahme einen Patents 2c.) maßgebenden Patentgesetz und der demselben zu Grunde liegenden Absicht ist der Antrag auf Nichtigkeitserklärung nach § 10 Nr. 1 nicht von dem Vorhandensein einer Rechtsverletzung abhängig gemacht, was schon daraus zu entnehmen ist, daß im § 27 das Erfordernis eines Antrags des „Verletzten" nur für den Fall des § 10 Nr 2 (nach dem neuen Gesetz § 10 Nr. 3) aufgestellt und selbst für diesen Fall nicht eine Rechtsverletzung, sondern eine Verletzung d. h. Benachteiligung des Antragstellers zu seiner Legitimation erfordert wird. In jedem derartigen Falle, wo die Voraussetzungen der Nichtigkeitserklärung vorliegen, ist irgendwer dieselbe zu beantragen befugt, entweder eine öffentliche Behörde zur Wahrung des öffentlichen Interesses, oder eine Privatperson in ihrem Privatinteresse, und kann hiernach der Antrag auf Nichtigkeitserklärung im Falle des § 10 Nr. 1 von jedem gestellt werden, der daran ein Interesse hat (R. H. G. XXV, 46).

2. Als der „Verletzte" im Sinne des § 27 (nun § 28), der auf Grund des § 10 Nr. 2 (nun § 10 Nr. 3) zum Antrag auf Nichtigkeitserklärung berechtigt ist, ist derjenige anzusehen, welcher zum Einspruch gegen eine beantragte Patenterteilung nach § 3 des Patentgesetzes berechtigt ist, und welcher daher

auch zum Antrag auf Nichtigkeitserklärung auf Grund der obigen Bestimmungen berechtigt sein soll. Der Grund der Versagung des angemeldeten und der Vernichtung des erteilten Patents ist in beiden Fällen derselbe, die Widerrechtlichkeit des Verhaltens desjenigen, welcher das Patent angemeldet oder erlangt hat und erfolgt in beiden Fällen nur auf Verlangen desjenigen, welcher von dieser Widerrechtlichkeit betroffen worden ist 2c.

Demgemäß ist auch derjenige hierzu berechtigt, welcher vermöge der in seinem Besitze befindlichen Beschreibungen usw. oder des von ihm angewendeten Verfahrens thatsächlich über die Erfindung zu verfügen im stande, gleichsam im Besitze der Erfindung ist, also nicht nur der wahre Erfinder, sondern auch der Erfindungsbesitzer (R. G. C. II, 36).

3. Das Patentamt hat, vorbehaltlich der Berufung an das Reichsgericht, darüber die Entscheidung zu treffen, ob das Patent als nichtig zu erklären sei. Dieser Auffassung steht der § 261 Abs. 1 der Strafprozeßordnung nicht entgegen und kann derselbe (welcher bestimmt, daß, wenn die Strafbarkeit einer Handlung von der Beurteilung eines bürgerlichen Rechtsverhältnisses abhängt, das Strafgericht auch über dieses nach den für das Verfahren und den Beweis in Strafsachen geltenden Vorschriften entscheidet) hier keine Anwendung finden, weil die Erteilung des Patents sich als ein rechtsbegründender Akt einer Verwaltungsbehörde darstellt, und die Frage, ob die materiellen Voraussetzungen für die Vornahme dieses Aktes vorliegen, sich der Kognition der Gerichte entzieht (R. G. St. VII, 46).

Nachtrag:

Entscheidungen des Reichsgerichts und des Patentamts (mitgeteilt im Patentblatt und im Blatt für Patent-, Muster- und Zeichenwesen).

1. Das über das Vermögen des Nichtigkeitsklägers eröffnete Konkursverfahren hat keinen Einfluß auf die anhängige Streitsache wegen Vernichtung eines Patents (Entsch. v. 17./6. 93 P. B. 1894, Nr. 1, S. 12).

2. Verzicht des Beklagten auf einen mit der Nichtigkeitsklage angefochtenen Patentanspruch macht diese nicht gegenstandslos. Anerkenntnis der Nichtigkeit seitens des Beklagten

ist an sich kein Nichtigkeitsgrund. (Entsch. d. P. A. v. 14./2. 95. B. f. B. M. u. Z. I, S. 247).

3. Die Frist des § 28. Abs. 3 und des Art. II des P. G. ist nicht gewahrt, wenn der Nichtigkeitsantrag innerhalb der Frist eingegangen, die Gebühr aber erst nach ihrem Ablauf gezahlt worden ist. (Entsch. d. P. A. v. 10./1. 95. B. f. P. M. u. Z. I, S. 223—24).

4. Die Vorschrift, daß der Nichtigkeitsantrag die Thatsachen angeben muß, auf die er gestützt wird, ist befehlend und wird durch einen diese Angaben ermangelnden Antrag die Frist des § 28 Abs. 3 des P. G. nicht gewahrt. Die Behauptung der mangelnden Neuheit genügt nicht hierzu. (Entsch. d. P. A. v. 14./2. 95. B. f. P. M. u. Z. I, S. 246—47).

5. Für die Sicherstellung bezüglich der Prozeßkosten ist im Patentnichtigkeitsstreite lediglich § 28 Abs. 5 des Patentgesetzes und nicht § 102 Abs. 1. der C. P. O. maßgebend. (Entsch. v. 21./12. 95. B. f. P. M. u. Z. II, S. 111—12).

§ 29.

Nachdem die Einleitung des Verfahrens verfügt ist, fordert das Patentamt den Patentinhaber unter Mitteilung des Antrags auf, sich über denselben innerhalb eines Monats zu erklären.

Erklärt der Patentinhaber sich binnen der Frist nicht, so kann ohne Ladung und Anhörung der Beteiligten sofort nach dem Antrag entschieden und bei dieser Entscheidung jede von dem Antragsteller behauptete Thatsache für erwiesen angenommen werden.

Anmerkungen:

1. Der Absatz 1 dieses Paragraphen schreibt vor, daß zunächst von der Nichtigkeitsabteilung nach Einlangung eines Antrags auf Nichtigkeitserklärung oder Zurücknahme eine besondere Verfügung zum Zweck der Einleitung des Verfahrens also gewissermaßen ein Eröffnungsbeschluß erlassen werden soll (vergl. Anm. 1 zu § 28).

Mit diesem Einleitungsbeschluß soll zugleich dem Patentinhaber die Aufforderung zur Erklärung über den gestellten Antrag binnen Monatsfrist zugehen und dabei demselben der

Rechtsnachteil, welcher ihn im Falle der Nichterklärung innerhalb dieser Frist trifft, angedroht werden.

Bezüglich der Fristbestimmung vergl. auch die Anm. 6 zu § 26 und ist hierzu noch zu bemerken, daß eine Wiedereinsetzung in den vorigen Stand wegen Versäumung dieser Frist nicht zulässig ist, ebensowenig wie bei allen übrigen Fristbestimmungen in dem vorliegenden Gesetze.

2. Die von dem Patentinhaber in Gemäßheit dieses Paragraphen abzugebende Erklärung auf Klage ist ebenfalls schriftlich bei dem Patentamte einzureichen von dem Patentinhaber selbst oder seinem ständigen Vertreter oder einem hierzu Bevollmächtigten, auch einem öffentlichen Anwalt 2c.

3. Wenn der Patentinhaber zwar eine Erklärung abgibt, darin aber dem gestellten Antrage auf Nichtigkeitserklärung oder Zurücknahme des Patents nicht widerspricht, oder wenn derselbe sich innerhalb der bestimmten Frist gar nicht auf die Klage erklärt, dann kann die Nichtigkeitsabteilung ohne weitere mündliche kontradiktorische Verhandlung sowie ohne Beweiserhebungen sofort in Gemäßheit der in Absatz 2 gegebenen Vorschrift nach dem gestellten Antrage entscheiden, d. h. eine Art Kontumazialverfahren einleiten, die von dem Antragsteller behaupteten Thatsachen ohne weiteres für zugestanden erachten und demgemäß dem gestellten Antrage stattgeben.

Dieses Kontumazialverfahren ist jedoch nicht mit dem der Civilprozeß-Ordnung (§ 296) auf gleiche Linie zu stellen; denn die Nichtigkeitsabteilung „kann", muß aber nicht das vom Patentinhaber unwidersprochen gebliebene, thatsächliche Vorbringen des Antragstellers für stillschweigend zugestanden und wahr annehmen, sondern sie kann trotz der Versäumnis der Erklärungsfrist von seiten des Patentinhabers mündliche Verhandlung über den Antrag, d. h. Anhörung der Beteiligten und Beweiserhebungen 2c. anordnen. Auf der anderen Seite bedarf es aber auch keines Kontumazialantrags und überhaupt keinerlei weiteren Verhandlungen, sondern die Abteilung kann ohne alles weitere die Nichtigkeit oder die Androhung der Zurücknahme des Patents aussprechen.

Das Verfahren des Patentamtes in diesem Falle wird mehr durch Gründe der Zweckmäßigkeit sowie durch die Anforderungen des öffentlichen Wohls, namentlich in Fällen der beantragten Zurücknahme, geleitet und können daher die strengeren Regeln des bürgerlichen Prozesses hierfür nicht maßgebend sein.

§ 30.

Widerspricht der Patentinhaber rechtzeitig oder wird im Falle des § 29 Absatz 2 nicht sofort nach dem Antrage entschieden, so trifft das Patentamt, und im ersteren Falle unter Mitteilung des Widerspruchs an den Antragsteller, die zur Aufklärung der Sache erforderlichen Verfügungen. Es kann die Vernehmung von Zeugen und Sachverständigen anordnen. Auf dieselben finden die Vorschriften der Civilprozeßordnung entsprechende Anwendung. Die Beweisverhandlungen sind unter Zuziehung eines beeidigten Protokollführers aufzunehmen.

Die Entscheidung erfolgt nach Ladung und Anhörung der Beteiligten.

Wird die Zurücknahme des Patents auf Grund des § 11 Nr. 2 beantragt, so muß der diesem Antrage entsprechenden Entscheidung eine Androhung der Zurücknahme unter Angabe von Gründen und unter Festsetzung einer angemessenen Frist vorausgehen.

I. Anmerkungen:

1. In diesem Paragraphen wird das Verfahren, welches die Nichtigkeitsabteilung im Falle des rechtzeitigen Widerspruchs von seiten des Patentinhabers oder, wenn dieselbe nicht in Gemäßheit des § 29 Absatz 2 im Kontumazialverfahren sofort nach dem Antrage entschieden hat, einzuhalten hat, näher normiert und namentlich obligatorisch bestimmt, daß der Entscheidung über die Anträge auf Nichtigkeitserklärung oder Zurücknahme eines Patents in diesem Falle des Widerspruchs unter allen Umständen eine mündliche, kontradiktorische Verhandlung vor der Abteilung (d. h. die Ladung und Anhörung der Beteiligten) vorausgehen muß. Die Oeffentlichkeit der Verhandlungen ist dagegen nicht vorgeschrieben, findet auch nicht statt und würde eventuell nur den Interessen der an der Sache Beteiligten widerstreiten.

2. Gegen Beschlüsse (zum Unterschied von Entscheidungen)

der Nichtigkeitsabteilung, z. B. auf einfache Zurückweisung eines Antrags auf Nichtigkeitserklärung ꝛc., über die Einleitung des Verfahrens, sowie über prozeßleitende Anordnungen ꝛc. ist nach § 16 dieses Gesetzes Beschwerde formell jederzeit, d. h. ohne Fristbeschränkung, materiell aber nur so lange möglich, als nicht ein unangefochtener zweiter Beschluß oder eine Entscheidung darauf erfolgt, d. h. so lange noch ein praktischer Erfolg damit erzielt werden kann.

Diese Beschwerde geht an eine besondere Beschwerdeabteilung und darf bei der Entscheidung hierüber kein Mitglied der Nichtigkeitsabteilung, das an dem angefochtenen Beschluß teilgenommen, mitwirken.

3. In dem zur Verhandlung über den Antrag angesetzten Termine sind die etwa erschienenen Beteiligten zu hören mit ihren Anträgen, über die nötigenfalls kontradiktorisch zu verhandeln ist, die geladenen Zeugen und Sachverständigen zu vernehmen und über die Beweisaufnahmen von einem beeidigten Protokollführer ein vorschriftsmäßiges Protokoll aufzunehmen.

4. Für die Beweisaufnahmen durch Vernehmung von Zeugen und Sachverständigen sind die entsprechenden Bestimmungen der Civilprozeßordnung (in §§ 340 bis 379) maßgebend und finden hierauf entsprechende Anwendung, z. B. was die Pflicht zur Zeugnisablegung, das Recht zur Zeugnisverweigerung, die Ladung, die Art und Weise der Vernehmung, sowie die Beeidung der Zeugen ꝛc. betrifft, ebenso auch in Bezug auf Nebenintervention, Rechtshängigkeit, Klagenänderung, Erweiterung der Klage, Veräußerung des Streitgegenstandes, Aussetzung und Wiederaufnahme des Verfahrens.

5. Das Gesetz schreibt nur die Ladung und Anhörung der Beteiligten vor, in dem Sinne, daß denselben Gelegenheit und die Möglichkeit gegeben wird, ihre Anträge mündlich zu stellen und zu begründen und sich über die gegnerischen Anträge zu äußern, und kann somit der Umstand, daß sie hiervon etwa keinen Gebrauch machen, d. h. entweder in dem Verhandlungstermin überhaupt nicht erscheinen oder darin keine Erklärung abgeben sollten, nicht hindern, daß die Nichtigkeitsabteilung auch ohne solche Erklärung ihre Entscheidung erteilt. Im übrigen erläßt das Patentamt hier wie überall seine Entscheidungen nach freiem Ermessen und unter freier Beweiswürdigung.

6. Es sind in diesem Verfahren alle Beweismittel zulässig, wie im Civilprozeß, mit Ausnahme des Parteieides, und beruht der Ausschluß des letzteren Beweismittels auf der Erwägung, daß in dergleichen Streitsachen die Beteiligten sehr leicht und unbewußt einseitigen Auffassungen ausgesetzt sind, deren eidliche Bekräftigung zur Klärung der Sachlage nicht beitragen kann.

7. Bezüglich der Bestimmung des Absatz 3, daß im Falle des § 11 Absatz 2 der Entscheidung eine Androhung der Zurücknahme unter Festsetzung einer angemessenen Frist vorausgehen müsse, (vergl. die Erläuterungen zu § 11 Absatz 2 insbesondere Anmerk. 11 und 12 zu § 11), und ist hierbei insbesondere der Fall vorgesehen, daß über die Höhe der Entschädigung und die Bedingungen der Lizenzerteilung oder über den Umfang der Benutzung des Patents zwischen dem Patentinhaber und dem Lizenz-Beanspruchenden Meinungsverschiedenheiten bestehen. In einem solchen Falle würde es aber ungerechtfertigt sein wenn das Patentamt auf Zurücknahme des Patents entschiede, ohne diese Entscheidung dem Inhaber vorher angedroht zu haben.

II. Rechtsgrundsätze aus der Rechtsprechung des Patentamtes:

1. Der Parteieid ist in Patentsachen ein unzulässiges Beweismittel.

Dem Patentamte steht in Nichtigkeitssachen eine freie, von den Parteianträgen unabhängige Beurteilung zu.

2. Wird ein Hauptpatent für nichtig erklärt, so bedingt dies nicht ohne weiteres die Nichtigkeit eines Zusatzpatents, sondern nur in dem Falle, wenn die darin enthaltenen angeblichen Neuerungen und Verbesserungen ebenfalls der Neuheit entbehren. Es wird in diesem Falle zu einem gebührenpflichtigen selbständigen Patente.

Nachtrag:
(Entsch. des Reichsgerichts, mitgeteilt im Patentblatt u. Blatt für Patent-, Muster- u. Zeichenwesen).

1. Im Nichtigkeitsverfahren ist eine Prüfung auch in der Richtung statthaft und von Bedeutung, ob der Anmeldetag richtig festgesetzt ist. (Entsch. v. 22./4. 96. B. f. P. M. u. Z. II, S. 240).

2. Derjenige, der unter Vorschiebung eines Dritten als Kläger in Wahrheit die Nichtigkeitsklage betreibt, kann nicht als Zeuge vernommen werden. (Entsch. v. 26./6. 95. B. f. P. M. u. Z. I, S. 285—86).

3. Das Nichtigkeitsverfahren hat nicht die Aufgabe, Entscheidungen oder auch nur Erwägungen auszusprechen, welche den ordentlichen Gerichten und der Industrie als Richtschnur dienen könnten; in dem Nichtigkeitsverfahren sind nur diejenigen Anordnungen zu treffen, welche durch den Nachweis der gänzlichen oder teilweisen Nichtigkeit eines angefochtenen Patentes bedingt werden. (Entsch. v. 9./5. 92. P. B. 1892. Nr. 43, S. 611—17).

§ 31.

In der Entscheidung (§§ 29, 30) hat das Patentamt nach freiem Ermessen zu bestimmen, zu welchem Anteil die Kosten des Verfahrens den Beteiligten zur Last fallen.

I. Anmerkungen:

1. Nach dem früheren Patentgesetze hatte derjenige, welcher einen Antrag auf Nichtigkeitserklärung oder Zurücknahme eines Patents stellte, vor Einleitung des Verfahrens einen Kostenvorschuß nicht zu leisten, doch hat derselbe nun nach dem neuen Gesetz mit dem Antrag eine Gebühr von fünfzig Mark zu zahlen (vergl. § 28 Abs. 4) Durch diese Neuerung ist indessen nichts an dem in diesem Paragraphen ausgesprochenen Grundsatze, daß die Beteiligten zur Kostentragung in dem von dem Patentamte ꝛc. für billig erachteten Verhältnisse herangezogen werden sollen, geändert worden.

Die Aufstellung bestimmter Grundsätze über die Verpflichtung zur Kostentragung ist absichtlich in dem Gesetze unterlassen worden, weil die in Betracht kommenden Verhältnisse sich zu verschiedenartig gestalten können. Eigentliche Prozeßgebühren werden in Patentstreitsachen nicht erhoben. Die Festsetzung der außergerichtlichen Kosten zu Lasten des unterliegenden Teils erfolgen gemäß den Bestimmungen der C. P. O. Die Zustellung des betr. Beschlusses erfolgt von Amtswegen und ist derselbe mit Beschwerde innerhalb 14 Tagen anfechtbar.

2. Zu den Kosten des Verfahrens sind insbesondere auch

die durch die Vernehmung von Zeugen und Sachverständigen entstandenen zu rechnen.

3. Die Kosten können von dem Beteiligten, der zur Kostentragung verurteilt worden ist, im Wege der Zwangsvollstreckung beigetrieben werden und haben hierbei die Gerichte eventuell in Gemäßheit des § 33 Rechtshilfe zu leisten, welche auch zu den Kostenfestsetzungsbeschlüssen die Vollstreckungsklausel zu erteilen haben.

II. Rechtsprechung (des Reichsgerichts):

Der Grundsatz, daß wegen des Kostenpunktes allein Berufung nicht statthaft sei, gilt auch für das Verfahren in Patentsachen. (R. G. C. VI, 98.)

§ 32.

Die Gerichte sind verpflichtet, dem Patentamte Rechtshilfe zu leisten. Die Festsetzung einer Strafe gegen Zeugen und Sachverständige, welche nicht erscheinen oder ihre Aussage oder deren Beeidigung verweigern, sowie die Vorführung eines nicht erschienenen Zeugen erfolgt auf Ersuchen durch die Gerichte.

I. Anmerkungen:

Die Formen und das Verfahren, nach welchen von den ordentlichen Gerichten in Patentsachen auf Ersuchen des Patentamtes Rechtshilfe zu leisten ist, richten sich nach den einschlägigen Bestimmungen des Gerichtsverfassungsgesetzes vom 20. Dezember 1876 Titel XIII §§ 157 bis 169, welche hierfür als maßgebend erklärt sind.

II. Rechtsprechung (des Reichsgerichts):

Die Amtsgerichte sind verpflichtet, auf Ersuchen des K. Patentamtes demselben auch insofern Rechtshülfe zu gewähren, als sie Ausfertigungen der Beschlüsse, durch welche die dem unterliegenden Teile auferlegten Kosten festgesetzt worden, mit der Vollstreckungsklausel zu versehen haben. (cf. Note 3 zu § 31). (Entsch. d. R. G. v. 19./9. 94. B. f. P. M. u. Z. I, S. 15—16).

§ 33.

Gegen die Entscheidung des Patentamts (§§ 29

30) ist die Berufung zulässig. Die Berufung geht ans Reichsgericht. Sie ist binnen sechs Wochen nach der Zustellung bei dem Patentamt schriftlich anzumelden und zu begründen.

Durch das Urteil des Gerichtshofs ist nach Maßgabe des § 31 auch über die Kosten des Verfahrens zu bestimmen.

Im übrigen wird das Verfahren vor dem Gerichtshof durch ein Regulativ bestimmt, welches von dem Gerichtshof zu entwerfen ist und durch Kaiserliche Verordnung unter Zustimmung des Bundesrats festgestellt wird.

I. Anmerkungen:

1. Unter den Entscheidungen des Patentamts, die auf Grund der §§ 29 und 30 gefällt sind, gegen welche die Berufung ans Reichsgericht allein zulässig ist, sind also nur die Endentscheidungen der Nichtigkeitsabteilung, als der sogen. gerichtlichen Abteilung des Patentamts, zu verstehen. Gegen Beschlüsse ist selbstverständlich Berufung nicht statthaft, sondern nur die Beschwerde nach Maßgabe des § 16 (vergl. Anmerk. 2 zu § 30).

2. Bezüglich des Verfahrens in der Berufungsinstanz vor dem Reichsgericht enthält das Gesetz nur die Bestimmung über die Frist, innerhalb welcher die Berufung einzulegen und zu begründen ist. Die Einlegung der Berufung hat Suspensiveffekt. Im übrigen wird dieses Verfahren 2c. durch das in Gemäßheit der Vorschrift des Absatzes 3 dieses Paragraphen im Verordnungswege erlassene Regulativ bestimmt, nämlich durch die Verordnung betr. das Berufungsverfahren in Patentsachen beim Reichsgericht vom 6. Dezember 1891 (siehe unten).

3. In Absatz 2 dieses Paragraphen wird noch besonders vorgeschrieben, daß das Reichsgericht durch das in der Berufungsinstanz erlassene Urteil auch über die Kosten befinden soll, und zwar nach Maßgabe des § 31. (Vergl. die Anmerk. zu § 31).

II. Rechtsprechung (des Reichsgerichts):

1. Das in der deutschen Civilprozeßordnung angenommene Prinzip, daß die Entscheidung über den Kostenpunkt für sich

allein nicht Gegenstand der Berufung sein könne, muß auch für Berufungen in Patentsachen gelten und hat sich das Patentgesetz nicht von diesem Prinzip entfernt und dies um so weniger, als dieses Gesetz sichtlich bestrebt ist, das Verfahren in Patentsachen mit den allgemeinen Bestimmungen der Civilprozeßordnung möglichst in Uebereinstimmung zu bringen (R. G. C. VI, 98).

2. Die Frist zur Einlegung der Berufung wird durch Einwerfen der Berufungsschrift in den Briefkasten des Patentamtes nur dann gewahrt, wenn dieselbe innerhalb der Frist durch Eröffnung des Briefkastens in den Besitz des Patentamts gelangt oder wenigstens Berufungskläger darauf rechnen kann, daß sie bei regelmäßiger Geschäftsbehandlung innerhalb der Frist in den Besitz des Patentamtes gelangen werde (R. G. C. I, 155).

Nachtrag:

Entscheidungen des Reichsgerichts.

1. Berufungsanträge, welche nach Ablauf der Berufungsfrist gestellt werden, können im Nichtigkeitsverfahren keine Berücksichtigung finden. Erweiterung der Anträge, wie sie die C. P. O. kennt, ist unzulässig. (Entsch v. 25./9. 93, P. B. 1893, Nr. 44 S. 587—89)

2. Im Nichtigkeitsverfahren ist diejenige Partei, zu deren Gunsten die Entscheidung des Patentamtes lautet, zur Einlegung der Berufung **nicht** berechtigt. (Entsch. v. 13./3. 97, B. f. P. M. u. Z. III, S. 117.)

3. Im Patentnichtigkeitsverfahren ist die Rechtswirksamkeit der Einlegung und Zurücknahme der Berufung nicht von der Zustellung an den Gegner abhängig. Anschlußberufung ist hier nicht vorgesehen. Der Vertreter bedarf im Nichtigkeitsverfahren einer Spezialvollmacht zum Verzicht auf ein Rechtsmittel nicht. (Entsch. v. 24./3. 97, B. f. P. M. u Z. III, S. 147.)

§ 34.

In Betreff der Geschäftssprache vor dem Patentamte finden die Bestimmungen des Gerichtsverfassungsgesetzes über die Gerichtssprache entsprechende Anwendung. Eingaben, welche nicht in deutscher Sprache abgefaßt sind, werden nicht berücksichtigt.

Anmerkungen:

Es gilt nach den Bestimmungen dieses Paragraphen im allgemeinen der Grundsatz, daß die Geschäftssprache bei dem Patentamte, wie bei den ordentlichen Gerichten, die deutsche ist, daß somit alle an diese Behörde zu richtenden Eingaben notwendig bei Meidung der Nichtberücksichtigung in deutscher Sprache abgefaßt sein müssen. Welche Eingaben hierunter zu verstehen sind, ergibt sich aus dem Inhalte des Gesetzes.

Die auch für das Verfahren in Patentsachen für anwendbar erklärten Bestimmungen des Gerichtsverfassungsgesetzes finden sich dort in Titel XV §§ 186—193, sowie in § 12 des dazu gehörigen Einführungsgesetzes.

Hiernach soll u. a. bei Verhandlungen mit Personen, welche der deutschen Sprache nicht mächtig sind, nötigenfalls ein Dolmetscher hinzugezogen werden.

Vierter Abschnitt.

Strafen und Entschädigungen.

§ 35.

Wer wissentlich oder aus grober Fahrlässigkeit den Bestimmungen der §§ 4 und 5 zuwider eine Erfindung in Benutzung nimmt, ist dem Verletzten zur Entschädigung verpflichtet.

Handelt es sich um eine Erfindung, welche ein Verfahren zur Herstellung eines neuen Stoffes zum Gegenstande hat, so gilt bis zum Beweise des Gegenteils jeder Stoff von gleicher Beschaffenheit als nach dem patentierten Verfahren hergestellt.

I. Anmerkungen:

1. Für den civilrechtlichen Anspruch auf Entschädigung wegen Patentverletzung ist nun eine Verletzung aus grober Fahrlässigkeit der wissentlichen Verletzung gleichgestellt worden, während die strafrechtliche Verantwortlichkeit (§ 36) Wissentlichkeit voraussetzt.

Die Civilklage auf Entschädigung erfordert Patent-Verletzung, Wissentlichkeit oder grobe Fahrlässigkeit auf Seiten des Verletzenden, sowie ein hierdurch entstandener Schaden. Jeder andere Grad einer schuldhaften Nachlässigkeit ist ausgeschlossen.

2. Thatsächlicher Irrtum bezüglich des Patents oder seines Inhaltes in wesentlichen Punkten schließt die Wissentlichkeit aus. Das Bewußtsein der Möglichkeit, daß die Handlung ein Patent verletze (dolus eventualis) wird der Wissentlichkeit gleichgestellt und als vorsätzliche Patentverletzung betrachtet. Wann grobe Fahrlässigkeit vorliegt, ist Thatfrage d. h. kommt auf die Umstände an; sie liegt vor, wenn die Aufmerksamkeit eines ordentlichen Geschäftsmannes gröblich verletzt worden; jedoch ist eine allgemeine Verpflichtung, sich über das Bestehen eines Patentschutzes zu verlässigen, nicht anzuerkennen und kann auch aus der öffentlichen Bekanntmachung der Patenterteilung nicht ohne weiteres gefolgert werden, daß eine Patentverletzung in bewußter Weise begangen worden sei.

Die Wissentlichkeit der Patentverletzung setzt voraus, daß der Betreffende nicht nur Kenntnis von dem Patente 2c., sondern auch das Bewußtsein gehabt, daß die verletzende Handlung dem bestehenden Patentrechte widerstreitet.

3. Ein Schaden muß entstanden sein und ist ein solcher vom Gericht unter Würdigung aller Umstände nach seiner freien Ueberzeugung zu schätzen und kann eventuell durch Eid des Verletzten gemäß § 260 der C. P. O. festgestellt werden. Aller Schaden ist zu ersetzen, der positive wie auch der entgangene Gewinn.

4. „eine Erfindung in Benutzung nimmt". Was hierunter zu verstehen ist, ergibt sich aus § 4 des Gesetzes, d. h. alle Befugnisse, welche hiernach dem Patentinhaber ausschließlich zustehen, dürfen nicht wider den Willen desselben von einem anderen ausgeübt werden (vergl. § 4 und die Anmerkungen 1—6 hierzu). Auch die Verletzung einer nach § 23 Absatz 1 provisorisch geschützten, angemeldeten (aber noch nicht patentierten) Erfindung ist als Patentverletzung im Sinne dieses Paragraphen zu betrachten und macht unter der Voraussetzung, daß die betreffende Anmeldung zur Erteilung eines Patents geführt hat, entschädigungspflichtig (vgl. Anm. 2 zu § 23). Ein wegen einer solchen Patentverletzung anhängig gemachter Rechtsstreit (auch Strafprozeß) muß daher so lange

ausgesetzt bleiben, bis über die Erteilung oder Versagung des Patentes von dem Patentamte definitiv entschieden worden ist.

Vollendet ist die Verletzung eines Patents, sobald der Gegenstand der Erfindung widerrechtlich gewerbsmäßig hergestellt, feilgehalten, verkauft oder benutzt worden ist, und genügt schon die Herstellung eines Exemplars, wenn sie in der Absicht gewerbsmäßiger Vertreibung erfolgt ist (vgl. Anmerkungen zu § 4). Herstellung eines Teils der widerrechtlichen Nachbildung des patentierten Gegenstandes kann nur als strafrechtlicher Versuch betrachtet werden und macht nicht schadenersatzpflichtig (auch nicht strafbar).

5. Wird in einem Civilprozeß (oder Strafverfahren) wegen Patentverletzung der Einrede die Nichtigkeit des Patents vom Beklagten geltend gemacht, so hat der Richter diesen Einwand zu berücksichtigen, darf aber nicht selbständig darüber erkennen, sondern muß das Verfahren auf Antrag (unter Umständen auch von Amtswegen) so lange aussetzen, bis das Patentamt hierüber entschieden, und dem Beklagten hierzu eine angemessene Frist bestimmen (vgl. Anm. 8 zu § 10).

6. Der Anspruch auf Entschädigung geht auf die Erben des Verletzten (aktiv) vollständig wie jeder andere vermögensrechtliche Anspruch über, auf die Erben des Patentverletzers (passiv) dagegen nur insoweit über, als die Erbschaft reicht.

Dieser Anspruch kann nur im Wege des Civilprozesses nicht durch Adhäsion im Strafverfahren, abgesehen von dem Antrag auf Zuerkennung einer Buße, welcher jeden weiteren Entschädigungsanspruch ausschließt (vgl. § 37), geltend gemacht werden. Für die Competenz der Gerichte gelten die einschlägigen Bestimmungen der C. P. O. (§ 12 ff).

Der Kläger ist selbstverständlich beweispflichtig. Zur Klage ist nur der Patentinhaber sowie der ausschließlich Nutzungsberechtigte, nicht aber der Lizenzträger berechtigt.

7. Der Absatz 2 dieses Paragraphen, welcher die Rechtsvermutung aufstellt, daß bei einer Erfindung, welche ein Verfahren zur Herstellung eines neuen Stoffes zum Gegenstande hat, bis zum Beweise des Gegenteils jeder Stoff von gleicher Beschaffenheit als nach dem patentierten Verfahren hergestellt gelten solle, hat lediglich Bedeutung für die chemische Industrie. In einem solchen Falle hat Kläger nur nachzuweisen, daß der Stoff von der gleichen Beschaffenheit sei, wie der durch sein patentiertes Verfahren hergestellte; Beklagter im Wege des

Gegenbeweises darzuthun, daß er ein anderes Verfahren angewendet habe.

Diese Bestimmung bezweckt in erster Linie den Schutz der inländischen chemischen Industrie gegen die unlautere Konkurrenz von chemischen Fabriken des Auslandes.

II. Rechtsprechung (des Reichsgerichts):

1. Vorsätzliche Patentverletzung d. h. wissentliches Zuwiderhandeln gegen die Bestimmungen des § 4 des Patentgesetzes setzt Kenntnis von dem Vorhandensein des Patentschutzes, von der Identität des widerrechtlich benutzten Gegenstandes mit dem patentierten, sowie von dem Mangel jeder Erlaubnis des Patentinhabers voraus. (R. G. St. X, 104.)

2. Da nur die Erlaubnis des Patentinhabers das gewerbsmäßige Herstellen 2c. der patentierten Erfindung zu einem berechtigten macht, so muß derjenige, der wissentlich dem § 4 Abs. 1 zuwider eine Erfindung in Benutzung genommen d. h. ausgebeutet haben soll, gewußt haben, daß die Erfindung einem Dritten patentiert sei 2c. und daß er, der Gebrauchende, nicht die Zustimmung des Berechtigten besitze (also im wesentlichen mit der Entscheidung unter 1 übereinstimmend. (R. G. St. IV, 7.)

3. Die Entschädigungspflicht des § 34 des Patentgesetzes (nun § 35 des neuen Gesetzes vom 7. April 1891) trifft auch die offene Handelsgesellschaft, wenn die Patentverletzung von einem zu ihrer Vertretung befugten Gesellschafter in der Geschäftsführung wissentlich begangen ist. (R. G. C. XV, 26.)

4. Unter den Passiven des Handelsgeschäfts, welche dessen Erwerber gegen die Gläubiger zu übernehmen erklärt, sind auch die Ersatzverpflichtungen für im Geschäftsbetriebe vom Veräußerer begangene außerkontraktliche Verletzungen (z. B. aus Patentverletzungen) begriffen. (R. G. C. XV, 26.)

5. Für Entschädigungsklagen aus Patentverletzungen ist dasjenige Gericht nach § 32 der C. P. O., der die Kompetenz für Klagen aus unerlaubten Handlungen bestimmt, zuständig, in dessen Bezirk die das Patentrecht des Klägers zufolge seiner Behauptung verletzenden Handlungen in Ausführung des Vertrags begangen sind, welche als Ursache des ihm angeblich erwachsenen Schadens erscheinen. (R. G. C. XIII, 117.)

6. Wer eine patentierte Erfindung unberechtigt benutzt, ist dem Patentinhaber, welcher gegen ihn auf Einstellung der Benutzung und Entschädigung klagt, auch für die während des

Prozesses fortgesetzte Benutzung nur dann entschädigungspflichtig, wenn er dabei das Patent wissentlich verletzt hat. (R. G. E. XXI, 13.)

7. Die abwehrende Klage des Patentinhabers (auch wegen wissentlicher Verletzung der Bestimmungen der §§ 4 und 5 des Patentgesetzes) ist so wenig wie die negatorische Klage aus dem Eigentum eine Klage aus einer unerlaubten Handlung und daher der Gerichtsstand des § 32 der C. P. O. dafür nicht begründet. (R. G. E. XXIV, 85.)

Nachtrag:
Entscheidungen des Reichsgerichts
(mitgeteilt im Patentblatt und in dem Blatt für Patent-, Muster- und Zeichenwesen):

1. Bei Feststellung von Patentrechtsverletzungen ist zu prüfen, welche Erfindung durch die Erteilung des Patents als neu anerkannt und unter Schutz gestellt ist. Entscheidend ist, ob die Abweichungen der Maschine, durch welche die Rechtsverletzung begangen sein soll, das durch das Patent geschützte Wesen der Erfindung oder nur Punkte betreffen, in welchen der nach Inhalt des Patentes in der Konstruktion der Maschine verkörperte Erfindungsgedanke nicht zum Ausdruck gelangt. (Entsch. v. 29./3. 92, P. B. 1892, Nr. 23 S. 346–48.)

2. Die Herstellung einzelner an sich nicht geschützter Teile einer patentierten Vorrichtung enthält eine Patentverletzung, wenn der Hersteller der Teile den zur Benutzung der Vorrichtung nicht berechtigten Besteller derselben in den Glauben versetzt hat, daß er das Recht zur Herstellung der ganzen Vorrichtung erworben habe. (Entsch. v. 15./11. 90, P. B. 1891, Nr. 2 S. 20—24.)

3. Ein Kombinationspatent ist als verletzt zu erachten, auch wenn einzelne Teile der geschützten Gesammteinrichtung durch andere in der Technik als gleichwertig bekannte Mittel ersetzt sind. (Entsch. v. 4./7. 91, P. B. 1891, Nr. 33 S. 426—28.)

4. Die Möglichkeit eines durch Verletzung des Patentes entstehenden Nachteils rechtfertigt noch nicht den Erlaß einer einstweiligen Verfügung zum Schutze des Berechtigten. (Entsch. v. 22./1. 87, P. B. 1892, Nr. 34 S. 491—92.)

5. Das Recht, auch außerhalb des Deutschen Reiches ein Verfahren ausschließlich anzuwenden, kann das deutsche Patentamt Niemand verleihen. Deshalb ist jeder, er sei Deutscher

oder Ausländer, befugt, außerhalb der Grenzen des Deutschen Reichs ein im deutschen Reiche patentiertes Verfahren anzuwenden und das dort hergestellte Produkt im Ausland zu vertreiben, wenn er nur nicht durch ein für das Land der Herstellung und des Vertriebs von der zuständigen Behörde dieses Landes erteiltes Patent daran behindert wird. (Entsch. v. 15./10. 92, P. B. 1892, Nr. 51 S. 754—56.)

6. Die Thatsache, daß ein patentierter Gegenstand mittelbar auf Veranlassung des Patentinhabers gewerbsmäßig von einem dazu an sich nicht Berechtigten hergestellt worden ist (auf die Probe stellen), schließt den Vorwurf der Patentverletzung gegen den Letzteren nicht aus. (Entsch. v. 17./12. 92, P. B. 1893, Nr 4 S. 61—62.)

7. Die Patentverletzungsklage setzt voraus, daß der Beklagte das Recht des Klägers verletzt habe oder wenigstens zu verletzen beabsichtige. Das richterliche Urteil hat nicht die Bedeutung einer theoretischen Rechtsbelehrung (Feststellungsklage), vielmehr entscheidet dasselbe einen konkreten Streitfall. (Entsch. v. 5./7. 93, P. B. 1893, Nr. 37 S. 504—6.)

8. Der Gegenstand eines Patents und die notwendige Voraussetzung der Anwendung eines Patents sind nicht zu verwechseln (d. h. nicht gleichbedeutend). (Entsch. v. 15./11. 93, P. B. 1894, Nr. 3 S. 46—48.)

9. Für die fahrlässige Erwirkung einer einstweiligen Verfügung hat der Antragsteller zu haften d. h. Schadenersatz zu leisten. (Entsch. v. 24./1. 94, P. B. 1894, Nr. 13 S. 238—40.)

10. Der Erlaß einer einstweiligen Verfügung auf Grund des § 819 der C. P. O. ist eine außerordentliche Maßregel, welche bei Klagen wegen behaupteter Verletznng eines Patentes nicht schon durch die bloße Möglichkeit eines dem Patentinhaber entstehenden Nachteils gerechtfertigt wird. Die einstweilige Verfügung ist vielmehr in solchen Fällen nur dann zu erlassen, wenn glaubhaft gemacht wird, daß der Verletzende sich im bösen Glauben befindet und daß der Erlaß der einstweiligen Verfügung notwendig ist, um dem Patentinhaber den Beweis des Schadens zu sichern. (Entsch. v. 20./1. 94, P. B. 1894, Nr. 18 S. 303—6.)

11. Der Inhaber eines Patents für ein mechanisches Musikwerk (Ariston) ist nicht befugt, Kompositionen (Melodien) ohne Einwilligung des Autors zu benutzen d. h. nachzudrucken,

und dem Autor zum Schadenersatz verpflichtet ꝛc. in Gemäßheit der Bestimmungen des Gesetzes vom 11. Juni 1870. (Entsch. v. 8./6. 95, B. f. P. M. u. Z. I, S. 241—46.)

12. Die Klage aus dem Patentrecht (Negatorienklage des Patentinhabers) geht schon nach materiellem Recht immer auf Feststellung des beklagten Nichtrechtes, ist daher als Feststellungsklage zu betrachten und nicht an die Voraussetzungen des § 231 der C. P. O. gebunden.

Nur die unmittelbar nach einem patentierten Verfahren hergestellten Erzeugnisse fallen noch unter den Patentschutz. Die mit den Erzeugnissen weiter noch gewonnenen Produkte fallen dagegen ins Freie, ebenso verhält es sich mit solchen Gegenständen, die zwar ein unmittelbares Erzeugnis des geschützten Verfahrens sind, aber nicht in diesem Zustande Gegenstand des Verkehrs oder Gebrauchs sind. (Entsch. v. 31./3. 97, B. f. P. M. u. Z. III, S. 148—51.)

§ 36.

Wer wissentlich den Bestimmungen der §§ 4 und 5 zuwider eine Erfindung in Benutzung nimmt, wird mit Geldstrafe bis zu fünftausend Mark oder mit Gefängnis bis zu einem Jahre bestraft.

Die Strafverfolgung tritt nur auf Antrag ein. Die Zurücknahme des Antrags ist zulässig.

Wird auf Strafe erkannt, so ist zugleich dem Verletzten die Befugnis zuzusprechen, die Verurteilung auf Kosten des Verurteilten öffentlich bekannt zu machen. Die Art der Bekanntmachung, sowie die Frist zu derselben ist im Urteil zu bestimmen.

I. Anmerkungen.

1. Die Ausdehnung der civilrechtlichen Verantwortlichkeit für Patentverletzungen auf die Fälle von grober Fahrlässigkeit in § 35 findet, wie dort (Anmerk. 1 u. 2) bemerkt, auf die strafrechtliche Verantwortlichkeit keine Anwendung und ist es in dieser Beziehung bei der früheren Bestimmung, daß nur die wissentliche Patentverletzung strafbar sei, verblieben.

2. „Wer wissentlich — in Benutzung nimmt.“

Hiermit ist der subjektive und objektige Thatbestand des Vergehens der Patentverletzung vollständig bezeichnet. Die Begriffe „Wissentlichkeit und Inbenutzungnehmen" sind bereits zu § 35 erläutert worden (vgl. Anm. 2 und 4 zu § 35).

3. Geldstrafe bis zu 5000 *M.* Dieser Betrag ist das Strafmaximum, das niedrigste Maß der Geldstrafe sind nach allgemeinen strafrechtlichen Bestimmungen 3 *M* und gelten die letzteren auch in Ansehung einer eventuellen Verwandlung einer Geldstrafe im Unvermögensfalle in eine Freiheitsstrafe.

Die Gefängnisstrafe bis zu einem Jahre ist nur alternativ angedroht, kann nach dem Ermessen des Strafrichters für schwerere Fälle (z. B. im Falle eines Rückfalls ꝛc.) zur Anwendung kommen, aber niemals neben einer Geldstrafe erkannt werden. Der Versuch ist nicht strafbar.

4. Auch in einem Strafverfahren kann von dem Beschuldigten die Einrede der Nichtigkeit des angeblich verletzten Patents geltend gemacht werden und ist in diesem Falle ebenso wie bei einer Civilklage zu verfahren (vgl. Anm. 5 zu § 35).

5. „Die Strafverfolgung tritt nur auf Antrag ein." Auf den von dem Verletzten (oder, was gleichbedeutend, Beschädigten) zu stellenden Strafantrag finden zunächst die allgemeinen Vorschriften in §§ 61 bis 65 des St. G. B. sowie in § 414 der Strafprozeßordnung Anwendung.

Es entspricht diese Bestimmung der rechtlichen Natur des Patentrechtes, als eines Individualrechtes, als welches sich dasselbe wie alle übrigen Urheberrechte auf dem Gebiete des geistigen Eigentums darstellt, und ist daher auch die gleiche Vorschrift in allen übrigen Schutzgesetzen enthalten.

Der Strafantrag muß binnen 3 Monaten wie in allen Fällen gestellt werden, er kann nicht zurückgenommen werden, da dies im Patentgesetz nicht besonders vorgesehen ist, auch kann er bei mehreren Beschuldigten nicht geteilt werden, derselbe kann, wie bei der Civilklage nur vom Patentinhaber ꝛc. nicht vom Lizenzträger gestellt werden. Die Antragsfrist läuft von dem Tage an, an welchem der Verletzte Kenntnis von der Verletzung seines Patentrechtes und der Person des Thäters erhalten hat.

6. In Absatz 3 dieses Paragraphen wird sodann dem Verletzten noch, wie bei anderen, eine Verletzung der Person bewirkenden Vergehen (wie z. B. bei Beleidigungen, Ver-

letzungen des Zeichenrechts 2c.), das Recht der öffentlichen Bekanntmachung der Verurteilung unter denselben Modalitäten wie in diesen anderen Fällen eingeräumt. Dieses Recht findet aber nur im Strafverfahren nicht aus civilprozessualischen Urteilen statt und muß hierauf im Urteil ausdrücklich erkannt werden, andernfalls ist eine Veröffentlichung nicht zulässig. Nach Erlaß eines Strafurteils kann ein Antrag auf Bekanntmachung nicht mehr gestellt d. h. nicht nachträglich hierauf erkannt werden.

7. Wenn dies auch im vorliegenden Gesetz nicht besonders vorgeschrieben ist, so kann doch der Strafrichter auch auf Grund einer Verurteilung wegen Patentverletzung nach allgemeinen strafrechtlichen Grundsätzen, d. h. in Gemäßheit der §§ 40 und 41 des St. G. B., auf Einziehung (Konfiskation) der Gegenstände des Vergehens erkennen und zwar nicht bloß der patentwidrig hergestellten 2c. Gegenstände, sondern auch der hierzu gebrauchten Apparate u. s. w.

Eine Verpflichtung hierzu besteht aber für den Strafrichter nicht und ist im Civilprozeß eine solche Maßregel ganz ausgeschlossen.

II. Rechtsprechung (des Reichsgerichts):

1. Das Vergehen der Patentverletzung nach § 34 (nun § 36) des Patentgesetzes setzt bezüglich des subjektiven Thatbestandes Kenntnis des Thäters von dem bestehenden Patentschutze voraus; für diesen Thatbestand steht aber dem wissentlichen Jubenutzungnehmen einer patentierten Erfindung nicht gleich, wenn der Thäter sich fahrlässig durch Nichtlesen der öffentlichen Bekanntmachung des Patentamtes in Unkenntnis von der Patenterteilung erhalten hat. (R. G. St. V, 94.)

2. Im Falle des § 5 des Patentgesetzes muß der des Vergehens nach § 34 (nun § 36) des Patentgesetzes Beschuldigte, um ihm ein wissentliches Handeln (d. h. einen strafrechtlichen dolus) beimessen zu können, gewußt haben, daß die strafhindernde Voraussetzung des § 5 Abs. 1 bei ihm eintrete. Hieraus folgt, daß die gegenteilige irrige Annahme desselben in dieser Beziehung durch diesen Irrtum die wissentliche Patentverletzung seinerseits ausschließt. (R. G. St. VI, 80.)

3. Irrtum über die strafrechtliche Bedeutung der einschlägigen Bestimmungen des Patentgesetzes gibt keinen Strafausschließungsgrund ab. (R. G. St. X, 104.)

4. Dem Strafrichter steht keine Entscheidung darüber zu, ob ein Patent vom Patentamte mit Unrecht erteilt sei oder seine Gültigkeit wieder verloren habe. (R. G. St. III, 95.)

5. Nach der Nichtigkeitserklärung eines Patents können die vor derselben verübten Verletzungen des Patentanspruchs nicht mehr als solche bestraft werden (nach § 34 (nun 36) des Patentgesetzes); denn das Gesetz will das Recht des Erfinders auf die ausschließliche Benutzung seiner neuen Erfindung schützen und straft die Verletzung dieses Rechts durch wissentliche Benutzung der Erfindung seitens eines dritten Unbefugten. Steht aber durch Nichtigkeitserklärung des Patents fest, daß die Erfindung keine neue war, so steht fest, daß der Patentinhaber kein Erfinder im Sinne des Gesetzes war, daß er kein ausschließliches Recht auf die Benutzung der Erfindung hatte und daß ein Recht des Erfinders nicht verletzt ist ꝛc. (R. G. St. XIV, 66).

6. Zur Anwendung der Strafvorschrift des § 34 (nun § 36) genügt auch sogenannter dolus eventualis. Mit der Bestimmung des § 34 (36), daß nur ein wissentliches Inbenutzungnehmen einer Erfindung strafbar sein soll, sollte nur ausgeschlossen werden, daß schon fahrlässiges Verletzen eines fremden Patentrechts civil- und strafrechtliche Verantwortlichkeit begründet. Die Wissentlichkeit umfaßt dagegen auch den dolus eventualis, welcher alsdann vorliegt, wenn der Handelnde, obwohl er die Möglichkeit des rechtsverletzenden Erfolges seiner Handlung in seine Vorstellung aufgenommen hatte, die Handlung dennoch ausführt und so den rechtsverletzenden Erfolg schafft ꝛc. (R. G. St. XV, 10).

7. Der Strafantrag kann von dem Patentinhaber selbst oder durch einen Bevollmächtigten gestellt werden und beginnt die Antragsfrist mit der Kenntnis des Patentinhabers von der Verletzung seines Patentrechts, nicht aber von dem Zeitpunkte, in welchem der von ihm Bevollmächtigte Kenntnis erlangt hat. (R. G. St. VI, 43.)

8. Derjenige, welchem von dem Patentinhaber das Recht zur ausschließlichen Ausübung des Patentrechtes übertragen ist, ist im Falle einer Patentverletzung durch einen unbefugten Dritten zur Stellung des Strafantrags nach § 34 (nun 36) des Patentgesetzes berechtigt, ohne Rücksicht darauf, ob die Vorschriften des § 19 gewahrt sind, welche hierbei gar nicht in Betracht kommen können. (R. G. St. XI, 78.)

9. Der ausländische Patentinhaber, der vorschriftsmäßig einen im Inlande wohnhaften Vertreter bestellt hat, ist nicht behindert, den zur Verfolgung von Patentverletzungen erforderlichen Strafantrag persönlich oder durch einen anderweitig hierzu Bevollmächtigten zu stellen. (R. G. St. VI, 6.)

Nachtrag:

Entscheidungen des Reichsgerichts und des Patentamtes (mitgeteilt im Patentblatt und im Blatt für Patent-, Muster- und Zeichenwesen).

1. Der Strafrichter ist bei der Würdigung einer Anklage wegen Patentverletzung nicht an ein civilgerichtliches Urteil über Verletzung desselben Patents gebunden. (Entsch. v. 28./9. 93, P. B. 1894, Nr. 2 S. 22—24.)

2. In dem an die Staatsanwaltschaft gerichteten Ersuchen um Haussuchung liegt ein wirksamer Strafantrag. (Entsch. v. 1./12. 92, P. B. 1893, Nr. 5 S. 74.)

3. Für die Strafverfolgung wegen Patentverletzungen gelten die Verjährungsfristen des St. G. B.

Der Strafrichter hat sich mit dem durch ein Patent geschützten Erfindungsgedanken nicht zu beschäftigen. Für ihn gilt ein Patent so lange als bestehend, als es nicht erloschen, zurückgenommen oder für nichtig erklärt worden ist. (Entsch. v. 1./10. 94, B. f. P. M. u. Z. I, S. 225—26.)

4. Der Glaube desjenigen, welcher ein Patentrecht verletzt, an die Nichtigkeit des Letzteren, begründet Straflosigkeit nur, insoweit das Patent demnächst rechtskräftig für nichtig erklärt wird. (Entsch. v. 21./6. 97, B. f. P. M. u. Z. III, S. 173—74.)

5. Verletzer im Sinne der §§ 35 und 36 des Patentgesetzes ist nicht nur und nicht immer der, in der Patentrolle eingetragene Inhaber des Patentes, auch der Cessionar, wenn auch die Aenderung noch nicht in der Patentrolle eingetragen ist. (cf. Entsch. des R. G. St. XI, Nr. 78, oben Nr. 8) (Entsch. v. 5./7. 97, B. f. P. M. u. Z. III, S. 204—7.)

6. Wiederholte Patentverletzung kann als fortgesetztes Vergehen aufgefaßt werden mit der Folge, daß der Strafantrag rechtzeitig ist, wenn er innerhalb 3 Monate nach dem letzten Thätigkeitsakte erfolgt. (Entsch. v. 19./10. 96, B. f. P. M. u. Z. II, S. 322.)

§ 37.

Statt jeder aus diesem Gesetze entspringenden Entschädigung kann auf Verlangen des Beschädigten neben der Strafe auf eine an ihn zu erlegende Buße bis zum Betrage von zehntausend Mark erkannt werden. Für diese Buße haften die zu derselben Verurteilten als Gesammtschuldner.

Eine erkannte Buße schließt die Geltendmachung eines weiteren Entschädigungsanspruchs aus.

Anmerkungen:

1. Die Geldbuße, auf die hiernach auf Verlangen des Beschädigten statt jeder anderen Entschädigung erkannt werden kann, ist als eine, im Strafverfahren in einer Pauschalsumme liquidierte Entschädigung des Verletzten anzusehen, sie setzt unbedingt einen demselben wirklich entstandenen Schaden d. h. ein vermögensrechtliches Interesse voraus, soll nicht als eine persönliche Genugthuung für denselben (nach Art des Schmerzensgeldanspruchs) gelten und trägt somit nicht den Charakter einer Privatstrafe an sich. Hat die Patentverletzung überhaupt keinen Schaden für den Patentinhaber verursacht, sa kann wohl auf Strafe, nicht aber auf Erlegung einer Buße erkannt werden.

2. Der Strafrichter hat sonach bei der Frage, ob dem Verletzten eine Buße zuzuerkennen sei und in welcher Höhe, zunächst zu prüfen, ob überhaupt ein Schaden entstanden ist und sodann alle konkreten Umstände zu berücksichtigen, welche für die Bemessung der Größe der Buße von Belang sind, ohne indessen hierfür eine genaue Berechnung und einen strikten Nachweis der Höhe des Schadens fordern zu müssen, ohne in dieser Beziehung an bestimmte Beweisregeln gebunden zu sein. Derselbe entscheidet hiernach lediglich nach seiner freien Ueberzeugung d. h. nach seinem Ermessen unter Berücksichtigung aller Umstände des Falles über die Höhe der vom Beschuldigten an den Verletzten zu zahlenden Buße d. h. pauschalen Entschädigungssumme.

3. „neben der Strafe“. Nur wenn der Beschuldigte zur Strafe verurteilt wird, kann daneben auf Buße erkannt werden, nicht aber in dem Falle, wenn derselbe freigesprochen

wird oder das Strafverfahren ohne Urteil seine Erledigung findet.

Auch ist der Strafrichter nicht verpflichtet, dem Antrag auf Zuerkennung eine Buße zu entsprechen, er kann vielmehr unter Ablehnung dieses Verlangens den Verletzten auf den Weg des Civilprozesses verweisen.

Mit Rücksicht auf die in § 39 bestimmte Verjährungsfrist für alle Ansprüche aus Patentverletzungen muß der Beschädigte im Auge behalten, daß ihm nicht mit Zurückweisung seines Anspruchs auf Zuerkennung einer Buße im Strafverfahren infolge einer Verzögerung dieser Entscheidung am Ende sein sonst begründeter Entschädigungsanspruch überhaupt ganz verloren geht, indem er ihn alsdann auch nicht mehr im Civilwege geltend machen könnte wegen der inzwischen eingetretenen Verjährung, da diese durch das Strafverfahren nicht unterbrochen wird.

4. Von der Zahlung einer rechtskräftig zuerkannten Buße kann weder eine Begnadigung d. h. ein Straferlaß noch die strafrechtliche Verjährung befreien.

Der Anspruch auf Buße kann nicht gegen die Erben desjenigen, der das Patentrecht verletzt und sich hierdurch strafbar gemacht hat, geltend gemacht werden.

Der Verletzte kann auch auf die Buße verzichten und sich seinen civilrechtlichen Entschädigungsanspruch vorbehalten.

5. Der Antrag auf Buße kann im Laufe des Strafverfahrens jederzeit bis zum Urteil, aber noch vor Erlaß desselben, nicht aber auch noch in zweiter Instanz gestellt werden. Das Verfahren über den Antrag auf Zuerkennung einer Buße richtet sich nach den Vorschriften der Strafprozeßordnung (§ 443 ff.).

Eine bereits geleistete Entschädigung schließt die Zuerkennung einer Buße nicht aus, wohl aber umgekehrt die Buße die Entschädigung (lt. Absatz 2 dieses §).

Ersterenfalls ist die bereits gezahlte Entschädigung auf die Buße aufzurechnen.

6. Als Gesammtschuldner können nur dann mehrere, einer Patentverletzung angeklagte Personen zur Erlegung der dem Beschädigten zugesprochenen Buße verurteilt werden, wenn dieselben nach den Grundsätzen des Civilrechts dem Beschädigten ohnehin solidarisch zu haften haben, also wenn mehrere Personen ein und dieselbe Patentverletzung gemeinschaftlich be-

gangen haben und als Mitthäter, Teilnehmer, Gehilfen ꝛc. an der strafbaren Handlung zu betrachten sind.

Die Summe von 10,000 Mark darf aber vom Strafrichter auch in diesen Fällen als Buße nicht überschritten werden.

Im übrigen gelten die allgemeinen strafrechtlichen Bestimmungen des Strafgesetzbuches.

§ 38.

In bürgerlichen Rechtsstreitigkeiten, in welchen durch Klage oder Widerklage ein Anspruch auf Grund der Bestimmungen dieses Gesetzes geltend gemacht ist, wird die Verhandlung und Entscheidung letzter Instanz im Sinne des § 8 des Einführungsgesetzes zum Gerichtsverfassungsgesetze dem Reichsgericht zugewiesen.

Anmerkungen:

Dieser § 38 in dem vorliegenden Gesetz enthält eine neue, mit dem § 12 des neuen Gesetzes betreffend den Schutz von Gebrauchsmustern übereinstimmende, Vorschrift in Bezug auf die Zuständigkeit des Reichsgerichts für bürgerliche Rechtsstreitigkeiten in Patentsachen, welche auch für diejenigen Bundesstaaten Platz greift, denen die Befugnis zusteht, in bürgerlichen Rechtsstreitigkeiten die Entscheidung letzter Instanz einem obersten Landesgericht zuzuweisen (wie in Bayern).

§ 39.

Die Klagen wegen Verletzung des Patentrechts verjähren rücksichtlich jeder einzelnen diese begründenden Handlung in drei Jahren.

Anmerkungen:

Die Bestimmung dieses Paragraphen bezüglich der Verjährung bezieht sich nur auf die civilrechtlichen Entschädigungsansprüche aus Patentverletzungen nach § 35 dieses Gesetzes nicht auf die Ansprüche auf Zuerkennung einer Buße im Strafverfahren, bei welchen eine Verjährung nur nach strafrechtlichen Grundsätzen eintreten kann.

Im übrigen sind für die bei der Verjährung noch in Betracht kommenden Rechtsfragen die bezüglichen Grundsätze des gemeinen bürgerlichen Rechts maßgebend.

§ 40.

Mit Geldstrafe bis zu eintausend Mark wird bestraft:

1. wer Gegenstände oder deren Verpackung mit einer Bezeichnung versieht, welche geeignet ist, den Irrtum zu erregen, daß die Gegenstände durch ein Patent nach Maßgabe dieses Gesetzes geschützt seien;
2. wer in öffentlichen Anzeigen, auf Aushängeschildern, auf Empfehlungskarten oder in ähnlichen Kundgebungen eine Bezeichnung anwendet, welche geeignet ist, den Irrtum zu erregen, daß die darin erwähnten Gegenstände durch ein Patent nach Maßgabe dieses Gesetzes geschützt seien.

I. Anmerkungen:

1. Die Aenderung in der Strafbestimmung dieses § 40, welche das neue Gesetz getroffen hat und die dahin geht, daß anstatt des bisherigen Strafmaximums von 150 ℳ ein solches von 1000 ℳ eingestellt wurde, hat der Absicht des Gesetzes, die Zuständigkeit der Strafkammern neben derjenigen der Schöffengerichte (nach Maßgabe des § 75 Nr. 14 des Gerichtsverfassungsgesetzes) für diejenigen Fälle der Zuwiderhandlung gegen § 40 zu begründen, in welchen die Tragweite des Patents in Frage kommt, ihre Entstehung zu verdanken. Mit dieser Erweiterung des Strafrahmens in Ansehung der Geldstrafe sollte aber keineswegs eine Strafverschärfung für Uebertretungen der Verbote des § 40 bezweckt werden, was schon daraus erhellt, daß andererseits eine Milderung der Strafandrohung dieses Paragraphen darin liegt, daß die darin alternativ angedroht gewesene Haftstrafe ganz in Wegfall gekommen ist.

Die Vorschriften des § 28 des St. G. B. bezüglich der Verwandlung uneinbringlicher Geldstrafen in Freiheitsstrafe finden auch auf diese neue Strafbestimmung des § 40 Anwendung.

2. Eine Vorschrift, patentierte Gegenstände oder deren Verpackung mit dem Vermerk „patentiert“ oder einem ähnlichen

Ausdruck versehen zu müssen, ist aus rein praktischen Gründen nicht in das Patentgesetz aufgenommen worden (auch nicht, wie vorgeschlagen, in das neue Gebrauchsmusterschutzgesetz), doch empfiehlt es sich sehr für jeden Patentinhaber, sich, soweit thunlich, einer derartigen auch äußerlichen Kennzeichnung seiner patentierten Gegenstände zu bedienen, weil auf diese Weise der Beweis einer wissentlichen Patentverletzung in den meisten Fällen leichter hergestellt werden kann.

3. Den Mißbrauch, der aber andererseits mit derartigen fälschlichen Bezeichnungen von Waren oder sonstigen Gegenständen, die in Wirklichkeit nicht patentiert sind, erfahrungsmäßig getrieben zu werden pflegt, zu verbieten und unter angemessene Strafe zu stellen, entspricht einem praktischen Bedürfnis des Verkehrs und den Interessen des kaufenden Publikums, um dasselbe vor Täuschungen dieser Art und Schädigungen durch eine hierdurch veranlaßte unrichtige Wertschätzung der fälschlich als patentiert bezeichneten Waren zu bewahren. Daß solche fälschliche Warenbezeichnungen aber unter Umständen auch unter den Begriff eines Betrugs im Sinne des § 263 des St. G. B. fallen können, ist selbstverständlich durch diese Strafbestimmung nicht ausgeschlossen.

4. Es genügt aber nicht jede unrichtige Bezeichnung einer Ware mit einem, auf eine Patentierung hinweisenden, Vermerk, derselbe muß vielmehr auch geeignet sein, einen Irrtum zu erregen. Unzulässig ist jede Bezeichnung, durch welche das Publikum zu dem Irrtum verleitet werden kann, die Sache sei durch ein Deutsches Reichs-Patent geschützt, auch die abgekürzte Bezeichnung: „Patent a.“ (Patent angemeldet).

5. Nur der Irrtum, daß der Gegenstand „nach Maßgabe dieses Gesetzes“ geschützt sei, kommt hierbei in Betracht und ist somit ein derartiger Vermerk, der nur auf die Erteilung eines ausländischen Patentes hinweist, und den Irrtum, der betreffende Gegenstand sei im Auslande geschützt, zu erregen geeignet ist, nicht strafbar nach § 40 dieses Gesetzes.

6. Strafantrag ist zur Verfolgung einer der in § 40 bezeichneten Uebertretungen nicht erforderlich, sie erfolgt von Amtswegen. Die Strafverfolgung verjährt nach allgemeinen strafrechtlichen Grundsätzen in drei Monaten, der Strafvollzug in zwei Jahren.

II. Entscheidungen des Reichsgerichts und Patentamtes (mitgeteilt im Patentblatt und Blatt für Patent-, Muster- u. Zeichenwesen.)

1. Der Thatbestand der Uebertretung des § 40 des Patentgesetzes verlangt nicht rechtswidrigen Vorsatz, es genügt hierfür Fahrlässigkeit. (Entsch. v. 23./11. 93. P. B. 1893. Nr. 50. S. 672).

2. Das Auslegen einer fälschlicher Weise als „patentiert" bezeichneten Ware im Schaufenster eines Ladens kann nicht als „ähnliche Kundgebung" im Sinne des § 40 Nr. 2 des Pat.-Ges. betrachtet werden und fällt daher nicht unter diese Strafbestimmung. (Entsch. v. 11./1. 94. P. B. 1894. Nr. 10. S. 192—94).

3. Die Strafvorschrift des § 40 des Pat.-Ges. vom 7./4. 91 ist polizeilichen Charakters; es genügt daher fahrlässiges Handeln zum subjektiven Thatbestande. (Entsch. v. 12./11. 94. B. f. P. M. u. Z. I, S. 115. vgl. die oben sub 1 mitget. Entsch.)

4. Die Anpreisung von Waren unter Bezugnahme auf mehrere Patente, von denen ein Teil schon erloschen ist, ist für zuverlässig zu erachten. (Entsch. v. 14./11. 95. B. f. P. M. u. Z. II, S. 1—3).

5. Die Bezeichnung oder öffentliche Ankündigung einer Ware als „Patent" oder „patentirt" macht, wenn ein deutsches Reichspatent nicht besteht, strafbar, selbst wenn die Ware im Deutschen Reiche unter Gebrauchsmusterschutz stehen sollte. (Entsch. (des L. G. Leipzig) v. 28./4. 96. B. f. P. M. u. Z. II, S. 282—83).

Artikel 2.

Die Bestimmung in § 28 Absatz 3 des Artikel 1 findet auf die zur Zeit bestehenden Patente mit der Maßgabe Anwendung, daß der Antrag mindestens bis zum Ablauf von drei Jahren nach dem Tage des Inkrafttretens dieses Gesetzes statthaft ist.

Anmerkungen:

Diese Uebergangsbestimmung bezieht sich auf die Anwendbarkeit der in § 28 Abs. 3 neueingeführten Verjährung der Nichtigkeitsklage wegen mangelnder Patentfähigkeit (§ 10

Nr. 1) auf die zur Zeit schon bestehenden Patente, indem hiernach die Verjährungsfrist ohne Rücksicht auf das Alter der bestehenden Patente noch auf drei Jahre nach dem Tage des Inkrafttretens dieses Gesetzes (1. Oktober 1891) bestimmt ist, also mindestens noch so lange (aber jedenfalls nicht unter 5 Jahren) mit der Nichtigkeitsklage anfechtbar sein sollen.

Artikel 3.

Dieses Gesetz tritt mit dem 1. Oktober 1891 in Kraft.

Urkundlich unter Unserer hocheigenhändigen Unterschrift und beigedrucktem Kaiserlichen Insiegel.

Gegeben Kiel den 7. April 1891.

(L. S.) **Wilhelm.**

von Bötticher.

E.

Die wichtigsten Bestimmungen der Patentgesetze des Auslandes.

A. Europäische Länder.

I. England (Großbritannien und Irland.)

(Patentgesetze vom 15. August 1883, sodann von 1885, 1886, 1887 und 1888.)

1. Patentfähig: jede Art eines neuen gewerblichen Arbeits-Verfahrens oder Arbeitserzeugnisses.

Neuheit ist ausgeschlossen, wenn die Erfindung innerhalb der Landesgrenzen veröffentlicht oder angewendet war (auch durch eignen Gebrauch).

2. nicht patentfähig: a. gesetz- und sittwidrige Erfindungen, b. was keine Erfindung ist.

3. Patentgesuche zu richten a. im Inlande an einen Richter, b. im Auslande an einen Konsularbeamten.

4. Begründung derselben: a. Erklärung (Versicherung nach bestem Wissen) der Erfinder zu sein, b. vorläufige oder vollständige Specifikation der Erfindung; letztere längstens 9 Monate nach Anmeldung — Patent-Anspruch und -Beschreibung —, c. Beschreibung mit den erforderlichen Zeichnungen in duplo (Modelle nicht nötig) in englischer Sprache, d. Stempel à 5 L., e. Vollmacht ohne Beglaubigung.

5. Behörde für die Einreichung und Prüfung des Patentgesuchs (lediglich auf formelle Richtigkeit), hiernach vorläufiger Schutz auf 9 Monate, Auflegung der vollständigen

Beschreibungen zwei Monate lang und hiernach, wenn kein Einspruch, Erteilung des Patents durch das Patentamt (Commissioners of patents for inventions).

6. Einspruch zulässig, wenn feststeht: a. daß die Erfindung dem Einsprechenden entnommen, b. daß sie bereits in England patentiert ist oder c. daß der Einsprechende zuvor ein Patentgesuch auf dieselbe Erfindung eingereicht hat.

7. Beschwerde gegen den Beschluß des Kontrollers zulässig an den Kronanwalt.

8. Zusatzpatente werden nicht erteilt.

9. Zeitdauer der Patente: 14 Jahre, mit Verlängerung auf 7, ausnahmsweise auf 14 Jahre.

10. Erlöschungsgrund: Nichtzahlung der Gebühren mit Zahlungsfrist von 3 Monaten.

11. Ausführungszwang findet nicht statt.

12. Nichtigkeitsgründe: a. wenn die Erfindung dem Nichtigkeitskläger entnommen, b. wenn derselbe der erste Erfinder, c. wenn derselbe oder ein Dritter den Gegenstand der Erfindung vor dem Tage der Anmeldung in Benutzung genommen oder verkauft hat.

13. Nichtigkeitsklagen, für solche sind die Gerichte zuständig

14. Veröffentlichung der Patente (resp. der Specifikationen, Beschreibungen) in periodischen Zeitschriften, durch Führung einer Liste (Rolle) über die erteilten englischen und auswärtigen Patente (The commissioners of patents journal), Deponierung der Modelle im Patentmuseum.

15. Patentgebühren: a. für Nachsuchen des vorläufigen Schutzes 1 L., b. für desgl der Kompletierung 3 L., c. bei Einreichung der vollständigen Specifikation 4 L., d. vor Ablauf von 4 Jahren 5 L, e. vor Ablauf von 5 Jahren 6 L. u. s. w. jedes Jahr 1 L. mehr bis zu 14 L

oder jährliche Gebühren:

a. vor Ablauf des 4—7 Jahres je 10 L.
b. „ „ „ 8 u. 9 „ „ 15 „
c. „ „ „ 10—13 „ „ 20 „

Zahlungsfrist 3 Monate mit Strafgebühren und zwar a. für den ersten Monat 1 L., b. für den 2. Monat 3 L. und c. für den 3. Monat 5 L.

Berechnung der Frist nach dem Kalendertage der Anmeldung.

II. Frankreich.

(Patentgesetz vom 5. Juli 1844, 21. Oktober 1848 und 31. März 1856).

1. Patentfähig: neue Produkte, neue Hülfsmittel oder eine neue Anwendung bekannter Mittel, neue Verfahrungsweisen (chemische oder mechanische) des Gewerbebetriebs.

2. Patentunfähig: a. Erfindungen gegen die Gesetze, b. theoretische, wissenschaftliche Entdeckungen, deren Anwendung nicht gezeigt wird, c. Arzneimittel, d. Finanzpläne und e. Erzeugnisse mit blosen Formveränderungen.

3. Patentgesuche an das Handelsministerium zu richten und bei den Sekretariaten der Departements (Präfekturen) zu hinterlegen.

4. Begründung: a. Gesuch in französischer Sprache mit Beifügung von Beschreibung und Zeichnungen in duplo, b. Verzeichnis der zur Patentirung hinterlegten Gegenstände mit Unterschrift und Siegel, c. Vollmacht, d. Modelle (nicht erforderlich), e. Quittung über die erste Jahresrate der Patentgebühren von 100 Fr.

5. Behörde: das Handelsministerium, an das die Gesuche von den Präfekturen gesandt werden, das dieselben ohne jede materielle Vorprüfung einfach registrirt und die Anmeldungen nur dann zurückweist, wenn die Unterlagen des Gesuchs nicht vorschriftsmäßig sind oder die Erfindung nicht patentfähig (pos. 2).

6. Verbesserungspatente zulässig in derselben Form 2c. wie die Hauptpatente oder Zusatzzeugnisse (certificat d'addition) für die Dauer des Hauptpatents gegen eine einmalige Abgabe von 20 Fr.

7. Zeitdauer der Patente: 5, 10 oder 15 Jahre (jedoch nicht länger als das entsprechende Auslandspatent).

8. Patentgebühren: für jedes Jahr 100 Fr. und 20 Fr. für Zusatzpatente (pos. 6) im Voraus zahlbar an oder vor dem Kalendertag der Anmeldung bei Vermeidung des Verfalls ohne Rücksicht auf irgend welche Entschuldigungsgründe.

9. Erlöschungsgründe (Verfall und Nichtigkeit), a. Nichtzahlung der Gebühren am Verfalltage, b. Nichtausbeutung der Erfindung innerhalb 2 Jahren ohne Nachweis genügender Hinderungsgründe, c. Unterbrechung derselben während gleicher Frist, d. Import des patentirten Gegenstandes ohne ministerielle Erlaubnis 2c., e. unzulängliche Beschreibung

des Erfindungsgegenstandes, f. Mangelnde Neuheit, g. betrügerische Angabe eines falschen Patenttitels, h. Patentunfähigkeit des Gegenstandes (pos. 2), i. unzulässige Erwirkung eines Verbesserungs-Patents.

10. Nichtigkeitsklage wegen ursprünglicher Nichtigkeit in den Fällen pos. 9 lit. e bis i bei den ordentlichen Gerichten im Civil- oder Strafverfahren.

11. Veröffentlichung der Patente: a. durch Auslegung nach Erteilung im Handelsministerium, b. durch amtliche Publizierung durch den Druck nach Zahlung der 2ten Jahresgebühr, c. durch alljährlich herausgegebenen Katalog über die erteilten Patente.

III. Italien.

(Patentgesetze vom 30. Oktober 1859, 31. Januar 1894, sowie Dekrete vom 31. Januar 1864, 16. September 1869. Verordnung des Handels-Ministeriums vom 5. Dezember 1891 und 22. Februar 1893.)

1. Patentfähig: ein gewerbliches Erzeugnis oder Ergebnis, ein Instrument, Maschine, Werkzeug, eine Vorrichtung oder mechanische Anordnung, ein Verfahren für gewerbliche Produktion, ein Motor oder industrielle Anwendung einer bekannten Kraft, die technische Anwendung eines wissenschaftlichen Prinzips.

2. Patentunfähig: a. Erfindung wider Gesetz und gute Sitten oder die öffentliche Sicherheit, b. Erfindung ohne den Zweck der Produktion materieller Gegenstände, c. theoretische Erfindung, d. Arzneimittel aller Art, e. Erfindung von Eßwaren und Getränken, wenn der oberste Gesundheitsrat deren Patentierung für unzulässig erklärt.

3. Patentgesuche: an das Ministerium für Handel und Gewerbe zu richten.

4. Begründung derselben: a. Gesuch auf Stempel zu 50 Ct., b. 3 Beschreibungen in italienischer oder französischer Sprache auf Stempel zu 50 Ct., c. 3 Zeichnungen in vorschriftsmäßiger Weise, d. Modelle, wenn möglich, nicht obligatorisch, e. Quittung über die 1. Jahresgebühr von 40 Lire und 1 Lire Stempel, f. Vollmacht mit Beglaubigung des italienischen Konsulats, g. Verzeichnis der eingereichten Gegenstände.

5. Einführungspatente während der Dauer des ausländischen Patents zulässig unter Vorlage desselben im Original oder beglaubigter Abschrift.

6. Reduktionspatent zur Beschränkung des ursprünglichen Inhalts der Beschreibung auf einen Teil kann während der ersten 6 Monate nachgesucht werden.

7. Zusatzpatente für Verbesserungen oder Aenderungen kann nur der Patentinhaber oder sein Rechtsnachfolger innerhalb 6 Monaten der Dauer des Hauptpatents erlangen, dieselbe Begründung wie für Letztere erforderlich, sowie Quittung über 20 Lire Gebühr und 1 Lire Stempel und Vorlage der Patenturkunde 2c.

8. Zurückweisung erfolgt: a. wenn die Erfindung nicht patentfähig, b. wegen Mängel in dem Gesuch, Titel oder Beschreibung der Erfindung, c. wenn mehrere Erfindungen in einem Gesuch vereinigt, d. wenn nicht die richtige Gebühr bezahlt.

9. Beschwerde gegen die Zurückweisung an das Ministerium binnen 14 Tagen; von diesem Ueberweisung an die Prüfungskommission.

10. Dauer der Patente von 1 bis zu 15 Jahren. Beginn des Schutzes mit dem Tage der Hinterlegung des Gesuchs. Einführungspatente nicht länger als das ausländische Patent.

11. Ausführung des Patents: bei 1—5jährigen Patenten binnen 1 Jahr vom Tage der Erteilung und Unterbrechung nicht länger als 1 Jahr; bei längerer Dauer der Patente beträgt die Frist in beiden Fällen 2 Jahre.

12. Besitzwechsel zulässig durch Uebertragung 2c., muß aber angezeigt werden.

13. Nichtigkeitsgründe und Gründe für Zurücknahme: a. die 4 oben pos. 8a—d angeführten Zurückweisungsgründe, b. wenn Patente gegen das Gutachten der Gesundheitsbehörde erteilt worden, c. wenn der Patenttitel in betrügerischer Absicht falsch angegeben, d. wegen ungenügender Beschreibung, e. wegen mangelnder Neuheit oder Nützlichkeit, f. wenn ein Zusatzpatent keine Beziehung zum Hauptpatent hat, g. wenn die Verlängerung des Patents verspätet nachgesucht, h. wenn die Ausführung nicht innerhalb der dafür bestimmten Frist (pos. 11) erfolgt ist.

14. Patentgebühren: a. für jedes Jahr 10 Lire, für 5 Jahre 50 Lire, für 10 Jahre 100 Lire, für 15 Jahre 150 Lire, b. die 1. Jahresgebühr 40 Lire, nach Ablauf des 2. und 3

Jahres je 40 Lire, des 4. 5. und 6. Jahres je 65 Lire, des 7. 8. und 9. Jahres je 90 Lire, des 10. 11. und 12. Jahres je 115 Lire, des 13. 14. nnd 15. Jahres je 140 Lire, c. für ein Reduktionspatent 40 Lire und 1 Lire Stempel, d. für ein Zusatzpatent 20 Lire und 1 Lire Stempel. e. für Gesuche um Verlängerung 10 Lire für jedes Jahr der Verlängerung und die obigen Jahresgebühren, und f. für Einführungspatente dieselbe Gebühr wie für andere Patente.

15. Frist zur Zahlung am 1. Tage jeden Jahres (d. h. Ende März, Juni u. s. w.) mit Respektfrist von 3 Monaten, nach deren Ablauf Verfall eintritt.

16. Patentschriften werden nicht ausgegeben. Veröffentlichung von Beschreibung und Zeichnung im Bolletino industriale.

IV. Oesterreich.

(Patentgesetze vom 15. August 1852, 24. Dezember 1867 und 27. Dezember 1893. NB. Das neue Patentgesetz vom 11. Januar 1897 ist noch nicht in Kraft getreten.)

1. Patentberechtigt: der erste Anmelder und für Einführungs-Patente der Inhaber des ausländischen Patents.

2. Patentfähig: jede neue Erfindung oder Verbesserung, insbesondere neues Erzeugnis der Industrie, neues Erzeugungsmittel.

Zusatzpatente werden nicht erteilt.

3. Patentunfähig: a. Nahrungsmittel, Getränke, Arzneimittel, b. Erfindungen, die den Gesetzen, den guten Sitten, der öffentlichen Sicherheit und dem Staatswohl zuwider sind, c. wissenschaftliche Prinzipien.

4. Patentbehörden: Ministerium für Handel und Gewerbe, die Statthaltereien, bei welchen die Gesuche einzureichen sind oder die Bezirkshauptmannschaften.

5. Patentgesuche, Begründung derselben: a. 2 deutsche Beschreibungen mit genauen Ansprüchen, b. 2 Zeichnungen, c. Modelle oder Muster nach Belieben, d. Quittung über die 1. Jahresgebühr, e. Vollmacht in gerichtlich oder konsularisch beglaubigter Form.

6. Einführungspatente außer den Erfordernissen wie pos. 5 Vorlage des ausländischen Patents im Original oder beglaubigter Abschrift nur für die Dauer des ausländischen Patents.

7. Verfahren: Prüfung der formellen Erfordernisse resp. formellen Zulässigkeit mit Vermerk von Tag und Stunde des Eingangs, von wo an die Priorität berechnet wird. Aufforderung zur Beseitigung etwaiger Mängel, im Weigerungsfalle Zurückweisung; hiernach Abgabe des Gesuchs an das genannte Ministerium und Patenterteilung durch dasselbe, wenn alles in Ordnung.

8. Zurückweisung des Gesuchs in dem pos. 7 erwähnten Falle, sowie in den Fällen pos. 3, wenn der Gegenstand nicht patentfähig, in welchem Falle Rückvergütung der Jahresgebühr.

9. Vorprüfung auf Neuheit findet nicht statt, ebenso auch kein Einspruch vor der Patenterteilung.

10. Beschwerde gegen Zurückweisung von der Statthalterei geht an das Ministerium.

11. Dauer des Patents bis zu 15 Jahren vom Tage der Ausfertigung der Patenturkunde an.

12. Gebühren für Erwirkung des Patents: a. für 1 Jahr sammt allen Taxen 2c. fl. 40, b. für 2 Jahre fl. 62, c. für 3 Jahre fl. 82, d. für 4 Jahre fl. 103, e. für 5 Jahre fl. 124. — Taxzahlungen: a. für das 2.—5. Jahr je fl. 26, b. für das 6. Jahr fl. 44,50, c. für das 7. Jahr fl. 52, d. für das 8. Jahr fl. 58,50, e. für das 9. Jahr fl. 65, f. für das 10. Jahr fl. 72, g. für das 11. Jahr fl. 85, h. für das 12. Jahr fl. 98, i. für das 13. Jahr fl. 111, k. für das 14. Jahr fl. 124 und l. für das 15 Jahr fl. 124. — Gebühr für Registrierung der Patentübertragung, Lizenzen 2c. fl. 20.

13. Frist zur Zahlung der Gebühren ist der Kalendertag der Ausfertigung des Patents.

14. Ausführung der Erfindung binnen einem Jahr nach Ausfertigung des Patents und keine Unterbrechung während 2 Jahren.

15. Nichtigkeitsgründe: a. mangelhafte Beschreibung oder Verheimlichung der Verfahrungsweise, b. Nichtneuheit der Erfindung, c. ein früheres Patent über denselben Gegenstand, d. Nichtausführung der Erfindung (pos. 14), e. Widerstreit mit dem öffentlichen Wohl, f. Nichtzahlung der Gebühren.

16. Nichtigkeitsklage bei dem Ministerium für Handel und Gewerbe zu erheben.

V. Ungarn.

(Patentgesetz vom 7. Juli 1895 — in Kraft seit 1. März 1896. — Vollzugsverordnungen vom 28. Januar 96).

1. Patentberechtigt: Der Erfinder oder dessen Rechtsnachfolger, der erste Anmelder gilt als solcher (Ausländer müssen im Inland wohnende Vertreter bestellen).

2. Patentfähig: jede neue Erfindung, die gewerblich verwertbar.

3. Patentunfähig: a. Nahrungsmittel, b. Heilmittel und Methoden, c. chemische und pharmaceutische Produkte, d. wissenschaftliche Lehr- und Grundsätze, e. Erfindungen, deren Ausführung mit Gesetzen rc. oder der öffentlichen Sicherheit im Widerspruch, f. Erfindungen auf dem Gebiete des Militärwesens.

4. Patentbehörde: das Patentamt.

5. Patentgesuche an die Anmeldeabteilung des P.-A. zu richten.

6. Begründung derselben: a. Gesuch mit kurzer, genauer Bezeichnung der Erfindung und Erklärung der Erfinder oder dessen Rechtsnachfolger zu sein, b. 2 Beschreibungen, auf deren Grund Sachverständige den Gegenstand der Erfindung herstellen können, c. eine Haupt- und eine Nebenzeichnung in vorschriftsmäßiger Form, d. Modelle (fakultativ), soweit nötig zum Verständnis, e. Vollmacht für Vertreter mit Beglaubigung, f. Urkunde über Uebertragung oder Uebergang der Erfindung, g. Quittung über Zahlung der Anmeldegebühr 20 K. Sämmtliche Dokumente sind in ungarischer Sprache abzufassen oder in beglaubigter Uebersetzung vorzulegen, von welchen das P. A. aber bei in deutscher, französischer oder englischer Sprache abgefaßten absehen kann. Für Zusatzpatente dieselben Bedingungen. Ausländische Urkunden müssen beglaubigt und vom zuständigen österreichisch-ungarischen Konsulat supervidiert sein.

7. Verfahren: Zurückweisung wegen Mängel, wenn solche nicht binnen der bestimmten Frist behoben oder wenn die Erfindung nicht patentfähig (pos. 3). Beschwerde hiergegen binnen 15 Tagen an die richterliche Abteilung des P. A.; Zurücknahme wird angenommen, wenn der Erfinder sich nicht binnen bestimmter Frist auf die Verbesserungsaufforderung erklärt, oder binnen 60 Tagen nicht die 1. Jahresgebühr mit 40 K. zahlt; Bekanntmachung erfolgt und

zugleich Auslegung der Anmeldung mit Beilagen zur Einsicht; Einspruch hiergegen binnen 2 Monaten zulässig. Bekanntmachung kann auf Antrag auf 6 Monate verschoben werden. Einspruch kann gestützt werden auf mangelnde Patentfähigkeit oder widerrechtliche Entnahme. Beschwerde gegen dessen Zurückweisung binnen 30 Tagen an die richterliche Abteilung, ebenso umgekehrt mit Ausschluß weiterer Rechtsmittel. Vorprüfung auf Neuheit nicht.

8. Wirkung der Patente wie nach deutschem Recht.

9. Zusatzpatente werden auf Verbesserungen einer bereits patentierten oder angemeldeten Erfindung nur dem Inhaber des Stammpatents erteilt und laufen mit diesem ab.

10 Abhängigkeitspatente: für Verbesserungen können einem anderen wie dem Inhaber des Stammpatents erst nach Ablauf eines Jahres erteilt werden.

11. Provisorische Patente werden nicht erteilt, doch beginnt mit dem Tage der Anmeldung der einstweilige Schutz.

12. Dauer der Patente bis zu 15 Jahre.

13. Patentschriften werden nicht gedruckt und herausgegeben.

14. Ausführungszwang der Erfindung vor Ablauf von 3 Jahren im Inland in angemessenem Umfang.

15. Erlöschung der Patente: a. nach Ablauf des 15. Jahres, b. bei schriftlichem Verzicht und c. bei Nichtzahlung der Gebühren innerhalb gesetzlicher Frist.

16. Nichtigkeitsgründe: a. Mangel der gesetzlichen Voraussetzungen, b. wenn das Patent nicht dem wahren Erfinder oder dessen Rechtsnachfolger erteilt, c. bei Identität mit einem früheren, gültigen Patente, d. wenn die Beschreibung nicht den an sie gestellten Forderungen entspricht.

17. Nichtigkeitsklage geht an die richterliche Abteilung des Patentamts.

18. Zurücknahme des Patents mangels Ausführung innerhalb gesetzlicher Frist (pos. 14) und Weigerung der Lizenzerteilung. Zur Antragstellung Jedermann berechtigt. Verfahren wie bei der Nichtigkeitsklage.

19. Berufung gegen Entscheidungen der richterlichen Abteilung in den Fällen pos. 17 u. 18 binnen 30 Tagen an den Patentsenat zulässig.

20. Uebertragung (ganze oder teilweise) auf andere Personen zulässig, ebenso Vererbung.

21. Patentgebühren: a. bei Anmeldung eines Haupt- wie Zusatzpatents 20 K., b. für Beschwerde wegen Zurückweisung der Anmeldung oder des Einspruchs 20 K., c. erste Jahresgebühr 40 K. binnen 60 Tagen, d. weitere Jahresgebühren: für die ersten 5 Jahre 40 K. und jedes Jahr 10 K. mehr, für das 6.—9. jedes Jahr 20 K. mehr, für das 10.—14. Jahr 50 K. steigend und für das 15. Jahr 500 K (1 K. = 0,85 M.)

22. Stundung der Anmelde- und ersten Jahresgebühr zulässig an Arbeiter oder bei Nachweis der Armut.

23. Zahlungsfrist: Jahresgebühren im Voraus zahlbar spätestens 60 Tagen nach Fälligkeit mit Zuschlag von 20 K. nach 30 Tagen.

VI. Rußland.

(Patentgesetz vom 1. Juni 1896).

1. Patentberechtigt: In- und Ausländer ohne Unterschied des Standes, Berufs (auch Firmen 2c.); doch müssen Letztere einen im Inlande wohnenden Vertreter bestellen.

2. Patentfähig: jede neue Erfindung die gewerblich verwertbar, auch mechanisches Verfahren sowie Verfahren oder Apparate zur Herstellung von chemischen Stoffen, Nahrungs- und Genußmittel.

3. Patentunfähig: a. Erfindungen, die wissenschaftliche oder abstrakte Theorien betr., b. solche, die der öffentlichen Ordnung, den Gesetzen oder guten Sitten zuwider, c. chemische Stoffe, Nahrungs-, Genuß-, Arzneimittel und Apparate zur Herstellung von Arzneimitteln.

4. Behörde für Patenterteilung: das Patentamt, Komité für technische Angelegenheiten bei dem Departement für Handel und Manufakturen, an das die Anmeldungen zu richten.

5. Begründung der Patentgesuche: a. Gesuch in russischer Sprache, b. genaue Beschreibung der Erfindung, die binnen 3 Monaten berichtigt oder ergänzt werden kann, doch ohne wesentliche Abänderungen, c. die erforderlichen Zeichnungen in Haupt- und Nebenexemplar, d. beglaubigte Vollmacht des Vertreters, e. Quittung über Einzahlung der Gebühr für die Anmeldung 30 R.

6. Verfahren: Die gen. Behörde prüft die Erfindung auf die gesetzlichen Erfordernisse (pos. 2 u. 3), jedoch ohne Prüfung auf Neuheit und Nützlichkeit. Diese Prüfung geschieht

von einem Mitglied des Komités, hiernach erfolgt Beschluß des Komités über Erteilung oder Versagung.

7. Beschwerde des Patentsuchers gegen den ablehnenden Bescheid binnen 3 Monaten an das Departement für Handel und Manufakturen.

8. Einspruch gegen Patenterteilung von Seiten Dritter wegen mangelnder Neuheit oder Vorbenutzung zuläßig und wird dem Patentsucher zur Erklärung binnen 3 Monaten mitgeteilt.

9. Klage wegen widerrechtlicher Entnahme wird an die Gerichte verwiesen und das Patentverfahren bis zu deren Erledigung eingestellt.

10 Ausfertigung der Patenturkunde wird nach Bewilligung des Patentamts verfügt mit folgendem Inhalt: Name des Inhabers, Datum der Anmeldung, ausführliche Beschreibung der Erfindung, Dauer des Patents 2c.

11. Patentschriften (gedruckte) werden nicht ausgegeben.

12. Wirkung des Patents im Wesentlichen wie nach deutschem Recht.

13. Provisorische Patente werden nicht erteilt, nur ein Schutzschein nach Erfüllung der für die Anmeldung gestellten Forderungen für einstweiligen Schutz.

14. Dauer der Patente bis zu 15 Jahren, jedoch bei Einführungspatenten nicht länger als das betr Auslandspatent.

15 Zusatzpatente für Verbesserungen 2c. einer bereits patentierten Erfindung werden dem Inhaber des Hauptpatents oder dessen Rechtsnachfolger bis zum Ablauf der Patentfrist, einem Anderen nicht vor Ablauf eines Jahres erteilt.

16. Abhängigkeitspatente werden für Verbesserungen oder Abänderungen erteilt mit der Einschränkung, daß die Ausnutzung nur mit Zustimmung des Inhabers des Hauptpatents zuläßig.

17. Ausführungszwang innerhalb einer Frist von 5 Jahren

18. Uebertragung auf Dritten und Vererblichkeit der Patente.

19. Nichtigkeitsklage bei Gericht binnen 2 Jahren zuläßig, a. wegen widerrechtlicher Aneignung der Erfindung, b. wegen Unrechtmäßigkeit der Erteilung des Patents

20. Erlöschung des Patents: a. nach Ablauf der Frist, b. mangels Zahlung der Gebühren, die für jedes Jahr

pränumerando zu erfolgen hat, c. mangels Ausführung (pos. 17), d. im Falle gerichtlicher Feststellung der Entnahme 2c., e. wegen Mangelhaftigkeit der Beschreibung 2c.

21. Patentgebühren: a. für das Hauptpatent bei Anmeldung 30 R., b. 1. Jahresgebühr für Hauptpatent 15 R., für ein Zusatzpatent einmalig 20 R., c. Jahresgebühren: für 1.—4. Jahr: 15, 20, 25 u. 30 R., für 5. u. 6. Jahr: 40 u. 50 R., für 7.—10. Jahr: 75, 100, 125 u. 150 R., für 11.—15. Jahr: 200, 250, 300, 350 u. 400 R.

22. Frist zur Zahlung für das 1. Jahr binnen 3 Monaten, für jedes folgende Jahr im Voraus.

VII. Schweden.

(Patentgesetze vom 16. Mai 1885, 14. April 1893 und 26. März 1897 — Verordnung vom 31. Dezember 1895.)

1. Patentberechtigt ist nur der Erfinder oder dessen Rechtsnachfolger.

2. Patentfähig: Neue industrielle Erzeugnisse sowie ein Verfahren zur Herstellung solcher Erzeugnisse, jedoch immer nur eine (nicht mehrere) Erfindungen.

3. Nicht patentfähig: a. Erfindungen, die den Gesetzen oder guten Sitten zuwider und b. Lebens- und Arzneimittel, während ein Verfahren zur Herstellung solcher patentfähig.

4. Patentbehörde: K. Patent- und Registeramt in Stockholm, an das die Anmeldungen zu richten sind.

5. Verfahren: Begründung der Patentgesuche: a. Gesuch in schwedischer Sprache oder mit einer von einem Notar beglaubigten Uebersetzung, mit Angabe des Namens des Erfinders und seines Vertreters, Benennung der Erfindung, Verzeichnis der Anlagen, b. 2 Beschreibungen, c. 2 Zeichnungen (wenn nötig), d. Modelle, Warenproben 2c. (wenn nötig), e. Vollmacht ohne Beglaubigung und f. Quittung über 20 K. gezahlte Gebühr.

Vorprüfung auf Neuheit 2c. durch die Patentbehörde findet statt, ebenso auf Patentfähigkeit und das Vorhandensein der formellen Bedingungen; Ablehnung, wenn es hieran fehlt; gegen den ablehnenden Bescheid zulässig Beschwerde an den König binnen 60 Tagen, ebenso im Falle der Ablehnung in Folge Einspruchs, der während der 2monatlichen Auslage der Anmeldung statthaft.

6. Neuheit ausgeschlossen: a. wenn die Erfindung vor

Anmeldung durch Druck veröffentlicht oder b. offenkundig benutzt worden; Veröffentlichung durch eine ausländische Patentbehörde oder Vorführung der Erfindung auf einer Weltausstellung keine Hindernisse der Patenterteilung, wenn die Anmeldung binnen 6 Monaten eingereicht wird.

7. Dauer des Patents 15 Jahre.

8. Zusatzpatente werden erteilt, die mit dem Hauptpatent ablaufen.

9. Patentschriften werden ausgegeben.

10. Ausführungszwang bezüglich der Erfindungen binnen 3 Jahren, welche Frist auf 4 Jahre verlängert werden kann und keine Unterbrechung während eines Jahres.

11. Uebertragung des Patents zulässig (auch Vererbung), die Uebertragungsurkunde muß dem Patentbüreau zur Eintragung vorgelegt werden.

12. Patentgebühren: a. mit dem Gesuch 20 K., b. Jahresabgaben für das 2.—5. Jahr inkl. je 25 K., c. desgl. für das 6.—10. Jahr inkl. je 50 K., d. desgl. für das 11.—15. Jahr inkl. je 75 K., e. für Zusatzpatente einmalig 20 K.

13. Frist für Zahlung: Dieselbe muß im Voraus geschehen vor dem Kalendertag der Anmeldung, mit Respektfrist von 90 Tagen gegen Erhöhung der Gebühr um 1/5. Nach Ablauf dieser Frist tritt Verfall ein.

VIII. Norwegen.

(Patentgesetz vom 16. Juni 1885.)

1. Patentberechtigt: der Erfinder oder dessen Rechtsnachfolger.

2. Patentfähig: alle gewerblich verwertbaren Erfindungen, jedoch immer nur eine (nicht mehrere).

3. Nicht patentfähig: a. Erfindungen, die den Gesetzen oder guten Sitten oder der öffentlichen Ordnung zuwider, b. Nahrungs-, Genuß- und Heilmittel, während Verfahren oder Apparate zu deren Herstellung patentfähig.

4. Einführungspatent kann für den Inhaber eines ausländischen Patents binnen 7 Monaten nachgesucht werden, was nur für die Unionsstaaten gilt.

5. Zusatzpatente für Verbesserungen oder Ergänzungen: für solche kann sich der Erfinder für die Dauer von 2 Jahren das Vorrecht vorbehalten und bleiben hierauf gerichtete Ge-

suche von Dritten solange versiegelt liegen, dieselben laufen mit dem Hauptpatente ab.

6. Patentbehörde: Patent-Kommission in Christiania, an die die Anmeldungen zu richten sind.

7. Patentgesuche, Begründung: a. Gesuch in norwegischer Sprache, b. 2 gleichlautende Beschreibungen, c. eine Haupt- und Nebenzeichnung, d. Modelle, soweit erforderlich, e. Verzeichnis der eingereichten Gegenstände, f. beglaubigte Vollmacht g. Quittung über 30 K. Gebühr für's 1. Jahr.

8. Verfahren: Prüfung der formellen Voraussetzungen, eventuell falls Mängel vorhanden, Bestimmung einer Frist zu nachträglicher Ergänzung 2c., hiernach Vorprüfung auf Neuheit und Patentfähigkeit; nach Ablauf von 4 Wochen Erlaß der öffentlichen Bekanntmachung und Auslegung des Gesuchs (Aufgebot), welche auf Antrag des Patentsuchers gegen Zahlung einer Zusatzgebühr von 20 K. bis zu 4 Monaten ausgesetzt werden kann.

Einspruch während dieser Frist zulässig.

Beschwerde (Rekurs) des Patentsuchers gegen den ablehnenden Bescheid binnen 4 Wochen an die Oberpatent-Kommission gegen Gebühr von 150 K., sowie gegen den den Einspruch verwerfenden Beschluß der Patent-Kommission an dieselbe.

9. Neuheit ausgeschlossen, wenn die Erfindung bereits so bekannt, daß sie von anderen Sachverständigen ausgeführt werden konnte. Veröffentlichung durch den Druck oder eine Ausstellung vor Ablauf von 6 Monaten kein Patenthindernis.

10. Dauer des Patents bis zu 15 Jahre.

11. Ausführungszwang mit Frist von 3 Jahren und keine Unterbrechung länger als ein Jahr.

12. Vertreter für nicht im Inlande wohnende Patentinhaber erforderlich oder für Ausländer, denen das Patent übertragen, mit Vollmacht.

13. Nichtigkeitsgründe u Zurücknahme resp. Verfall: a. Mangel der Neuheit, b. Mangel der Patentfähigkeit, c. Unterlassung der Zahlung einer Jahresgebühr, d. Rücktritt des Vertreters, ohne Bestellung eines neuen binnen 3 Monaten, e. Anmeldung der Erfindung erst nach Ablauf von 6 Monaten nach ihrer Veröffentlichung, f. Mangel der Ausführung der Erfindung (pos. 11).

14. Nichtigkeitsklage beim Stadtgericht Christiania.

15. Patentgebühren: a. mit dem Gesuch 30 K., b. für

das 2., 3. und 4. Jahr 10, 15 und 20 K. praenumerando, c. für jedes folgende Jahr 5 K. mehr, d. für ein Zusatzpatent einmalig 20 K., e. für ein Aussetzungsgesuch 20 K. (1 K. = 1,25 M.).

16. Zahlungsfrist: Kalendertag der Anmeldung mit Respektfrist von 3 Monaten gegen Zusatzgebühr von 1/5.

IX. Dänemark.

(Patentgesetz vom 13. April 1894.)

1. Patentberechtigt: Erfinder oder Rechtsnachfolger.
2. Patentfähig: Erfindungen die in der Industrie verwertbar.
3. Nichtpatentfähig: a. Erfindungen, die den Gesetzen, guten Sitten, oder der öffentlichen Ordnung zuwider, b. Erfindungen von Arznei-, Nahrungs- und Genußmitteln sowie Verfahren, zu deren Herstellung c. bedeutungslose Erfindungen.
4. Patentbehörde: Patentkommission, Anmeldung an dieselbe zu richten.
5. Patentgesuche, Begründung: a. Gesuch in duplo, b. zwei Beschreibungen, beide in dänischer Sprache, c. eine Haupt- und Neben-Zeichnung, d. Quittung über 20 K. Anmeldegebühr, e. Vollmacht.
6. Verfahren: Vorprüfung der Formalien sowie auf Neuheit (wie nach deutschem Recht), Auslegung 8 Wochen lang, während dieser Frist Einspruch zulässig, Entscheidung über Zulassung binnen 16 Wochen, wenn kein Einspruch erfolgt, Verschiebung der Auslage für 3 Monate zulässig, Beschwerde gegen die Zurückweisung der Anmeldung (nicht des Einspruchs) binnen 6 Wochen an eine besondere Kommission, Antrag hierauf an das Ministerium des Innern binnen 4 Wochen mit Einzahlung einer Gebühr von 100 K.
7. Dauer der Patente bis zu 15 Jahre.
8. Zusatzpatente zulässig.
9. Abhängigkeitspatente für Neuerungen an bestehenden Patenten, wenn auf selbständigem Erfindungsgedanken, deren Inhaber kein Recht auf Benutzung des Hauptpatents.
10. Ausführung der Erfindnngen binnen 3 Jahren im Inlande, Verlängerung zulässig.
11. Uebertragung und Bestellung eines anderen Vertreters der Patent-Kommission anzuzeigen.
12. Patentbeschreibungen werden veröffentlicht.

13. Nichtigkeitsgründe: a. Mangel der Neuheit, b. Eingriff in die Rechte eines anderen Patents, c. Mangel der Ausführung (pos. 10) oder Unterbrechung länger als ein Jahr.

14. Nichtigkeitsklage: hierfür zuständig das Gericht des Domizils des Patentinhabers.

15. Patentgebühren: a. bei Anmeldung 20 K., b. für Ausfertigung der Patenturkunde 10 K., c. für jedes Patent (außer Zusatzpatent) Jahresgebühren für die 3 ersten Jahre je 25 K., für die 3 folgenden Jahre je 50 K., für die 3 folgenden Jahre je 100 K., für die 3 folgenden Jahre je 200 K. und für die 3 letzten Jahre je 300 K.

16. Zahlungsfristen vor Beginn des betr. Patentjahres mit Respektfrist von 3 Monaten und Zusatzgebühr von 1/5 der betr. Gebühr.

X. Belgien.

(Patentgesetze vom 24. Mai 1854 und 27. März 1857. Verordnung vom 21. September 1861 und 23. Juni 1877.)

1. Patentberechtigt: der erste Anmelder oder dessen Rechtsnachfolger.

2. Patentfähig: Mittel zur Erreichung eines industriellen Zwecks, mechanisches und chemisches Verfahren, industrielle Erzeugnisse 2c., nur eine Erfindung (nicht mehrere gleichzeitig).

3. Nicht patentfähig: a. Erfindungen, die nicht gewerblich verwertbar und b. solche, die den Gesetzen und guten Sitten zuwider.

4. Patentbehörde: Ministerium, bei dem die Anmeldungen einzureichen.

5. Patentgesuche, Begründung: a. 2 Gesuche mit Bezeichnung eines Domizils in Belgien, b. 2 Beschreibungen mit kurzer Angabe des Wesens der Erfindung, beides in französischer Sprache, c. 2 Zeichnungen, d. Verzeichnis der niedergelegten Sachen, e. 2 Modelle (fakultativ), f. Quittung über Anmeldegebühr 6 Fr. und g. Vollmacht ohne Beglaubigung.

6. Verfahren: Vorprüfung auf Neuheit findet nicht statt, Auslegung des Gesuchs mit Beilagen auf dem Ministerium, nach Ablauf von 3 Monaten Ausfertigung der Patenturkunde mit Beifügung eines Exemplars des Gesuchs 2c. und Einsicht der Beschreibung für jedermann zulässig.

Einspruch vor Erteilung nicht zulässig.

Zurückweisung nur dann, wenn die formellen Voraussetzungen des Gesuchs nicht gewahrt oder die Erfindung nicht patentfähig ist (pos. 3).

Beschwerde findet nicht statt.

7. Dauer des Patents 20 Jahre, doch nicht länger als ein zuvor auf die betreffende Erfindung erteiltes ausländisches Patent.

8. Einführungspatente zulässig, wobei Datum und Dauer des ausländischen Patents anzugeben.

9. Zusatzpatente für die Dauer des Hauptpatents zulässig.

10. Abhängigkeitspatente für Verbesserungen können erteilt werden und ist die Abhängigkeit gegenseitig wie nach deutschem Recht.

11. Patentschriften werden nicht ausgegeben.

12. Uebertragung (ganz oder teilweise) zulässig mit Anzeigepflicht in beglaubigter Form mit Stempel zu 10 Fr.

13. Ausführungszwang binnen 1 Jahr seit Beginn der Ausführung im Auslande und Unterbrechung nicht länger als 1 Jahr.

14. Nichtigkeitsgründe: a. Verwendung 2c. der Erfindung in Belgien vor der Anmeldung, b. wissentliche Weglassung eines Teils der Erfindung in den Beschreibungen von seiten des Patentsuchers, c. Veröffentlichung der Beschreibung u. s. w. der Erfindung durch Druck vor der Anmeldung, d. Unterlassung der Ausführung in Belgien (pos. 13), e. Eingriff in ein anderes in- oder ausländisches Patent und f. Ablauf eines zuvor auf denselben Gegenstand erteilten ausländischen Patents.

15. Nichtigkeitsklage geht an den Civilgerichtshof.

16. Patentgebühren: a. für das 1. Jahr mit dem Gesuch 10 Fr., b. für das 2. Jahr 20 Fr., c für das 3. Jahr 30 Fr. und für jedes folgende Jahr 10 Fr. mehr bis zu 200 Fr., d. für Zusatzpatente keine Gebühr.

17. Zahlungsfrist: der Monat, in den der Tag der Anmeldung fällt, mit Respektfrist von 6 Monaten und Zuschlag einer Strafgebühr von 10 Fr.

XI. Spanien und Kolonien.

Patentgesetz vom 30. Juli 1878.)

1. Patentberechtigt: der erste Anmelder.

2. Patentfähig: Maschinen, Apparate, Instrumente, mechanisches und chemisches Verfahren, neue Produkte 2c.

3. Nicht patentfähig: a. Naturprodukte oder deren Gebrauch, b. Arzneimittel, c. wissenschaftliche Entdeckungen ohne praktische Verwertbarkeit, d. Finanzpläne und e. Erfindungen, die den Gesetzen, guten Sitten oder der öffentlichen Ordnung zuwider.

4. Patentbehörde: a. Kanzlei der Civilverwaltung der Provinzen, an die die Gesuche zu richten, b. Direktorium des Conservatoriums der Künste in Madrid, dem die Gesuche zur Prüfung vorgelegt, und c. Ministerium der öffentlichen Arbeiten für Erteilung der Patente.

5. Patentgesuche, Begründung: a. Gesuch in spanischer Sprache an das Ministerium, b. 2 Beschreibungen in spanischer Sprache, c. 2 Zeichnungen, d. 2 Modelle oder Muster (fakultativ), e. Quittung über 1. Jahresgebühr von 10 Pesatas, f. Verzeichnis der hinterlegten Gegenstände, g. Vollmacht für den Vertreter ohne Beglaubigung.

6. Verfahren: Vorprüfung auf die formellen Voraussetzungen (nicht auf Neuheit), Bestimmung einer Frist von 2—8 Monaten für etwa erforderliche Verbesserungen, hiernach Entscheidung des Ministers über Bewilligung oder Ablehnung und ersterenfalls Ausfertigung der Patenturkunde, Bekanntmachung in der Madrider Zeitung und Offenlegung in dem Conservatorium.

7. Patentschriften werden nicht ausgegeben.

8. Zusatzpatente werden in derselben Weise wie Hauptpatente für deren Dauer erteilt.

9. Dauer der Patente vom Tage der Hinterlegung ab 20 Jahre, 10 und 5 Jahre für Einführungspatente.

10. Ausführungszwang: binnen 2 Jahren vom Beginn des Hauptpatents an mit Verlängerung auf 6 Monate und Nachweis der Ausführung innerhalb dieser Frist.

11. Uebertragung (ganz oder teilweise) durch öffentliche Urkunden nachzuweisen und ebenso wie Lizenzerteilung zu registrieren.

12. Nichtigkeitsgründe: a. Mangel der Neuheit (eine Erfindung gilt als neu, die weder in Spanien noch im Auslande bekannt oder ausgeführt ist), b. wenn der Patentsucher nicht der Erfinder, c. wenn die Begründung des Patent-

gesuchs unzutreffend, d. wenn die Erfindung der öffentlichen Sicherheit zuwiderläuft, e. Mangelhaftigkeit der Beschreibung 2c.

13. Nichtigkeitsklage an das zuständige Gericht.

14. Erlöschungsgründe (sonstige): a. Zeitablauf, b. Nichtzahlung der Jahresgebühr, c. Nichtausführung in der gesetzlichen Frist (pos. 10), d. Beruhenlassen während eines Jahres.

15. Patentgebühren: a. 1. Jahresgebühr bei der Anmeldung 10 P., b. für das 2. Jahr 20 P., c. für das 3. Jahr 30 P. und für jedes folgende Jahr 10 P. mehr, d. für Zusatzpatente 25 P. einmalig.

16. Zahlungsfrist vor dem Kalendertag der Hinterlegung tritt die Fälligkeit ein.

XII. Portugal.

(Patentgesetz vom 15. Dezember 1894).

1. Patentberechtigt: Erfinder oder dessen Rechtsnachfolger.

2. Patentfähig: Gewerbliche Erzeugnisse, neue Anordnung neuer oder bekannter Elemente, neue Anwendung bekannter Mittel, Verbesserungen von Erzeugnissen, neues Verfahren.

3. Nichtpatentfähig: Erfindungen: a. die den Gesetzen, der öffentlichen Sicherheit oder den guten Sitten zuwider, b. von Medikamenten, chemischen Produkten. (Verfahren zur Herstellung patentierbar).

4. Patentbehörde: Staatssekretariat der öffentlichen Arbeiten, Provinz-Verwaltungen, bei welchen Gesuche einzureichen.

5. Patentgesuche, Begründung: a. 2 Beschreibungen mit Patentansprüchen in portug. Sprache, b. 2 Zeichnungen, c. Vollmacht für Vertreter, beglaubigt vom portug. Konsulat, d. Patenturkunde des Ursprungslandes bei Einführungspatenten, e. Angaben des Namens, Zeitdauer 2c.

6. Verfahren: Vorprüfung auf das Vorhandensein der Formalitäten sowie auf Neuheit findet statt. Veröffentlichung der Patentansprüche mit Frist von 3 Monaten, innerhalb welcher Einspruch zulässig; nach Ablauf einer zweiten Frist von 3 Monaten Patenturkunde erteilt; Beschwerde gegen Zurückweisung des Gesuchs oder Einspruchs binnen 3 Monaten an das Handelsgericht.

7. Uebertragung zulässig. Nachweis derselben mit allen Bedingungen durch konsularisch beglaubigte Urkunden.

8. Zusatzpatente auf Verbesserungen 2c. von pat. Erfindungen nur an Erfinder oder Rechtsnachfolger für die Dauer des Hauptpatents.

9. Dauer der Patente: 15 Jahre (beliebige Zeit).

10. Ausführungszwang binnen 2 Jahren, keine Unterbrechung länger wie 2 Jahre.

11. Nichtigkeitsgründe: Mangel der Neuheit, Eingriff in ein älteres Patent, Patentunfähigkeit des Gegenstandes (pos. 3), mangelhafte oder betrügerische Bezeichnung des Gegenstands der Erfindung, ungesetzliche Erlangung des Patents, Nichtausführung der Erfindung (pos. 10).

12. Nichtigkeitsklage geht an die Gerichte.

13. Patentgebühren, Kosten: a. für Erwirkung eines Patents sammt allen Taxen auf 1 Jahr *M.* 110, auf 5 Jahre *M.* 165, auf 10 Jahre *M.* 232, auf 15 Jahre *M.* 300, b. Verlängerung für 1 Jahr *M.* 44, für jedes Jahr mehr *M.* 15, c. für Zusatzpatente für 15 Jahre *M.* 60, d. für Uebertragungen ca. *M.* 50.

XIII. Schweiz.

(Patentgesetz vom 29. Juni 1888; Vollzugsverordnung vom 12. Oktober 1888. Gesetz vom 23. März 1893).

1. Patentberechtigt: Erfinder oder Rechtsnachfolger.

2. Patentfähig: gewerblich verwertbare Erfindungen, die durch Modelle darstellbar (also kein Verfahren 2c.).

3. Nichtpatentfähig: chemische Erzeugnisse und Verfahren.

4. Patentbehörde: Das eidgenössische Amt für geistiges Eigentum, an das Patentgesuche zu richten.

5. Patentgesuch, Begründung: a. Gesuch in einer der drei Landessprachen, b. zwei Beschreibungen mit Patentanspruch, c. zwei Zeichnungen (Haupt- und Nebenzeichnung), d. Quittung über 40 Fr. Gebühr, e. Urkundlicher Nachweis der Rechtsnachfolge (event.), f. Vollmacht ohne Beglaubigung, g. Modelle, wenn nötig, h. Verzeichnis der Anlagen.

6. Verfahren: Prüfung der formellen Voraussetzungen durch die Patentbehörde, Vorprüfung auf Neuheit findet nicht statt, ebenso kein Einspruch gegen Erteilung; Beschwerde

wegen Zurückweisung der Anmeldung binnen 4 Wochen an die vorgesetzte Verwaltungsbehörde.

7. Patenterteilung und öffentliche Bekanntmachung hierüber sofort, wenn die Formalitäten in Ordnung.

8. Patentschriften (gedruckte) über definitive Patente.

9. Patent: a. provisorisches auf 3 Jahre, wenn das Vorhandensein einer Erfindung noch nicht hinreichend nachgewiesen, ohne Klagerecht wegen Nachahmung, b. definitives wird nach Ablauf von 3 Jahren durch Nachlieferung des fehlenden Nachweises kostenlos, doch ohne rückwirkende Kraft erteilt d. h. umgetauscht.

10. Zusatzpatente für Verbesserungen 2c.: dieselbe Begründung wie für Hauptpatente gegen Gebühr von 20 Fr. nur zum definitiven Hauptpatent und für dessen Dauer.

11. Dauer der Patente 15 Jahre.

12. Ausführungszwang für 3 Jahre in angemessenem Umfang.

13. Uebertragung (ganz oder teilweise) sowie Lizenzerteilungen müssen in beglaubigter Form dem Amt angezeigt werden.

14. Nichtigkeitsgründe und Gründe für Zurücknahme: Verzicht des Inhabers, Nichtzahlung der Gebühr, Nichtausführung (pos. 12), Einführung eines patent. Gegenstandes in der Schweiz und gleichzeitige Verweigerung von Lizenzen, Mangel der Neuheit oder Verwertbarkeit, widerrechtliche Entnahme, betrügerische Angaben im Titel des Gegenstandes, Unzulänglichkeit der Beschreibung und Zeichnung 2c.

15. Nichtigkeitsklage bei den Gerichtsstellen der Kantone.

16. Zurücknahme im öffentlichen Interesse gegen Entschädigung zulässig.

17. Bezeichnung der patent. Gegenstände mit dem eidgenössischen Kreuz und Patentnummer ist Bedingung für Klage wegen Patentverletzung.

18. Patentgebühren: a. mit der Anmeldung 40 Fr., b. für das erste Jahr 30 Fr. und für jedes folgende Jahr 10 Fr. mehr bis zu 150 Fr. für das 15. Jahr, Vorauszahlung zulässig, c. für Zusatzpatente 20 Fr. (einmal).

19. Zahlungsfrist am ersten Tag des Patentjahrs mit Respektfrist von 3 Monaten, nach deren Ablauf Erlöschung.

XIV. Türkei.

(Patentgesetz vom 1. März 1880.)

1. **Patentberechtigt:** Der erste Anmelder.

2. **Patentfähig:** Erfindung oder Verbesserung auf dem Gebiete des Gewerbes oder der Industrie.

3. **Patentbehörde.** Patente werden nur durch besonderen Firman des Sultans erteilt.

4. **Begründung des Patentgesuchs:** a. 2 Beschreibungen in türkischer Sprache, wenn in anderer Sprache abgefaßt, Anfertigung von Uebersetzung gegen Vergütung, b. Vollmacht in einer europäischen Sprache, legalisiert vom türkischen Konsulat, c. 2 Zeichnungen oder Modelle, d. Patentschrift des Heimatspatents bei Einführungspatenten, e. vollständiger Name, Nationalität und Wohnort des Erfinders.

5. **Vorprüfung** findet statt bei Patenten für Nahrungsmittel, chemische Produkte, explosibele Stoffe, Waffen und Gegenstände für den Kriegsgebrauch.

6. **Zusatzpatente** statthaft.

7. **Dauer** des Patents 5, 10 oder 15 Jahre, bei Einführungspatenten nicht länger als das betreffende Auslandspatent.

8. **Besitzwechsel** (Uebertragungen) durch notariell beglaubigte Urkunden anzuzeigen.

9. **Ausführungszwang** binnen 2 Jahren und keine Unterbrechung länger als 2 Jahre.

10. **Veröffentlichung** der erteilten Patente im amtlichen Staatsblatte alle 6 Monate, **keine** Patentschriften ausgegeben.

11. **Gründe für Zurücknahme** des Patents: a. im Falle der Einführung des patentierten Gegenstandes ohne ministerielle Genehmigung und b. bei nicht rechtzeitiger Zahlung der Gebühren.

12. **Patentgebühren:** a. für Erwirkung des Patents sammt Taxe für das 1. Jahr 240 M., b. Jahrestaxen je 46 M., c. für Zusatzpatente inkl. Jahrestaxe 230 M., d. für Uebertragung 150 M., e. für Ausübungsnachweis 180 M.

XV. Finnland.

(Patentgesetz vom 30. März 1876.)

1. **Patentberechtigt:** der Erfinder, In- oder Ausländer.

2. Patentfähig: neue Erfindungen, die Gewerbe, Industrie oder Kunst betreffen, auch Verbesserungen älterer Erfindungen.

3. Nicht patentfähig: Erfindungen: a. die den guten Sitten oder der öffentlichen Sicherheit zuwider, b. Arzneimittel, c. die im In- oder Ausland durch Druck veröffentlicht oder im Inland in Benutzung genommen sind.

4. Patentbehörde: das Oekonomie-Departement des Senats, bei welchem die Gesuche einzureichen.

5. Patentgesuche: Begründung: a. Vollmacht in schwedischer Sprache vom russischen Konsul legalisiert, b. Gesuch mit Angabe der Zeitdauer und 2 Beschreibungen in schwedischer und finnischer Sprache, c Zeichnungen in duplo, eventuell auch Modelle und Muster, d. notarielle und vom Konsul beglaubigte Bestätigung über Erteilungsdatum und Zeitdauer von Auslandspatenten bei deren Einführung.

6. Verfahren: Nach Prüfung und Genehmigung durch die Patentbehörde Ausfertigung des Patentbriefs, gedruckte Patentschriften nicht ausgegeben, Veröffentlichung des Patents durch den Vertreter binnen 2 Monaten 3 Mal in den offiziellen schwedischen und finnischen Zeitungen.

7. Dauer des Patents 3—12 Jahre, nicht länger als das betreffende Auslandspatent.

8. Zusatzpatente nicht erteilt.

9. Ausführungszwang binnen 2 Jahren mit Nachweis bei der Manufaktur-Direktion, Verlängerung bis zu 4 Jahren zulässig.

10. Uebertragungen gestattet mit Anmeldepflicht.

11. Vorprüfung auf Neuheit nicht.

12 Gründe für Nichtigkeit und Zurücknahme: a. Widerrechtliche Entnahme, b. Widerstreit gegen gute Sitten, öffentliche Sicherheit oder Gesundheit, c. Uebereinstimmung mit einem älteren Patent, d. Unterlassung der 3maligen Veröffentlichung, der Ausführung und des Nachweises der Ausführung.

13. Nichtigkeitsklage innerhalb eines Jahres von der letzten Veröffentlichung beim Gericht des Wohnorts des Vertreters.

14. Patent-Gebühren und Kosten: a. für Erwirkung eines Patents 200 M., und 12,80 M. für je 100 Worte der Beschreibung zur Annoncierung im finnischen Reichsblatt und 16 M. für jedes Jahr Gebühr und b. für Uebertragungen 50 M.

NB. Von den übrigen europäischen Ländern besitzen: Holland, Griechenland, Rumänien und Serbien bis jetzt noch keine Patentgesetze, doch können in den 3 erstgenannten Staaten Schutzmarken (Fabrik- oder Handelsmarken) auch zum Schutz von Erfindungen dienen.

B. Außereuropäische Staaten.

I. Vereinigte Staaten von Nord-Amerika.

(Patentgesetze vom 8. Juli 1870, rev. 22. Juni 1874, Vorschriften für das Verfahren August 1879.)

1. Patentberechtigt: Der 1. Anmelder mit eidlicher Versicherung, der Erfinder zu sein.

2. Patentfähig: neue Erfindungen (eine nicht mehrere gleichzeitig), ein Verfahren, Werkzeuge, Industrieerzeugnisse, Stoffverbindungen, Verbesserungen ꝛc.

3. Nicht patentfähig: a. Prinzipien ohne Ausführungsform, b. Erfindungen, die vor der Anmeldung länger als 2 Jahre öffentlich gebraucht oder verkäuflich waren.

4. Patentbehörde: Patentamt (Patent-Kommissär).

5. Verfahren: Gesuche gehen an den Patent-Kommissär. Begründung derselben: a. 1 Beschreibung in englischer Sprache, b. Zeichnungen, Modelle, Proben (Muster) bei Stoffverbindungen (letztere fakultativ, wenn nötig), c. eidliche Versicherung (siehe oben) vor einem diplomat. Agenten (Konsul ꝛc.) geleistet, d. Vollmacht ohne Beglaubigung, e. Quittung über 15 Doll. Gebühr; Prüfung der Formalien; Ergänzung des Gesuchs in dieser Beziehung binnen 2 Jahren zulässig (und zwar wiederholt); nach Zurückweisung von seiten des Examinators wegen solcher Mängel noch Verbesserungen zulässig; Vorprüfung auf Neuheit (pos. 3b) findet statt; Einspruch vor Erteilung nicht zulässig; Beschwerde gegen Zurückweisung (wenn 2 mal erfolgt) an das Kollegium der Ober-Examinatoren gegen 10 Doll. Gebühr; weitere Beschwerde gegen deren Entscheidung an den Patent-Kommissär gegen 20 Doll. Gebühr und gegen dessen Entscheidung Berufung an den obersten Gerichtshof des Distrikts von Kolumbia.

6. Verwahrung (caveat) auf ein Jahr für eine unvollendete Erfindung kann eingelegt werden mit mehrmaliger Verlängerung, zur Hinterlegung im Archiv des Patentamts

gegen Gebühr von 10 Doll., jedoch nur von einem amerikanischen Bürger.

7. Dauer der Patente bis zu 17 Jahren vom Tage der Ausfertigung an, doch nicht länger als das betreffende Auslandspatent bei Einführungspatenten.

8. Zusatzpatente werden nicht erteilt.

9. Ausführungszwang besteht nicht.

10. Patentschriften werden ausgegeben.

11. Uebertragungen (ganz oder teilweise) müssen auf Grund öffentlicher Urkunden binnen 3 Monaten beim Patentamt eingetragen werden.

12. Nichtigkeit und Zurücknahme von Patenten: a. mangels Neuheit, c. bei widerrechtlicher Entnahme (Entwendung), c. bei Unvollständigkeit der Beschreibung mit betrüglicher Absicht.

13. Nichtigkeitsklage bei dem zuständigen Gerichtshof.

14. Patentgebühren (in R.-M. umgerechnet): a. für Erwirkung des Patents mit allen Taxen für die ganze Dauer 260 M., b. für Registrierung von Patentübertragungen, Lizenzerteilungen 2c. 40—60 M., c. für Umtauschs-Patente 380 M., d. für Anspruchsverminderung 120 M. und e. für Berufungskosten ca. 160—250 M.

II. Brasilien (Vereinigte Staaten).

(Patentgesetz vom 14. Okt. 1882 und Dekret vom 5. Nov. 1887).

1. Patentberechtigt: Erfinder oder Rechtsnachfolger.

2. Patentfähig: ein neues industrielles Erzeugnis, ein Verfahren, Anwendung (neue) eines bekannten Verfahrens zu industriellen Zwecken, Verbesserungen 2c.

3. Nichtpatentfähig: Erfindungen gegen die Gesetze, guten Sitten, öffentliche Sicherheit oder Wohl sowie ohne prakt. industriellen Erfolg.

4. Patentbehörde, bei der Patentgesuche einzureichen.

5. Verfahren, Begründung des Gesuchs: a. zwei Beschreibungen in portug. Sprache, b. drei Zeichnungen, c. Vollmacht ohne Beglaubigung, d. Modelle (fakultativ), Vorprüfung auf Neuheit findet nicht statt, nur bei Nahrungsmitteln und chemischen Stoffen. Zurückweisung nur wegen Patentunfähigkeit (pos. 3), nach 30 Tagen Registrierung und

Auslegung des Patents, Einspruch nicht zulässig, Beschwerde gegen Zurückweisung an den Staatsrat.

6. Dauer der Patente 15 Jahre bei regelmäßiger Zahlung der Jahresgebühren und Ausführung.

7. Zusatzpatente zugelassen, laufen mit dem Hauptpatent ab.

8. Patentschriften nicht ausgegeben.

9. Ausführungszwang binnen 3 Jahren, keine Unterbrechung länger als 1 Jahr.

10. Uebertragungen erfordern Registrierung für Gültigkeit.

11. Nichtigkeitsgründe: a. Mangel der Patentfähigkeit (pos. 2 u. 3), b. Bestand eines älteren Patents, c. Wahrheitswidrige Beschreibung, d. Falsche Bezeichnung des Titels in betrüglicher Absicht.

12. Nichtigkeitsklage beim Handelsgericht in Rio de Janeiro.

13. Zurücknahme: a. mangels Ausführung 2c. (pos. 9), b. mangels Bestellung eines Vertreters für ausl. Inhaber.

14. Patentgebühren: (in R. M. umgerechnet) a. für Erwerbung des Patents mit 1. Jahresgebühr ℳ 500, b. Jahresgebühr für das 2. Jahr ℳ 100, für das 3. Jahr ℳ 120, das alljährlich um ℳ 24 steigend, c. für Zusatzpatente ℳ 250, d. für Uebertragungen ℳ 170, e. für Ausführungsnachweis ℳ 400.

15. Zahlungsfrist: Kalendertag der Erteilung des Patents.

III. Argentinien.

(Patentgesetz vom 11. Oktober 1864, und Reglement vom 9. November 1866).

1. Patentberechtigt: Erfinder oder Rechtsnachfolger.

2. Patentfähig: alle (neue) Mittel zur Erreichung eines industriellen Zwecks, neue Industrieerzeugnisse.

3. Nichtpatentfähig: Erfindungen a. gegen Gesetze und gute Sitten, b. von pharmaceutischen Präparaten, c. von Finanzplänen, d. theoretische Entdeckungen 2c.

4. Patentbehörde, bei der die Gesuche einzureichen.

5. Verfahren: Begründung der Gesuche: a. Gesuch mit Angabe der Zeitdauer, b. Beschreibungen in span. Sprache, c. zwei Zeichnungen, d. Modelle (fakultativ), e. Vollmacht.

Nach Zahlung der Gebühr für Erteilung und Bürgschaftsleistung für die Jahrestaxe erfolgt Prüfung der Anmeldung in formeller Beziehung sowie auch Vorprüfung auf Neuheit, Beschwerde gegen Zurückweisung geht ans Ministerium des Innern binnen 10 Tagen.

6. Zusatzpatente werden erteilt, laufen mit dem Hauptpatent ab.

7. Dauer der Patente: Vorläufiger Schutz auf 1 Jahr, Hauptpatente auf 5, 10 u. 15 Jahre, Einführungspatente auf 10 Jahre längstens.

8. Patentschriften werden nicht ausgegeben.

9. Ausführungszwang binnen 2 Jahren, keine Unterbrechung über 1 Jahr.

10. Uebertragungen durch öffentliche Urkunden sind zu registrieren.

11. Nichtigkeitsgründe: a. Mangel der Patentfähigkeit, b. absichtlich falsche Titelangabe, c. Unvollständigkeit der Beschreibung, d. Mangel der Neuheit.

12. Nichtigkeitsklage an das Bezirksgericht.

13. Patentgebühren (in R. M): a. für Patent auf 5 Jahre ℳ 460, für Patent auf 10 Jahre ℳ 740, auf 15 Jahre ℳ 1260, b. für Zusatzpatent für 5 Jahre ℳ 220, für 10 Jahre ℳ 500, für 15 Jahre ℳ 700, c. für Uebertragungen ℳ 180. Alle Gebühren sofort zahlbar.

IV. Canada.

(Patentgesetze vom 14. Juni 1872, 25. Mai 1883, Vorschriften zur Ausführung vom 27. August 1872 und 14. Januar 1873.)

1. Patentberechtigt: Erfinder oder Rechtsnachfolger.

2. Patentfähig: neues Verfahren, Werkzeuge, Industrieerzeugnisse, Stoffverbindungen 2c.

3. Nichtpatentfähig: Erfindungen a. für unerlaubte Zwecke, b. die seit länger als 1 Jahr in Canada im öffentlichen Gebrauch, c. die im Auslande seit länger als 12 Monate patentiert und für die nicht innerhalb dieser Frist ein Patent in Canada nachsucht.

4. Patentbehörde: Kommissär für Patente, bei dem Gesuche einzureichen, deren Begründung: a. Gesuch mit Domizilangabe, b. Eidliche Versicherung, der Erfinder zu

sein, konsularisch beglaubigt, c. zwei englische Beschreibungen, d. drei Zeichnungen, e. Vollmacht.

5. Verfahren: Prüfung der formellen Voraussetzungen und Vorprüfung auf Neuheit durch den Patentkommissär, Einspruch vor Erteilung nicht zulässig, Beschwerde gegen Zurückweisung binnen 6 Monaten beim Gouverneur u. Rat.

6. Zusatzpatente für Verbesserungen zugelassen.

7. Ausführungszwang binnen 2 Jahren, Verlängerung möglich bei Nachweis der Unmöglichkeit der Ausführung.

8. Uebertragungen zulässig, müssen wie bei Lizenzerteilung eingetragen werden.

9. Gründe der Nichtigkeit und Zurücknahme: a. wegen unwahren Angaben im Gesuch, b. wegen betrügerischen Unrichtigkeiten in der Beschreibung oder Zeichnung, c. mangels Ausführung (pos. 7), d. wegen verspäteter Einführung (nach Ablauf von 12 Monaten) des pat. Gegenstandes.

10. Nichtigkeitsklage bei dem höchsten Gerichtshof der betr. Provinz, gegen dessen Entscheidung Berufung an den Appelhof.

11. Patentgebühren und Kosten (in R. M.): a. für Erwirkung eines Patents auf 6 Jahre mit allen Taxen ℳ 190, auf 12 Jahre ℳ 300, auf 18 Jahre ℳ 400, b. für Registrierung einer Uebertragung ℳ 80, c. für Verlängerung vor Ende des 6. und 12. Jahres ℳ 40.

12. Dauer der Patente 6, 12 und 18 Jahre. Einführungspatente erlöschen mit dem betr. Auslandspatent.

13. Zahlungsfrist: Die Verlängerungsgebühren vor dem Kalendertage der Erteilung zahlbar.

V. Mexico.

(Patentgesetz vom 7. Juni 1890).

1. Patentberechtigt: Erfinder oder Rechtsnachfolger.

2. Patentfähig: Erfindungen von neuen industr. Produkten, Produktionsmitteln, neues Verfahren, chemische und pharmaceutische Produkte.

3. Nicht patentfähig: a. Erfindungen den Gesetzen oder öffentl. Sicherheit zuwider, b. wissenschaftl. Prinzipien ꝛc.

4. Patentbehörde: Sekretariat des Ministeriums der öffentlichen Arbeiten, an das Patent-Gesuche zu richten.

5. Begründung derselben: a. 2 span. Beschreibungen, b. 2 Zeichnungen, c. Modelle und Muster (fakultativ), d. Vollmacht beglaubigt; Veröffentlichung 2 Monate lang; Einspruch zulässig, der durch die Gerichte event. zu erledigen 2c.; Vorprüfung auf Neuheit nicht; Ausfertigung des Patents nach Ablauf der 2monatlichen Frist und nach vorausgegangener Zahlung der Gebühren.

6. Zusatzpatente für die Dauer des Hauptpatents erteilt.

7. Dauer der Patente: 20 Jahre vom Tage der Ausfertigung, Verlängerung um 5 Jahre in Ausnahmsfällen zulässig.

8. Patentschriften nicht ausgegeben.

9. Ausführungszwang binnen 5 Jahren vom Tage der Erteilung an mit Pflicht des Nachweises der Ausführung.

10. Uebertragungen und Licenzerteilungen müssen registrirt werden.

11. Gründe der Nichtigkeit und Zurücknahme: a. Mangel der Neuheit und Patentfähigkeit (pos. 2 und 3), b. Betrügliche Beschreibung, c. Verschiedenheit des patentirten und ausgeführten Gegenstandes, d. widerrechtliche Entnahme, e. Verzicht (ganz oder teilweise), f. Mangel des Ausführungsnachweises.

12. Nichtigkeitsklagen bei den Gerichten.

13. Expropriation des Patents aus Gründen des öffentlichen Wohls.

14. Patent-Gebühren und Kosten in R.-M. a. für Erteilung des Patents sammt allen Taxen ℳ 710, keine Jahresgebühren, b. für Uebertragung ℳ 160 und c. für Verlängerung ℳ 560.

VI. Columbien (Vereinigte Staaten).

(Patentgesetz vom 13. Mai 1869).

1. Patentberechtigt: Erfinder oder Rechtsnachfolger.

2. Patentfähig: Industrielle Erfindungen ohne Rücksicht auf Nutzen, Maschinen, Stoffverbindungen, Verfahren, gewerbliche Erzeugnisse, Verbesserungen.

3. Nichtpatentfähig: bereits im Auslande patentierte Erfindungen und solche, die der öffentlichen Sicherheit, guten Sitten, Gesundheit, älteren Rechten 2c. widerstreiten.

4. Patentbehörde: Vollziehende Gewalt der Republik.

5. Verfahren, Patentgesuche, Begründung: a. persönliches Gesuch an dieselbe mit Angabe der Zeitdauer, b. Beschreibung in spanischer Sprache, c. Zeichnung oder Modelle, Muster des Stoffes 2c., d. Vollmacht beglaubigt, e. Hinterlegung von 10 Pesos Gebühr. Bekanntmachung der Anmeldung 30 Tage vor Erteilung des Patents, nach Erteilung 2 Mal im amtlichen Blatt. Vorprüfung auf Neuheit nicht.

6. Patentschriften nicht ausgegeben.

7. Dauer des Patents: 5, 15 oder 20 Jahre nach Wunsch, jedoch nicht länger als das betr. Auslandspatent.

8. Zusatzpatente werden nicht erteilt.

9. Ausführungszwang binnen Jahresfrist und darf nicht 1 Jahr lang unterbrochen werden.

10. Nichtigkeits- und Zurücknahme-Gründe: a. Veröffentlichung im Ausland vor der Patenterteilung, b. Erteilung zum Nachteil Dritter, c. mangelnde Ausführung resp. Unterbrechung (pos. 9).

11. Nichtigkeitsklage an die Gerichte.

12. Patent-Gebühren und Kosten (in R. M.): a. für 5 Jahre *M.* 600, b. für 10 Jahre *M.* 840, c. für 15 Jahre *M.* 1000, d. für 20 Jahre *M.* 1200 alsbald zahlbar, keine Jahrestaxen.

VII. Britisch-Ostindien.

(Patentgesetz vom 1. Juli 1888).

1. Patentberechtigt: Erfinder oder Rechtsnachfolger.

2. Patentfähig: neue Erfindung (eine nicht mehrere gleichzeitig), alle Mittel zur Erreichung eines industriellen Zwecks.

3. Nichtpatentfähig: Erfindungen ohne Nutzen, sowie solche, die bereits in Ostindien oder England durch Druck veröffentlicht oder in öffentlichem Gebrauch waren.

4. Patenbehörde: der Sekretär des Innern, bei dem Patentgesuche einzureichen.

5. Verfahren, Begründung der Gesuche: a. Gesuch an den General-Gouverneur, b. englische Beschreibung (vorläufige), nach dem Zulassungsbescheid nach 6 Monaten 6 englische vollständige Beschreibungen, c. 6 Zeichnungen, d. Vollmacht mit eidlicher Erklärung des Patentsuchers vor dem englischen Konsul der Erfinder zu sein. Nach Zahlung der Prüfungsgebühr Prüfung durch vom Gouverneur bestellte

Experten, auch Vorprüfung auf Neuheit, hiernach Patenterteilung und Registirung, Abweisung zulässig.

6. Dauer der Patente 15 Jahre vom Tage der Einreichung des Gesuchs nicht länger wie Auslandspatent, Verlängerung auf 7 Jahre zulässig und ev. sogar auf 14 Jahre.

7. Zusatzpatente werden nicht erteilt.

8. Gedruckte Patentschriften nicht ausgegeben.

9. Ausführungszwang besteht nicht.

10. Uebertragungen müssen registrirt werden.

11. Einführungspatent: Besitzer eines englischen Patents kann innerhalb 12 Monaten nach Anmeldung in Indien ein Patent erhalten.

12. Gründe der Nichtigkeit oder Zurücknahme: a. Mangel der Neuheit oder Nützlichkeit, b. widerrechtliche Entnahme, c. Ungenügende Beschreibung rc., d. Widerstreit gegen das öffentliche Wohl.

13. Nichtigkeitsklage bei den Gerichten.

14. Patent-Gebühren und Kosten: a. für Erwirkung des Patents mit Taxen für 4 Jahre 250 ℳ, b. für Uebertragung 80 ℳ, c. Taxen zahlbar vor Ende des 4.—8. Jahres incl. je 130 ℳ, vor Ende des 9.—13. Jahres incl. je 250 ℳ.

15. Zahlungsfrist 3 Monate gegen Straftaxe von 10 Rupp. für 1 Monat, 25 Rupp. für 2 Monate und 50 Rupp. für 3 Monate.

VIII. Süd-Australien.

(Patentgesetz: Akt vom 28. September 1881 und 1887).

1. Patentberechtigt: Erfinder oder erster Anmelder.

2. Begründung des Patentgesuchs: a. Deklaration von einem englischen Consul legalisiert, b. unbeglaubigte Vollmacht, falls Bewerber die Dokumente nicht selbst unterschreibt, c. 2 Beschreibungen, d. 2 Zeichnungen (ohne Vorschrift), e. Original der Abtretungsurkunde oder legalisierte Abschrift im Falle der Patentsucher die Erfindung gekauft.

3. Vorprüfung findet nicht statt.

4. Dauer des Patentes: 1 provisorisches 12 Monate, 1 definitives 14 Jahre vom Einreichungstage an um 7 Jahre verlängerbar.

5. Ausführungszwang binnen 3 Jahren.

6. Patentübertragung zulässig.

7. Patent-Gebühren und Kosten: a. für Erwirkung des provisorischen Patentschutzes auf 12 Monate 160 M., b. für Umwandlung in ein definitives 190 M., c. für das definitive Patent sofort erteilt mit allen Taxen für 3 Jahre 240 M., d. Gebühr vor Ende des 3. Jahres 84 M. und vor Ende des 7. Jahres 84 M.

IX. Victoria (Australien).

(Gesetz vom 9. Mai 1865 und 1890.)

1. Patentberechtigt: der Erfinder.

2. Patentfähig: neue gewerbliche Erzeugnisse und alle Mittel zu Erlangung eines gewerblichen Zwecks.

3. Nichtpatentfähig: Erfindungen, die den Gesetzen und dem öffentlichen Wohl des Staates widerstreiten.

4. Patentgesuche zu richten an das Büreau des General-Registrators; Begründung: a. Gesuch an den Ober-Sekretär der Kolonie, b. 2 englische Beschreibungen, c. 2 Zeichnungen, d. Versicherung, der erste und wahre Erfinder zu sein, e. Vollmacht nicht legalisiert; dagegen die Deklaration durch einen englischen Konsul legalisiert; Modelle nicht unbedingt erforderlich; Vorprüfung auf Neuheit nicht.

5. Patent, vorläufig auf 6 Monate erteilt, 6 Wochen vor Ablauf dieser Frist Antrag auf das definitive Patent zu stellen, innerhalb derselben können die Beschreibungen geändert werden; öffentliche Ladung zur Einspruchserhebung 3 Mal in der Zeitung, hiernach Prüfung etwaiger Einsprüche, Entscheidung hierüber und Erteilung einer Vollmacht für das Patent, das alsdann vom Generalsekretär ausgefertigt wird.

6. Zurückweisung der Anmeldung zulässig. Beschwerde hiergegen nicht gegeben.

7. Dauer des Patents: das provisorische auf 12 Monate, das definitive auf 14 Jahre.

8. Zusatzpatente werden nicht erteilt.

9. Patentschriften nicht ausgegeben.

10. Ausführung der Erfindung nicht erforderlich.

11. Uebertragungen und Lizenzerteilungen zulässig, sind zu registrieren.

12. Patentgebühren und Kosten in R.-M.: a. für ein provisorisches Patent 120 M., b. für Umwandlung in ein definitives 180 M., c. Gebühren nach 3 und nach 7 Jahren je 70 M.

X. West-Australien.

(Gesetz vom 15. Aug. 1872 und vom 26. Nov. 1888 u. 1890).

1. Patentberechtigt: der Erfinder.

2. Patentfähig: alle Mittel zur Erlangung eines industriellen Zwecks.

3. Nichtpatentfähig: solche Erfindungen, welche dem Staate nachteilig sind, welche schon früher in West-Australien angewendet, durch Druck veröffentlicht oder zum Kaufe angeboten wurden.

4. Patentgesuche: zu richten an den Gouverneur. Begründung derselben a. von einem englischen Konsul beglaubigte Deklaration, b. Vollmacht (unlegalisiert), c. zwei Beschreibungen, d. zwei Zeichnungen, e. indesondere für Einführungspatente beglaubigte Abschrift des ausländischen Patents sowie legalisierte Deklaration, daß das Patent noch in Kraft, f. Modelle fakultativ.

5. Vorprüfung findet nicht statt.

6. Patentübertragungen sind zulässig.

7. Dauer der Patente: das provisorische Patent 12 Monate, das definitive 14 Jahre.

8. Patentgebühren sammt allen Taxen für 4 Jahre 460 *M*, Einführungspatent sammt allen Taxen 500 *M*, für Erwirkung des provisorischen Schutzes auf 12 Monate 140 *M*, für Umwandlung in ein definitives Patent 250 *M*.

9. Gründe der Nichtigkeit und Zurücknahme: a. wenn die Erfindung nicht neu war, b. wenn die Gebühren nicht bezahlt wurden.

17*

F.

Gesetz, betr. den Schutz der Gebrauchsmuster vom 1. Juni 1891.

Wir **Wilhelm**, von Gottes Gnaden Deutscher Kaiser, König von Preußen ꝛc. verordnen im Namen des Deutschen Reichs, nach erfolgter Zustimmung des Bundesrates und des Reichstags, was folgt:

§ 1.

Modelle von Arbeitsgerätschaften oder Gebrauchsgegenständen oder von Teilen derselben werden, insoweit sie dem Arbeits- oder Gebrauchszwecke durch eine neue Gestaltung, Anordnung oder Vorrichtung dienen sollen, als Gebrauchsmuster nach Maßgabe dieses Gesetzes geschützt.

Modelle gelten insoweit nicht als neu, als sie zur Zeit der auf Grund dieses Gesetzes erfolgten Anmeldung bereits in öffentlichen Druckschriften beschrieben oder im Inlande offenkundig benutzt sind.

I. Anmerkungen:

1. Ueber den Zweck und die Notwendigkeit dieses neuen Gesetzes zum Schutze der sogen. Gebrauchsmuster finden sich schon in der Einleitung zu diesen verschiedenen Kommentaren einige hierüber orientierende allgemeine Bemerkungen (vergl. Abschnitt A: syst. Einleitung).

Indem ich zunächst hierauf verweise, sind zur weiteren Erläuterung des Sinnes und der Bedeutung dieses Gesetzes noch die in den Motiven zu dem Entwurf dargelegten Gründe, welche zu dessen Vorlage geführt haben, heranzuziehen. Es findet sich hierin im wesentlichen folgendes ausgeführt:

Das Gesetz vom 11. Januar 1876 habe in der Praxis nur Anwendung auf die sogen. Geschmacksmuster gefunden und sich infolgedessen die Ueberzeugung Raum verschafft, daß das zwischen diesen Geschmacksmustern und den durch das Patentgesetz geschützten Erfindungen liegende Gebiet von Erzeugnissen, welche nicht lediglich durch eine neue Form, sondern wegen besserer Verwendbarkeit 2c. sich auszeichnen, ebenfalls eines Schutzes bedarf, sowie daß der Mangel eines derartigen Schutzes in der Praxis vielfach dazu geführt, schutzbedürftige Gebrauchsmuster in einer der beiden anderen, des Schutzes teilhaftigen Kategorien von gewerblichen Erzeugnissen (Geschmacksmuster oder Erfindungen) unterzubringen (vergl. Einleitung a. a. O.). Namentlich in den Patentklassen, in welchen die als sogen. „kleine Erfindungen“ bezeichneten Erzeugnisse zahlreich vertreten (z. B. Kurzwaaren, hauswirtschaftliche Geräte, Schreib- und Zeichenmaterialien 2c.), seien häufig Zurückweisungen erfolgt, weil keine Erfindung im Sinne des Patentgesetzes vorgelegen, oder auch eigentlich nicht gerechtfertigte Patenterteilungen in Rücksicht auf den Mangel eines gesetzlichen Schutzes für dergleichen Gebrauchsmuster.

Zur Entlastung des Patentamtes, sowie zur wirksamen Durchführung des revidierten Patentgesetzes, solle die Einführung eines Schutzes für die Gebrauchsmuster beitragen und zugleich als notwendiges Korrelat der Beibehaltung des Vorprüfungsverfahrens bei den Patenterteilungen dienen. Bei dem Erlasse eines besonderen Gesetzes hierfür sei es nun für nötig reachtet worden, mit Rücksicht auf die Verwandtschaft des neu zu regelnden Schutzes mit dem Erfindungsschutze die Vorschriften desselben an die Bestimmungen des Patentgesetzes anzulehnen mit Abweichungen weniger in Ansehung der Tragweite beider Arten des Schutzes als bezüglich ihrer Vorbedingungen und Folgen. Diese Abweichungen treten zu Tage in dem Wegfall der behördlichen (materiellen) Vorprüfung bezüglich der Schutzfähigkeit solcher Gebrauchsmuster, in der geringeren Höhe der Gebühren, andererseits in der Kürze der Schutzfrist, sowie darin, daß der Inhaber des Musters im

Streitfalle das Vorhandensein der materiellen Voraussetzungen, bezw. die Schutzfähigkeit des betr. Musters zu beweisen habe. Hierbei habe man aber zugleich möglichste Einfachheit in der Gestaltung dieses Gesetzes im Auge gehabt.

2. Auch bei diesem neuen Objekt des gewerblichen geistigen Eigentums, dessen Schutzbedürftigkeit hiermit anerkannt wurde, hat man ebenfalls wie bei den anderen Gegenständen desselben von einer Begriffsbestimmung (Legaldefinition) aus den nämlichen Gründen abgesehen, weil eine erschöpfende Aufzählung und Feststellung der Merkmale des Begriffs Gebrauchsmuster zu schwierig sei, wovon auch schon in der Einleitung die Rede gewesen ist; man hat sich auf eine ziemlich allgemein gehaltene Umschreibung zur möglichsten Abgrenzung von den Nachbargebieten der patentfähigen Erfindungen und Geschmacksmuster beschränkt. Demgemäß werden in § 1 dieses Gesetzes nur solche Gestaltungen und Vorrichtungen, welche einem Arbeits- oder Gebrauchszweck dienen, als schutzfähig erklärt, d. h. als sogen. Gebrauchsmuster im Sinne dieses Gesetzes, und wie sie die Ueberschrift desselben bezeichnet, betrachtet.

Auf eine Anregung aus der Kommission, auch noch Spielwaren 2c., welche im geschäftlichen Leben weder als Arbeitsgerätschaften noch als Gebrauchsgegenstände gelten, bei der Umschreibung des Begriffs Gebrauchsmuster in § 1 speziell zu berücksichtigen, wurde festgestellt, daß Gegenstände der bezeichneten Gattung, sofern in ihnen eine Neuerung enthalten sei, den gesetzlichen Schutz in Anspruch nehmen könnten, d. h. unter das Gesetz fielen, da es sich bei solchen auch um einen Gebrauchszweck handele, daß es aber unthunlich sei, sämmtliche Industriezweige, auf welche sich der Schutz erstrecken soll, oder einzelne derselben im Gesetz zu bezeichnen.

Dieser Satz ist im Prinzip vollkommen richtig, aber gerade weil eine Aufzählung aller im Sinne dieses Gesetzes schutzfähigen Industrieerzeugnisse unthunlich ist und andererseits sich bestimmte allgemeine Merkmale für die Bestimmung des Begriffs Gebrauchsmuster im Sinne dieses Gesetzes auch nicht aufstellen lassen, so wird es in der Praxis an mancherlei Zweifelsfällen in dieser Beziehung demnächst nicht fehlen und sich erst durch die bei der Handhabung dieses Gesetzes zu machenden Erfahrungen gewisse allgemeine Regeln herausbilden und Geltung verschaffen müssen.

Klar und zweifellos ist zunächst die Ausscheidung von

solchen Neuerungen, welche ein Verfahren zur Herstellung von Gegenständen betreffen, da solche der Natur der Sache nach unmöglich als Gebrauchsgegenstände betrachtet werden können.

Wenn aber in § 1 von Gerätschaften für Arbeitszwecke, sowie von Gegenständen des Gebrauchs die Rede ist und damit ausgedrückt werden soll, daß auch Maschinen und Betriebsvorrichtungen für den Musterschutz außer Betracht bleiben, so ist diese Ausscheidung nicht mit der gleichen Sicherheit wie bei Verfahrungsarten zu treffen, möglich, da auch die Grenze zwischen einem Arbeitsgerät und einer sogen. Maschine unter Umständen schwer zu ziehen und ineinanderfließend sein möchte.

Auf alle Fälle würde aber dem Erfinder (bezw. Urheber) eines derartigen, nach beiden Seiten hin neigenden, eine Neuerung aufweisenden Arbeitsgerätes freigestellt werden müssen, welche Schutzart er für sein Erzeugnis wählen (ob Patent- oder Musterschutz), d. h. wie er solches benennen und klassifizieren will, ob als einfaches Werkzeug (Arbeitsgeräte) oder als Maschine, welch letztere im weiteren Sinne des Worts eigentlich auch ein Arbeitsgeräte ist, wenigstens insoweit solche einem Arbeitszwecke dienen. Der Gebrauchsmusterschutz ist also nicht auf eigentliche Arbeitsgerätschaften 2c. im engeren Sinne beschränkt, er muß vielmehr unter Umständen auch „Maschinen“ im technischen Sinne, nicht weniger auch Flächenerzeugnissen, die nicht einem ästhetischen, sondern gewissermaßen einem technischen oder wirtschaftlichen Zwecke dienen sollen (z. B. Musterzeichnungen, Schreibvorlagen, Register für Handelsbücher, sonstige Einrichtungen derselben u. dergl.) bei Vorhandensein der gesetzlichen Voraussetzungen zu Teil werden (vergl. die hierauf bezüglichen Bemerkungen in der Einleitung (A), sowie die unten mitgeteilten Entscheidungen des Reichsgerichts und einiger anderer Gerichte). Der Begriff „Modell“ kann nämlich ohne Zwang im weiteren Sinne des Wortes recht wohl auch auf Flächenerzeugnisse angewendet werden, indem auch ein bedrucktes Blatt oder ein Geschäftsbuch mit besonderer Einrichtung ein körperlicher Gegenstand ist.

Bei eigentlichen Betriebsvorrichtungen wird dagegen ein Zweifel bezüglich der Klassifizierung und Bestimmung der geeigneten Schutzart kaum vorkommen können. Mit Recht wird daher in den Motiven noch hervorgehoben, daß die Entwickelung der Praxis sich in der Richtung auf eine feste Grenzziehung zwischen Erfindung und Gebrauchsmuster wohl nicht vollziehen werde und auch nicht zu erreichen sei, und daß immer ein gewisses Gebiet von Gegenständen verbleiben werde, bei welchen es zweifelhaft sein kann, ob sie richtiger als neue Erfindungen oder als neue Modelle (d. h. Gebrauchsmuster) angesprochen werden, sowie daß der Urheber der Neuerung nach seinem Interesse diesen Zweifel erledigen möge. In letzterem Satz wird somit auch das völlig freie Wahlrecht des Urhebers bezüglich der Schutzart für sein neues Erzeugnis in diesen Fällen der unsicheren Grenzziehung anerkannt.

3. Das auf Antrag der Kommission noch in den Abs. 1 des § 1 hinter den Worten „neue Gestaltung" eingefügte Wort „Anordnung" wird in dem Komm.-Ber. wie folgt begründet:

Es könnte eine schutzbedürftige, aber nicht patentfähige Gebrauchsneuerung vorkommen, welcher der Patentschutz versagt worden sei und bei welcher die Neuerung nicht in der Form (Gestaltung) oder einer Vorrichtung, sondern in einer stesonderen Anordnung der einzelnen Teile des betr. Gegenbandes gelegen wäre, und wird hierfür als Beispiel eine Barackenkonstruktion angeführt, bei welcher die Neuerung nicht in der Form (Gestaltung) oder einer Vorrichtung, sondern darin bestehe, daß vermöge einer besonderen Anordnung und Befestigung der einzelnen Teile die Baracke leicht auf- und abgeschlagen 2c. werden könne.

Dieses einzelne aus den sehr mannigfaltigen Erzeugnissen gewerblicher Produktion herausgegriffene Beispiel, das zu einer veränderten Wortfassung des § 1 Veranlassung gegeben hat, sowie die Bedenken, welche bezüglich der in dem Gesetz gewählten Ausdrücke „Gebrauchsmuster" und „Modell" überhaupt in der Kommission geäußert wurden, beweisen, daß eine kasuistische Behandlung zum Zwecke einer näheren Erläuterung und Feststellung des Umfangs der als Gebrauchsmuster im Sinne dieses Gesetzes zu behandelnden Industrieerzeugnisse wenig zuträglich und geeignet ist, eine ganz zutreffende Lösung dieser Frage herbeizuführen, da anerkanntermaßen die Merkmale dieses Begriffs in erschöpfender Weise sich unmöglich aufstellen lassen. Daß auch die Wahl eines bestimmten Materials als „Anordnung" im Sinne des § 1 verstanden werden könne (z B. Panzerplatten aus Nickel, Billardbälle aus Cellulose 2c.) ist in der Theorie anerkannt (z. B. von Robolski das Patentgesetz), wenn auch eine Entscheidung des Reichsgerichts sich im gegenteiligen Sinne ausspricht (siehe unter Rechtsprechung).

Welche eine Neuerung aufweisende, Gegenstände als Gebrauchsmuster geschützt werden können, wird daher in manchen Fällen sich nur negativ bestimmen lassen durch Prüfung der Frage, ob der betr. Gegenstand nicht in ein anderes Schutzgebiet fällt. Da Anmeldungen von Gebrauchsmustern, sofern sie den formellen Anforderungen des § 2 entsprechen, ohne jede materielle Vorprüfung registriert werden müssen und unter dieser Voraussetzung unter allen Umständen den Schutz dieses Gesetzes erlangen, so kann mit Rücksicht hierauf nichts darauf ankommen, ob die Begriffsumschreibung des § 1 mehr oder weniger dasjenige deckt, was als Gebrauchsmuster geschützt werden soll; es hat sich in erster Linie jeder Gewerbtreibende, der ein neues Industrieerzeugnis nur als Gebrauchsmuster anmelden will, diese Frage selbst vorzulegen und auf eigenes Risiko zu entscheiden und kann ihm eine Zurückweisung daraufhin, daß der betr. Gegenstand eine patentfähige Erfindung oder ein Geschmacksmuster sei, nicht widerfahren. Es ist aber in zweifelhaften Fällen immerhin ratsam, worauf schon in der Einleitung hingewiesen wurde, sich beider Schutzarten zu bedienen d. h. die betr. Erfindung sowohl als Gebrauchsmuster wie zum Patent anzumelden, wenn sich der Erfinder das Recht des späteren Uebergangs zum Patentschutz wahren d. h. den Verzicht auf Letzteren einstweilen vorbehalten will.

4. Was nun die notwendige Voraussetzung der Neuheit, die auch für Gebrauchsmuster allgemein gilt, betrifft, so ist dieser Begriff in Absatz 2 ganz in derselben Weise wie in dem Patentgesetz festgestellt worden und kann daher auf die bezügliche Erläuterung zum Patentgesetz (§ 2) verwiesen werden. In diesem Begriff liegt, daß die Abweichung von bereits bekannten Gestaltungen oder Vorrichtungen eine selbständige, eigenartige sei, und war dies nicht besonders (wie bei den Geschmacksmustern) zum Ausdruck zu bringen. Demgemäß ist auch hier die Neuheit ausgeschlossen, wenn eine öffentliche Beschreibung (in Druckschriften u. dergl.) oder eine offenkundige Benutzung stattgefunden hat, so daß daraus ohne Zuhilfenahme eines weiteren, selbständigen Gedankens die Eigenschaften des Modells erkannt werden können, über welche Frage der Richter zu entscheiden hat.

II. Entscheidungen des Reichsgerichts und anderer Gerichte (mitgeteilt im Blatt für Patent- Muster- und Zeichenwesen).

1. Ein Modell ist nicht als Gebrauchsmuster schutzfähig, wenn es nur durch ein Herstellungsverfahren gekennzeichnet wird, wenn es nur eine quantitative Mehrleistung gegenüber Bekanntem aufweist und wenn ein naheliegender Materialaustausch vorliegt. (Entsch. des Landg. Hamburg v. 7./7. 94. B. f. P. M. u. Z. I, S. 62—63).

2. Eine Flächenanordnung (Register für Handelsbücher) ist als Gebrauchsmuster schutzfähig. (Entsch. des Oberl.-G. Hamm v. 19./10. 94. B. f. P. M. u. Z. I, S. 129).

3. Die Färbung einer photographischen Trockenplatte zc. ist als ein Verfahren zu betrachten, fällt nicht unter den Begriff „Modell" und kann daher nicht als Gebrauchsmuster geschützt werden. (Entsch. des Landg. Berlin v. 8./2. 95. P. f. P. M. u. Z. I, S. 257—59).

4. Ein Verfahren kann, weil an sich im Raum nicht darstellbar, niemals ein Modell im Sinne des Gesetzes betr. den Schutz von Gebrauchsmustern sein. Ebensowenig sind Schmuckgegenstände wegen des Mangels eines wirtschaftlichen oder technischen Nutzzwecks des Gebrauchsmusterschutzes fähig. (Entsch. des R.-G. v. 27./11. 95. B. f. P. M. u. Z. I, S. 61—62).

5. Unter dem Begriff „Arbeits- oder Gebrauchszweck" ist auch ein solcher Zweck zu verstehen, dem ein früher bekannter Gegenstand bisher nicht gedient hatte. Flächenanordnungen (Tischdecke aus Wachstuch und dergl. mit Zahlen, Bildern, Buchstaben u. s. w. für Unterhaltungs- und Unterrichtszwecke) sind nicht als Gebrauchsmuster schutzfähig (vergl. die gegenteilige Entsch. des Oberl.-G. Hamm oben pos. 2). (Entsch des Landg. Leipzig v. 1./12. 94. B. f. P. M. u. Z. I, S. 156—189).

6. Maschinen und Betriebsvorrichtungen sowie Arbeitsvorgänge sind nicht Gegenstände des Gebrauchsmusterschutzes, Kombinationen bekannter Elemente nur dann, wenn sich die neue Gesammtordnung auch in einer neuen äußeren Form darstellt. (Entsch. des R.-G. v. 23./10. 95. B. f. P. M. u. Z. II, S. 10—12).

7. Eine anderweite Zweckbestimmung bereits bekannter Modelle gibt diesen nicht die Eigenschaft der Neuheit im Sinne

des § 1. (Entsch. des Oberl.-G. Köln v. 2./4. 95. B. f. P. M. u. Z. I, S. 259—60).

8. Die Neuanwendung von bekanntem Material für eine bekannte Gestaltung ist als Gebrauchsmuster nicht schutzfähig. (Entsch. des R.-G. v. 8./7. 95. B. f. P. M. u. Z. I, S. 287—88).

9. In dem erfolglosen Anbieten eines Gebrauchsmusters an Sachverständige ist eine offenkundige Benutzung zu erblicken und schließt eine solche den gesetzlichen Schutz aus. (Entsch. des R.-G. v. 22./9. 94. B. f. P. M. u. Z. I, S. 83).

10. Unter offenkundiger Benutzung im Sinne des § 1 Abs. 2 ist, da das Gesetz keinerlei Unterschied über Art der Benutzung aufstellt, jede Ausbeutung und Nutzbarmachung des eingetragenen Modells zu verstehen, gleichviel ob dieselbe zu technischen Zwecken oder aus gewinnbringendem Interesse erfolgt, d. h. alles das, was in § 4 als Wirkung des Schutzes aufgezählt wird (Nachbilden, Inverkehrbringen, Feilhalten und Gebrauchen). Gleichgültig ist hierbei, ob das offenkundige Benutzen von einem Dritten oder dem Eingetragenen selbst ausgegangen ist (Entsch. d. R.-G. v. 11./1. 94. B. f. P. M. u. Z. I, S. 229—30).

11. Es bleibt jeweiliger Prüfung vorbehalten, ob eine als „Maschine" bezeichnete Arbeitsvorrichtung des Gebrauchsmusterschutzes fähig ist. Der Name „Maschine" kann deshalb nicht den Ausschlag geben dafür, ob ein Gegenstand des Musterschutzes fähig oder nicht. Es kommt vielmehr darauf an, ob derselbe nach allgemeinem Sprachgebrauch zu den „Arbeitsgeräten" oder „Gebrauchsgegenständen" gehört. Benutzung in einer Gefängnisanstalt ist regelmäßig nicht als offenkundige anzusehen. (Entsch. d. R.-G.-St. v. 17./2. 96. B. f. P. M. u. Z. II, S. 137—138).

12. Die Neuheit eines Gebrauchsmusters hängt nicht davon ab, ob sämmtliche Einzelheiten eines Modells unbekannt waren. Obwohl die Eintragung nicht die allgemeine Erfindungsidee, sondern die konkrete Gestaltung schützt, so kann doch auch in Abweichungen von dieser ein Eingriff liegen. (Entsch. d. R.-G. v. 17./12. 95. B. f. P. M. u. Z. II, S. 288—89).

13. Schutzfähig sind nur plastisch wirkende Formveränderungen. Nicht schutzfähig ist die Verwendung von bekanntem Material mit bekannten physikalischen Eigenschaften zu bekannten Gestaltungen. (Entsch. d. R.-G. v. 24./10. 96. B. f. P. M. u. Z. II, S. 326—27).

14. Mechanische, eine geistige Thätigkeit nicht offenbarende Uebertragung einer bekannten Gestaltung (des Erfindungsgedankens) auf einen anderen Gebrauchsgegenstand begründet keinen Gebrauchsmusterschutz. (Entsch. d. Landg. Nürnberg v. 26./10. 96. B. f. P. M. u. Z. III, S. 29).

15. Ein Modell, das nicht eigentlich Gebrauchsgegenstand, sondern nur eine Modesache ist, bei welchem die Verwendbarkeit nur nebensächlich, aber von einer erhöhten Gebrauchsfähigkeit keine Rede sein kann (bei sogen. Gigerlbeistift) kann nicht als Gebrauchsmuster geschützt werden. (Entsch. d. Landg. Nürnberg v. 17./12. 96. B. f. P. M. u. Z. III, S. 30).

16. Als offenkundig ist nach der sprachgebräuchlichen Bedeutung dieses Wortes jede Benutzung zu verstehen, welche über die Schwelle des Hauses, der Geschäfts- und Arbeitsräume des Benutzers in den geschäftlichen Verkehr hinaustritt und dieses Hinaustreten in den Verkehr nicht der Wahrnehmung Dritter unbeteiligter Personen entziehen will. (Entsch. des R.-G.-St. v. 6./2. 96. B. f. P. M. u. Z. III, S. 56).

17. Die Verbindung von bekannten Elementen zu einem neuen Ganzen kann als Gebrauchsmuster gelten. Der Verschiedenheit der wirtschaftlichen Bedürfnisse entspricht die rechtliche Eigenart der zu ihrer Benutzung verwendeten Mittel. Der Rechtsschutz des Gebrauchsmusters kann sich auf Gegenstände erstrecken, die aus anderem Stoffe, als dem in der Anmeldung genannten, hergestellt sind. (Entsch. des R. G. St. v. 14./12. 96, B. f. P. M. u. Z. III, S. 97—98).

18. Gegenstände, deren Gebrauchszweck in ihrer Verbrauchbarkeit besteht, können Gebrauchsmuster im Sinne des § 1 des Gesetzes vom 1. Juni 1891 sein.

Es ist nicht die Dauer im Gebrauch, aber jedenfalls die Dauer, welche die gewerbliche Verwertbarkeit des Gegenstandes in der neuen Gestaltung ermöglicht, die man für ein gewerbliches Muster fordern muß.

Sind Halbfabrikate Gegenstände des Veredlungsverkehrs, die gewerblich veräußert und erworben werden, um in einer anderen Fabrik mittelst eines besonderen Verfahrens der Vollendung entgegengeführt zu werden 2c., so dienen sie schon als Halbfabrikate dem Gewerbe, sie sind für dieses (das Gewerbe) Gebrauchsgegenstand und als solcher musterschutzfähig. (Entsch. des R. G. C. v. 3./3. 97, B. f. P. M. u. Z. III, S. 98—99).

19. Auch eine nur versuchsweise vor der Anmeldung erfolgte Benutzung eines Modells kann, wenn offenkundig erfolgt, die Neuheit des Modells ausschließen. Der Besitzer eines Modells (der bezeichneten Art) muß, wenn er das gesetzliche Schutzrecht und die darin liegenden ökonomischen Vorteile erlangen will, alle diejenigen Vorkehrungen treffen, die einer vor der Anmeldung liegenden Benutzung des Modells den Charakter der Offenkundigkeit benehmen. (Entsch. des R. G. St. v. 8./7. 97, B. f. P. M. u. Z. III, S. 208—9).

20. „Maschinen" sind nach Absicht des Gebrauchsmusterschutzgesetzes nicht grundsätzlich und unbedingt vom Musterschutz ausgeschlossen. Die Begriffe „Maschine" decken sich nach gemeinem Sprachgebrauch und nach der Technologie nicht, die Wissenschaft spricht von Maschinen, die man nach jenem nur als Arbeitsgeräte und Gebrauchsgegenstände kennt, während umgekehrt der Sprachgebrauch Dinge Maschinen nennt, die in der Wissenschaft weit davon entfernt sind, es zu sein. (Entsch. des Oberl. G. Hamburg v. 20./11. 96, B. f. P. M. u. Z. III, S. 125—29).

21. Der Begriff der „Maschine" ist weder im Gesetze, noch in den Motiven (des Gebrauchsmusterschutzgesetzes) näher bestimmt und kann auch nicht als ein allgemein feststehender gelten. Man versteht darunter sowohl die sogen. Kraftmaschinen, die durch Naturkräfte in Bewegung gesetzt werden, als auch die sogen. Arbeitsmaschinen, die eine bestimmte Thätigkeit entwickeln, andererseits aber auch einfache Geräte, mit deren Hülfe eine gewisse Arbeit durch menschliche Thätigkeit leichter ausgeführt werden kann.

Der Gedanke des Ausschlusses der Maschinen vom Gebiete des Musterschutzes hat im Gesetze selbst nur durch die Wahl der Worte „Arbeitsgerätschaften" und „Gebrauchsgegenstände" Ausdruck gefunden. Daraus folgt, daß der Schutz des Gesetzes nicht bloß deswegen versagt werden kann, weil der Gegenstand in diesem oder jenem Sinne als „Maschine" bezeichnet werden kann. Vielmehr ist von Fall zu Fall zu prüfen, ob der zu schützende Gegenstand nach dem allgemeinen Sprachgebrauche „Arbeitsgerätschaft" oder „Gebrauchsgegenstand" ist.

Unter letzteren versteht man im Allgemeinen relativ einfache Werkzeuge und Vorrichtungen, nicht aber künstliche, aus vielen ineinandergreifenden Arbeitsmitteln zusammengesetzte, zur Bewegung durch Naturkräfte bestimmte Maschinen oder die Gesammtheit einer Reihe selbständiger, zum Zwecke eines auf einer Mehrheit von Arbeitsvorgängen aufgebauten Betriebs zusammengefügten Vorrichtungen 2c. (Entsch. des R. G. C. v. 8./5. 97, B. f. P. M. u. Z. III, S. 176—78).

§ 2.

Modelle, für welche der Schutz als Gebrauchsmuster verlangt wird, sind bei dem Patentamte schriftlich anzumelden.

Die Anmeldung muß angeben, unter welcher Bezeichnung das Modell eingetragen werden und welche neue Gestaltung oder Vorrichtung dem Arbeits- oder Gebrauchszwecke dienen soll.

Jeder Anmeldung ist eine Nach- oder Abbildung des Modells beizufügen.

Über die sonstigen Erfordernisse der Anmeldung trifft das Patentamt Bestimmung.

Gleichzeitig mit der Anmeldung ist für jedes angemeldete Modell eine Gebühr von fünfzehn Mark einzuzahlen.

I. Anmerkungen:

1. Nach dem Vorbilde der ausländischen Gesetze zum Schutze der Gebrauchsmuster (insbesondere der von England und Amerika) ist auch bei uns als Zentralbehörde, bei welcher die Gebrauchsmuster hinterlegt und registriert werden müssen, das Patentamt bestimmt worden. Wie in den Motiven ausgeführt wird, scheint es auch den bei uns bestehenden gewerblichen Verhältnissen angemessen zu sein, die Vervollständigung des gewerblichen Schutzes durch Erweiterung der Aufgaben des Patentamtes herbeizuführen, anstatt die Registrierung auf die zahlreichen örtlichen Amtsstellen (wie bei den Geschmacksmustern durch das Gesetz vom 11. Jan. 1876 geschehen ist) zu verteilen, da der gesammten Industrie daran gelegen sein muß, ohne erhebliche Weiterungen und Kosten einen Ueberblick über die des Schutzes teilhaftigen Gegenstände zu erhalten, sowie die auf diesem Gebiete vorgehenden Aenderungen baldigst zu erfahren,

welchen Zweck einer vollständigen Information die Bekanntmachungen im Reichsanzeiger nicht erfüllen können.

2. Die formellen Erfordernisse dieser, nach Absatz 1 an das Patentamt zu richtenden, Anmeldung sind in Abs. 2—5 dieses § näher angegeben und beschränken sich hiernach auf das Notwendigste. Es sind:

1) Nähere Bezeichnung und beziehungsweise Beschreibung des einzutragenden Gegenstandes (Abs. 2), welche nach der Praxis des Patentamtes den wesentlichen Inhalt der Anmeldung erkennen lassen muß; wobei noch zu bemerken ist, daß hiernach Phantasie- und Reklamebezeichnungen (wie z. B. „Superior") nicht zugelassen werden, ebenso auch keine Gattungsnamen (wie z. B. Reisekoffer 2c.).

2) Beifügung einer Nach- oder Abbildung desselben (Absatz 3) und

3) Einzahlung der Gebühr (Absatz 5).

Einer Beschreibung bedarf es aber nur insoweit, als dadurch eine ausreichende Grundlage für die demnächstige Geltendmachung des Schutzes gewährt wird, d. h. damit bei einer Rechtsverfolgung das Vorhandensein einer Neuerung und die Identität des eingetragenen Gegenstandes mit dem Gegenstande, für welchen der Schutz in Anspruch genommen werden soll, außer Zweifel stehen, worauf also von jedem Anmelder hauptsächlich das Augenmerk gerichtet werden muß. Nur eine solche Bezeichnung sowie die Einreichung einer Nach- oder Abbildung des Modells (d. h. Gebrauchsmuster) also entweder eines Exemplars in Natur oder einer Abbildung desselben sind die Voraussetzung der Eintragung des angemeldeten Gegenstandes neben der Vorauszahlung der gesetzlichen Gebühr.

Für jedes Gebrauchsmuster ist eine besondere Anmeldung erforderlich, d. h. es dürfen nicht mehrere Gegenstände in einer Anmeldung zusammengefaßt werden.

3. Außerdem ist dem Patentamte noch nach Absatz 4 die Befugnis eingeräumt, wie bei Patentsachen, solche Anforderungen an die Form der Anmeldungen zu stellen, welche zur Sicherung, Erleichterung und einheitlichen Gestaltung des Geschäftsganges notwendig erscheinen. Selbstverständlich dürfen solche aber nicht die materielle Seite der Sache berühren. Es ist hierbei der Fall unterstellt, daß sich bei der praktischen Anwendung dieses Gesetzes weitere Formvorschriften, die sich nicht voraussehen ließen, als notwendig herausstellen sollten.

4. Die von dem Anmeldenden vorauszuzahlende Gebühr ist in Absatz 5 auf 15 ℳ bestimmt und umfaßt die ganze Schutzdauer, die nach § 8 zum ersten Male 3 Jahre beträgt; sie berechnet sich somit für jedes Jahr der Schutzzeit auf 5 ℳ. Aus der Wortfassung dieser Bestimmung erhellt, daß die gleichzeitige Einzahlung dieser Gebühr als Bedingung der Registrierung betrachtet werden muß und daß in Ermangelung derselben solche nicht vollzogen wird, was in den Motiven damit begründet wird, daß die Gebühr nicht nur die Gegenleistung für den dem Eigentümer des Modells zu gewährenden Schutz darstelle, sondern auch die Kosten des Verfahrens decken soll. Infolgedessen wird die Gebühr zurückerstattet, wenn die Anmeldung vor der Eintragung zurückgezogen oder auf andere Weise erledigt wird, was jedoch nicht geschieht, wenn die Anmeldung zurückgewiesen werden muß.

Von einer noch niedrigeren Bemessung der Gebühren, die in der Kommission beantragt war, hat das Gesetz abgesehen, weil die Eintragung ohne jede amtliche (materielle) Vorprüfung erfolge und die Gebührenzahlung das einzige Mittel gewähre, um den Schutzsuchenden zur Prüfung des Wertes seiner Neuerung vor der Eintragung zu veranlassen und somit auch das einzige Korrektiv dagegen sei, daß die Industrie mit ungerechtfertigten Schutzansprüchen überschwemmt und hierdurch in ihrer Entwickelung behindert werde.

II. Rechtsprechung:

Inhalt und Umfang des zu schützenden Modells bestimmt sich nicht nach der gewählten Bezeichnung, sondern ausschließlich nach den weiteren Angaben der Anmeldung hierüber sowie der einen integrierenden Bestandteil der Anmeldung darstellenden eine Nach- oder Abbildung des Modells bietenden Anlage. Unklarheiten der Bezeichnung — und nach §§ 2 und 3 des Gesetzes ist nur die angemeldete Bezeichnung in die Musterrolle einzutragen — erscheinen daher nicht geeignet, die Erlangung des gesetzlichen Schutzes zu beeinträchtigen. (Entsch. d. R.-G. v. 9./11. 95. B. f. P. M. u. Z. II, S. 135—36).

§ 3.

Entspricht die Anmeldung den Anforderungen des § 2, so verfügt das Patentamt die Eintragung in die Rolle für Gebrauchsmuster.

Die Eintragung muß den Namen und Wohnsitz des Anmelders, sowie die Zeit der Anmeldung angeben.

Die Eintragungen sind durch den „Reichs-Anzeiger" in bestimmten Fristen bekannt zu machen.

Änderungen in der Person des Eingetragenen werden auf Antrag in der Rolle vermerkt.

Die Einsicht der Rolle, sowie der Anmeldungen, auf Grund deren die Eintragungen erfolgt sind, steht jedermann frei.

I. Anmerkungen:

1. Diese nach Absatz 1 des § 3 vorzunehmende Prüfung der Anmeldung auf das Vorhandensein der Anforderungen des § 2, welche der Verfügung des Eintrags in die Rolle vorausgehen muß, ist hiernach lediglich auf diese Formalien beschränkt. Es hat das Gesetz von jeder anderen wie immer gestalteten Vorprüfung (wie bei den Patentanmeldungen) abgesehen, weil damit einerseits dem Patentamte eine Arbeitslast erwachsen würde, die mit der in Aussicht genommenen Organisation desselben unverträglich wäre und andererseits auch der Industrie nicht gedient sein würde, wenn der weniger nachhaltige Gebrauchsmusterschutz an dieselben oder ähnliche Bedingungen geknüpft werden sollte wie der Patentschutz. Eine Ausnahme von diesem Grundsatz findet nur insofern statt, als das Patentamt nicht verpflichtet ist, Gebrauchsmuster, deren Vertrieb den Gesetzen oder guten Sitten widerstreiten würde, zuzulassen, d. h. k. H. zurückweisen darf, was sich von selbst versteht.

Von diesem Standpunkt des vorliegenden Gesetzes aus bleibt es somit der eignen Prüfung und Wertschätzung des Schutzsuchenden überlassen, ob er mit der Anmeldung eines vermeintlich neuen Gebrauchsmusters die Kosten und das Risiko der Registrierung desselben auf sich nehmen will.

Die Musterschutzgesetze von England und Amerika stehen in dieser Beziehung auf einem entgegengesetzten Standpunkt d. h. sie ordnen eine Vorprüfung an und gestatten eine Zurückweisung wie bei Patenten.

2. Hiernach (d. h. nach der Bestimmung des Absatz 1) erschöpft sich die Aufgabe des Patentamts in der Feststellung, ob die in § 2 vorgeschriebenen äußeren Erfordernisse bei der

Anmeldung vorliegen. Wenn dies nicht der Fall sein sollte, so hat sich dasselbe zunächst mit dem Anmelder ins Benehmen zu setzen, um die Beseitigung der Mängel herbeizuführen, und im Falle von Meinungsverschiedenheiten die Sache nötigenfalls auf dem in Gemäßheit des § 14 zu bezeichnenden Dienstwege zum Austrag zu bringen. Wenn in solchen Fällen der Anmelder der Aufforderung, die Mängel, die sich gezeigt, binnen bestimmter Frist zu beseitigen, keine Folge leistet, so wird die Anmeldung ohne Gebührenrückvergütung zurückgewiesen.

Genügt aber die Anmeldung den erwähnten formellen Anforderungen, so hat die Eintragung sofort zu erfolgen, bis zu diesem Momente kann indessen die Aussetzung der Eintragung sowie die Veröffentlichung beantragt werden.

3. In Absatz 2 ist der wesentliche Inhalt der Eintragung angegeben, andere Thatsachen sind nicht dabei zu vermerken und sollen nach der Bestimmung des Absatz 4 nur noch Aenderungen in der Person des Eingetragenen auf Antrag in der Rolle vermerkt werden, was aber nicht obligatorisch ist.

4. Die Bestimmungen in Absatz 3 und 5 dieses §, daß die Eintragungen im Reichsanzeiger bekannt gemacht werden müssen, sowie daß die Einsicht der Musterrolle sowie der Anmeldungen jedermann in unbeschränkter Weise freisteht, sollen dem zu § 2 dargelegten Bedürfnis entsprechen. Das vorliegende Gesetz sieht somit im Gegensatz zu dem nur die Geschmacksmuster betreffenden Gesetz vom 11. Januar 1876 von der Geheimhaltung der zur Anmeldung gelangten und hinterlegten Modelle (Gebrauchsmuster) vollständig ab, weil hierbei die besonderen Verhältnisse wie bei den Geschmacksmustern nicht vorlägen. Die Motive desselben erkennen hierbei aber zugleich an, daß die Geheimhaltung der Geschmacksmuster (d. h. das Recht dieselben in versiegelten Packeten zu hinterlegen) nur eine ausnahmsweise Maßregel und an sich überhaupt nicht erwünscht sei. Das amtliche Blatt, in welchem die die Gebrauchsmuster betr. Bekanntmachungen außerdem noch erlassen werden, betitelt sich: „Mitteilungen aus dem K. Patentamte, Anmeldestelle für Gebrauchsmuster."

5. Einer Löschung des Eintrags nach Ablauf der Schutzfrist bedarf es nicht, da die Wirksamkeit desselben mit dem Eintritt dieser Thatsache von selbst aufhört, und nur im Falle einer Verlängerung der ersten Schutzfrist oder einer Abkürzung

derselben durch Verzichtleistung bedarf es eines diese Thatsachen konstatierenden Zusatzvermerks zu der betreffenden Eintragung (vergl. § 8).

6. Schließlich sei noch bemerkt, daß nur den ordentlichen Gerichten die Entscheidung über die Rechtswirksamkeit von Eintragungen von Gebrauchsmustern zusteht.

II. Rechtsprechung:

Den Gerichten steht die Sachprüfung zu, ob der zutreffende Anmeldetag in die Musterrolle eingetragen ist. Eine Patentanmeldung enthält daher, auch wenn das, was angemeldet ist, Gegenstand eines Gebrauchsmusterrechtes sein kann, nicht zugleich eine Anmeldung auf Grund des Gebrauchsmusterschutzgesetzes. Der Begriff der offenkundigen Benutzung ist für das Gebrauchsmusterschutzgesetz kein anderer, als für Patentgesetz. (Entsch. d. R.-G.-C. v. 11./4. 96. B. f. P. M. u. Z. II, S. 240—41).

§ 4.

Die Eintragung eines Gebrauchsmusters im Sinne des § 1 hat die Wirkung, daß dem Eingetragenen ausschließlich das Recht zusteht, gewerbsmäßig das Muster nachzubilden, die durch die Nachbildung hervorgebrachten Gerätschaften und Gegenstände in Verkehr zu bringen, feilzuhalten oder zu gebrauchen.

Das durch eine spätere Anmeldung begründete Recht darf, soweit es in das Recht des auf Grund früherer Anmeldung Eingetragenen eingreift, ohne Erlaubnis des Letzteren nicht ausgeübt werden.

Wenn der wesentliche Inhalt der Eintragung den Beschreibungen, Zeichnungen, Modellen, Gerätschaften oder Einrichtungen eines Anderen ohne Einwilligung entnommen ist, so tritt dem Verletzten gegenüber der Schutz des Gesetzes nicht ein.

I. Anmerkungen:

1. In diesem § werden die Wirkungen der Eintragung bestimmt, zugleich auch die beiden Ausnahmsfälle, in welchen

diese Wirkung nicht eintritt, behandelt (in Absatz 2 und 3) und die Folgerungen gezogen, welche daraus sich ergeben, daß die Eintragung allein die formelle Voraussetzung des Schutzes bildet, dessen Geltendmachung im Streitfalle aber von dem Vorhandensein der materiellen Erfordernisse des § 1 (Neuheit 2c.) abhängt. Das Gebrauchsmusterrecht wird hiernach erst durch die Eintragung begründet. Die Anmeldung sichert nur die Priorität gegenüber späteren Anmeldungen desselben Musters oder eines Patentes auf dasselbe; auch richtet sich hiernach die Neuheit desselben. Vorläufiger Schutz wird aber in Folge der Anmeldung nicht gewährt.

In Fällen der Notwendigkeit der gerichtlichen Geltendmachung seines Schutzrechtes d. h. der Beschreitung des Rechtswegs zu diesem Zweck trifft den Eingetragenen daher die Beweispflicht bezüglich dieser materiellen Voraussetzungen und hat er in Ermangelung einer amtlichen Vorprüfung hierauf, die deren Vorhandensein zum Voraus festgestellt, dieselben zu behaupten und nötigenfalls zu beweisen, da die Eintragung nur dann den gesetzlichen Schutz gewährleistet, wenn der betreffende Gegenstand als Gebrauchsmuster im Sinne des § 1 sich darstellt. Der Eingetragene hat im Streitfalle aber nur nachzuweisen, daß der Gegenstand an und für sich die Eigenschaft eines Gebrauchsmusters besitzt, während es dem Anfechtenden obliegt, nachzuweisen, daß der Gegenstand zur Zeit der Anmeldung nicht mehr neu war.

2. Nach dem diesem § 4 von der Reichstags-Kommission eingefügten Absatz 2, der das Verhältnis der Rechte aus verschiedenen Anmeldungen, die einen ganz oder teilweise gleichartigen Gegenstand betreffen, regelt, soll auch auf die Kollisionen zwischen 2 Anmeldungen von Gebrauchsmustern der Grundsatz angewendet werden, welchen das Gesetz in § 5 auf die Fälle der Kollision zwischen Patent und Gebrauchsmuster festgestellt hat.

Es ist in dieser Beziehung derselbe Grundsatz aufgestellt, nach welchem sich das Rangverhältnis unter den Patentanmeldungen bestimmt.

Kollisionsfälle dieser Art sind auf demselben Wege zum Austrag zu bringen, wie die Geltendmachung des Schutzrechtes überhaupt, und die Anträge auf Löschung ungerechtfertigter Einträge bezw. dergleichen Prioritätsstreitigkeiten fallen unter die Zuständigkeit der Gerichte.

3. Im übrigen sind hier die Wirkungen des Schutzrechtes in derselben Weise geregelt, wie in dem neuen Patentgesetz, ebenso auch die Frage, wie weit die Ausschließung anderer von der Benutzung des angemeldeten Gegenstandes sich erstreckt, um eine wünschenswerte, gleichartige Entwickelung beider Arten des Schutzes auf dem Gebiete der Rechtsverfolgung zu sichern.

Bezüglich des Begriffs „gewerbsmäßig" sind die analogen Bestimmungen des Patentgesetzes und die dazu gegebenen Erläuterungen zu vergleichen.

4. In Absatz 3 werden sodann noch die Fälle einer widerrechtlichen Entnahme, die auch bei Anmeldung von Gebrauchsmustern vorkommen kann, behandelt und zwar ebenfalls in völliger Uebereinstimmung mit den für die Erfindungsentwendungen in dem Patentgesetze aufgestellten Grundsätzen.

Auch hier gilt sowohl der Behörde wie Dritten gegenüber der erste Anmelder als legitimiert d. h. als schutzberechtigte Person; es bedarf hier ebensowenig wie bei Anmeldungen von Erfindungen eines Nachweises der Urheberschaft und zwar weder bei der Anmeldung noch bei Rechtsstreitigkeiten, da die gewerblichen Verhältnisse 2c. bei beiden Schutzarten ganz die gleichen sind. Dies schließt aber nicht aus, daß der wirkliche Urheber (Erfinder) eines ihm von einem Anderen entwendeten und angemeldeten Gebrauchsmusters eine derartige Rechtsverletzung verfolgen kann und ist dem verletzten Urheber daher. wie bei der Patententwendung, die Befugnis zur Anfechtung einer solchergestalt rechtswidrigen Eintragung nach dem in § 4 aufgestellten Grundsatze eingeräumt. Dritte Personen dagegen können sich so wenig wie bei Patenten auf eine Entwendung von dergleichen Mustern berufen und hierauf beruhende Eintragungen nicht anfechten.

II. Rechtsprechung:

Durch die Eintragung in die Gebrauchsmusterrolle wird für einen Gegenstand, der für unsittliche Zwecke bestimmt ist (z. B. sogen. Präservativs 2c.) der gesetzliche Schutz nicht begründet.

Die Zweckbestimmung ist darnach zu beurteilen, wie der Artikel im Handel vertrieben wird. (Entsch. des Landg. Leipzig v. 27./10. 96, B. f. P. M. u. Z. III, S. 159.)

§ 5.

Soweit ein nach § 4 begründetes Recht in ein Patent eingreift, dessen Anmeldung vor der Anmeldung des Modells erfolgt ist, darf der Eingetragene das Recht ohne Erlaubnis des Patentinhabers nicht ausüben.

Ingleichen darf, soweit in ein nach § 4 begründetes Recht durch ein später angemeldetes Patent eingegriffen wird, das Recht aus diesem Patent ohne Erlaubnis des Eingetragenen nicht ausgeübt werden

Anmerkungen:

1. Bei dem schon oben (vergl. Anmerk. 2 zu § 1) dargelegten Mangel einer festen Grenze zwischen dem Gebiete der Erfindungen und der sogen. Gebrauchsmuster und der Schwierigkeit einer sicheren Unterscheidung dieser verschiedenartigen Erzeugnisse gewerblicher Thätigkeit kann es sich leicht ereignen, daß der nämliche Gegenstand von einer Seite zum Musterregister und von einer anderen Seite zur Patentierung angemeldet wird.

Eine besondere gesetzliche Regelung dieses Verhältnisses bei Kollisionsfällen, in denen durch die Veröffentlichung 2c. oder offenkundige Benutzung des Gegenstandes einer Anmeldung dessen **Neuheit** für die andere, mit der ersten kollidierenden Anmeldung ausgeschlossen wird (vergl. Anmerk. 4 zu § 1), bedarf es nicht, weil es hier an den materiellen Voraussetzungen für eine Geltendmachung eines zu Unrecht erteilten Patents oder Musterschutzes fehlt, und alsdann bei Patenten durch die Nichtigkeitsklage nach § 10 des Patentgesetzes und bei Gebrauchsmustern durch die Klage auf Löschung auf Grund des § 6 dieses Gesetzes Abhilfe geschaffen werden kann.

Für die Fälle einer widerrechtlichen Entnahme (Entwendung), welche auch bei Gebrauchsmustern vorkommen kann, ist durch die Bestimmung des § 4 Absatz 3 ausreichende Fürsorge getroffen worden (vergl. Anm. 4 zu § 4). In allen übrigen Fällen von Kollisionen dieser Art ist aber auf das Rangverhältnis zwischen einer Patentanmeldung und einer Anmeldung zur Musterrolle der auch für die Patente geltende Grundsatz anzuwenden, daß derjenigen Anmeldung der Vorzug zu geben ist, welche zeitlich früher erfolgt ist. Das später angemeldete Musterrecht ruht bis zur Erlöschung des älteren. Feststellungsklage (nach § 231 der C. P. O.) ist zulässig, ebenso Abhängigkeitserklärung des neuen Rechts von dem älteren. Die Kollision berührt nur die Ausübung, nicht den Bestand des jüngeren Rechts und erscheint somit weder ein Löschungsantrag bezüglich des jüngeren Gebrauchsmusters noch die Nichtigkeitserklärung bezüglich des jüngeren Patentes zulässig.

2. Die Feststellung des Verhältnisses zwischen Patent- und Musterschutzrecht ist aber nicht die Aufgabe des Patentamts, weil demselben nach dem in diesem Gesetze angenommenen Schutzerteilungssystem (einfaches Registrierungsverfahren) die Vorprüfung der zur Anmeldung gelangenden Gebrauchsmuster entzogen ist, und können daher Kollisionen zwischen Patentrecht und Musterschutzrecht (im Gegensatz zu Kollisionen zwischen Anmeldungen dieser Art) nicht in derselben Weise behandelt werden, wie solche der Patentrechte unter sich.

Kollisionen zwischen Patentrecht und Musterschutzrecht (d. h. Prioritätsstreitigkeiten) sind vielmehr dem Rechtswege zugewiesen, d. h. vor den ordentlichen Gerichten zum Austrag zu bringen in derselben Weise wie Streitigkeiten von Patentverletzungen im allgemeinen.

3. Mit Rücksicht auf die verschiedene Zeitdauer des Patentschutzes und des Schutzes von Gebrauchsmustern braucht eine Kollision zwischen beiden nicht unter allen Umständen dahin zu führen, daß das eine Recht das andere völlig aufhebt, vielmehr hat nur die Ausübung des nachstehenden Rechts so lange zu ruhen, als das ältere und bessere Recht in Wirksamkeit steht.

§ 6.

Liegen die Erfordernisse des § 1 nicht vor, so hat jedermann gegen den Eingetragenen Anspruch auf Löschung des Gebrauchsmusters.

Im Falle des § 4 Absatz 3 steht dem Verletzten ein Anspruch auf Löschung zu.

I. Anmerkungen:

1. In diesem Paragraphen werden die Voraussetzungen

für den Anspruch (bezw. Antrag) auf Löschung einer zu Unrecht erteilten Eintragung eines Gebrauchsmusters festgesetzt.

Durch eine solche Eintragung können auch die Interessen Dritter benachteiligt werden, indem durch die Thatsache der Eintragung eines Gegenstandes in die Musterrolle derselbe ein, wie in der Natur der Sache liegt, erhöhtes Ansehen erlangt und die irrige Ansicht, daß der betreffende Gegenstand auch materiell ein schutzberechtigter sei, leicht erweckt wird.

In Fällen dieser Art ist demjenigen, der sich hierdurch benachteiligt fühlt, durch diese Bestimmung eine Klage auf Löschung der Eintragung wegen Mangels der materiellen Voraussetzungen für den gesetzlichen Schutz gegeben, ohne daß hierfür der Nachweis eines besonderen Interesses gefordert wird, und hat jedermann die Befugnis, im Interesse des Schutzes der gewerblichen Freiheit die Löschung mittelst dieser Klage zu beantragen (Popularklage derselben Art, wie bei objektiv nichtigen Patenten, vergl. Anmerkung 6 zu § 10 des Patentgesetzes S. 140). Die Klage, die auch von einer Korporation erhoben werden kann, ist gegen den Eingetragenen oder dessen Rechtsnachfolger (Erben 2c.) zu richten und näher thatsächlich zu begründen.

Eine Offizialthätigkeit der Gerichte, wie in Patentstreitigkeiten von Seiten des Patentamtes, findet nicht statt.

Es kann auch eine teilweise Löschung beantragt werden. Ein rechtskräftiges Erkenntnis auf Löschung eines Eintrags verpflichtet den Eingetragenen, die Löschung durch Verzichtleistung auf die Eintragung herbeizuführen und hat somit ein solches von einem Einzelnen erstrittenes Urteil auch Rechtswirkung für die Allgemeinheit, jedoch nur in Ansehung der hierdurch herbeigeführten Thatsache der Löschung, welche aber keine zurückwirkende Kraft hat, so daß Ansprüche wegen Verletzung des Gebrauchsmusterrechtes aus der Zeit vor der Löschung hierdurch nicht berührt werden und nur durch den Nachweis des fehlenden Rechtes beseitigt werden können. Ein rechtskräftiges Urteil kann nach Maßgabe der Bestimmung des § 774 der C. P. O. vollstreckt werden.

2. Der weitere in Absatz 2 aufgestellte Grund für einen Anspruch auf Löschung ist die widerrechtliche Entnahme des wesentlichen Inhalts einer Eintragung, d. h. der Beschreibungen, Zeichnungen, Modelle, Gerätschaften oder Einrichtungen eines Anderen ohne dessen Einwilligung (vergl. § 4 Absatz 3). Ein

auf diesen Grund (Entwendung des Musters ꝛc.) gestützter Anspruch auf Löschung steht, wie bei den Patenten, aber selbstverständlich nur dem Verletzten nicht jedem Dritten zu.

Wohl aber kann jedermann in seinem eigenen Interesse geltend machen, daß einer späteren Anmeldung durch eine frühere der Boden entzogen sei, und die Löschung der auf Grund der späteren Anmeldung erfolgten Eintragung verlangen.

Im übrigen sind für Prioritätsstreitigkeiten zwischen den Beteiligten die ordentlichen Gerichte zuständig (vergl. Anm. 2 zu § 5), deren Zuständigkeit sich nach den allgemeinen prozeßualischen Grundsätzen richtet; die Zivilkammern der Landgerichte nicht die Kammern für Handelssachen.

II. Rechtsprechung:

1. Die unberechtigte Eintragung eines Gebrauchsmusters in das Geschmacksmusterregister ist unwirksam und ein Konkurrent berechtigt, gegen den Eingetragenen auf Unterlassung der Bezeichnung des eingetragenen Musters als „gesetzlich geschützt“ zu klagen. (Entsch. des R. G. v. 26./9. 94, B. f. P. M. u. Z. I, S. 94—95.)

2. Die auf Löschung eines eingetragenen Gebrauchsmusters klagenden Interessenten sind zur Kostentragung verpflichtet, wenn der Inhaber des Gebrauchsmusters den Löschungsanspruch sofort anerkannt und zur Erhebung der Klage keinen Anlaß gegeben hat. (Entsch. des Landg. Berlin I v. 21./12. 96, B. f. P. M. u. Z. III, S. 53.)

§ 7.

Das durch die Eintragung begründete Recht geht auf die Erben über und kann beschränkt oder unbeschränkt durch Vertrag oder Verfügung von Todeswegen auf Andere übertragen werden.

Anmerkungen:

1. In Uebereinstimmung mit den einschlägigen Bestimmungen des Patentgesetzes (in § 6) ist auch hier der Grundsatz angenommen worden, daß das durch den gesetzlichen Schutz begründete Recht an ein Gebrauchsmuster als ein Vermögensrecht vererblich und veräußerlich sei, d. h. im Ganzen oder zum

Teil übertragen werden könne durch Vertrag unter Lebenden wie auch auf den Todesfall durch letztwillige Verfügung, und zwar eine unbeschränkte Uebertragung zu Eigentum oder eine beschränkte Uebertragung (Nießbrauch, Pfandrecht u. dergl.). Auch sind Einräumung von Lizenzbefugnissen zulässig. Der ausschließlich Nutzungsberechtigte und der Lizenzträger haben dieselben Rechte wie bei Patenten (vergl Note 2 zu § 6 des Patentgesetzes).

Die Uebertragung eines derartigen Urheberrechts an einem Gebrauchsmuster ist aber von der Thatsache der geschehenen Eintragung abhängig. Die Entstehung eines solchen Rechts datiert aber schon von dem Zeitpunkte der Anmeldung, nicht erst der Eintragung (vergl. § 8 Abs. 1) und sind daher auch alle dergleichen Uebertragungsakte 2c., die zwischen dem Zeitpunkt der Anmeldung und dem der Eintragung liegen, rechtswirksam.

Auch das Recht aus der Anmeldung ist vererblich und veräußerlich, als eine bedingte Uebertragung des erst durch die Eintragung entstehenden, zukünftigen Rechtes.

2. Ein Antrag auf Löschung in Gemäßheit des § 6 kann nur gegen denjenigen gerichtet werden, der in der Rolle eingetragen ist, und brauchen daher bei Löschungsklagen nur solche Rechtsänderungen (abgesehen vom Erbgang) berücksichtigt zu werden, die in der Rolle vermerkt sind.

§ 8.

Die Dauer des Schutzes ist drei Jahre, der Lauf dieser Frist beginnt mit dem auf die Anmeldung folgenden Tage. Bei Zahlung einer weiteren Gebühr von sechzig Mark vor Ablauf der Zeit tritt eine Verlängerung der Schutzfrist um drei Jahre ein. Die Verlängerung wird in der Rolle vermerkt.

Wenn der Eingetragene während der Dauer der Frist auf den Schutz Verzicht leistet, so wird die Eintragung gelöscht.

Die nicht infolge von Ablauf der Frist stattfindenden Löschungen von Einträgen sind nach Maßgabe des § 3 bekannt zu machen.

Anmerkungen:

1. Die Zeitdauer des gesetzlichen Schutzes für die Gebrauchsmuster ist nach dem Vorbilde der österreichischen und englischen Musterschutzgesetze in diesem Paragraphen einheitlich auf 3 Jahre bestimmt worden, weil das in dem Gesetze vom 11. Januar 1876 für den Schutz der Geschmacksmuster aufgestellte System von kürzeren und längeren Fristen wegen seiner Kompliziertheit hier nicht für angemessen und nach den bei der Handhabung jenes Gesetzes gemachten Erfahrungen, nach welchen in den meisten Fällen nur die kürzeste Schutzfrist beansprucht zu werden pflegte, auch nicht für ein Bedürfnis der beteiligten Industriezweige erachtet wurde, wie die Motive besagen.

Zugleich ist aber doch vorgesehen worden, daß eine Verlängerung der ursprünglichen Schutzfrist um weitere 3 Jahre allerdings nur gegen Zahlung einer erhöhten Gebühr von 60 ℳ für die ganze Zeitdauer der Verlängerung beantragt werden kann.

2. Was die Höhe der Gebühren, die für die erste dreijährige Schutzdauer nach § 2 Absatz 5 auf 15 ℳ und für die Verlängerung auf 3 Jahre auf 60 ℳ festgesetzt worden ist, betrifft, so wird diese nach den Motiven damit gerechtfertigt, daß bei den Gebrauchsmustern nicht das unsichere Element des Geschmacks ins Gewicht falle, sondern die technische Brauchbarkeit entscheidend sei und daß daher Gebrauchsmuster nicht, wie dies häufig bei Geschmacksmustern zu geschehen pflege, in einer größeren Zahl von Varietäten hinterlegt werden, d. h. solche der Regel nach wegen ihrer Natur gar nicht gestatten.

Die erhöhte Gebühr für die verlängerte Schutzzeit beruht auf der Erwägung, daß die gewerbliche Verwertung eines geschützten Musters in den letzten Jahren naturgemäß eine gesteigerte sein wird. Da die Gebühr für die Verlängerung im Voraus mit der ersten Gebühr bezahlt werden kann, so muß solche alsdann zurückbezahlt werden, wenn das Gebrauchsmuster vor Ablauf dieser ersten 3jährigen Frist gelöscht oder darauf verzichtet wird.

3. Die (erst in der Kommission diesem Paragraphen zugefügte) Bestimmung des Absatz 3 beruht auf der Erwägung, daß das Erlöschen des Musterschutzes durch Fristablauf von jedermann unter Zugrundelegung der im Reichsanzeiger enthaltenen Bekanntmachungen über den Zeitpunkt der Eintragung

und Verlängerung berechnet werden könne, daß aber außerdem auch alle Löschungen, die infolge einer Verzichtleistung oder Löschungsklage bewirkt werden, auf dieselbe Weise (d. h. nach Maßgabe des § 3) zur Kenntnis des interessierten Publikums gebracht werden müßten. Der Schutz erreicht sein Ende durch Fristablauf, Verzicht, Thatsachen, welche das Recht selbst zur Erlöschung bringen, sowie durch Löschung in der Rolle infolge einer nach Maßgabe des § 6 erhobenen Klage.

§ 9.

Wer wissentlich oder aus grober Fahrlässigkeit den Bestimmungen der §§ 4 und 5 zuwider ein Gebrauchsmuster in Benutzung nimmt, ist dem Verletzten zur Entschädigung verpflichtet.

Die Klagen wegen Verletzung des Schutzrechtes verjähren rücksichtlich jeder einzelnen dieselbe begründenden Handlung in drei Jahren.

Anmerkungen:

In diesem Paragraphen sind die erforderlichen Bestimmungen über die civilrechtliche Verfolgung von wissentlichen oder fahrlässigen Verletzungen des Schutzrechtes an Gebrauchsmustern getroffen.

Dieselben stehen in völliger Uebereinstimmung mit den gleichen Vorschriften in § 35 und, was die Verjährung betrifft, § 39 des neuen Patentgesetzes und kann daher hier zur Vermeidung von Wiederholungen auf die zu §§ 35 und 39 des Patentgesetzes gegebenen Erläuterungen verwiesen werden (vergl. Anmerk. 1—5 zu § 35, sowie Anmerk. zu § 39 und § 4 Note 1—4).

Durch die übereinstimmende Regelung dieser Grundsätze soll die Gleichmäßigkeit in der Entwickelung beider Schutzgebiete (Patent- und Musterschutz) gewährleistet werden. Auch entspricht diese gleiche Behandlung der Verletzungen der Urheberrechte an Gebrauchsmustern, wie die der Verletzungen von Patentrechten, dem in den Motiven des Gesetzes ausgesprochenen Prinzip, die zum Schutze der Gebrauchsmuster zu erlassenden Vorschriften an die Bestimmungen des Patentgesetzes anzulehnen und der Verwandtschaft des neu zu regelnden Schutzes mit dem Erfindungsschutze Rechnung zu tragen.

§ 10.

Wer wissentlich den Bestimmungen der §§ 4 und 5 zuwider ein Gebrauchsmuster in Benutzung nimmt, wird mit Geldstrafe bis zu fünftausend Mark oder mit Gefängnis bis zu Einem Jahr bestraft.

Die Strafverfolgung tritt nur auf Antrag ein. Die Zurücknahme des Antrags ist zulässig.

Wird auf Strafe erkannt, so ist zugleich dem Verletzten die Befugnis zuzusprechen, die Verurteilung auf Kosten des Verurteilten öffentlich bekannt zu machen. Die Art der Bekanntmachung, sowie die Frist zu derselben ist im Urteil zu bestimmen.

I. Anmerkungen:

Bezüglich der in diesem Paragraphen über die Strafbarkeit, das Strafmaß, die Strafverfolgung, bezw. Antragsstellung, sowie die Befugnis zur öffentlichen Bekanntmachung von verurteilenden Erkenntnissen getroffenen Bestimmungen gilt dasselbe, was zu § 9 bemerkt ist und wird daher hier ebenfalls auf die einschlägigen übereinstimmenden Vorschriften des § 36 des Patentgesetzes verwiesen (vergl. Anm. 1—7 zu § 36 des Patentgesetzes).

II. Rechtssprechung:

(Entscheidungen des Reichsgerichts 2c. mitgeteilt im Blatt für Patent-, Muster- u. Zeichenwesen.)

1. Dem Strafrichter steht die Befugnis zu, das Abhängigkeitsverhältnis zwischen mehreren Gebrauchsmustern zu prüfen und festzustellen, sowie auch die Frage der Neuheit und Schutzfähigkeit (im Gegensatz zu den Patenten). (Entsch. des R.-G. v. 17./12. 94. B. f. P. M. u. Z. I, S. 205—7).

2. Es genügt die Bezeichnung der geschützten Gegenstände mit „G. M." und der Rollennummer (statt „D. R. G. M.") zur Annahme der Wissentlichkeit einer Nachahmung. (Entsch. d. Landg. Breslau v. 27./6. 94. B. f. P. M. u. Z. I, S. 156).

3. Eine Verletzung des Gebrauchsmusterschutzes liegt auch dann vor, wenn das betr. Modell mit einer Abweichung nachgebildet ist, selbst wenn diese eine Verbesserung enthält. (Entsch.

d. Landg. Hannover v. 2./11. 94. B. f. P. M. u. Z. I, S. 192—95).

4. Das gewerbsmäßige Inverkehrbringen, Feilhalten oder Gebrauchen eines geschützten Modells ist auch dann strafbar, wenn die von dem Thäter bewirkte Nachbildung selbst nicht strafbar ist. Merkmale zur Bestimmung der Gewerbsmäßigkeit des Gebrauchens: eine auf fortgesetzten Erwerb gerichtete Thätigkeit, nicht blos probeweiser Gebrauch oder Gebrauch zu häuslichen Zwecken. (Entsch. d. R. G. v. 10./11. 94. B. f. P. M. u. Z. I, S. 231—32).

5. Im Strafverfahren wegen Verletzung des ausschließlichen Rechts auf Verwendung eines Gebrauchsmusters ist der Angeklagte in der Regel nicht beweispflichtig bezüglich der Nichtneuheit des Musters, vielmehr hat das Gericht, soweit nicht § 244 der St. P. O. Anwendung erleidet, gemäß § 243 die für die Schuld oder Nichtschuld des Angeklagten dienlichen Beweise anzuordnen. (Entsch. d. R.-G. v. 4./3. 97. B. f. P. M. u. Z. III, S. 174—76).

§ 11.

Statt jeder aus diesem Gesetze entspringenden Entschädigung kann auf Verlangen des Beschädigten neben der Strafe auf eine an ihn zu erlegende Buße bis zum Betrage von zehntausend Mark erkannt werden.

Für diese Buße haften die zu derselben Verurteilten als Gesammtschuldner.

Eine erkannte Buße schließt die Geltendmachung eines weiteren Entschädigungsanspruchs aus.

Anmerkungen:

Auch in Rücksicht auf die in diesem Paragraphen enthaltenen Bestimmungen über die Statthaftigkeit eines Antrags auf Zuerkennung einer Buße anstatt jeder Entschädigung, die ebenfalls mit der entsprechenden Bestimmung des § 37 des Patentgesetzes völlig übereinstimmen, ist das zu den §§ 9 und 10 Gesagte zu wiederholen und demgemäß hier lediglich auf jene patentrechtlichen Bestimmungen Bezug zu nehmen (vergl. Anmerk. 1—6 zu § 37 des Patentgesetzes).

Der Anspruch auf Buße ist mit einer Nebenklage nach Maßgabe der hierauf bezüglichen Bestimmungen der St. P. O. (§§ 443—446 2c.) geltend zu machen, hierzu ist jedoch wie für den Strafantrag nur der Eingetragene 2c., nicht der Lizenzträger legitimiert. Diese Klage auf Buße steht und fällt mit der Art und Weise der Erledigung der betr Strafsache unter Vorbehalt der Geltendmachung des Schadens im Civilwege, wenn er im Strafverfahren nicht durchdringt 2c.

§ 12.

In bürgerlichen Rechtsstreitigkeiten, in welchen durch Klage oder Widerklage ein Anspruch auf Grund der Bestimmungen dieses Gesetzes geltend gemacht ist, wird die Verhandlung und Entscheidung letzter Instanz im Sinne des § 8 des Einführungsgesetzes zum Gerichtsverfassungsgesetze dem Reichsgericht zugewiesen.

Anmerkungen.

Die Kompetenzbestimmung des § 12, wonach in bürgerlichen Rechtsstreitigkeiten auf Grund dieses Gesetzes in letzter Instanz das Reichsgericht zuständig sein soll, war erforderlich, damit in gleicher Weise wie für Patentsachen, Rechtsstreitigkeiten über das Schutzrecht von Gebrauchsmustern, für welche nach dem Gerichtsverfassungsgesetz an sich das Reichsgericht zuständig ist, demselben auch für das Gebiet derjenigen Bundesstaaten zugewiesen werden, in welchen ein oberstes Landesgericht besteht (Bayern).

Eine weitere Erläuterung bedarf diese Kompetenzbestimmung nicht, sie rechtfertigt sich durch die ihr zu Grunde liegende Tendenz, eine gleichmäßige Rechtssprechung auf allen Schutzgebieten des gewerblichen geistigen Eigentums herbeizuführen.

§ 13.

Wer im Inlande einen Wohnsitz oder eine Niederlassung nicht hat, kann nur dann den Anspruch auf den Schutz dieses Gesetzes geltend machen, wenn in dem Staate, in welchem seine Niederlassung sich befindet, nach einer im Reichsgesetzblatt enthaltenen

Bekanntmachung deutsche Gebrauchsmuster einen Schutz genießen.

Wer auf Grund dieser Bestimmung eine Anmeldung bewirkt, muß gleichzeitig einen im Inlande wohnhaften Vertreter bestellen.

Name und Wohnsitz des Vertreters werden in die Rolle eingetragen. Der eingetragene Vertreter ist zur Vertretung des Schutzberechtigten in den das Gebrauchsmuster betreffenden Rechtsstreitigkeiten und zur Stellung von Strafanträgen befugt. Der Ort, wo der Vertreter seinen Wohnsitz hat, und in Ermangelung eines solchen der Ort, wo das Patentamt seinen Sitz hat, gilt im Sinne des § 24 der Civilprozeßordnung als der Ort, wo der Vermögensgegenstand sich befindet.

Anmerkungen:

Die Bestimmungen dieses § betreffen das Verhältnis zum Ausland in Angelegenheiten, des Musterschutzes und ist hier der Grundsatz der Gegenseitigkeit in derselben Weise zur Geltung gebracht, wie dies bei den übrigen Gesetzen über den Schutz der Urheberrechte bereits geschehen ist und zwar ist dieser Grundsatz für den Gebrauchsmusterschutz in derselben positiven Weise gefaßt worden, wie das Markenschutzgesetz vom 30. November 1874 ihn ausspricht.

Die Entscheidung darüber, ob die in § 13 Abs. 1 vorgeschriebenen Voraussetzungen vorliegen, steht ebenfalls den Gerichten zu. Das Patentamt hat nur die Eintragung anzuordnen, wenn die Anmeldung den vorgeschriebenen Anforderungen entspricht.

Ob im Auslande das Gebrauchsmuster, als solches (wie in England, Nord-Amerika, Schweiz) geschützt oder unter Patentschutz gestellt wird, ist einerlei für die hier in Frage stehende Gegenseitigkeit des Schutzes.

Die in Absatz 2 dieses § hinsichtlich der Bedingungen, unter welchen der Ausländer das Schutzrecht zur Ausübung zu bringen hat (Bestellung eines im Inlande wohnenden Vertreters 2c.) lehnen sich an die entsprechenden Bestimmungen des

Patentgesetzes an, bedürfen daher auch keiner weiteren Erläuterung und genügt der Hinweis auf die einschlägigen Bestimmungen des Patentgesetzes (vergl. § 19 des Patentgesetzes).

§ 14.

Die zur Ausführung des Gesetzes erforderlichen Bestimmungen über die Einrichtung und den Geschäftsgang des Patentamts werden durch Kaiserliche Verordnung unter Zustimmung des Bundesrats getroffen.

Anmerkung:

Diese Bestimmung entspricht dem § 17 des Patentgesetzes und folgt daraus, daß die Handhabung des Gebrauchsmusterschutzgesetzes überhaupt dem Patentamte zugewiesen ist. Die noch zu erlassenden Ausführungsvorschriften zu diesem Gesetz werden namentlich darüber Bestimmungen treffen, durch welches Personal und in welcher Weise die Musterrolle zu führen ist.

§ 15.

Dieses Gesetz tritt mit dem 1. Oktober 1891 in Kraft.

Urkundlich unter Unserer Höchsteigenhändigen Unterschrift und beigedrucktem Kaiserlichen Insiegel.

Gegeben an Bord Meines Aviso „Greif",
den 1. Juni 1891.

(L. S.) **Wilhelm.**

von Bötticher.

6.

Gesetze, Verordnungen und Bekanntmachungen etc. zur Ausführung des Patentgesetzes sowie des Gesetzes betr. den Schutz der Gebrauchsmuster.

1. Verordnung

zur

Ausführung des Patentgesetzes vom 7. April 1891 und des Gesetzes, betreffend den Schutz von Gebrauchsmustern, vom 1. Juni 1891.

Vom 11. Juli 1891. (Reichs-Gesetzbl. S. 349).

Wir **Wilhelm**, von Gottes Gnaden Deutscher Kaiser, König von Preußen &c., verordnen auf Grund der Bestimmungen im § 17 des Patentgesetzes vom 7. April 1891 (Reichs-Gesetzbl. S. 79) und im § 14 des Gesetzes, betr. den Schutz von Gebrauchsmustern, vom 1. Juni 1891 (Reichs-Gesetzbl. S. 209) im Namen des Reichs, nach erfolgter Zustimmung des Bundesrats, wie folgt:

I. Patentangelegenheiten.

§ 1. Im Patentamt werden für die Patentanmeldungen vier Abteilungen gebildet, welche die Bezeichnung

Anmeldeabteilung

führen und durch den Zusatz I, II, III, IV unterschieden werden.

Der Reichskanzler bestimmt, für welche Gebiete der Technik eine jede der Abteilungen zuständig ist.

Zu dem Geschäftskreis der Anmeldeabteilungen gehören auch die Beschlüsse über Eintragungen und Löschungen in der Patentrolle (§ 19 des Patentgesetzes) für das einer jeden Abteilung zugewiesene Gebiet der Technik.

§ 2. Für Beschwerden gegen die Beschlüsse der Anmeldeabteilungen und der Nichtigkeitsabteilung (§§ 16, 26 des Patentgesetzes) werden zwei Abteilungen gebildet, welche die Bezeichnung

Beschwerdeabteilung

führen und durch den Zusatz I und II unterschieden werden.

Die Beschwerdeabteilung I ist zuständig für Beschwerden gegen Beschlüsse der Anmeldeabteilungen I und II, sowie für Beschwerden gegen Beschlüsse der Nichtigkeitsabteilung. Die Beschwerdeabteilung II ist zuständig für Beschwerden gegen Beschlüsse der Anmeldeabteilungen III und IV.

Die Beschwerdeabteilungen sind außerdem, und zwar jede innerhalb des durch Absatz 2 festgesetzten Geschäftskreises, zuständig für die vom Patentamt abzugebenden Gutachten.

§ 3. Meinungsverschiedenheiten zwischen mehreren Abteilungen über die Zuständigkeit werden von dem Präsidenten entschieden.

Für Anträge oder Gesuche, welche andere als die in den §§ 1 und 2 bezeichneten Angelegenheiten betreffen, wird die Zuständigkeit von dem Präsidenten bestimmt.

§ 4. Die Geschäftsleitung in den Anmeldeabteilungen steht dem zum Vorsitz berufenen rechtskundigen Mitgliede, die Geschäftsleitung in den Beschwerdeabteilungen und in der Nichtigkeitsabteilung dem Präsidenten zu. Ueber die Vertretung des Präsidenten im Vorsitz trifft der Reichskanzler Bestimmung.

§ 5. Die Zuweisung der Mitglieder an die Abteilungen erfolgt durch den Reichskanzler.

Im Falle des Todes, der Erkrankung oder der längeren Abwesenheit eines Mitgliedes können in die davon betroffene Abteilung, solange das Bedürfnis dieses erfordert, durch den

Präsidenten Mitglieder anderer Abteilungen zur Aushülfe berufen werden.

§ 6. In den Abteilungen trifft der Vorsitzende die für den Fortgang der Sachen erforderlichen Verfügungen.

In den Anmeldeabteilungen bezeichnet er für jede Klasse der Anmeldungen im Voraus das Mitglied, welchem die Vorprüfung (§ 21 des Patentgesetzes) obliegt, sowie einen weiteren Berichterstatter für das Verfahren nach Erlaß des Vorbescheides.

In den Beschwerdeabteilungen und in der Nichtigkeitsabteilung bezeichnet der Präsident für jede Klasse im Voraus zwei Berichterstatter.

An Stelle der hiernach berufenen Mitglieder können für den einzelnen Fall andere Berichterstatter bezeichnet werden.

Die Berichterstatter halten den mündlichen Vortrag in der Sitzung und entwerfen alle Beschlüsse und Entscheidungen. Der Vorsitzende prüft die Entwürfe und stellt sie fest. Ueber sachliche Meinungsverschiedenheiten beschließt die Abteilung.

§ 7. In den Anmeldeabteilungen bedarf es der Beratung und Abstimmung in einer Sitzung für Beschlüsse über die Bekanntmachung der Anmeldung, sowie für Beschlüsse, durch welche die Anmeldung oder ein Einspruch ganz oder teilweise zurückgewiesen wird.

Für die Beschlüsse der Beschwerdeabteilungen, durch welche eine auf Grund des § 15 des Patentgesetzes erhobene Beschwerde erledigt wird, sowie die nach §§ 26, 29 und 30 des Patentgesetzes ergehenden Entscheidungen der Beschwerdeabteilungen und der Nichtigkeitsabteilung bedarf es der Beratung und Abstimmung in einer Sitzung. An den Entscheidungen nehmen außer dem Präsidenten und dem weiteren rechtskundigen Mitgliede die beiden für die Sache bestellten Berichterstatter und ein drittes von dem Präsidenten vorher bestimmtes technisches Mitglied Teil.

§ 8. Bei den Abstimmungen entscheidet die absolute Mehrheit der Stimmen, bei Stimmengleichheit die Stimme des Vorsitzenden.

Ist eine Anhörung der Beteiligten (Patentgesetz § 25, § 26 Absatz 3, § 30 Absatz 2) vorhergegangen, so kann ein Mitglied, welches hierbei nicht zugegen gewesen ist, an der Abstimmung nicht teilnehmen.

§ 9. Dem Präsidenten liegt es ob, auf eine gleichmäßige Behandlung der Geschäfte und auf die Beobachtung gleicher

Grundsätze hinzuwirken. Zu diesem Behufe ist er befugt, den Beratungen aller Abteilungen beizuwohnen, auch sämmtliche Mitglieder zu Plenarversammlungen zu vereinigen und die Beratung des Plenums über die von ihm vorgelegten Fragen herbeizuführen.

§ 10. Die Sitzungen der Abteilungen finden der Regel nach an bestimmten Tagen und zu bestimmten Stunden statt. Die Verfügung darüber steht dem Präsidenten zu.

§ 11. Die Ausfertigungen der Beschlüsse und Entscheidungen der Abteilungen erhalten die Unterschrift:

Kaiserliches Patentamt

und zusätzlich die vorschriftsmäßige Bezeichnung der Abteilung.

§ 12. Für das Zustellungswesen gelten folgende Vorschriften:

1. Zustellungen, welche den Lauf der im § 26 Absatz 1 des Patentgesetzes bezeichneten Frist bedingen, sowie Zustellungen in dem Verfahren vor der Nichtigkeitsabteilung erfolgen durch die Post. Auf diese Zustellungen finden die Vorschriften der Civilprozeßordnung mit nachstehenden Maßgaben Anwendung.

Der vom Präsidenten bestimmte Beamte trägt für die Bewirkung der Zustellung Sorge und beglaubigt die zu übergebenden Abschriften. Er übergiebt die Schriftstücke in einem verschlossenen, mit der Adresse der Person, an welche zugestellt werden soll, sowie mit der Geschäftsnummer versehenen Briefumschlag der Post zur Zustellung. Auf den Briefumschlag wird der Vermerk gesetzt: „Vereinfachte Zustellung". Eine Bescheinigung der Uebergabe an die Post (Civilprozeßordnung §§ 117, 179) ist nicht erforderlich.

Die von dem Postboten aufzunehmende Zustellungsurkunde muß die Adresse und die Geschäftsnummer des Briefes, den Ort und die Zeit der Zustellung, sowie die Person, welcher zugestellt ist, und wenn die Zustellung nicht an den Adressaten persönlich erfolgt ist, den Grund hiervon angeben. Die Urkunde ist von dem Postboten zu unterschreiben. Abschrift der Zustellungsurkunde wird nicht übergeben. Der Tag der Zustellung ist von dem Postboten auf dem Briefumschlag zu vermerken.

2. Zustellungen, welche den Lauf sonstiger Fristen bedingen, erfolgen mittelst eingeschriebenen Briefes.

Kann in den Fällen der Nr. 1 und 2 eine Zustellung im

Inlande nicht erfolgen, so wird sie durch Aufgabe zur Post nach Maßgabe der §§ 161, 175 der Civilprozeßordnung bewirkt.

§ 13. Zeugen und Sachverständige erhalten Gebühren nach Maßgabe der Gebührenordnung vom 30. Juni 1878 (Reichs-Gesetzbl. S. 173).

§ 14. Zu den Kosten des Verfahrens, über welche das Patentamt nach § 26 Absatz 5 und § 31 des Patentgesetzes zu bestimmen hat, gehören außer den aus der Kasse des Patentamts bestrittenen Auslagen diejenigen den Beteiligten erwachsenen Kosten, welche nach freiem Ermessen des Patentamts zur zweckentsprechenden Wahrung der Ansprüche und Rechte notwendig waren.

§ 15. Ist eine Patentgebühr (§ 8 Absatz 2 des Patentgesetzes) nicht innerhalb 6 Wochen nach der Fälligkeit entrichtet, so benachrichtigt das Patentamt hiervon den Patentinhaber.

Aus dem Umstande, daß der Patentinhaber eine Benachrichtigung nicht erhält, erwachsen Rechtsfolgen nicht.

§ 16. Die Orte außerhalb Berlins, an welchen eine Auslegung der Patentanmeldungen erfolgen soll, sowie die Art und Zeitdauer dieser Auslegung werden vom Reichskanzler bezeichnet. Wenn eine Auslegung an diesen Orten unterbleibt, so wird dadurch ein Mangel des Verfahrens nicht begründet.

§ 17. Der Präsident verfügt im Einvernehmen mit der für die Anmeldung zuständigen Abteilung über Modelle und Proben, deren Rückgabe nicht binnen sechs Monaten nach endgültiger Abweisung der Anmeldung oder nach der Bekanntmachung von der Erteilung des Patents (§ 27 Absatz 1 des Patentgesetzes) beantragt ist.

§ 18. Soweit für Patentangelegenheiten aus der Zeit vor dem 1. Oktober 1891 Uebergangsbestimmungen erforderlich sind, werden dieselben vom Reichskanzler erlassen.

II. Angelegenheiten des Gebrauchsmusterschutzes.

§ 19. Für Anträge in Sachen des Schutzes von Gebrauchsmustern wird in dem Patentamt eine besondere Anmeldestelle errichtet.

Die Leitung dieser Stelle liegt einem von dem Reichskanzler bezeichneten rechtskundigen Mitgliede ob

Im Falle einer Verhinderung dieses Mitgliedes kann der Präsident einem anderen rechtskundigen Mitgliede die Vertretung übertragen.

§ 20. Die Verfügungen der Anmeldestellen erhalten die Unterschrift:

Kaiserliches Patentamt,
Anmeldestelle für Gebrauchsmuster.

§ 21. Ueber Vorstellungen gegen die Verfügung der Anmeldestelle befindet der Präsident.

§ 22. Aenderungen in der Person des Eingetragenen oder des nach § 13 Absatz 2 des Gesetzes vom 1. Juni 1891 bestellten Vertreters, welche in der Rolle vermerkt werden sollen, sind in beweisender Form zur Kenntnis des Patentamts zu bringen.

§ 23. Nach der Eintragung in die Rolle erhält der Eingetragene eine Ausfertigung des Eintragungsvermerks.

§ 24. Der Präsident verfügt über Modelle, deren Rückgabe nicht binnen vier Jahren nach Ablauf der Schutzfrist beantragt wird.

III. Gemeinschaftliche Bestimmungen.

§ 25. Die Einrichtung der Büreaus, die Verwaltung der Kasse, der Bibliothek und der Sammlungen werden durch den Präsidenten geordnet. Der Präsident erläßt die erforderlichen Geschäftsanweisungen.

§ 26. Die Leitung und Beaufsichtigung des gesammten Geschäftsbetriebs steht dem Präsidenten zu. Er verfügt in allen Verwaltungsangelegenheiten.

§ 27. Sämmtliche eingehende Geschäftssachen werden, ohne Rücksicht auf ihren verschiedenen Inhalt, nach der Zeit ihres Einganges mit einer laufenden Nummer als Geschäftsnummer, und mit dem Datum bezeichnet.

Geschäftssachen, welche während der Dienststunden eingehen, sind alsbald, andere Geschäftssachen bei dem Wiederbeginn der Dienststunden von dem dazu bestimmten Beamten hiernach zu bezeichnen. Wenn die Reihe des Eingangs nicht feststeht, so sind sie nach der Reihe, in welcher sie von dem Beamten übernommen werden, mit der Bezeichnung zu versehen.

Von zwei an demselben Tage an das Patentamt gelangten Geschäftssachen gilt diejenige als später eingegangen, welche die höhere Geschäftsnummer trägt.

§ 28. Vertreter in Patentangelegenheiten und in Angelegenheiten des Gebrauchsmusterschutzes haben dem Patentamt gegenüber ihre Bevollmächtigung durch eine Vollmacht nachzuweisen.

Die Vollmachten müssen auf prozeßfähige, mit ihrem bürgerlichen Namen bezeichnete Personen lauten.

Sind mehrere Personen bevollmächtigt, so gelten dieselben für befugt, sowohl gemeinschaftlich als auch einzeln die Vertretung wahrzunehmen. Eine abweichende Bestimmung dürfen die Vollmachten nicht enthalten.

§ 29. Das Patentamt kann nach seinem Ermessen von den bei ihm beruhenden Eingaben und Verhandlungen, soweit die Einsicht in dieselben gesetzlich nicht beschränkt ist, an jedermann Abschriften und Auszüge gegen Einzahlung der Kosten erteilen.

§ 30. Das Siegel des Patentamts enthält in der Mitte den Reichsadler und in der Umschrift die Worte „Kaiserliches Patentamt".

Urkundlich unter Unserer Höchsteigenhändigen Unterschrift und beigedrucktem Kaiserlichen Insiegel.

Gegeben Buckingham Palace.

London, den 11. Juli 1891.

(L. S.) **Wilhelm.**

von Boetticher.

II. Verordnung,

betreffend

das Berufungsverfahren beim Reichsgericht in Patentsachen.

Vom 6. Dezember 1891. (Reichs-Gesetzbl. S. 389.)

Wir Wilhelm, von Gottes Gnaden Deutscher Kaiser, König von Preußen ꝛc., verordnen auf Grund des § 33 des Patentgesetzes vom 7. April 1891 (Reichs-Gesetzbl. S. 79) im Namen des Reichs, nach erfolgter Zustimmung des Bundesrats, was folgt:

§ 1. Die in Gemäßheit des § 33 Absatz 1 des Patentgesetzes vom 7. April 1891 bei dem Patentamt einzureichende Berufungsschrift muß die Berufungsanträge sowie die Angabe der neuen Thatsachen und Beweismittel enthalten, welche der Berufungskläger geltend machen will.

§ 2. Ist die Berufungsschrift nicht rechtzeitig eingegangen oder nicht in deutscher Sprache abgefaßt oder enthält sie nicht die Berufungsanträge, so hat das Patentamt die Berufung als unzulässig zu verwerfen.

Der Berufungskläger kann binnen einer Woche nach Zustellung dieses Beschlusses auf die Entscheidung des Reichsgerichts antragen.

§ 3. Ist die Berufung zulässig, so wird die Berufungsschrift von dem Patentamt dem Berufungsbeklagten mit der Auflage mitgeteilt, seine schriftliche Erklärung innerhalb eines Monats nach der Zustellung bei dem Patentamt einzureichen.

Die Erklärung muß die Gegenanträge sowie die Angabe der neuen Thatsachen und Beweismittel enthalten, welche der Berufungsbeklagte geltend machen will.

§ 4. Das Patentamt legt die Verhandlungen nebst den Akten erster Instanz dem Reichsgericht vor und benachrichtigt hiervon die Parteien unter Mitteilung der Gegenerklärung an den Berufungskläger.

§ 5. Das Reichsgericht trifft nach freiem Ermessen die zur Aufklärung der Sache erforderlichen Verfügungen.

Beweiserhebungen können durch Vermittelung des Patentamts erfolgen.

§ 6. Das Urteil des Reichsgerichts ergeht nach Ladung und Anhörung der Parteien.

Die Ladungsfrist beträgt mindestens zwei Wochen.

§ 7. Die Geltendmachung neuer Thatsachen und Beweismittel im Termin ist nur insoweit zulässig, als sie durch das Vorbringen des Berufungsbeklagten in der Erklärungsschrift veranlaßt wird.

Das Gericht kann auch Thatsachen und Beweise berücksichtigen, mit welchen die Parteien ausgeschlossen sind.

Auf eine noch erforderliche Beweisaufnahme findet die Bestimmung im § 5 Anwendung.

Soll das Urteil auf Umstände gegründet werden, welche von den Parteien nicht berührt sind, so sind diese zu veranlassen sich hierüber zu äußern.

§ 8. Von einer Partei behauptete Thatsachen, über welche die Gegenpartei sich nicht erklärt hat, können für erwiesen angenommen werden.

Erscheint in dem Termin keine der Parteien, so ergeht das Urteil auf Grund der Akten.

§ 9. Das Reichsgericht kann zu der Beratung Sachverständige zuziehen; dieselben dürfen an der Abstimmung nicht teilnehmen.

§ 10. Zu den Kosten des Verfahrens, über welche das Reichsgericht nach § 33 Absatz 2 des Patentgesetzes zu bestimmen hat, gehören außer den aus der Kasse des Patentamts zu bestreitenden Auslagen diejenigen den Parteien erwachsenen Auslagen, welche nach freiem Ermessen des Gerichtshofes zur zweckentsprechenden Wahrung der Ansprüche und Rechte notwendig waren.

§ 11. In dem Termin ist ein Protokoll aufzunehmen, welches den Gang der Verhandlung im allgemeinen angiebt.

Das Protokoll ist von dem Vorsitzenden und dem Gerichtsschreiber zu unterschreiben.

§ 12. Die Verkündung des Urteils erfolgt in dem Termin, in welchem die Verhandlung geschlossen ist, oder in einem sofort anzuberaumenden Termin.

Wird die Verkündung der Entscheidungsgründe für angemessen erachtet, so erfolgt sie durch Verlesung der Gründe oder durch mündliche Mitteilung des wesentlichen Inhalts.

Die Ausfertigungen des mit Gründen zu versehenden Urteils werden durch Vermittelung des Patentamts zugestellt.

§ 13. Wird beantragt, daß in Abänderung der Entscheidung des Patentamts die Zurücknahme des Patents auf Grund des § 11 Nr. 2 des Patentgesetzes ausgesprochen werde, so findet die Vorschrift des § 30 Absatz 3 dieses Gesetzes entsprechende Anwendung.

§ 14. Die zur Praxis bei dem Reichsgericht zugelassenen Rechtsanwälte sind befugt, im Berufungsverfahren in Patentsachen die Vertretung zu übernehmen.

Den Parteien und deren Vertretern ist es gestattet, mit einem technischen Beistande zu erscheinen.

§ 15. Im übrigen ist für das Berufungsverfahren in Patentsachen das den Geschäftsgang beim Reichsgericht normierende Regulativ maßgebend.

Urkundlich unter Unserer Höchsteigenhändigen Unterschrift und beigedrucktem Kaiserlichen Insiegel.

Gegeben Neues Palais, den 6. Dezember 1891.

(L. S.) **Wilhelm.**

von Boetticher.

III. Bekanntmachung.

Die auf Grund des § 20 des Patentgesetzes vom 25. Mai 1877 erlassenen Bestimmungen über die Anmeldung von Erfindungen — Bekanntmachung vom 11. Juli 1877 — bleiben bis auf Weiteres in Kraft.

Berlin, den 1. Oktober 1891.

Kaiserliches Patentamt.
Bojanowski.

IV. Bestimmungen
über
die Anmeldung von Erfindungen.

Bekanntmachung vom 11. Juli 1877. (Deutscher Reichs-Anzeiger Nr. 161).

§ 1. Die Anmeldung und jede ihr beigefügte Zeichnung oder Beschreibung ist von dem Patentsucher oder dessen Vertreter zu unterzeichnen.

Erläuterungen des Gegenstandes der Erfindung dürfen nicht in der Anmeldung selbst, sondern nur in deren Anlagen gegeben werden.

§ 2. Jede Anlage der Anmeldung ist mit einer laufenden Nummer zu versehen. Jede Anlage ist, soweit es sich nicht um Modelle oder Probestücke handelt, in zwei Exemplaren beizufügen.

§ 3. Die Anmeldung muß die nachstehend verlangten Angaben, möglichst in der angegebenen Reihenfolge, enthalten:

a) Eine kurze aber genaue Bezeichnung dessen, was den Gegenstand der Erfindung bildet. Aus der Bezeichnung soll sich mit Sicherheit der Patentanspruch, d. h. dasjenige ergeben, was der Patentsucher als neu und patentfähig ansieht.

b) Den Antrag, daß für den so bezeichneten Gegenstand der Erfindung ein Patent erteilt werden möge. Soll dafür nur ein Zusatzpatent erteilt werden (§ 7 des Patentgesetzes), so hat der Patentsucher dies ausdrücklich zu bemerken und das Hauptpatent, sowie dessen

Nummer nebst Jahr der Erteilung anzugeben. Soll das Patent nur an Stelle eines bestehenden Patents treten (§ 42 des Patentgesetzes), so hat der Patentsucher dies ebenfalls ausdrücklich zu bemerken und gleichzeitig die Urkunden über diejenigen Patente beizufügen, an deren Stelle das Patent treten soll. Das Gesuch ist in diesem Falle auf die Umwandlung des Landes- in ein Reichspatent zu beschränken. Wird zugleich ein Patent für eine Verbesserung beansprucht, so muß dieserhalb eine besondere Anmeldung erfolgen.

c) Die Erklärung, daß der gesetzliche Kostenbetrag von 20 M. (§ 20 des Patentgesetzes) bereits an die Kasse des Patentamts eingezahlt sei oder gleichzeitig mit der Anmeldung eingehen werde.

d) Die Angabe des Namens, des Standes und Wohnortes des Patentsuchers, sofern die Anmeldung durch einen Vertreter erfolgt. Der letztere hat eine von dem Patentsucher unterzeichnete Vollmacht beizufügen.

Bei Bestellung eines Vertreters seitens eines Patentsuchers, der nicht im Inlande wohnt, wird angenommen, daß sich die Vertretung auf die im § 12 des Gesetzes bezeichneten Befugnisse erstreckt.

e) Die Aufführung der einzelnen Anlagen der Anmeldung unter Angabe ihrer Nummer und ihres Inhaltes.

§ 4. Zu allen Schriftstücken der Anmeldung ist Papier in dem Format von 33 auf 21 cm zu verwenden.

Zu der Schrift soll tiefschwarze, nicht klebrige Tinte benutzt werden.

Die Zeichnungen sind in je einem Haupt- und einem Nebenexemplar einzureichen. Für das Hauptexemplar ist weißes, starkes und glattes Zeichenpapier (sog. Bristol- oder Kartonpapier) in dem Format

von 33 cm Höhe auf 21 cm Breite
oder von 33 „ „ „ 42 „ „
oder von 33 „ „ „ 63 „ „

zu verwenden.

Die Zeichnung sowie alle Schrift auf dem Hauptexemplar ist mit chinesischer Tusche in tiefschwarzen Linien auszuführen, nicht zu kolorieren oder zu tuschen.

Die Zeichnung ist durch eine einfache Randlinie einzufassen, welche 2 cm von der Papierkante entfernt ist.

Innerhalb des durch die Randlinie begrenzten Raumes muß auch alle Schrift fallen.

Die Unterschrift des Patentsuchers ist in der unteren rechten Ecke anzubringen.

An der oberen Seite des Blattes ist ein Raum von mindestens 3 cm Höhe innerhalb der Randlinie für Nummer, Datum und Bezeichnung des Patents zu bestimmen.

Als Nebenexemplar ist eine Durchzeichnung des Hauptexemplars auf Zeichenleinwand einzureichen. Bei demselben ist die Anwendung von bunten Farben zulässig und erwünscht.

Die Zeichnungen dürfen nicht geknifft und nicht gerollt sein, dieselben müssen auch so verpackt sein, daß sie in glattem Zustande an das Patentamt gelangen.

§ 5. Alle Maß- und Gewichtsangaben müssen nach metrischem System erfolgen, Temperaturangaben nach Celsius, Dichtigkeitsangaben als spezifische Gewichte angegeben sein.

§ 6. Die Beschreibungen müssen sich auf das zur Beurteilung des Patentgesuchs Gehörige beschränken, allgemeine Erörterungen sind zu vermeiden. Im Uebrigen müssen die Beschreibungen so eingerichtet sein, wie sie sich bei Erteilung des Patents zur Veröffentlichung eignen. Am Schluße derselben sind die Patentansprüche näher, als es in der Anmeldung geschehen, zu bezeichnen.

§ 7. Die Beifügung von Modellen und Probestücken ist erwünscht, sofern die Veranschaulichung der Erfindung dadurch erleichtert wird; sie ist geboten, wenn ohnedies die Beurteilung des Patentgesuchs nicht mit Sicherheit erfolgen kann.

(Patentblatt 1887 S. 119 und Blatt für Patent-, Muster- und Zeichenwesen 1894 S. 55).

Berlin, den $\frac{\text{19. März 1887.}}{\text{1. Dezember 1894.}}$

In Anbetracht, daß in den Patentgesuchen auf Verfahren zur Darstellung chemischer Stoffe häufig der Schutz von ganzen Körpergruppen beansprucht wird, ohne daß die Darstellung und die technische Verwertbarkeit der einzelnen Glieder dieser

Gruppen überzeugend dargethan ist, daß ferner Proben der dargestellten Stoffe, welche im Patentamte aufbewahrt werden, für etwa eintretende Streitfälle und für die Beurteilung neuer Patentgesuche wichtige Beweisstücke bilden, wird in Uebereinstimmung mit den mehrfach ausgesprochenen Wünschen der beteiligten Industriellen Folgendes bestimmt:

Den Patentgesuchen, welche sich auf neue Darstellungsverfahren chemischer Stoffe beziehen, sind Proben dieser Stoffe, sowie der zur Ausübung des Verfahrens etwa erforderlichen Zwischenprodukte, welche zur Zeit noch unbekannt sind, beizufügen.

Diese Proben, im Gewicht von ungefähr 8 bis 10 g, sind in Glasflaschen von etwa 30 mm äußerem Durchmesser und 80 mm Gesammthöhe, mit Glasstopfen und dem Siegel des Patentsuchers verschlossen und mit genauer Bezeichnung des Inhaltes versehen, einzureichen.

Bei Theerfarbstoffen sind außerdem noch Ausfärbungen auf Wolle, Seide oder Baumwolle beizulegen; dieselben müssen in passender Weise auf Kartonpapier von 330 mm Höhe und 210 mm Breite befestigt sein und ebenfalls in zwei Exemplaren eingeliefert werden. Von jedem Farbstoff sind Ausfärbungen in 3 verschiedenen Nüancen anzufertigen. von Farbstoffen, die quantitativ ausfärben lassen, muß eine Probe mit einem Prozent gefärbt sein, während die beiden anderen Schattirungen nach der Stärke des Farbstoffs schwächer oder stärker sein können. Den Ausfärbungen ist eine Beschreibung des angewendeten Färbeverfahrens beizulegen, mit genauen Angaben über die Konzentration der Flotte, die etwa gebrauchten Beizen, die Temperatur 2c., sowie auch darüber, ob die gebrauchte Flotte entfärbt war oder noch mehr oder weniger Farbstoff zurückgehalten hat.

Diese Färbevorschriften werden nur auf ausdrücklichen Wunsch des Patentsuchers in der Patentschrift abgedruckt.

Auf explosive Stoffe, insbesondere die der Klasse 78 angehörigen Stoffe, finden die vorstehenden Bestimmungen keine Anwendung.

V. Bestimmungen
über
die Anmeldung von Gebrauchsmustern.

Vom 31. August 1891.
(Deutscher Reichs-Anzeiger Nr. 206).

Auf Grund des § 2 Absatz 4 des Gesetzes, betreffend den Schutz von Gebrauchsmustern, vom 1. Juni 1891 (Reichs-Gesetzbl. S. 290) werden die folgenden Bestimmungen über die Anmeldung von Gebrauchsmustern erlassen:

§ 1. Die Anmeldung muß enthalten:

a) den Antrag, daß das Modell in die Rolle für Gebrauchsmuster eingetragen werde;
b) die Bezeichnung, unter welcher das Modell eingetragen werden soll;
c) die Angabe, welche neue Gestaltung, Anordnung oder Vorrichtung dem Arbeits- oder Gebrauchszwecke dienen soll. Erachtet der Anmelder eine besondere Beschreibung für erforderlich, so ist dieselbe in einer Anlage beizufügen;
d) die Erklärung, daß die gesetzliche Gebühr von 15 M. an die Kasse des Patentamts — Berlin NW., Luisenstraße 32/34 — eingezahlt sei oder gleichzeitig mit der Anmeldung eingehen werde;
e) die Angabe des Namens, der Berufsstellung und des Wohnortes des Anmelders, sofern die Anmeldung durch einen Vertreter erfolgt;
f) die Aufführung der Anlagen der Anmeldung unter Angabe ihrer Nummer und ihres Inhalts;
g) die Unterschrift des Anmelders oder seines Vertreters mit Angabe der Berufsstellung und des Wohnortes.

Bei dem Wohnorte des Anmelders und des Vertreters ist erforderlichen Falls Straße und Hausnummer anzugeben.

§ 2. Der Anmeldung ist eine Abbildung oder Nachbildung des Modells beizufügen.

Für die Abbildung ist Kartonpapier oder Zeichenleinwand zu benutzen.

Die Abbildung auf Kartonpapier (Photographie, Handzeichnung in schwarzen und bunten Linien, Umdruck oder dergleichen) darf die Größe von 33 zu 21 cm nicht überschreiten.

Die Abbildung auf Zeichenleinwand darf nicht höher als 33 cm sein.

Die Nachbildung muß sauber und dauerhaft ausgeführt sein; sie darf in Höhe, Breite und Tiefe 50 cm nicht überschreiten.

§ 3. Die Anlagen einschließlich der Abbildungen müssen die Bezeichnung des Modells (§ 1 b), den Namen und Wohnort des Anmelders und das Datum des Gesuches tragen. Dieselben Angaben müssen auf oder an den Nachbildungen in dauerhafter Weise angebracht sein.

§ 4. Zu allen Schriftstücken sind ganze Bogen in der Größe von 33 zu 21 cm zu verwenden. Die Schriftstücke müssen leserlich geschrieben oder gedruckt sein.

§ 5. Für jede Anmeldung ist eine besondere Eingabe erforderlich.

§ 6. Für abschriftliche Mitteilung von Eintragungen in die Gebrauchsmusterrolle sind, und zwar für jeden Auszug, 50 Pfennig zu zahlen.

Berlin, 31. August 1891.

Kaiserliches Patentamt.
Bojanowski.

VI. Bekanntmachung.

Die in § 3 des Gesetzes, betreffend den Schutz von Gebrauchsmustern, vom 1. Juni 1891 vorgeschriebene Offenlegung der Gebrauchsmuster-Anmeldungen ist unerwünschten Verzögerungen ausgesetzt, wenn die Anmeldungen anderweit im Geschäftsgange gebraucht werden oder an andere Behörden (Gerichte, Staatsanwaltschaften) versendet sind. Auch hat sich ergeben, daß die Schriftstücke derjenigen Anmeldungen, welche geschäftlich stark in Anspruch genommen werden, einer schnellen Abnutzung unterliegen.

Mit Rücksicht hierauf wird auf Grund des § 2 Absatz 4 des genannten Gesetzes in Ergänzung der Vorschriften über die Anmeldung von Gebrauchsmustern vom 31. August 1891 (Reichs-Anzeiger Nr. 206) Folgendes bestimmt:

Die zu einer Gebrauchsmuster-Anmeldung gehörigen Schriftstücke sind fortan in zwei Exemplaren vorzulegen.

Dasselbe gilt von der Abbildung des Modells. Gehört zu der Anmeldung eine Nachbildung des Modells, so genügt ein Exemplar derselben: doch ist es erwünscht, daß in solchem Falle noch eine der Nachbildung entsprechende Abbildung beigefügt wird.

Berlin, den 7. Mai 1893.

Kaiserliches Patentamt.
von Koenen.

VII. Verzeichnis der Patentklassen.

1. **Aufbereitung** von Erzen, Mineralien, Brennstoffen.
2. **Bäckerei.**
3. **Bekleidungsindustrie.**
4. **Beleuchtung,** außer elektrischer, Kl. 21, und Gasbeleuchtung, Kl. 26.
5. **Bergbau,** Gewinnung und Förderung von Erzen u. s. w., Erd- und Gesteinbohren, Tunnelbau, Sprengen (außer Sprengstoffen, Kl. 78).
6. **Bier, Branntwein, Wein, Essig, Hefe.**
7. **Blech- und Drahterzeugung.**
8. **Bleichen, Färben, Zeugdruck und Appretur.**
9. **Borstenwaren,** Bürsten, Besen, Pinsel.
10. **Brennstoffe,** Verkohlung, Verkokung, Brikettfabrikation (ausschließlich der Brikettpressen, Kl. 80).
11. **Buchbinderei,** auch Brieforduer, Sammelmappen, Alben u. dergl.
12. **Chemische Apparate** und Prozesse, nicht besonders genannte.
13. **Dampfkessel** nebst Ausrüstung, auch Dampfleitungen.
14. **Dampfmaschinen** (auch an Lokomotiven und für Schiffe).
15. **Druckerei,** Geräte und Maschinen, Verfahrungsweisen, Herstellung von Druckplatten u. s. w. (außer Zeugdruck, Kl. 8).
16. **Düngerbereitung.**
17. **Eisbereitung,** Aufbewahrung und Kälteerzeugung (außer Eisschränken, Kl. 34).
18. **Eisenerzeugung.**
19. **Eisenbahn- und Straßenbau,** einschließlich des Brückenbaues.
20. **Eisenbahnbetrieb,** Fahrzeuge, Signalwesen, Weichenstellvorrichtungen u. s. w., einschließlich der elektrischen, Seil- und Pferde-Eisenbahnen.

21. **Elektrische Apparate und Maschinen, Telegraphie und Telephonie.**
22. **Farbstoffe,** einschließlich der Roh- und Zwischenprodukte, sowie Firnisse, Lacke, Anstreichen, Anstrichfarben, Kitte, Leim, Harze, Gummi.
23. **Fettindustrie,** Kerzen, Seife, Leuchtstoffe.
24. **Feuerungsanlagen** (siehe auch Kl. 36).
25. **Flechtmaschinen, Strickmaschinen, Posamentierwarenfabrikation.**
26. **Gasbeleuchtung und -Bereitung.**
27. **Gebläse und Lüftungsvorrichtungen.**
28. **Gerberei, Lederbearbeitung.**
29. **Gespinnstfasern,** Gewinnung und Zubereitung.
30. **Gesundheitspflege,** Chirurgie, Medizin, Pharmacie, Zahnersatz und Zahnheilkunde, Desinfektion, Leichenbestattung, Einbalsamierung.
31. **Gießerei und Formerei.**
32. **Glas,** Erzeugung und Verarbeitung.
33. **Hand- und Reisegeräte,** Schirme, Stöcke, Fächer, Koffer, Taschen, Tornister u. s. w.
34. **Hauswirtschaftliche Geräte** und Maschinen, Möbel, Kinderwagen, Abtritte (außer Wasserklosets, Kl. 85), Zeitungshalter, auch Särge.
35. **Hebezeuge.**
36. **Heizungsanlagen.**
37. **Hochbauwesen,** äußerer und innerer Ausbau des Hauses, auch Zäune.
38. **Holz-Bearbeitung** und Konservierung, auch Holz-Imitation.
39. **Horn,** Elfenbein, Kautschuk, plastische Massen u. gen.
40. **Hüttenwesen** (außer Eisenerzeugung, Kl. 18).
41. **Hutfabrikation,** auch Filzbereitung.
42. **Instrumente** für Messungen und Beobachtungen, physikalische, chemische, Zeicheninstrumente, Waagen, auch Lehrmittel, Zählwerke (außer Gasmessern, Kl. 26 und Wassermessern, Kl. 85), Rechenmaschinen, Phonographen, selbsteinkassierende Verkaufsapparate.
43. **Korbflechterei, Rohrflechterei.**
44. **Kurzwaren:** Knöpfe, Schnallen, Beschläge, Rauchgeräte, Schmucksachen u. s. w.
45. **Land- und Forstwirtschaft, Garten- und Weinbau, Zootechnik:** Bodenbearbeitung, Gewinnung der Boden-

erzeugnisse, Molkerei, Jagd und Fischerei, Tierzucht, Tierfang und -Vertilgung, Abrichtung der Tiere, Veterinärwesen, Hufbeschlag.
46. **Luft- und Gasmaschinen,** sowie alle nicht zu Kl. 14 und 88 gehörige Kraftmaschinen, wie Feder-, Gewichtsmotoren, Göpel, Tretwerke u. s. w.
47. **Maschinenelemente.**
48. **Metallbearbeitung, chemische.**
49. **Metallbearbeitung, mechanische.**
50. **Müllerei,** sowie Zerkleinerungsmaschinen u. gen.
51. **Musik-Instrumente** nebst Zubehör.
52. **Nähmaschinen.**
53. **Nahrungsmittel,** Aufbewahrung und Zubereitung.
54. **Papiererzeugnisse, Papier-Verarbeitung, Reklame-Vorrichtungen.**
55. **Papierfabrikation.**
56. **Pferdegeschirr** (siehe auch Kl. 63).
57. **Photographie.**
58. **Pressen.**
59. **Pumpen,** Wasserhebewerke jeder Art, Feuer- und Gartenspritzen.
60. **Regulatoren** für Kraftmaschinen.
61. **Rettungswesen,** Geräte, Maschinen, Vorrichtungen (außer Rettungsbooten, Kl. 65).
62. **Salinenwesen.**
63. **Sattlerei und Wagenbau,** auch Fahrräder.
64. **Schankgeräte,** Flaschenverschlüsse, Korkmaschinen, Korkzieher, Getränkpumpen, Spülvorrichtungen u. s. w.
65. **Schiffbau und Schiffsbetrieb,** auch Schiffsmöbel.
66. **Schlächterei** und Fleischbearbeitung (vergl. auch Nahrungsmittel, Kl. 53).
67. **Schleifen und Polieren.**
68. **Schlosserei,** Erzeugnisse und Geräte, auch Geldschränke und Briefkasten.
69. **Schneidwerkzeuge,** Messer, Scheeren, Aexte, Hieb- und Stichwaffen.
70. **Schreib- und Zeichenwaren und Komptoir-Geräte.**
71. **Schuhwerk,** Erzeugnisse, Geräte und Maschinen (außer Schuh-Nähmaschinen, Kl. 52).
72. **Schußwaffen, Geschosse, Verschanzung,** auch Kinderschußwaffen, Patronentaschen, Scheiben, Kugelfänge.

73. **Seilerei,** Reepschlägerei, Herstellung von Telegraphenkabeln, letztere auch in Kl. 21.
74. **Signalwesen** (außer Eisenbahnsignalen, Kl. 20, Fahrradglocken, Kl. 63 und Seesignalen, Kl. 65).
75. **Soda,** sowie die übrige chemische Großindustrie.
76. **Spinnerei.**
77. **Sport:** Spiele, Spielzeug, Turngeräte, Schlittschuhe, Luftschifffahrt, Karoussels u. s. w.
78. **Sprengstoffe, Zündwaren, Feuerwerkerei, Zündholzmaschinen.**
79. **Tabak:** Rauchtabak, Schnupftabak, Cigarren u. Cigaretten.
80. **Thonwaren-, Stein-, Cementindustrie,** auch Brikettpressen.
81. **Transportwesen,** n. gen., auch Verladung, Verpackung (vgl. Kl. 5, 20, 35, 63, 65).
82. **Trockenvorrichtungen,** auch Darren (außer Malzdarren, Kl. 6), Röstapparate, Centrifugen n. gen. u. a.
83. **Uhren.**
84. **Wasserbau,** Fluß-, See-, Hafen-, Schleusen-, Marschbau.
85. **Wasserleitung,** auch Wasserreinigung (mechan), Badeeinrichtungen, Wasserklosets, Kanalisation u. a.
86. **Weberei.**
87. **Werkzeuge und Geräte,** nicht besonders genannte.
88. **Wind- und Wasserkraftmaschinen.**
89. **Zucker- und Stärkefabrikation.**

VIII. Verzeichnis

der

Behörden, Vereine u. s. w., welche die **Patentschriften** erhalten und zur **unentgeltlichen Einsichtnahme** auslegen.

I. Deutsches Reich.

Aachen	Technische Hochschule.
Altona	Industrie-Verein.
Augsburg . . .	Technischer Verein.
Barmen	Stadtbibliothek.
Berlin	Kaiserliches Patentamt.
	Berg-Akademie. (Klassen 1, 4, 5, 7, 10, 12, 13, 14, 16, 17, 18, 19, 20, 21, 24, 26, 27, 30, 31, 32, 35, 36, 38, 40, 42,

45, 46, 47, 48, 49, 50, 57, 58, 59, 60, 61, 62, 67, 70, 73, 74, 75, 78, 80, 82, 88.) — Hygiene-Museum. (Klassen 30 und 61.)

Bielefeld . . . Handelskammer. Klassen 3, 6, 8, 13, 14, 28, 29, 31, 32, 42, 46, 49, 50, 52, 53, 55, 60, 63, 66, 68, 73, 76, 79, 86, 87, 89.)

Bochum . . . . Westf. Berggewerkschaftskasse.

Bonn . . . . Handelskammer.

Braunschweig . . Technische Hochschule.

Bremen . . . . Gewerbekammer.

Breslau . . . . Magistrat.

Cassel . . . . Gewerbehalle.

Charlottenburg . Technische Hochschule.

Chemnitz . . . Direktion der technischen Lehranstalten.

Coburg . . . . Handelskammer für das Herzogtum Coburg. (Klassen 6, 22, 24, 26, 43, 45, 52, 63, 76, 80, 81, 85 und 86.)

Cöln . . . . . Bezirksverein deutscher Ingenieure.

Crefeld . . . . Kuratorium der Königl. höheren Webeschule (Klassen 3, 4, 8, 10, 12, 13, 14, 21, 22, 23, 24, 25, 26, 27, 29, 36, 42, 46, 47, 48, 49, 59, 60, 75, 76, 81, 82, 85, 86, 88.)

Danzig . . . . Bezirksverein deutscher Ingenieure. Klassen 6, 12, 13, 14, 19, 20, 21, 24, 26, 30, 31, 35, 36, 37, 38, 42, 45, 46, 47, 49, 50, 59, 60, 65, 68, 72, 80, 82, 84, 85, 88, 89.)

Darmstadt . . . Technische Hochschule. — Großherzogl. Centralstelle für die Gewerbe.

Dessau . . . . Bezirksverein deutscher Ingenieure.

Dortmund . . . Magistrat

Dresden . . . . Technische Hochschule.

Düsseldorf . . . Central-Gewerbe-Verein. (Kunstgewerbe-Museum).

Duisburg . . . Bezirksverein deutscher Ingenieure.

Erfurt . . . . Gewerbeverein.

Flensburg . . . Magistrat.

Frankfurt a. M. Handelskammer.

Frankfurt a. O. Bezirksverein deutscher Ingenieure. (Klassen

	6, 13, 14, 20, 21, 24, 27, 30, 32, 36, 37, 47, 49, 59, 80, 82, 85, 89).
Freiberg i. S. . .	Berg-Akademie.
Furtwangen . .	Großherzoglich Badische Uhrmacherschule. (Klassen 21, 83).
Görlitz	Magistrat.
Gotha	Herzogliche Bibliothek.
Hagen i. W. . . .	Handelskammer. (Auslegestelle bei der Firma Bachem & Post).
Halberstadt . .	Handelkammer. (Klassen 1, 6, 10, 13, 15, 16, 17, 22, 24, 28, 31, 34, 36, 38, 40, 49, 50, 55, 60, 63, 71, 75, 79, 80, 89).
Halle a. S. . . .	Bezirksverein deutscher Ingenieure.
Hamburg . . .	Architekten- und Ingenieur-Verein.
Hanau	Handelskammer.
Hannover . . .	Technische Hochschule
Hirschberg i. Schl.	Magistrat.
Kaiserslautern .	Pfälzisches Gewerbemuseum.
Karlsruhe . . .	Technische Hochschule.
Kattowitz . . .	Bezirksverein deutscher Ingenieure.
Kiel	Handelskammer.
Königsberg i. Pr.	Gewerblicher Centralverein der Provinz Ostpreußen. (Kunstgewerbliches Museum).
Leipzig	Handelskammer.
Liegnitz . . .	Fabrikanten Verein. (Klassen 6, 8, 23, 25, 31, 34, 36, 38, 50, 51, 58, 80, 86, 89).
Ludwigshafen a. Rh.	Pfälzische Handels- und Gewerbekammer. (Klassen 6, 8, 12, 13, 14, 15, 16, 20, 22, 23, 24, 26, 27, 28, 31, 34, 35, 36, 37, 38, 42, 45, 46, 47, 49, 50, 55, 57, 58, 59, 60, 75, 76, 79, 80, 81, 85, 86, 89).
Lübeck	Gewerbekammer.
Lüdenscheid . .	Handelskammer.
Magdeburg . .	Stadtbibliothek.
Mannheim . .	Handelskammer.
Metz	Handelskammer.
Minden . . .	Handelskammer. (Klassen 6, 13, 14, 15, 16, 21, 22, 24, 28, 29, 31, 38, 46, 49, 50, 55, 59, 64, 75, 76, 79, 80, 86, 89).
Mülhausen i. E.	Handelskammer.

München . . .	Technische Hochschule. — Polytechnischer Verein.
Nürnberg . . .	Gewerbe-Museum.
Offenbach . . .	Handelskammer.
Oppeln	Handelkammer. (Klassen 1, 4, 5, 6, 7, 10, 12, 13, 16, 18, 24, 26, 27, 31, 32, 38, 40, 49, 50, 59, 71, 76, 78, 79, 86, 89).
Pforzheim . . .	Handelskammer. (Klassen 12, 15, 22, 26, 27, 33, 34, 39, 40, 42, 44, 48, 49, 50, 54, 55, 67, 68, 70, 74, 80).
Plauen i. V. . .	Königl. Industrieschule. (Klassen 3, 8, 9, 29, 35, 43, 52, 76, 86).
Posen	Landesbibliothek.
Remscheid . . .	Bergischer Fabrikanten-Verein. (Klassen 13, 14, 24, 27, 31, 38, 46, 47, 48, 49, 59, 67, 68, 69, 77 (Schlittschuhe), 87, 88).
Roßwein . . .	Direktion der deutschen Schlosserschule. (Klassen 21 — Elektrische Leitungs- und Verteilungsanlagen, elektrische Maschinen und elektrische Beleuchtung —, 49, 68).
Saarbrücken . .	Bezirksverein deutscher Ingenieure. (Auslegestelle in der Bergwerksdirektion).
Solingen . . .	Handelskammer. (Klassen 31, 67, 69).
Stettin	Bezirksverein deutscher Ingenieure
Straßburg i. E. . .	Handelskammer.
Stuttgart . . .	Königlich Württembergische Centralstelle für Handel und Gewerbe. — Technische Hochschule.
Trier	Handelskammer.
Waldenburg i. Schl.	Verein für die bergbaulichen Interessen Niederschlesiens.
Wiesbaden . .	Gewerbeverein. (Gewerbeschule).
Würzburg . . .	Handels- und Gewerbekammer für Unterfranken und Aschaffenburg. (Maxschule.)

II. Ausland.

1. Belgien.

Brüssel	Ackerbau-Ministerium.

2. Dänemark.

Kopenhagen . .	Ministerium des Innern.

3. Frankreich.

Paris	Handelsministerium.

4. Großbritanien.

London	Patentamt.

5. Japan.

Tokio	Patentamt.

6. Italien.

Rom	Ministerium für Ackerbau, Industrie und Handel.

7. Luxemburg.

Luxemburg . .	Staatsministerium und Präsidium des Großherzogtums Luxemburg.

8. Oesterreich-Ungarn.

Budapest . . .	Handels-Ministerium.
Wien	Handels-Ministerium. — Technische Hochschule. — Niederösterreich. Gewerbe-Verein. (Klassen 8, 12, 22, 29, 43.)

9. Portugal.

Lissabon . . .	Ministerium des Handels und der Industrie.

10. Rußland.

Petersburg . .	Reichs-Ministerium. — Kaiserliche öffentliche Bibliothek.
Riga	Polytechnische Schule.

11. Schweden und Norwegen.

Christiania . . .	Ministerium des Innern.
Stockholm . . .	Patentamt.

12. Schweiz.

Bern	Eidgenössisches Amt für geistiges Eigentum.
Zürich	Polytechnikum.

13. Spanien.

Madrid . . .	Ministerium des Innern.

14. Vereinigte Staaten von Amerika.

Boston	Oeffentliche Bibliothek.
St. Louis . . .	Oeffentliche Bibliothek.
Washington . .	Patentamt.

H.

Das Gesetz zum Schutze der Warenbezeichnungen vom 12. Mai 1894.

Wir **Wilhelm**, von Gottes Gnaden Deutscher Kaiser, König von Preußen rc. verordnen im Namen des Deutschen Reichs, nach erfolgter Zustimmung des Bundesrates und des Reichstags, was folgt:

§ 1.

Wer in seinem Geschäftsbetriebe zur Unterscheidung seiner Waren von den Waren anderer eines Warenzeichens sich bedienen will, kann dieses Zeichen zur Eintragung in die Zeichenrolle anmelden.

I. Anmerkungen:

1. „Wer in seinem Geschäftsbetriebe rc. eines Warenzeichens sich bedienen will, kann u. s. w." Diese ganz allgemeine Bezeichnung des Subjekts mit „wer" rc. ist dahin zu verstehen: Berechtigt, ein Warenzeichen zu führen und für sich eintragen zu lassen, ist jeder Gewerbtreibende ohne Unterschied der Person, der Art und Umfangs des Geschäfts, physische wie juristische Personen, Firmen, Handelsgesellschaften, Korporationen u. s. w., Inländer wie Ausländer (Letztere jedoch nur mit der in § 23 bemerkten Einschränkung) ohne Rücksicht auf

Eintrag ins Handelsregister, einerlei ob Voll- oder Minderkaufmann, Fabrikant oder Handwerker, auch alle, Land- und Forstwirtschaft, Viehzucht, Bergbau u. dergl. betreibenden Personen. Hierin besteht einer der hauptsächlichsten Unterschiede zwischen dem vorliegenden Gesetz und dem früheren Markenschutzgesetz von 1874 (vergl. Einleitung).

2. „ꝛc. in seinem Geschäftsbetriebe ꝛc." Hiermit soll ausgedrückt werden, daß das Warenzeichen, dessen sich der Geschäftsinhaber bedienen will, hierauf Bezug haben muß, daß es als Kennzeichen der von diesem bestimmten Geschäfte vertriebenen Waren gebraucht werden soll, wobei es nicht darauf ankommt, von welcher speziellen Art der Geschäftsvertrieb, als ein auf Gewinn abzielendes Unternehmen, ist, daß aber ein zu anderen Zwecken benutztes Zeichen keinen Schutz genießen soll.

3. „ꝛc. zur Unterscheidung seiner Waren" d. h. das Warenzeichen soll ein charakteristisches individualisiertes Kennzeichen sein, das geeignet ist, diese Unterscheidung in unzweifelhafter Weise zu bewirken, daher andere Zeichen für die Qualität, Gattung, Herkunft u. s. w. einer Ware hier nicht in Betracht kommen resp. nicht schutzfähig sind.

4. Unter „Waren" sind alle erdenklichen Erzeugnisse der Industrie und des Gewerbes, Rohprodukte, wie die durch deren Verarbeitung erzielten Gegenstände, Halb- und Ganz-Fabrikate u. s. w., die durch Produktion oder Handel in Verkehr kommen, zu verstehen, körperliche bewegliche Sachen (lebende und leblose), somit keine Immobilien und auch keine geistigen Erzeugnisse. Letztere genießen den gesetzlichen Schutz der Urheberrechte. Selbstverständlich sind auch verbotene (z. B. unsittlichen oder gesetzwidrigen Zwecken dienende) Waren hier ausgeschlossen.

5. „ꝛc. eines Warenzeichens sich bedienen will ꝛc." Als Warenzeichen in diesem engeren Sinne (Fabrik- oder Handelsmarke) kann alles dienen, was hierzu geeignet ist, die nötige Unterscheidungskraft besitzt, bildliche Darstellungen wie auch bloße Worte ꝛc. (sogen. Wortzeichen), welche nach dem früheren Markenschutzgesetz ausgeschlossen waren; sie haben vorzugsweise den Zweck, die Firmen oder den Namen des betr. Gewerbtreibenden, der das Zeichen führt, zu ersetzen, gewissermaßen in abgekürzter, symbolischer Weise dessen Geschäft zu kennzeichnen und den Konsumenten es zu ermöglichen, ohne den Namen oder die Firma des betreffenden Zeicheninhabers im Gedächtnis behalten zu müssen, auf eine einfachere aber bestimmte

Weise auf die Herkunft der so gekennzeichneten Waren hinzuweisen.

Was als Warenzeichen dienen kann, läßt sich eigentlich nur negativ bestimmen, d. h. es ist alles zur Kennzeichnung einer Ware zulässig, was nicht nach der Absicht des Gesetzes ausgeschlossen ist (vergl. die §§ 4, 8 und 9). Schwierig ist diese Frage besonders in Ansehung der neueingeführten Wortzeichen und hat sich in dieser Beziehung schon eine sehr umfangreiche Rechtssprechung des Patentamts ausgebildet (vergl. § 4 Note 2).

Das Warenzeichen kann nicht nur an der Ware selbst oder deren Verpackung, sondern auch auf Ankündigungen, Rechnungen, Briefen, Reklamen, Plakaten, Geschäftsschildern ꝛc. angebracht werden.

Die Form resp. äußere Gestaltung einer Ware (z. B. bei Seife die Kugelform ꝛc.) oder die Farbe derselben oder deren Verpackung kann an sich nicht als Warenzeichen gelten, wohl aber die besondere äußere Gestaltung eines zur Aufnahme von Waren bestimmten Gefäßes z. B. eine Flasche, Topf, Büchse u. dergl, sowie zur Ausstattung (Verzierung) einer Ware dienende bildliche Darstellungen (wie z. B. die bei Zigarren, Parfümerien ꝛc. üblichen).

Die äußere Ausstattung, Verpackung (Aufmachung ist die kollektive technische Benennung hierfür) von Waren genießt übrigens den besonderen Schutz des § 15 dieses Gesetzes.

II. Rechtssprechung (des Reichsgerichts und Patentamts):

1. Das Recht auf Markenschutz knüpft sich an die Anmeldung nicht an die Eintragung und letztere kann kein Recht gewähren, das nicht durch die Anmeldung selbst schon begründet ist. (R. O. H. G. XXIV, 25; R. G, C. III, 22.)

2. Mehrere selbständige für dieselbe Ware bestimmte Zeichen genießen, wenn angemeldet und eingetragen, auch selbständig den Schutz ohne Rücksicht darauf, ob sich der Anmeldende thatsächlich der mehreren Zeichen zu gleichzeitiger Bezeichnung der Ware bedient und ohne Rücksicht auf die Absicht, welche derselbe bei der Anmeldung bezüglich ihrer Verwendung gehabt. (R. G. St VI, 13; R. G. St. VII, 66).

3. Form, Farbe, äußere Gestaltung der Ware oder deren Verpackung erscheint nicht als Warenzeichen im Sinne des Gesetzes. Es handelt sich beim Warenzeichen um ein Merk-

zeichen d. h. ein willkürlich angebrachtes Zeichen in der Absicht, eine Ware als von anderen verschieden deutlich und sicher erscheinen zu lassen; es muß sofort seinem ganzen Umfange nach erkennbar, einen mit einem Blick erfaßbaren Inhalt haben. Daher kann eine längere schriftliche Ausführung (Gebrauchsanweisung, Anpreisung 2c.) nie als Warenzeichen (Marke) aufgefaßt werden. (R. G. C. XVIII, 13.)

4. Auch Etiketten, welche zur Unterscheidung der Waren eines Gewerbtreibenden auf den Waren selbst oder deren Verpackung angebracht werden, können Warenzeichen im Sinne des § 1 sein. (R. G. St. XIV, 17.)

5. Jede Herstellung einer wahrnehmbaren Verbindung zwischen Warenzeichen und Verpackung oder Ware (Bierflaschen mit eingegossenem Zeichen) ist ein Anbringen im Sinne des Gesetzes. Dies liegt auch vor, wenn Zeichen und Verpackung ein stoffliches Ganze bilden. (R. G. St. v. 24./10. 95, B. f. P. M. u. Z. II, S. 19—20.)

6. Auf die Art der Verbindung der Marke mit der Ware kommt es für die Gültigkeit der Marke nicht an. Dies gilt z. B. für in Textilstoffe eingewebte Warenzeichen. (R. G. St. v. 20./5. 95. B. f. P. M. u. Z. I, S. 236—37).

7. Warenzeichen, welchen die Unterscheidungskraft mangelt, sind auf Grund des § 1 des Gesetzes vom 12. Mai 1894 abzulehnen (deutscher Reichs-Käse). (P. A. v. 8./11. 95. B. f. P. M. u. Z. II, S. 16).

8. Der Schutzbereich eines Warenzeichens kann nicht auf dessen nähere Beschreibung ausgedehnt werden. (P. A. v. 17./9. 95. B. f. P. M. und Z. II.)

9. Die schriftlichen Ausarbeitungen und Zeichnungen von Patentanwälten sind keine Waren im Sinne des Gesetzes und kann daher für den Geschäftstrieb eines Patentbüreaus ein Warenzeichen nicht eingetragen werden. (P. A. v. 5./10. 95. B. f. P. M. u. Z. II, S. 64.)

10. Zeitungstitel unterliegen nicht dem Schutze des Gesetzes zum Schutz der Warenbezeichnungen vom 12./5. 94. (R. G. St. v. 20./3. 96. B. f. P. M. u. Z. II, S. 188—90).

11. Die Abbildung der mit dem Zeichen zu versehenden Ware (Schreibtisch) ist wegen mangelnder Unterscheidungskraft nicht eintragsfähig. (P. A. v. 18./6. 97. B. f. P. M. u. Z. III, S. 183).

12. Zeitungsankündigungen, die ein Unterscheidungszeichen nicht enthalten, sind auch in ihrer Gesammtheit als Warenzeichen nicht aufzufassen. (P. A. v. 24./6. 97. B. f. P. M. u. Z. III, S. 209—10).

13. Die Umrißlinien der mit dem Zeichen zu versehenden Waren sind auch als Umrandung von Zeitungsankündigungen des Zeichenschutzes nicht fähig. (P. A. v. 17./2. 97. B. f. P. M. u. Z. III, S. 242).

14. Eine Sportgesellschaft kann für ihre Plakate, Prospekte und sonstigen Drucksachen den Warenzeichenschutz nicht erlangen. (P. A. v. 24./8. 97. B. f. P. M. u. Z. III, S. 243).

§ 2.

Die Zeichenrolle wird beim Patentamt geführt. Die Anmeldung eines Warenzeichens hat schriftlich bei dem Patentamte zu erfolgen. Jeder Anmeldung muß die Bezeichnung des Geschäftsbetriebs, in welchem das Zeichen verwendet werden soll, ein Verzeichnis der Waren, für welche es bestimmt ist, sowie eine deutliche Darstellung und soweit erforderlich, eine Beschreibung des Zeichens beigefügt sein.

Das Patent erläßt Bestimmungen über die sonstigen Erfordernisse der Anmeldung.

Für jedes Zeichen ist bei der Anmeldung eine Gebühr von 30 M., bei jeder Erneuerung der Anmeldung eine Gebühr von 10 M. zu entrichten. Führt die erste Anmeldung nicht zur Eintragung, so werden von der Gebühr 20 M. erstattet.

I. Anmerkungen:

1. Das Patentamt ist nun mit Führung der Zeichenrolle für das ganze deutsche Reich betraut, während früher die betr. die Handelsregister führenden Lokalbehörden (Amtsgerichte, Handelsgerichte) damit befaßt waren. Bezüglich der jetzigen Centralisation des ganzen Zeichenwesens, deren Zweck, Bedeutung und Nutzen ist in der syst. Einleitung das Nötige bemerkt.

2. „Jeder Anmeldung (schriftlichen nicht protokollarischen) muß beigefügt sein: die Bezeichnung des Geschäftsbetriebs 2c.“ (s. Note 2 zu § 1), nur für einen nicht für mehrere, ein Verzeichnis der Waren, für die das Zeichen bestimmt ist, ohne Beschränkung auf die einzelnen Warenklassen, für Waren jeder Art ganz nach Belieben des Anmelders, was namentlich für den Export von Bedeutung ist, doch mit bestimmter Bezeichnung aller einzelnen Warengattungen (ein Verzeichnis der einzelnen Warenklassen hat das Patentamt publizirt, das als Richtschnur für die Auswahl zu dienen hat), sowie eine deutliche Darstellung des Zeichens, die nötigenfalls durch eine Beschreibung zu erläutern ist und welche zur Beurteilung der Unterscheidungskraft und Eintragsfähigkeit unerläßlich ist. Allgemein gültige Regeln lassen sich hierfür nicht aufstellen, es muß vielmehr immer von Fall zu Fall diese Frage geprüft werden und auch jedem dritten Interessenten eine solche Prüfung auf das Vorhandensein der gesetzlichen Erfordernisse ermöglicht sein.

3. Aus dem in Note 2 Bemerkten folgt, daß dasselbe Warenzeichen von verschiedenen Gewerbtreibenden für andere, von den Waren des ersten Anmelders bestimmt unterscheidbare, Waren bezw. Warenklassen benutzt werden darf (z. B. dasselbe Zeichen, das für Tabak und Cigarren eingetragen ist, auch für chemische Produkte, Seife u. dergl. oder Getränke u. s. w.), weil hierdurch ein Eingriff in die Rechte des anderen Zeicheninhabers nicht geschehen kann, und ist insofern der Gebrauch eines Individualzeichens (im Gegensatz zum Freizeichen) einzuschränken.

4. „Das Patentamt erläßt Bestimmungen über die sonstigen Erfordernisse der Anmeldung“. Dies ist geschehen: a. durch die K. Verordnung zur Ausführung dieses Gesetzes vom 30./6. 94, b. durch die Bestimmungen des Patentamtes vom 21./7. 94, c. durch das vom Patentamt aufgestellte Verzeichnis der Warenklassen u. s. w. (siehe Absch. J.).

5. Die Gebühr für die 1. Anmeldung eines jeden Zeichens beträgt 30 Mk. (früher 50 Mk.) und ist bei der Anmeldung zu zahlen, für die Erneuerung 10 Mk.

II. Rechtssprechung:

1. An die Anmeldung sind die Wirkungen des gesetzlichen Schutzes, ehe noch die gesetzlichen Voraussetzungen für den Eintritt des Schutzes erfüllt sind, nicht zu knüpfen. In Fällen

dieser Art ist es aber auch unstatthaft, nach erfolgter Beibringung der erforderlichen Unterlagen die Wirksamkeit der Anmeldung auf den Zeitpunkt zurückzubeziehen, zu welchem dieselbe in unzulänglicher Weise bewirkt war. (R. O. H. G. XXIV, 23.)

2. Ist ein Warenzeichen unter einer unrichtigen Warenklasse eingetragen worden, so bestimmt sich der Zeichenschutz nur durch den Inhalt der Eintragung, nicht durch die Warenklasse. (R. G. C. v. 5./12. 1896, B. f. P. M. u. Z. III, S. 234.)

§ 3.

Die Zeichenrolle soll enthalten;

1. den Zeitpunkt des Eingangs der Anmeldung;
2. die nach § 2 Absatz 1 der Anmeldung beizufügenden Angaben;
3. Namen und Wohnort des Zeicheninhabers und seines etwaigen Vertreters, sowie Aenderungen in der Person, im Namen oder im Wohnorte des Inhabers oder des Vertreters;
4. den Zeitpunkt einer Erneuerung der Anmeldung;
5. den Zeitpunkt der Löschung des Zeichens.

Jede Eintragung und jede Löschung wird amtlich bekannt gemacht. Das Patentamt veröffentlicht in regelmäßiger Wiederholung Uebersichten über die in der Zwischenzeit eingetragenen und gelöschten Zeichen.

Anmerkungen:

1. Der Zeitpunkt des Eingangs der Anmeldung ist der Tag (nicht die Stunde) des Eingangs und entscheidet bei mehreren Anmeldungen an demselben Tage die Geschäftsnummer des Einlaufs. Bei nachträglichen Aenderungen des Zeichens oder der Waren kommt es darauf an, ob solche wesentlich sind oder nicht und gilt im ersteren Falle dieselbe als neue Anmeldung mit Priorität vom Datum derselben. Der Eingangstag unterliegt der Nachprüfung von Seiten des Patentamts wie auch der Gerichte.

2. Der Name eines Vertreters des Zeicheninhabers wird nur dann in der Rolle vermerkt, wenn der Anmelder nicht im Inlande wohnt. Derselbe muß sich durch Vollmacht legitimiren.

3. Die Priorität bestimmt sich nach dem Tage der Anmeldung, die formelle Schutzwirkung nach dem Tage der Eintragung.

4. Die amtlichen Bekanntmachungen des Eintrags sowie der Löschung erfolgen im Reichsanzeiger sowie in dem von dem Patentamt herausgegebenen monatlichen Warenzeichenblatt. Alle Verordnungen, Entscheidungen und sonstigen Bekanntmachungen des Patentamts in Bezug auf Zeichenwesen werden in dem vom Patentamt herausgegebenen Blatt für Patent-, Muster- und Zeichenwesen veröffentlicht.

§ 4.

Die Eintragung in die Rolle ist zu versagen für Freizeichen, sowie für Warenzeichen:

1. welche ausschließlich in Zahlen, Buchstaben oder solchen Wörtern bestehen, die Angaben über Art, Zeit und Ort der Herstellung, über die Beschaffenheit, über die Bestimmung, über Preis-, Mengen- oder Gewichtsverhältnisse der Ware enthalten;
2. welche in- oder ausländische Staatswappen oder Wappen eines inländischen Orts, eines inländischen Gemeinde- oder weiteren Kommunalverbandes enthalten;
3. welche Aergernis erregende Darstellungen oder solche Angaben enthalten, die ersichtlich den thatsächlichen Verhältnissen nicht entsprechen und die Gefahr einer Täuschung begründen.

Zeichen, welche gelöscht sind, dürfen für die Waren, für welche sie eingetragen waren, oder für gleichartige Waren zu Gunsten eines anderen, als des letzten Inhabers erst nach Ablauf von zwei Jahren seit dem Tage der Löschung von neuem eingetragen werden.

I. Anmerkungen:

1. „Eintragung ist zu versagen für Freizeichen 2c."

Freizeichen, im Gegensatz zu Individualzeichen, sind Warenzeichen, die bisher im freien Gebrauch aller oder einer gewissen Klasse von Gewerbtreibenden eines bestimmten kleineren oder größeren Bezirks gestanden und an welchen in Folge dessen durch Eintragung für eine bestimmte Person kein ausschließliches Recht erworben werden kann.

Das Gesetz hat auch diesen Rechtsbegriff, wie andere, nicht näher definiert, es muß daher immer von Fall zu Fall geprüft und festgestellt werden, was als Freizeichen im Sinne des Gesetzes zu gelten hat d. h. negativ, was nicht als Individualzeichen eintragsfähig sein kann.

Zeichen, die nur zur Kennzeichnung von Qualität, Quantität, Herkunft u. s. w., überhaupt der Beschaffenheit einer Ware dienen sollen, die daher überhaupt nicht schutzfähig sind und die jedermann beliebig verwenden darf, können daher nicht als eigentliche Freizeichen betrachtet werden, weil sie nie Individualzeichen sein können.

Ein wohlerworbenes, eingetragenes Individualzeichen kann, solange der Eintrag besteht und der Inhaber es nicht aufgegeben hat, niemals die Qualität eines Freizeichens erlangen, und umgekehrt kann auch ein anerkanntes Freizeichen nicht als Individualzeichen okkupiert werden. Für die Freizeichenqualität kommt es aber nicht blos auf den freien ungestörten Gebrauch von seiten einer Mehrheit von Gewerbtreibenden, sondern auch auf das Bewußtsein des bei dem Vertriebe der damit gekennzeichneten Waren beteiligten Publikums, daß das Zeichen nicht auf einen bestimmten Herkunftsort 2c. hinweisen soll, an.

Die ersten Freizeichen waren vorzugsweise in der Eisen- und Stahlwaren-, sowie in der Leinen-Industrie in Rheinland und Westfalen im Gebrauch. Die Ermittelung und Feststellung der Freizeichen gehört zu den Obliegenheiten des Patentamts, das im Falle des Widerspruchs gegen den Eintrag eines Zeichens, weil Freizeichen, von Amtswegen die erforderlichen Ermittelungen durch Vernehmung von Zeugen, Sachverständigen, Anhörung von Handelskammern, Fachvereinen und sonstigen dergleichen Körperschaften zu diesem Zwecke anzustellen und auf der hierdurch gewonnenen Grundlage diese Frage zu entscheiden hat, jedoch nicht in einer die Gerichte bindenden Weise.

Ein Verzeichnis sämmtlicher im Gebrauch befindlicher Freizeichen ist zwar noch nicht publiziert, doch hat das Patentamt schon eine Reihe Warenzeichen, namentlich Wortzeichen, als Freizeichen amtlich deklariert und veröffentlicht u. a. z. B. folgende: „Karthäuser“ für Liqueur, „Emin Pascha“ für Cigarren und Tabak, „Selters“ für Mineralwasser, „La Fabrico“ für Cigarren, „Kaiserbier“ für Bier, „Phenacetin“ für pharmazeutische Mittel, „Registrator“ für Briefordner; „Posthorn“ für Nadeln; „Viktoria“ für Schlittschuhe; „Triumph“, „Gloria“, „Excelsior“; Bild der Königin von England mit Krone für Nadeln; Krone in jeder Form für Eisen und Stahl; „Pilsnerbier“ für Bier; „Diamant“ für Petroleum; „Bianco“ für Cigarren; „Saxonia“ für Nähmaschinen; „Marie“ für Braunkohlenbrikets; „Karlsbadersalz“; „Konkurrenzseife“ für Seife; „Trakhener“ für Spirituosen u. s. w.

Selbstverständlich genießt ein Freizeichen nur für die eine oder mehreren Warengattungen, für die es in Gebrauch steht, Schutz und kann dasselbe für andere Waren zugleich als Individualzeichen verwendet werden.

2. „ꝛc. sowie für Warenzeichen
1. welche ꝛc.“

Dem in Note 1 erörterten folgen hier 3 weitere speziell hervorgehobene Versagungsgründe. Zunächst sind es die auch schon nach dem Markenschutzgesetz von 1874 nicht zulässigen Zeichen, „die ausschließlich aus Zahlen, Buchstaben oder Worten bestehen“, was Letztere betrifft jedoch mit der Einschränkung, daß sich nach dem neuen Gesetz dieses Verbot nur auf solche Worte bezieht, die Angaben über Art, Zeit und Ort der Herstellung, über Beschaffenheit u. s. w. der Ware enthalten. Die Zulassung des Gebrauchs von blosen Wortzeichen ist eine wichtige Neuerung, d. h. von Warenzeichen, die nur aus Worten (sogen. Phantasieworte) bestehen und zwar das Wort nicht blos dem Bilde, der äußeren Erscheinung, sondern auch dem Klange d. h. der sinngemäßen Bedeutung nach (auch mehrere oder zusammengesetzte Worte).

Mit Rücksicht auf die große Zahl der angemeldeten Wortzeichen, der beschränkten Zulässigkeit von Worten als Warenzeichen, der hierbei häufiger eintretenden Kollisionsfälle und Täuschungsgefahr hat das Patentamt in jedem einzelnen Falle der Anmeldung eines Wortzeichens solches nicht nur auf Freizeichenqualität sondern auch auf dessen Zulässigkeit im Uebrigen zu prüfen, ob es den gesetzlichen Erfordernissen entspricht, ob es nicht schon zu einem allgemein gebräuchlichen Warennamen geworden, oder ob es nicht in irgend einer sachlichen Beziehung zu der Ware steht (symbolische Beziehung ist zulässig), für die es bestimmt ist, und somit eine das kaufende Publikum täuschende Bedeutung haben kann.

Alle irgendwie die Ware nach einer bestimmten Seite hin beschreibenden Worte sind daher ausgeschlossen, da dergl. Worte dem allgemeinen Sprachschatze nicht entzogen werden dürfen.

In der kurzen Zeit seiner Thätigkeit auf diesem Gebiete hat das Patentamt schon in zahlreichen Fällen nach diesen Gesichtspunkten geprüfte Wortzeichen als unzulässig zurückgewiesen und erscheint es daher sehr angezeigt, bei der Auswahl und Anmeldung von Wortzeichen mit Vorsicht zu Werke zu gehen. Folgenden Wortzeichen wurden aus diesen Gründen schon der Eintrag versagt: z. B. „deutscher Reichskäse" (überhaupt die Verbindung der Worte deutsches Reich mit irgend einer Ware) „Extra Cuvée" für Champagner; „Hochheimer Roth" für desgl.; „Kasinosekt" für desgl.; „Goldlack" für desgl.; „Hasensprung-Sekt" für desgl.; „Hammonia"; „Germania"; „Marca Italia"; „Piano-Orchestrion"; „Argentin"; „Vino da pasto"; „Extra"; „Pompoes"; „Splendide"; „Universal"; „Ideal"; „Hermosa"; „Selecto"; „Diamant" 2c. für Waren irgend welcher Art, weil Qualitätsbezeichnung; „Kristallbier"; „Geraer Stadtbier"; „Kaiserbier"; „Cerveza Imperial"; „Mainzer-Aktienbier"; „Löwenbräu" 2c. für Biere; „Epirus"; „Emin-Pascha"; „La Fabrica" für Cigarren; „Bodega"; „Feuerberger"; „Marca Italia" für Weine; „Litthauer Magenbitter"; „Exportkümmel"; „Deutscher Katshäuser"; „Sponholz"; „Litera"; „Kabinets-Liqueur" 2c. für Spirituosen; „Medizinischer Milchcognac"; „Hustenheil"; „Nabelschluß" (für Bruchbänder); „Glühstoff" und „Glühstein" für Brikets; „Zephir-Sammet";

„Korkstein“; „Comtoirfeder“; „Deutsche Veilchen-Parfümerie“; „Selters“ für Mineralwasser; „Dessin“ für Bleistifte; „Cito“ für Fahrräder; „Watt“ für galvanische Elemente; „Victoria-Sport“ für Schlittschuhe; „Winona“ (Stadt in Amerika) für Früchte; „Orateur“ für Pastillen ꝛc.; „Scheibenzwirn“; „Zeitzer-Seife“; „Seifen-Salmiak“; „Wachspastaseife“, „Nauheimer Thermal-Sprudel-Seife“; „Liebig“ für Spirituosen; Weine (wegen Täuschungsgefahr); „Ebonit“ für Anilinfarben (weil Beschaffenheitsangabe) u. s. w.

Das Verbot von Buchstaben ꝛc. bezieht sich auf die aller lebenden Sprachen, doch können aus solchen Elementen figurative Zeichen (z. B. Monogramme und dergl.) gebildet werden.

3. „2, welche in- oder ausländische Staatswappen ꝛc. enthalten“. Der Ausschluß von Staatswappen u. s. w. ist, weil öffentliche Hoheitszeichen, absolut, bezieht sich auch auf Kombinationszeichen und kann auch deren Zulässigkeit nicht durch besondere Erlaubnis begründet werden (eine Ausnahme bildet der deutsche Reichsadler, der Freizeichen ist). Dagegen ist die Verwendung einzelner Wappenmotive (z. B. der Wappenhalter ꝛc.), sofern sie ihren heraldischen Charakter nicht mehr erkennen lassen, zulässig, ebenso auch die Verwendung von ausländischen Wappen aller Art von Gemeinden, Städten u. s. w. (nur keine staatliche).

4. „3. welche Aergernis erregende Darstellungen enthalten.“

Dieser Versagungsgrund bezieht sich nicht nur auf, das Scham- oder Sittlichkeitsgefühl verletzende, sondern auch auf Religions- und Staats- feindliche Darstellungen u. s. w. auf Bild- wie auf Wortzeichen und bedarf keiner weiteren Erläuterung, wird ebenfalls von Fall zu Fall nach den Umständen zu prüfen und zu entscheiden sein.

5. „— die ersichtlich den thatsächlichen Verhältnissen nicht entsprechen und die Gefahr einer Täuschung begründen.“

Diese letzte gesetzliche Einschränkung, mit welcher übrigens die Versagungsgründe noch nicht erschöpfend aufgeführt sind, die vielmehr außerdem noch aus den §§ 1, 5 und 6 ꝛc des Gesetzes abgeleitet werden können, ist ebenfalls eine immer nur im einzelnen Falle zu prüfende Thatfrage, die vom Patentamte nach seinem freien Ermessen unter Erwägung aller Umstände und eventuell nach angestellten Ermittelungen (wie zu

1—3) zu entscheiden ist, wobei selbstverständlich nur anpreisende, wenn auch reklamenhafte Bezeichnungen nicht in Betracht kommen d. h. nicht unter dieses Verbot fallen, sofern anzunehmen ist, daß durch solche eine Täuschung des Publikums nicht beabsichtigt wird (vergl. die in Note 3 aufgeführten Beispiele von vom Patentamt zurückgewiesenen Wortzeichen, von welchen einige wegen einer solchen Täuschungsgefahr für nicht eintragsfähig gehalten wurden).

6. Die Bestimmung in Absatz 2, Verbot der Aufnahme eines verfallenen Zeichens während 2 Jahren durch einen Dritten, bezweckt, dem früheren Inhaber für diese Zeit noch das Recht zu wahren, ein Zeichen, das er hat verfallen lassen, nach Gutbefinden später wieder aufzugreifen und neuanzumelden und es nicht einem unlauteren Wettbewerb ohne Weiteres preiszugeben.

II. Rechtsprechung:

1. Die Bestimmung des § 10 Abs. 2 (des Markenschutzgesetzes vom 30./11. 74) bezüglich der Freizeichen, die im Gegensatz zu den individuellen Zeichen stehen, auch nur die Eigenschaften einer Ware, nicht ihre Beziehung zu der Person eines bestimmten Gewerbtreibenden bezeichnen sollen, ist allgemein aufzufassen und nicht auf die darin angeführten Fälle zu beschränken; auch insbesondere nicht auf solche Zeichen, welche dazu dienen, eine bestimmte Eigenschaft der Ware zu kennzeichnen. Als Freizeichen sind sie auch nur dann zu betrachten, wenn sie nicht zur Unterscheidung von den Waren anderer Gewerbtreibenden benutzt worden sind. (R. O. H. G. XXV, 18.)

2. Bei kombinierten Warenzeichen dürfen auch Freizeichen als Bestandteile der Kombination benutzt werden. (R. O. H. G. XXIV, 77; R. G. C. III, 22.)

3. Trotz der Eintragung eines angemeldeten Warenzeichens ist der Richter zur Prüfung der Frage berufen, ob sich dasselbe nach dem Markenschutzgesetz, insbesondere nach § 10 Absatz 2 (Freizeichen) zur Eintragung eignet. (R. G. St. X, 105.)

4. Freizeichen d. h. von altershergebrachte Zeichen, welche entweder gar keinen bestimmten Zweck oder nur die Bestimmung haben, eine ganze Warengattung, Qualität, Größenverhältnisse, Herkunftsort für alle Hersteller der Ware und deren Abnehmer zu bezeichnen, deren ausschließlicher Gebrauch versagt ist, weil sie im Verkehr nicht als Marke eines einzelnen Gewerbtreibenden gelten und der Schutz des Publikums gegen Täuschungen,

den das Markenschutzgesetz beabsichtigt, bei ihnen nicht erforderlich ist, können sich im Laufe der Zeit auch aus Individualmarken herausbilden, wozu aber nicht die Thatsache allein genügt, daß mehrere oder viele die Marke eines anderen ohne Recht, wenn auch ungestraft, für ihre Ware benutzt haben, was auch bezüglich ausländischer Individualmarken gilt. Wer sich auf ein solches (aus einer Individualmarke entstandenes) Freizeichen beruft, hat den strikten Beweis zu liefern, daß im Verkehr die äußerlich zu Recht bestehende Individualmarke nicht mehr als solche gilt, sondern erloschen ist, daß nicht nur der Verfertiger der damit bezeichneten Waren gutgläubig das Zeichen ohne das Bewußtsein der Nachahmung einer Individualmarke verwendete, sondern auch in dem maßgebenden inländischen und ausländischen Verkehr, d. h. bei dem Vertrieb der Ware an das kaufende Publikum, das Bewußtsein von der Eigenschaft des Zeichens als Individualmarke verloren gegangen war. (Entsch. des R.-G. in dem bekannten Prozeß wegen Nachahmung östreichischer Sensenzeichen.) (R. G. C. XXIV, Nr. 15.)

5. Ein Warenzeichen, das aus einem mit Einfassung oder Verzierung umgebenen Worte besteht, fällt dann nicht unter das Verbot des Eintragens des Zeichens, welches ausschließlich aus Zahlen, Buchstaben oder Worten besteht, wenn diese Verzierung neben dem Worte ꝛc. als eine figürliche Darstellung und nicht als eine rechtlich indifferente Umgrenzung anzusehen ist. (R. G. C. III, Nr. 23.)

6. Ein Warenzeichen ist schon um deswillen nicht eintrag- und schutzfähig, wenn es ein öffentliches Wappen enthält, ohne daß es darauf ankommt, daß das Wappen das Zeichen ausschließlich darstellt. Das öffentliche Wappen kann gegenüber dem Gesammtbilde des Warenzeichens von sichtlich untergeordneter Bedeutung sein und findet doch die Bestimmung des § 3 Abs. 2 Anwendung, sofern dasselbe als solches im Gesammtbilde enthalten ist. (R. G. St. X, Nr. 105.)

7. Kombinationszeichen sind Warenzeichen, die aus einer Kombination einer Figur mit Worten, auch mit einem Namen oder einer Firma bestehen, sie sind einheitliche Zeichen und daher der Name oder die Firma ebensogut ein Teil desselben,

wie die Figur und kommen daher beide Elemente bei Prüfung der Identität zweier derartiger Kombinationszeichen in Betracht.

Wenn hiernach ganz allgemein Worte neben Figuren als Warenzeichen zulässig sind, so sind es alle Worte ohne Ausnahme.

Eine als Warenzeichen angemeldete Figur kann auch von einem anderen verwendet werden, wenn dasselbe durch Kombinierung mit anderen Zeichen, Zahlen, Worten &c. zu einem wesentlich anderen Gesammtbilde wird. (R. O. H. G. XX, 91; R. G. St. VII, Nr. 66.)

8. Ein Warenzeichen darf unter anderen Elementen auch ein sogen. Freizeichen enthalten. (R. G. C. III, Nr. 22.)

III. Entscheidungen des Patentamts und Reichsgerichts zu dem neuen Gesetz vom 12. Mai 1894:

1. „Monopol“ ist kein Freizeichen für Champagner, sondern als Individualzeichen der Firma Heidsick u. Cie. zu betrachten. (Entsch. d. P.-A., B. f. P. M. u. Z. I, S. 95—98.)

2. Bei dem häufigen Vorkommen eines Zeichenmotivs ist:

a) Freizeichenbildung ausgeschlossen, wenn die Abweichungen genügen, um die Ware als die eines bestimmten Gewerbtreibenden zu kennzeichnen,

b) bei der Kollisionsprüfung zu untersuchen, ob das, was den Marken gemeinsam, der älteren Marke eigentümlich ist,

c) daraus, daß ähnliche Zeichen lange Zeit neben einander im Verkehr sich erhalten, ein Schluß darauf gestattet, daß die Abweichungen als erheblich aufgefaßt werden. (Entsch. des R. G. C. v. 12./6. 95, B. f. P. M. u. Z. I, S. 280—81.)

3. Der Begriff des Freizeichens trifft nicht den Fall, wo ein Zeichenmotiv häufig verwendet ist und der Verkehr deshalb nicht in dem Motiv, sondern in dessen besonderer Gestaltung das Unterscheidende erblickt. (Entsch. d. P.-A. v. 5./11. 95, B. f. P. M. u. Z. II, S. 65.)

4. Die Verbindung eines Freizeichens mit einem Buchstaben ist nur dann eintragsfähig, wenn das Ganze einen eigenartigen Gesammteindruck hervorbringt. (Entsch. d. P.-A. v. 23./12. 95, B. f. P. M. u. Z. II, S. 68—69.)

5. Zeichen, die ausschließlich aus Buchstaben bestehen, sind auch dann nicht eintragsfähig, wenn vor dem 1. Oktober 1875 der Nachweis ihrer Anerkennung im Verkehr geführt worden

ist. (Entsch. des P. A. v. 15./11. 95. B. f. P. M. u. Z. I, S. 315—16.)

6. Als Ort der Herstellung sind auch Ländernamen von dem Wortzeichenschutz ausgeschlossen. (Entsch. d. P.=A. v. 28./6. 95. B. f. P. M. u. Z. I, S. 273).

7. Das Verbot der Eintragung von Warenzeichen, welche öffentliche Wappen enthalten, wird durch die Zustimmung des berechtigten Gemeinwesens nicht beseitigt. Zu der Feststellung, daß ein Wappen in dem Zeichen enthalten sei, ist völlige Identität nicht erforderlich. (Entsch. d. R.=G. v. 10./11. 1888. B. f. P. M. u. Z. I, S. 211—12).

8. Uebersetzung eines deutschen Namens „Heinrich Bürger" ins Französische „Henry Bourgois" ist als Warenzeichen (Wortzeichen) für Cognac unzulässig wegen der Täuschungsgefahr, als sei der mit diesem Wortzeichen versehene Cognac französischen Ursprungs. (Entsch. d. P.=A. v. 14./7. 15. B. f. P. M. u. Z. I, S. 276—77).

NB. Aus gleichem Grunde wurde vom Patentamt der Eintrag einer Biene als Warenzeichen für Syrup und das Wort „Columbia" für Mehl versagt.

9. Als Ort der Herstellung können auch solche Ortsnamen in Betracht kommen, die der gegenwärtigen politischen Geographie nicht mehr angehören (z. B. Litthauen). — Besteht eine ernsthafte sachliche Beziehung zwischen dem Ortsnamen und der Ware, so ist der Ortsname entweder wegen Angabe der wirklichen Herkunft oder wegen irreführender Angabe einer unrichtigen Herkunft, als Warenzeichen ungeeignet. — Ein Ortsname, der nach der Anschauung des Verkehrs nicht mehr den Ursprung, sondern eine Warengattung kennzeichnet, ist aus dem Gesichtspunkte der Beschaffenheitsangabe nicht schutzfähig. (Entsch. d. P.=A. v. 8./7. 96. B. f. P. M. u Z. II, S. 138).

10. Ein zusammengesetztes Zeichen ist nur dann eintragsfähig, wenn die schutzfähigen Bestandteile das Zeichen beherrschen oder wenn die Kombination ein eigenartiges Gesammtbild darstellt. Die Beifügung der Firma macht ein Zeichen nicht unbedingt schutzberechtigt. (Entsch. d. P.=A. v. 18./2. 96. B. f. P. M. u. Z. II, S. 139).

11. Als „Ort der Herstellung" gilt auch die Weinbergslage, wo die Traube gewachsen ist (z. B. „Feuerberg"). Lagennamen können nur dann Warenzeichen sein, wenn die Lage einem einzelnen gehört. Dies gilt für Schaumwein,

wie für Stillwein. (Entsch. d. P.=A. v. 13./5. 96. B. f. P. M. u. Z. II, S. 305).

12. Die Aufnahme einer nicht bestehenden (fiktiven) Firma in eine Etikette enthält eine unwahre und täuschende Angabe im Sinne des § 4 Ziffer 3 des Gesetzes. (Entsch. d. P.=A. v. 10./7. 96. B. f. P. M. u. Z. II, S. 305).

13. Die bloße Vervielfältigung eines figürlichen Freizeichens ergibt kein schutzfähiges Gesammtzeichen. Die Krone ist für Tuche Freizeichen. (Entsch. d. P.=A. v. 16./9. 96. B. f. P. M. u. Z. III, S. 57).

14. Das „Chocoladenmädchen" ist Freizeichen für Chocolade und Cacao. (Entsch. d. P. A. v. 13./11. 96. B. f. P. M. u. Z. III, S. 57).

15. Bei Prüfung von Wortzeichen, die sich an die Firma anlehnen, bleiben die Vorschriften über das Firmenrecht, sowie § 8 des Gesetzes zur Bekämpfung des unlauteren Wettbewerbs außer Betracht, vielmehr ist die Eintragung zu versagen, wenn das Zeichen die zeichenrechtlichen Voraussetzungen nicht erfüllt. (Entsch. d. P.=A. v. 10./2. 97. B. f. P. M. u. Z. III, S. 74).

16. Der Ausdruck „Pilsner Bier" ist zur Zeit nicht mehr Herkunftsangabe, sondern bereits Name eines Biertypus. Die durch Verwendung dieses Ausdrucks für nicht in Pilsen gebrautes Bier etwa begründete Täuschungsgefahr wird durch deutliche Angabe der anderweitigen Braustätte auf der nämlichen Etikette soweit beseitigt, daß eine ersichtliche Täuschungsgefahr nicht vorliegt. (Entsch. d. P.=A. v. 10./2. 97. B. f. P. M. u. Z. III, S. 74).

17. Das Bildnis eines fremden Monarchen enthält nicht die Angabe, daß die damit bezeichnete Ware aus dem entsprechenden fremden Lande herstamme. Eine ausländische Eintragung als Marke steht der Freizeichenbildung nicht an sich, sondern nur als Grundlage für ein im Inlande zur Anerkennung gebrachtes Individualrecht entgegen. (Entsch. d. P.=A. v. 10./10. 96. B. f. P. M. u. Z. III, S. 104).

18. Der Name eines berühmten Mannes kann in einem Zeichen täuschend wirken, wenn die Berühmtheit auf einem Gebiete liegt, das zu der angemeldeten Ware in Beziehung steht, sollte auch eine besondere Beziehung zwischen dem Träger des Namens selbst und der Ware nicht bestehen (z. B. „Liebig-Bitter" als Wortzeichen für Spirituosen unzulässig; dagegen

das Wortzeichen „Bismarck-Feder“ zulässig. (Entsch. d. P.-A. v. 7./5. 97. B. f. P. M. u. Z. III, S. 211).

19. Die Darstellung der mit dem Zeichen zu versehenden Ware ist auch dann nicht zeichenschutzfähig, wenn für die Ware selbst ein Gebrauchsmusterschutz erlangt ist oder wenn die dargestellte Aufmachung der Ware dem Schutze aus § 15 des Gesetzes zugänglich ist. (Entsch. d. P.-A. v. 18./6. 97. B. f. P. M. u. Z. III, S 212).

20. Wortzeichen für Wein, die sich an übliche Namen von Weinbergslagen anlehnen, z B. „Rauenthaler Kukuksloch“, stehen in irreführendem Widerspruch mit den thatsächlichen Verhältnissen, wenn es eine so benannte Weinbergslage nicht gibt (wie diese). (Entsch. d. P.-A. v. 26./6. 97. B. f. P. M. u. Z. III, S. 216).

21. Die Einleitung des Widerspruchsverfahrens ist der Abweisung aus einem absoluten Versagungsgrunde (nach § 4 des Gesetzes) nicht hinderlich. (Entsch. d. P.-A. v. 9./6. 97. B. f. P. M. u. Z. III, S. 233.)

22. Bei einem lediglich aus Wörtern bestehenden Warenzeichen kann ohne Weiteres angenommen werden, daß die Erlangung eines Klangschutzes beabsichtigt wurde. (Entsch. d. R.-G.-C. v. 5./12. 96. B. f. P. M. u. Z. III, S. 234).

23. Die Umrißlinien der mit einem Zeichen versehenen Waren sind auch als Umrandung von Zeitungsankündigungen des Zeichenschutzes nicht fähig. (Entsch. d. P.-A. v. 17./2. 97. P. f. P. M. u. Z. III, S. 242).

24. Ein Wortzeichen, das den Eindruck einer Etablissementbenennung macht, kann die Gefahr einer Täuschung begründen, wenn das Etablissement einen anderen Namen führt. (Entsch. d. P.-A. v. 12./9. 96. B. f. P. M. u. Z. III, S. 244).

§ 5.

Erachtet das Patentamt, daß ein zur Anmeldung gebrachtes Warenzeichen mit einem anderen, für dieselben oder für gleichartige Waren auf Grund des Gesetzes über Markenschutz vom 30. November 1874, oder auf Grund des gegenwärtigen Gesetzes früher angemeldeten Zeichen übereinstimmt, so macht es dem Inhaber dieses Zeichens hiervon Mitteilung. Erhebt derselbe nicht innerhalb eines Monats nach der Zustellung Widerspruch gegen die Eintragung des neu angemeldeten Zeichens, so ist das Zeichen einzutragen. Im anderen Falle entscheidet das Patentamt durch Beschluß, ob die Zeichen übereinstimmen.

Aus dem Unterbleiben der im 1. Absatz vorgesehenen Mitteilung erwächst ein Ersatzanspruch nicht.

I. Anmerkungen:

1. Durch diese Bestimmung ist ein Vorprüfungsverfahren für die Fälle, wo ein angemeldetes Warenzeichen mit einem früher eingetragenen kollidirt, eingeführt (das frühere Gesetz kannte ein solches nicht), damit späteren Rechtsstreitigkeiten über die Priorität eines Zeichens möglichst vorgebeugt und eine größere Rechtssicherheit auf diesem Gebiete geschaffen wird.

2. Das Patentamt hat hiernach bei jeder Zeichenanmeldung eine Vorprüfung auf eine etwaige Uebereinstimmung mit einem schon eingetragenen Zeichen vorzunehmen und eintretendenfalls den eingetragenen Vorbesitzer zu verständigen 2c. Das weitere Verfahren im Falle eines Einspruchs ergibt sich von selbst, bedarf keiner Erläuterung und ist nur noch zu bemerken, daß durch Unterlassung des Einspruchs und Eintragung des kollidirenden Zeichens einem späteren Löschungsantrag gemäß § 9 pos. 1 nicht präjudiziert wird.

3. Für die Prüfung der Frage, ob zwei kollidierende Zeichen übereinstimmen, läßt sich eine allgemein gültige Direktive nicht geben, das Patentamt soll sich hier bei Feststellung der Frage, ob eine Verwechselungsmöglichkeit anzunehmen ist, mehr auf den Standpunkt des weniger gebildeten Durchschnittskäufers stellen, dem die betreffenden Zeichen nicht nebeneinander vorliegen und der diese Frage nach Gedächtnis beurteilen muß, denn eine, die Gefahr der Verwechselung begründende Aehnlichkeit ist der Uebereinstimmung gleich zu achten.

4. „Aus dem Unterbleiben der 2c. Mitteilung erwächst ein Ersatzanspruch nicht" (Abs. 2). Diese Bestimmung ist dahin zu verstehen, daß weder dem Inhaber des älteren noch dem des jüngeren Zeichens wegen eines aus dieser Unterlassung etwa entstandenen Schadens ein Regreßanspruch

an den Fiskus oder den betreffenden Beamten des Patentamtes, der mit der sogen. Syndikatsklage verfolgt werden könnte, erwächst.

II Rechtsprechung:

1. Die Prüfung auf Kollision wird dadurch beeinflußt, ob das Zeichenmotiv öfter verwendet ist, sowie dadurch, ob der Abnehmerkreis sich aus Sachverständigen zusammensetzt. (Entsch. des P.-A. v. 2/11. 95, B. f. P. M. u. Z. I, S. 312.)

2. Die Uebernahme eines einfachen Zeichens in ein späteres Kombinationszeichen erscheint im Falle einer Verwechselungsgefahr unzulässig (eine sitzende, Pfote leckende Katze für Seife). (Entsch. des R. G. C. v. 26./6. 95, B. f. P. M. u. Z. I, S. 282.)

3. Wenn eine Verwechselungsgefahr zwischen einem Wortzeichen und einem Bildzeichen besteht, z. B. das Bildzeichen Schwalbe für Makkaroni mit dem Wortzeichen „Schwalbe" für dieselbe Ware, (Entsch. des P.-A. v. 7./11. 95, B. f. P. M. u. Z. I, S. 313), das Bildzeichen Adler mit dem Wortzeichen „Adler", das Bildzeichen Globus mit dem Wortzeichen „Globus", so ist die Eintragung zu versagen. (Entsch. des P.-A. v. 6/11. 95, B. f. P. M. u. Z. I, S. 313.)

4. Gegenstand der Entscheidung im Widerspruchsverfahren ist nur die Frage der Uebereinstimmung, deren Beantwortung von früheren gerichtlichen Urteilen unabhängig ist. Auch die Feststellung eines Rechtsverhältnisses durch ein vorangegangenes gerichtliches Urteil, wonach der Widerspruch sich als unberechtigt darstellt, wird in dem Verfahren vor dem Patentamte nicht beachtet. (Entsch. des P.-A. v. 31./1. 96, B. f. P. M. u. Z. II, S. 142.)

5. Die im Strafverfahren unter früherem Recht erfolgte Verneinung der Uebereinstimmung ist für die Beurteilung der Verwechselungsgefahr im Widerspruchsverfahren nach dem Gesetz vom 12./5. 94 nicht maßgebend. (Entsch. des P.-A. v. 29./10. 96, B. f. P. M. u. Z. III, S. 62.)

6. Dem Widersprechenden steht ein Anspruch auf Ladung und Anhörung durch die Beschwerdeabteilung nicht zu. (Entsch. des P.-A. vom 10/10. 96, B. f. P. M. u. Z. III, S. 62.)

§ 6.

Wird durch den Beschluß (§ 5 Abs. 1) die

Uebereinstimmung der Zeichen verneint, so ist das neuangemeldete Zeichen einzutragen.

Wird durch den Beschluß die Uebereinstimmung der Zeichen festgestellt, so ist die Eintragung zu versagen. Sofern der Anmelder geltend machen will, daß ihm ungeachtet der durch die Entscheidung des Patentamtes festgestellte Uebereinstimmung ein Anspruch auf die Eintragung zustehe, so hat er diesen Anspruch im Wege der Klage gegenüber dem Widersprechenden zur Anerkennung zu bringen. Die Eintragung auf Grund einer zu seinen Gunsten ergehenden Entscheidung wird unter dem Zeitpunkte der ursprünglichen Anmeldung bewirkt.

I. Anmerkungen:

1. Gegen den Beschluß des Patentamts, der die Uebereinstimmung zweier Zeichen verneint, steht dem widersprechenden Inhaber des früher eingetragenen Zeichens ein Beschwerderecht nicht zu und ist diese Entscheidung in diesem Verfahren nicht anfechtbar.

2. Der Beschluß, der die Uebereinstimmung der kollidirenden Zeichen feststellt und die Eintragung des später angemeldeten Zeichens versagt, kann von dem Anmelder mit Beschwerde angefochten werden (vergl. § 10 Abs. 2) die an die Beschwerdeabteilung des Patentamts geht.

3. Trotz des wegen festgestellter Uebereinstimmung ergangenen Versagungsbeschlusses des Patentamts ist der Anmelder befugt, seinen zurückgewiesenen Anspruch auf Eintragung dem Widersprechenden gegenüber noch im Wege gerichtlicher Klage geltend zu machen. Die Gerichte können jedoch nur über einen privatrechtlichen Anspruch, der dem Anmelder dem Widersprechenden gegenüber auf Fallenlassen seines Widerspruchs aus irgend welchen Gründen (z. B. Verzicht, Vergleich, Priorität u. s. w.) etwa zustehen sollte, befinden, nicht aber auch die rechtskräftige und endgültige Entscheidung des Patentamts bezüglich der thatsächlichen Frage der Uebereinstimmung zweier kollidirender Zeichen, welche Feststellung öffentlich rechtlicher Natur ist, in das Bereich ihrer Kognition ziehen, da die

Entscheidung dieser Fragen dem Patentamte ausschließlich zugewiesen ist. Eine hierauf gerichtete Zivilklage kann schon vor Beginn des Widerspruchsverfahrens erhoben werden.

II. Rechtsprechung:

1. Dem Widersprechenden steht gegen den Beschluß, durch welchen die Uebereinstimmung des angemeldeten Zeichens mit einem älteren verneint und die Eintragung angeordnet wird, ein Beschwerderecht nicht zu. (Entsch. d. P.-A. v. 18./11. 95. B. f. P. M. u. Z. I, S. 316—17).

2. Die Klage aus § 6 Abs. 2 des Gesetzes z. Sch. d. W. B. auf Beseitigung eines Widerspruchs gegen die Eintragung kann darauf nicht gestützt werden, daß in einem nach früherem Recht ergangenen rechtskräftigen Urteil auf Abweisung der negatorischen Klage des Widersprechenden die Uebereinstimmung des Zeichens verneint worden war. Die thatsächliche Benutzung eines Zeichens gewährt kein Prioritätsrecht. (Entsch. d. R.-G. v. 2./12. 96. B. f. P M. u. Z. III, S. 31).

§ 7.

Das durch die Anmeldung oder Eintragung eines Warenzeichens begründete Recht geht auf die Erben über und kann durch Vertrag oder durch Verfügung von Todeswegen auf andere übertragen werden. Das Recht kann jedoch nur mit dem Geschäftsbetriebe, zu welchem das Warenzeichen gehört, auf einen andern übergehen. Der Uebergang wird auf Antrag des Rechtsnachfolgers in der Zeichenrolle vermerkt, sofern die Einwilligung des Berechtigten in beweisender Form beigebracht wird. Ist der Berechtigte verstorben, so ist der Nachweis der Rechtsnachfolge zu führen.

Solange der Uebergang in der Zeichenrolle nicht vermerkt ist, kann der Rechtsnachfolger sein Recht aus der Eintragung des Warenzeichens nicht geltend machen.

Verfügungen und Beschlüsse des Patentamtes, welche einer Zustellung an den Inhaber des Zeichens bedürfen, sind stets an den eingetragenen Inhaber zu richten. Ergiebt sich, daß derselbe gestorben ist, so kann das Patentamt nach seinem Ermessen die Zustellung als bewirkt ansehen oder zum Zweck der Zustellung an die Erben deren Ermittelung veranlassen.

Anmerkungen:

1. „Das durch Anmeldung ꝛc. begründete Recht ꝛc.“. Durch die Anmeldung eines Warenzeichens wird die Priorität für den Anmelder begründet und damit zugleich ein öffentlich rechtlicher Anspruch auf Eintragung und ist daher dieser Anspruch schon vererblich und übertragbar. In Fällen dieser Art des Uebergangs des Rechtes aus der Anmeldung wird die Eintragung, falls zulässig, direkt auf den Namen des Rechtsnachfolgers vollzogen.

2. „Uebertragung durch Vertrag oder Verfügung von Todeswegen ꝛc.“ Dies sind nicht die einzigen Gründe, durch die ein Uebergang bewirkt werden kann, auch im Wege der Zwangsvollstreckung, jedoch nur in Verbindung mit dem betr. Geschäft, (Konkurs) ꝛc. kann dies geschehen.

3. „Das Recht kann jedoch nur mit dem Geschäftsbetrieb ꝛc. übergehen“. Es ist hierfür nicht der Uebergang der Firma des betr. Inhabers als solcher, sondern nur der seines Geschäftsbetriebs ganz oder teilweise erforderlich, da der Handel mit bloßem Zeichenrecht grundsätzlich unzulässig ist. Mit der Uebertragung eines Geschäftes oder eines Teils oder bestimmten Zweigs desselben (etwa Filiale) gelten die dafür erworbenen Zeichenrechte nicht unbedingt als mit übertragen, doch ist dies im Zweifel anzunehmen. Der Veräußerer kann sich jedoch auch die fernere Benutzung des zu dem übertragenen Geschäft gehörigen Zeichens zur ausschließlichen Benutzung vorbehalten.

4. Auch eine zeitlich beschränkte Uebertragung durch Pacht, Lizenzerteilung ꝛc. ist zulässig, eine solche räumt aber nur ein Benutzungsrecht ein und können Verletzungen des Zeichenrechts nur von dem Inhaber in solchen Fällen verfolgt werden.

5. Der Zeichenübergang und bezw. die Ueberschreibung des Zeichens auf den Namen der Erben oder sonstigen Rechtsnachfolgers in der Rolle, welche aber nicht Bedingung der Rechtsgültigkeit der Uebertragung ist, kann nur auf Grund

einer öffentlichen Urkunde erfolgen, die gerichtlich, notariell oder konsularisch beglaubigt sein muß.

Die Ueberschreibung erfordert ausdrückliche Einwilligung des Berechtigten, die auch durch ein rechtskräftiges Urteil ersetzt werden kann, sie ist vom Rechtsnachfolger zu beantragen. Das Patentamt kann bezüglich der Erben eines verstorbenen Zeicheninhabers auch von Amtswegen Ermittelungen anstellen.

6. „Solange der Uebergang in der Zeichenrolle nicht vermerkt ist, kann der Rechtsnachfolger sein Recht ꝛc. nicht geltend machen" d. h. er erscheint insolange weder aktiv noch passiv für zeichenrechtliche Ansprüche zur Sache legitimiert, z. B. kann er weder Civilklage erheben noch Strafantrag stellen.

§ 8.

Auf Antrag des Inhabers wird das Zeichen jederzeit in der Rolle gelöscht.

Von Amtswegen erfolgt die Löschung:

1. wenn seit der Anmeldung des Zeichens oder seit ihrer Erneuerung zehn Jahre verflossen sind;
2. wenn die Eintragung des Zeichens hätte versagt werden müssen.

Soll die Löschung ohne Antrag des Inhabers erfolgen, so giebt das Patentamt diesem zuvor Nachricht. Widerspricht er innerhalb eines Monats nach der Zustellung nicht, so erfolgt die Löschung. Widerspricht er, so faßt das Patentamt Beschluß. Soll in Folge Ablaufs der zehnjährigen Frist die Löschung erfolgen, so ist von derselben abzusehen, wenn der Inhaber des Zeichens bis zum Ablauf eines Monats nach der Zustellung unter Zahlung einer Gebühr von Mark 10 neben der Erneuerungsgebühr die Erneuerung der Anmeldung nachholt. Die Erneuerung gilt dann als an dem Tage des Ablaufs der früheren Frist geschehen.

I. Anmerkungen:

1. „Auf Antrag des Inhabers wird das Zeichen ꝛc. gelöscht". Der Antragsteller muß sich als Inhaber oder Rechtsnachfolger oder Vertreter gehörig in der vorgeschriebenen Weise legitimieren. Ein rechtskräftiges gerichtliches Urteil auf Löschung oder eine ausdrückliche Einwilligung in die Löschung berechtigt auch einen Gegner des Inhabers zum Löschungsantrag.

2. „Von Amtswegen erfolgt die Löschung:

1. wenn seit Anmeldung ꝛc. oder Erneuerung zehn Jahre verflossen sind". Diese Frist wird vom Tage der Anmeldung an gerechnet, die Frist für die Erneuerung vom Tage des Eingangs des betr. Gesuchs und ist im letzteren Falle eine Zuschlaggebühr von Mk. 10 (also zusammen Mk. 20) zu zahlen, wenn das Gesuch nach Ablauf der Schutzfrist innerhalb eines Monats nach Zustellung des Vorbescheids bezüglich der Erlöschung eingereicht wird.

3. „2. wenn die Eintragung hätte versagt werden müssen". Hierbei kommen alle Versagungsgründe des Gesetzes (§§ 1, 4, 5 u. 23) in Betracht und kann also, wenn bei der Prüfung der Anmeldung eines Warenzeichens ein damals schon vorhandener gesetzlicher Versagungsgrund entweder übersehen oder nicht sofort erkennbar war, die Eintragung trotzdem erfolgt war, nachträglich auf Grund dieses Paragraphen die Löschung von Amtswegen erfolgen. Diese Officialthätigkeit kann in zulässiger Weise auch von einem Dritten angeregt werden, was sogar in der Regel der Fall sein wird.

4. In allen diesen Fällen muß aber gemäß Abs. 2 dieses Paragraphen, der das Verfahren regelt, der Zeicheninhaber durch Vorbescheid von dem Vorhaben, das betr. Zeichen von Amtswegen zu löschen, zur event. Wahrung seiner Rechte in dieser Beziehung, um Widerspruch erheben zu können, benachrichtigt werden, was zu einer weiteren Verhandlung hierüber, Schriftenwechsel, Beweiserhebungen u. s. w. führen kann, sowie zur Beschreitung des Beschwerdeweges von seiten des Eingetragenen.

II. Rechtsprechung:

Derjenige, welcher die Löschung eines Zeichens gemäß § 8 Ziffer 2 dieses Gesetzes angeregt hat, hat nicht die

Rechte einer Prozeßpartei. (Entsch. des P.-A. v. 18./3. 96. B. f. P. M. u. Z. II, S. 142.)

§ 9.

Ein Dritter kann die Löschung eines Warenzeichens beantragen:

1. wenn das Zeichen für ihn auf Grund einer früheren Anmeldung auf dieselben oder gleichartige Waren in der Zeichenrolle oder in dem nach Maßgabe des Gesetzes über den Markenschutz vom 30. November 1874 geführten Zeichenregister eingetragen steht;
2. wenn der Geschäftsbetrieb, zu welchem das Warenzeichen gehört, von dem eingetragenen Inhaber nicht mehr fortgesetzt wird;
3. wenn Umstände vorliegen, aus denen sich ergiebt, daß der Inhalt des Warenzeichens den thatsächlichen Verhältnissen nicht entspricht und die Gefahr einer Täuschung begründet.

Hat ein nach dem Gesetz über Markenschutz vom 30. Nov. 1874 von der Eintragung ausgeschlossenes Warenzeichen bis zum Erlaß des gegenwärtigen Gesetzes innerhalb beteiligter Verkehrskreise als Kennzeichen der Waren eines bestimmten Geschäftsbetriebs gegolten, so kann der Inhaber des letzteren, falls das Zeichen nach Maßgabe des gegenwärtigen Gesetzes für einen Anderen in die Zeichenrolle eingetragen wird, bis zum 1. Oktober 1895 die Löschung beantragen. Wird dem Antrage stattgegeben, so darf das Zeichen für den Antragsteller schon vor Ablauf der in § 4 Absatz 2 bestimmten Frist in die Zeichenrolle eingetragen werden.

Der Antrag auf Löschung ist im Wege der Klage

geltend zu machen und gegen den eingetragenen Inhaber oder, wenn dieser gestorben, gegen dessen Erben zu richten.

Hat vor oder nach Erhebung der Klage ein Uebergang des Warenzeichens auf einen Anderen stattgefunden, so ist die Entscheidung in Ansehung der Sache auch gegen den Rechtsnachfolger wirksam und vollstreckbar. Auf die Befugnis des Rechtsnachfolgers, in den Rechtsstreit einzutreten, finden die Bestimmungen der §§ 63 bis 66 und 73 der C. P. O. ensprechende Anwendung.

In den Fällen des Absatz 1 Nr. 2 kann der Antrag auf Löschung zunächst bei dem Patentamt angebracht werden. Das Patentamt giebt dem als Inhaber des Warenzeichens Eingetragenen davon Nachricht. Widerspricht derselbe innerhalb eines Monats nach der Zustellung nicht, dann erfolgt die Löschung. Widerspricht er, so wird dem Antragsteller anheim gegeben, den Anspruch auf Löschung im Wege der Klage zu verfolgen.

I. Anmerkungen:

1 „Ein Dritter kann die Löschung beantragen 2c." Hierdurch werden — im Gegensatz zu der gemäß § 8 vom Patentamt von Amtswegen anzuordnenden Löschung eines Zeichens, die auch von einem Dritten angeregt werden kann (vergl. Note 3 zu § 8) — die Fälle normirt, in welchen ein an dem betr. Zeichen interessirter Dritter die Löschung im Wege gerichtlicher Klage auf Grund eines privatrechtlichen Anspruchs beantragen kann, sei es, weil er früher im Widerspruchsverfahren den Einspruch versäumt, sei es, daß das Patentamt die Prüfung des Zeichens 2c. vor dessen Eintragung in der fraglichen Richtung unterlassen hatte. Die Klage geht gegen den eingetragenen Inhaber oder dessen Erben.

2. Die einzelnen in diesem § unter 1—3 aufgeführten Gründe, welche einen privatrechtlichen, gerichtlich verfolgbaren

Anspruch auf Löschung gewähren, sind zum Teil schon früher als Gründe für die Versagung der Eintragung angegeben, nämlich Nr. 1 (der Fall einer Kollision zweier Zeichen) in § 5 und Nr. 3 (Widerspruch mit den thatsächlichen Verhältnissen und Täuschungsgefahr) in § 4 pos. 3 und kann daher mit Rücksicht auf diese Uebereinstimmung auf die Erläuterungen zu den hiermit korrespondirenden Versagungsgründen der §§ 4 und 5 Bezug genommen werden. Es kommt hier hauptsächlich die Gefahr der Verwechselung bei identischen oder ähnlichen Zeichen sowie die Frage der Gleichartigkeit der Waren, als die Voraussetzung einer Zeichenkollision, in Betracht.

Liegt aber einer der in Nr. 3 vorgesehenen Fälle vor, so kann auch die Löschung des betr. Zeichens von Seiten des Patentamts gemäß § 8 pos. 2 von Amtswegen erfolgen, wobei jedoch noch zu bemerken ist, daß hier beide Momente der Mangel der Uebereinstimmung mit den thatsächlichen Verhältnissen sowie die Gefahr der Täuschung zusammentreffen müssen, um diese Wirkung hervorzubringen.

3. Legitimirt zur Klage aus den unter Nr. 2 und 3 erwähnten Gründen ist jeder Gewerbtreibende, der sich durch den hiernach zu Unrecht bestehenden Eintrag eines Warenzeichens beeinträchtigt fühlt z. B. wegen einer falschen Ursprungsbezeichnung und dergl.

4. Der weitere Anfechtungsgrund Nr. 2 dieses § gründet sich darauf, daß der Gebrauch und die Eintragung eines Warenzeichens zur notwendigen Voraussetzung hat die Verwendung des Zeichens in einem bestimmten Geschäftsbetrieb (vergl. § 2 Note 2) und daß mit dem Wegfall dieser Voraussetzung auch selbstredend der bestehende Eintrag des betr. Zeichens nicht mehr fortbestehen darf, doch wird hierbei gefordert, daß der Geschäftsbetrieb definitiv aufgegeben ist. Zu bemerken ist noch, daß in allen diesen Fällen auch Antrag auf Erlaß einer einstweiligen Verfügung zulässig ist.

5. Die weiteren Bestimmungen dieses § in Abs. 2 bis 5 bedürfen keiner besonderen Erläuterung, sind zum Teil (Abs. 2) vorübergehender Natur, zum Teil regeln sie das in diesen Fällen einzuhaltende Verfahren und sind für sich verständlich.

II. Rechtsprechung:

1. Die Uebergangsbestimmung des § 9 Abs. 2 des Gesetzes 2c. hat den Zweck, den älteren Besitzstand, auch wenn derselbe

gesetzlichen Schutz nicht erlangt hat, zu schützen (z. B. das Wortzeichen „Dentila" für Zahntinktur, als pharmazeutischer Artikel). (Entsch. d. R.-G.-C. v. 23. 5. 96. B. f. P. M. u. Z. II, S. 328—29).

2. Die Verwendung eines fremden Wortzeichens, wie „Dr. Mampe's bittere Tropfen", unter Voranstellung von „Ersatz für" und dergl. ist widerrechtlich, wenn ungeachtet solcher Beifügung der Schein erweckt wird, es handele sich um ein Fabrikat des Zeicheninhabers. (Entsch. d. R.-G.-C. v. 2/12. 96. B. f. P. M u. Z. III, S. 32).

3. Die Fälle, in denen ein Dritter auf Löschung eines Zeichens klagen kann, sind in § 9 des Gesetzes nicht erschöpfend aufgeführt. Eine die Löschungsklage begründende Rechtswidrigkeit des Zeichens liegt insbesondere vor, wenn es in ein bestehendes Geschmacksmusterrecht eingreift. (Entsch. d. R.-G.-C. v. 16./1. 97. B. f. P. M. u. Z. III, S. 79—82).

§ 10.

Anmeldungen von Warenzeichen, Anträge auf Uebertragung und Widersprüche gegen die Löschung werden in dem für Patentangelegenheiten maßgebenden Verfahren durch Vorbescheid und Beschluß erledigt. In den Fällen des § 5 Abs. 1 wird ein Vorbescheid nicht erlassen.

Gegen den Beschluß, durch welchen ein Antrag zurückgewiesen wird, kann der Antragsteller, und gegen den Beschluß, durch welchen Widerspruchs ungeachtet die Löschung angeordnet wird, der Inhaber des Zeichens innerhalb eines Monats nach der Zustellung bei dem Patentamt Beschwerde einlegen.

Zustellungen, welche die Eintragung, die Uebertragung oder die Löschung eines Warenzeichens betreffen, erfolgen mittels eingeschriebenen Briefs. Kann eine Zustellung im Inlande nicht erfolgen, so wird sie durch Aufgabe zur Post nach Maßgabe der §§ 161 und 175 der C. P. O. bewirkt.

Anmerkungen:

1. In diesem § wird das Verfahren des Patentamts in Zeichenangelegenheiten in, mit dem Verfahren in Patentsachen übereinstimmender Weise geregelt und ist daher in dieser Beziehung auf die einschlägigen Bestimmungen des Patentgesetzes (§§ 20—34) zu verweisen.

2. Beschwerden gegen die Beschlüsse der betr. Abteilung des Patentamtes für das Zeichenwesen sind nur zulässig gegen solche Beschlüsse, durch welche Anträge auf Eintragung oder Anregungen von Löschungen zurückgewiesen worden. Verlängerung der einmonatlichen Beschwerdefrist findet nicht statt und ist eine vorzeitige Beschwerde unwirksam. Im Uebrigen richtet sich das Verfahren in Beschwerdesachen nach dem in Patentsachen und ist mit der Beschwerde der Instanzenzug erschöpft. Auch gegen Zwischenbescheide ist eine Beschwerde nicht gegeben.

3. Das Zustellungswesen in Zeichenangelegenheiten ist nach Abs. 3 sehr vereinfacht und erfordert keinerlei Beurkundung von Zustellungen abgesehen von der Postquittung.

§ 11.

Das Patentamt ist verpflichtet, auf Ersuchen der Gerichte über Fragen, welche eingetragene Warenzeichen betreffen, Gutachten abzugeben, sofern in dem gerichtlichen Verfahren von einander abweichende Gutachten mehrerer Sachverständigen vorliegen.

Anmerkungen:

1. „2c. auf Ersuchen der Gerichte 2c." Das Patentamt darf hiernach Gutachten nur auf Ersuchen der Gerichte erstatten, sonst nur mit Genehmigung des Reichskanzlers (nach § 18 Abs. 2 des Patentgesetzes), welche bezüglich der Gesuche von Staatsanwaltschaften allgemein durch denselben erteilt ist für Patentsachen.

2. „Gutachten". Hierunter sind nur sogen. Obergutachten in Fällen, wo andere Sachverständige sich widersprechende Gutachten abgegeben haben, zu verstehen, und auch ausdrücklich nur über Fragen, „welche eingetragene Zeichen betreffen", nicht über andere Fragen (z. B. aus §§ 15 oder 16).

Nicht unter den Begriff Gutachten fallen thatsächliche Auskünfte u. dergl., welche vom Patentamte jedermann erteilt werden können.

§ 12.

Die Eintragung eines Warenzeichens hat die Wirkung, daß dem Eingetragenen ausschließlich das Recht zusteht, Waren der angemeldeten Art oder deren Verpackung oder Umhüllung mit dem Warenzeichen zu versehen, die so bezeichneten Waren in Verkehr zu setzen, sowie auf Ankündigungen, Preislisten, Geschäftsbriefen, Empfehlungen, Rechnungen oder dergl. das Zeichen anzubringen.

Im Falle der Löschung können für die Zeit, in welcher ein Rechtsgrund für die Löschung früher bereits vorgelegen hat, Rechte aus der Eintragung nicht mehr geltend gemacht werden.

I. Anmerkungen:

1. „Die Eintragung eines Warenzeichens hat die Wirkung 2c.“. Es werden hier die Zeichenrechte, die der, Inhaber durch die Eintragung seines Zeichens erwirbt, im Einzelnen angegeben, bei welchen jedoch nur die formelle Rechtskraft ohne Rücksicht auf die materiellen Voraussetzungen in Betracht kommt, die nur durch Löschung, die nach Absatz 2 rückwirkende Kraft hat, in dem unterstellten Falle aufgehoben werden kann.

2. „2c. daß dem Eingetragenen ausschließlich das Recht zusteht 2c.“. Dieses Ausschließungsrecht ist gegen jeden wirksam, der das Zeichenrecht des Inhabers auf die bezeichnete Weise sich anmaßt, ist verfolgbar mit Civilklage auf Unterlassung (Negatoria), Beseitigung des rechtsverletzenden Zustandes, Entschädigung u. s. w., auch mit Feststellungsklage (nach § 231 der C. P. O.), sowie mit Strafantrag in Gemäßheit der Vorschrift des § 14.

3. „2c. Waren der angemeldeten Art oder deren Verpackung 2c. mit dem Warenzeichen zu versehen

u. s. w." Hier findet sich im Einzelnen aufgeführt, in welcher Weise das Warenzeichen benutzt werden kann. Das „Versehen" einer Ware direkt oder deren Verpackung oder Umhüllung mit einem Zeichen, d. h. das Inverbindungbringen ist auf jede denkbare Weise möglich und zulässig und nach Absicht des Gesetzes keiner Einschränkung unterworfen, ebensowenig auch das dem gleichzustellende, in zweiter Linie erwähnte „Anbringen" des Zeichens auf Ankündigungen, Preislisten u. s. w. In letzterer Gebrauchsweise ist eine Ausdehnung des Zeichenschutzes, wie er nach dem Markenschutzgesetz von 1874 nicht bestanden, zu erblicken. Auch körperliche (d. h. plastische, im Gegensatz zu Flächenerzeugnissen) Sachen z. B. Blechmarken, Plomben, plastische Figuren, auch Gefäße aller Art (Flaschen, Büchsen, Dosen u. dergl.), mit welchen das Zeichen in einer stofflichen Verbindung steht (durch Guß, Prägung ꝛc.), können als Warenzeichen erscheinen, ein solches kann auch eingeätzt, eingebrant oder eingewebt werden.

Die bloße Herstellung (bezw. Nachbildung) eines geschützten Zeichens enthält noch keine Verletzung des Zeichenrechts und ist nicht verfolgbar.

Firmenschilder sind als Ankündigungen zu betrachten. Die Herstellung von Verpackungs- und Ausstattungsgegenständen (wie Ettiketten, bildliche Darstellungen ꝛc.) ist ein besonderer, schon ziemlich ausgedehnter Industriezweig der lithographischen Anstalten, Druckereien ꝛc. geworden. Dergleichen Erzeugnisse können auch unter Umständen als Geschmacksmuster geschützt oder auch mit einem besonderen Zeichenschutz versehen werden, was vielfach geschieht.

4. „In Verkehr setzen der so bezeichneten Waren ꝛc." ist im weitesten Sinne des Wortes und darunter selbstverständlich auch das „Feilhalten" zu verstehen. Die in gleichem Sinne auch bei Patenten, Mustern und Modellen gebrauchten Ausdrücke sind dort näher erläutert worden (vergl. § 4 des Patentgesetzes). Es kommt hierbei nicht blos der Inlandverkehr in Betracht sondern auch der ins Ausland insbesondere auch der Transitverkehr.

5. Absatz 2 ist dahin zu verstehen, daß von dem Augenblick an, wo der Rechtsgrund für die Löschung vorlag (z. B. im Falle des § 4 Nr. 3 § 8 Nr. 2 und § 9 Nr. 3 Täuschungsgefahr ꝛc.), vom Tage der rechtlich unzulässigen Eintragung

an Rechte aus der Eintragung des betr. Zeichens nicht mehr, also überhaupt nicht geltend gemacht werden können.

II. Rechtsprechung:

1. Der Schutz des Warenzeichens „Kneipp“ für Malzkaffee schließt die Verwendung der Worte „nach Kneipp'schem System“ oder ähnlich von Seiten anderer Fabrikanten von solchem Kaffee zu dessen Kennzeichnung nicht aus. (Entsch. d. Kammergerichts in Berlin v. 27./4. 95. B. f. P. M. u. Z. I, S. 643—47).

2. Der Inhaber eines in die Zeichenrolle eingetragenen Warenzeichens ist gegen dessen Anbringung an Läden und Geschäftsschildern auch in der Form von Hauszeichen geschützt. Die Gerichte haben darüber nicht zu entscheiden, ob ein Zeichen zu Unrecht unter dem Zeitpunkte der ersten Anmeldung zum gerichtlichen Zeichenregister in die Zeichenrolle des Patentamtes eingetragen worden ist, auch nicht darüber, ob es überhaupt nicht hätte eingetragen werden dürfen, weil es ein Freizeichen war. Für die Entscheidung über das Recht aus der Eintragung des Warenzeichens ist das Eigentum an der körperlichen Darstellung des Zeichens (ein stehender Elephant) bedeutungslos. (Entsch. d. R.-G.-C. v. 20./1. 97. B. f. P. M. u. Z. III, S. 236).

§ 13.

Durch die Eintragung eines Warenzeichens wird Niemand gehindert, seinen Namen, seine Firma, seine Wohnung, sowie Angaben über Art, Zeit und Ort der Herstellung, über die Beschaffenheit, über die Bestimmung, über Preis-, Mengen- oder Gewichtsverhältnisse von Waren, sei es auch in abgekürzter Gestalt, auf Waren, deren Verpackung oder Umhüllung anzubringen und derartige Angaben im Geschäftsverkehr zu gebrauchen.

I. Anmerkungen:

1. Wenn auch die formale Rechtskraft des Eintrags von aus irgend einem Grunde gesetzlich unzulässigen Zeichen erst im Löschungsverfahren (patentamtliches oder gerichtliches) be-

seitigt werden muß, ehe das betr. Zeichen als unwirksam behandelt werden darf, so steht eine solche Eintragung doch nach den Bestimmungen dieses § keineswegs dem Gebrauch des eignen Namens, Firma &c. oder Angaben über Herkunft, Qualität, Preis u. s. w. auf Waren im Wege, so daß durch derartige eigentlich unzulässige Wortzeichen der freie Gebrauch von solchen Namen und Angaben nicht gehemmt, vielmehr unter allen Umständen gewährleistet sein soll. Streitfälle dieser Art unterliegen gerichtlicher Entscheidung.

2. Diese Vorschrift bezieht sich auf in Bezug auf eine Ware beschreibende Worte jeder Art, sie sichert den freien Gebrauch von solchen nicht schutzfähigen Wörtern nicht nur im geschäftlichen Verkehr, sondern auch in Bezug auf deren Verwendung zur Warenbezeichnung.

II. Rechtsprechung:

1. Angehörige derselben Familie können sich für die Mitbenutzung eines als Warenzeichen geschützten Familienwappens zum Zweck der Warenbezeichnung auf § 13 des Gesetzes zum Schutze der Warenbezeichnungen nicht berufen. (Entsch. d. Landg. Hamburg v. 29./5. 96. B. f. P. M. u. Z. II, S. 367).

2. Der § 13 des Gesetzes zum Schutze der Warenbezeichnungen giebt nur ein Recht zur ungestörten Führung der Firma, nicht ein unbedingtes Recht auf deren Eintragung. (Entsch. d. P.-A. v. 10./10. 96. B. f. P. M. u. Z. III, S. 62).

3. Die Verwendung eines fremden Wortzeichens, wie „Dr. Mampe's bittere Tropfen", unter Voranstellung von „Ersatz für" und dergl. ist widerrechtlich, wenn ungeachtet solcher Beifügung der Anschein erweckt wird, als handle es sich um ein Fabrikat des Zeicheninhabers. Der § 13 des Gesetzes zum Schutze der Warenbezeichnungen steht dem Nachahmer in diesem Falle nicht zur Seite. Bei Wortzeichen kommt es auf die figürliche Darstellung grundsätzlich nicht an. (Entsch. d. R.-G.-C. v. 2./12. 96. B. f. P. M. u. Z. III, S. 32).

4. Aus § 13 des Warenbezeichnungsgesetzes ergiebt sich: a. Wer auf Grund eines Warenzeichens einen Firmeninhaber an dem Gebrauch einer Firmenabkürzung zur Bezeichnung von Waren nicht hindern kann, der kann dies noch weniger auf Grund seines bloßen Firmen- oder Namenrechts. b. Wer befugt ist, eine Firmenabkürzung zur Bezeichnung von Waren thatsächlich zu gebrauchen, von dem kann die Löschung eines

Warenzeichens, das sachgemäß seine Firma in abgekürzter Gestalt darstellt, aus § 9 Nr. 3 a. a. O. nicht verlangt werden. („Steinweg Nachfolger" als Warenzeichen). (Entsch. d. R.-G.-C. v. 28./4. 97. B. f. P. M. u. Z. III, S. 159).

§ 14.

Wer wissentlich oder aus grober Fahrlässigkeit Waren oder deren Verpackung oder Umhüllung oder Ankündigungen, Preislisten, Geschäftsbriefe, Empfehlungen, Rechnungen oder dergl. mit dem Namen oder der Firma eines Anderen oder mit einem nach Maßgabe dieses Gesetzes geschützten Warenzeichen widerrechtlich versieht oder dergleichen widerrechtlich gekennzeichnete Waren in den Verkehr bringt oder feilhält, ist dem Verletzten zur Entschädigung verpflichtet.

Hat er die Handlung wissentlich begangen, so wird er außerdem mit Geldstrafe von Mk. 150 bis Mk. 5000 oder mit Gefängnis bis zu 6 Monaten bestraft. Die Strafverfolgung tritt nur auf Antrag ein. Die Zurücknahme des Antrags ist zulässig.

I. Anmerkungen:

1. „Wer wissentlich oder aus grober Fahrlässigkeit 2c." Wissentlichkeit ist vorsätzliches Handeln mit dem Bewußtsein des Thäters, daß er kein Recht auf den Namen, die Firma oder das geschützte Warenzeichen eines Anderen hat, solche aber trotzdem benutzt. Thatsächlicher Irrtum, z. B. über das Bestehen des Zeichenrechts, schließt den dolus aus. Eventualdolus wird hier dem wirklichen dolus gleichgestellt, wie bei der Verletzung eines Patent- oder Musterrechts. Unter grober Fahrlässigkeit (culpa lata) im Sinne des Gesetzes ist schwere Vernachlässigung der im gewerblichen Verkehr üblichen Sorgfalt d. h. der Sorgfalt eines ordentlichen Geschäftsmannes zu verstehen. Diese Rechtsbegriffe „Wissentlichkeit, grobe Fahrlässigkeit, Eventualdolus" sind dieselben wie die beim Patentgesetz (§§ 35 und 36) in Anwendung gebrachten und kann daher im übrigen

auf die dort hierzu gegebenen näheren Erläuterungen verwiesen werden.

Zur Begründung einer Klage auf Unterlassung einer Zeichenbenutzung oder auf Feststellung des Zeichenrechts und dergl. ist selbstverständlich weder Wissentlichkeit noch Fahrlässigkeit erforderlich.

2. „Waren oder deren Verpackung oder Umhüllung u. s. w." Was unter Letzteren zu verstehen ist, wurde bereits oben zu § 12 erläutert (vergl. auch § 15).

3. „2c. mit Namen, Firma oder geschütztem Warenzeichen eines Anderen widerrechtlich versieht 2c." Namen und Firma haben Anspruch auf gesetzlichen Schutz, auch ohne Eintragung als Individualrechte, was keiner weiteren Begründung bedarf; Eintrag der Firma ins Handelsregister ist hierbei nicht Voraussetzung für den Schutz des § 14. Warenzeichen genießen dagegen diesen Schutz nur auf Grund der Eintragung. Die Führung eines Namens 2c. auf Grund der Erlaubnis von seiten eines gleichnamigen Dritten kann auch einen Eingriff in ein fremdes Namen- oder Firmenrecht begründen, wenn die Absicht einer Täuschung als vorhanden anzunehmen ist.

4. „widerrechtlich" d. h. den Bestimmungen der §§ 12 und 13 zuwider. Die Widerrechtlichkeit wird durch die Vorbenutzung eines für einen Anderen eingetragenen Zeichens nicht ausgeschlossen, wohl aber durch Zustimmung des Berechtigten.

5 „2c. versieht" d. h. auf irgend eine Weise anbringt oder in Verbindung setzt, wie dieses Anbringen im Einzelnen geschehen, darüber vergl. § 12 Note 3 und § 1 Note 5. Geschützt ist nur ein eingetragenes Zeichen und auch nur so wie es eingetragen ist, nicht wie es thatsächlich gebraucht wird. Bei verfolgbaren Nachahmungen muß das Zeichen in seiner Individualität wiedergegeben sein, ob andere Zusätze noch beigefügt sind, kommt nicht in Betracht. Die Absicht, die widerrechtlich gekennzeichneten Waren in Verkehr zu bringen, wird für die civil- oder strafrechtliche Verantwortlichkeit vorausgesetzt, ist daher, wenn solches ohne jede Verbreitungsabsicht geschehen ist, ausgeschlossen.

6. „2c. dergl. widerrechtlich gekennzeichnete Waren in Verkehr bringt oder feilhält 2c." Das

Inverkehrbringen begreift jede Art der Veräußerung bezw. Verbreitung, nicht nur die erste vom Produzenten ausgehende, sondern auch alle folgenden in sich. Feilhalten ist gleichbedeutend mit Bereitstellen zum Verkauf, was auf mancherlei Art geschehen kann (vergl. § 12 Note 4).

7. „rc. ist dem Verletzten zur Entschädigung verpflichtet." Diese Schadensersatzpflicht begreift nicht nur die Verbindlichkeit zum Ersatz des positiven Schadens, sondern auch des entgangenen Gewinns in sich und geht der Entschädigungsanspruch auch noch darüber hinaus auf eine etwaige Bereicherung des Thäters. Solidarische Haftbarkeit bei mehreren Teilnehmern an einem derartigen Delikt folgt aus allgemeinen Grundsätzen.

8. Absatz 2 normirt die Strafe der wissentlichen Verletzung eines Rechts auf Namen, Firma oder Warenzeichen, wofür auch Eventualdolus genügt. Das Maximum der Strafe ist von früher Mk. 3000 auf Mk. 5000 erhöht worden, innerhalb welcher Grenze dem freien richterlichen Ermessen Spielraum gelassen ist. Versuch ist nicht strafbar.

9. Bei fortgesetztem Vergehen d. h. wenn die Zuwiderhandlung in einer Reihe einzelner, den Thatbestand erfüllender, auf demselben Entschluß beruhender Handlungen besteht, beginnt die Antragsfrist mit der Kenntnis von der letzten Einzelhandlung.

10. Zum Strafantrag ist nur der Verletzte d. h. der eingetragene Zeicheninhaber bezw. der Träger des Namens rc. berechtigt. Im übrigen gelten die allgemeinen strafrechtlichen Bestimmungen über Antragsdelikte, ebenso auch in Ansehung dessen, was unter einem Mitthäter, Anstifter oder Gehilfen zu verstehen ist.

II. Rechtsprechung:

1. Zum Thatbestand des Inverkehrbringens widerrechtlich bezeichneter Waren ist es nicht erforderlich, daß die Widerrechtlichkeit schon bestand, als die Bezeichnung vorgenommen wurde, es genügt vielmehr, daß die Bezeichnung zur Zeit des Inverkehrbringens als eine widerrechtliche bestand. Nicht das subjektive Moment des widerrechtlichen Handelns bei Vornahme der Bezeichnung, sondern die objektive Widerrechtlichkeit der Bezeichnung selbst ist entscheidend. (R. G. St. XX, Nr. 37.)

2. Die Absicht des Markenschutzgesetzes ist die mißbräuch-

liche Verwendung des einer Person rechtlich zukommenden Namens, sei es des bürgerlichen oder kaufmännischen, zu verhindern, dasselbe schützt also nicht allein die Warenzeichen, sondern auch Namen und Firmen gegen deren Mißbrauch zu widerrechtlicher Warenbezeichnung. (R.-G.-C. I, 14).

3. Das Gesetz gewährt außer dem Namen ꝛc. nur dem Warenzeichen Schutz (nicht der Verpackung, Etikettirung u. s. w.), dieser aber soll voll gewährt werden, so daß in allen Fällen, wo das geschützte Warenzeichen in seiner Individualität auf der Ware eines Unberechtigten angebracht ist, ein widerrechtlicher Gebrauch stattfindet, und nur wo diese Individualität verschwindet durch Aenderungen, die bei dem Beschauer den Eindruck, die geschützte Marke nicht mehr zu sehen, machen, ist eine widerrechtliche Benutzung nicht anzunehmen. Es kommt hierbei alles auf die Tendenz an (R.-G.-C. VI, 19).

4. Der Name einer Firma in einem Warenzeichen hat dieselbe Bedeutung, wie andere Worte in einem solchen, nämlich insofern, als sich durch deren Beifügung das Gesammtbild des Warenzeichens ändert. Die Firmenbezeichnung kann sich aber unter Umständen mit dem Warenzeichen nahezu identifizieren (R.-G.-C. VI, 19).

5. Die Klage aus § 13 auf Feststellung kann auch auf Unterlassung ferneren Gebrauchs unter Strafandrohung gehen (vgl. Anmerk. 6), wenigstens steht der Inhalt des § 13 einem Antrag auf Verbot nicht entgegen (G.-H.-G. XXIV, 59).

6. Es ist eine mißbräuchliche Anmeldung eines Warenzeichens, wenn solche zu dem alleinigen Zweck erfolgt, einen anderen im Gebrauch desselben zu hindern, und daher unstatthaft. Das Gesetz bezweckt nicht, den Gewerbtreibenden die Möglichkeit zu eröffnen, durch Anmeldung eines Zeichens, welches sie selbst weder führen noch führen wollen, andere, die sich dieses Zeichens bedienen wollen, daran zu hindern. Zur Begründung der Klage aus §§ 13 und 14 ist Widerrechtlichkeit der Bezeichnung mit der betreffenden Marke erforderlich (R.-G.-C. XIII, 38).

7. Der Anspruch auf Löschung des Warenzeichens kann nicht auf die Behauptung gegründet werden, daß ein entsprechend dem Gesetz eingetragenes Zeichen zu dem alleinigen Zwecke, einen anderen am Gebrauche des gleichen, bisher thatsächlich geführten Zeichens zu hindern oder zu dem Zwecke, mittelst

Benützung des Zeichens die Waren fälschlich als Waren des anderen erscheinen zu lassen, angemeldet worden sei. In der Nachahmung eines (nicht eingetragenen) Zeichens zum Zwecke erfolgreicher Konkurrenz, wie man auch menschlich über ein solches Verhalten zu denken berechtigt ist, liegt keine Arglist in rechtlichem Sinne. Für das Publikum kann im einzelnen Falle einer solchen an sich nicht erlaubten Nachahmung der Verkauf von derart bezeichneten Waren möglicherweise den Thatbestand des Betrugs enthalten. Die Priorität der Anmeldung giebt ein ausschließliches Recht auch demjenigen gegenüber, der das Warenzeichen bisher thatsächlich geführt hat (R.=G.=E. XVIII, 16).

8. Auch die von einem Inländer im Auslande erfolgende unbefugte Benützung eines durch das Gesetz geschützten Zeichens unterliegt dem § 13, sowie der Entschädigungspflicht des § 14 (R.=G.=E. XVIII, 7).

9. Dem Gewerbtreibenden, welchem eine thatsächlich vor ihm angewendete Bezeichnung seiner Ware von einem angeblich Markenschutzberechtigten untersagt wird, ist ein Klagrecht auf Feststellung gegeben, daß dem Beklagten das angebliche Untersagungsrecht **nicht** zustehe. Dieses Klagrecht wird auch dadurch nicht ausgeschlossen, daß der Untersagende das betreffende Zeichen im Verkehr thatsächlich früher geführt hat, als derjenige, gegen welchen das Verbot erklärt worden ist (R.=G.=E. XXII, 16).

10. Der durch die §§ 13 und 14 dieses Gesetzes den inländischen Produzenten und Handeltreibenden gewährte Schutz ihres Namens und ihrer Firma gegen widerrechtliche Bezeichnung von Waren bezieht sich nicht auch auf eine mit Rücksicht auf das Idiom einer fremden Sprache gewählte abweichende Schreibart des Namens (z. B. „Lowendall“ statt „Löwenthal“). Das Gesetz hat bei dieser Bestimmung im Auge, daß Familiennamen (wie auch Firma) eine Individualisierung beweisen und deshalb auch im internationalen Verkehr stets in derselben Weise geschrieben zu werden pflegen und jedenfalls zu schreiben sind (R.=G.=E. XXV, 26).

11. Die Bezeichnung der Verpackung einer Ware mit der Firma und dem Handelsniederlassungsorte des Versenders enthält keine Urkunde im Sinne des § 267 des St. G. B. (R.=G.=St. XVII, 72).

12. Nach § 14 ist derjenige, welcher **wissentlich** Waren rc. mit dem Warenzeichen, Namen rc. eines inländischen Pro=

duzenten rc. widerrechtlich bezeichnet, dem Verletzten zur Entschädigung verpflichtet. Die Anwendung dieser Vorschrift setzt außer Widerrechtlichkeit nicht noch eine auf Beschädigung errichtete Absicht voraus (R. H. G. XXIV, 59).

13. Bei dem Thatbestandsmerkmal des wissentlichen Inverkehrbringens haben die Worte „widerrechtlich bezeichnete“ die Bedeutung, daß zur Zeit des Inverkehrbringens, die Bezeichnung der Ware mit dem geschützten Warenzeichen als eine widerrechtliche sich darstellen und hiervon der, der sie in Verkehr bringt, Kenntnis haben muß (R. G. St. V, 30).

14. Beifügung der eigenen Firma zu einem fremden Zeichen bildet nicht schon ein neues selbständiges Zeichen und Beifügung eines solchen Zeichens schließt noch nicht die Widerrechtlichkeit der gleichzeitigen Benutzung eines nachgebildeten Zeichens aus (R. G. St. I, 67).

15. Für den subjektiven Thatbestand eines Vergehens nach § 14 genügt es, wenn der Thäter auch nur das Bewußtsein erlangt hat, das fragliche Warenzeichen könne unter dem gesetzlichen Schutz stehen, und er daß mit dem sog. dolus eventualis dieses von ihm als möglich vorausgesetzte Schutzrecht wissentlich verletzt (R. G. St. VI, 95).

16. Ein Irrtum über die Strafbarkeit, d. h. das subjektive Meinen von der Strafbarkeit schließt den dolus nicht aus und macht nicht straflos (R. G. St. XI, 23).

17. Einem Warenzeichen ist der Schutz nach § 14 zu versagen, wenn dasselbe an irgend einer Stelle ein öffentliches Wappen enthält (R. G. St. X, 105).

18. Eine fahrlässige, widerrechtliche Benutzung gesetzlich geschützter Warenzeichen erzeugt nach dem Gesetz keine Entschädigungspflicht. Nach richtiger Auslegung des § 14 ist aber der Thatbestand zu seiner Anwendung schon dann gegeben, wenn Beklagter, wiewohl er weiß, daß bereits ein anderer sich im Verkehr des betreffenden Zeichens bediene zur Unterscheidung von den Waren anderer Gewerbtreibender, sich desselben Zeichens objektiv widerrechtlich durch Anbringung auf Waren rc. bedient, es sei denn, daß Beklagter, was ihm im Civilprozeß zu beweisen obliegt, durch Irrtum in Bezug auf die Existenz rc. zur Zeit seines objektiv widerrechtlichen Verhaltens der redlichen Ueberzeugung war, daß für jenes Zeichen ein Markenschutzrecht nicht bestehe oder ihm die Befugnis zustehe, sich desselben zu bedienen (R. G. C. XIV, 16).

19. Aus dem Umstande, daß ein Gewerbtreibender zum Vertrieb seiner mit geschütztem Zeichen versehenen Waren einen Generalagenten bestellt hat, läßt sich die Berechtigung des letzteren nicht ableiten, für ersteren Strafantrag wegen Mißbrauch des Zeichens von seiten eines dritten zu stellen, da der Strafantrag öffentlich rechtlicher Natur ist und nicht zu den Handelsgeschäften gehört (R. G. St. XIII, 99).

20. Die Vollendung der widerrechtlichen Warenbezeichnung ist abhängig von der Voraussetzung, daß das auf Täuschung berechnete Zeichen mit der betreffenden Ware in Verbindung gesetzt worden ist, es genügt hierfür nicht die bloße Absicht der widerrechtlichen Bezeichnung der Ware und deren Vorbereitung. Versuch ist nach § 14 nicht strafbar (R. G. St. XIII, 115).

21. Bei der Frage der Markenrechtsverletzung ist der zum Zweck der Unkenntlichmachung auf eine zur widerrechtlichen Bezeichnung von Waren benutzten Schutzmarke mittelst Stempels aufgedruckten Schrift dann keine Bedeutung beizumessen, wenn das betreffende geschützte Warenzeichen trotzdem in seiner Individualität noch erkennbar ist, somit ein solcher Gebrauch eines fremden Warenzeichens strafbar (R. G. St. XIV, 106).

22. Durch Nichtkenntnis der Bestimmung des § 18 des Gesetzes kann die Strafbarkeit nach § 14 nicht ausgeschlossen werden. Der gute, wenngleich irrtümliche Glaube an eine civilrechtliche Befugnis zum Gebrauch einer fremden Marke schützt nur dann vor Strafe wegen widerrechtlicher Benutzung, wenn der Angeklagte sich infolge dessen in Unkenntnis über das Vorhandensein eines Thatumstandes befunden hätte, welcher zum Thatbestande des § 14 gehörte (R. G. St. XV, 107).

23. Der Lauf der Antragsfrist bei einer durch längere Zeit fortgesetzten Zuwiderhandlung gegen das Markenschutzrecht beginnt, wenn die einzelnen Handlungen als ein fortgesetztes Delikt angesehen werden können, vom Tage der letzten Einzelhandlung an, wenn auch der Antragsteller von den früheren einzelnen rechtsverletzenden Thätigkeitsakten Kenntnis erhalten hatte (R. G. St. XV, 115).

24. Der Namenschutz ist auch dann wirksam, wenn die widerrechtlich mit dem fremden Namen bezeichnete Ware nicht zu der Gattung der Waren gehört, die der Inhaber des Namens produziert oder in den Handel bringt. (Entsch. d. R. G. St. v. 22./11. 94, B. f. P. M. u. Z. I, S. 100–101.)

25. Nachbildung geschützter Warenzeichen und Veräußerung der Zeichenbilder ohne Genehmigung des Zeicheninhabers können sich als Beihülfe (von seiten eines Druckereibesitzers) zu einem demnächst mit diesen Warenzeichen von einem Dritten begangenen Vergehen gegen § 14 des Reichsgesetzes vom 30. Nov. 1874 darstellen. (Entsch. des R. G. St. v. 29./1. 95, B. f. P. M. u. Z. I, S. 160—62.)

26. Ein Geschäftswagen als Träger von Ankündigungen im Sinne des § 14 des Gesetzes vom 12./5. 94 (z. B. mit der Inschrift „Münchner Hofbräu", ist unzulässig und stellt sich als ein Vergehen gegen § 14 dar. (Entsch. des Landg. Berlin v. 15./3. 95, B. f. P. M. u. Z. I, S. 277—78.)

27. Die Ueberzeugung, daß das benutzte Zeichen mit dem geschützten nicht übereinstimmt und nicht verwechselt werden kann — thatsächlicher Irrtum — schließt die Wissentlichkeit einer Zeichenverletzung im Sinne des § 14 des Gesetzes vom 30. November 1874 aus. (Entsch. des R. G. St. v. 10/10. 95, B. f. P. M. u. Z. I, S. 321—22.)

28. Die Widerrechtlichkeit des Gebrauchs einer fremden Firma wird dadurch nicht ausgeschlossen, daß ein Dritter, der einen gleichen oder ähnlichen Namen führt, die Benutzung seines Namens gestattet Ein Personenname kann diese seine Bedeutung im Verkehr verlieren und zum Namen einer Warengattung werden, dessen Benutzung durch eine gleichnamige Person oder Firma nicht verhindert werden kann. (Entsch. des R. G. St. v 4./10. 88, B. f. P. M. u. Z. II, S. 143—44.)

29. Die Verwendung von Krügen, die mit Firma und Zeichen des Münchener Hofbrauhauses versehen waren, zum Ausschank anderen Bieres, sowie die Belassung von entsprechenden Anschlägen für die Zeit, während deren nur anderes Bier als Hofbräu, verschänkt wurde, stellt sich als eine Warenzeichenverletzung dar. (Entsch. des R. G. St. v. 16./5. 96, B. f. P. M. u. Z. II, S. 247—48.)

30. Eine Rechnung ist nicht nur dann mit einem fremden Namen „versehen", wenn das Geschäftspapier selbst sich als von dem Träger des Namens ausgegangen giebt, sondern auch dann, wenn der Name zur Kennzeichnung eines Warenpostens gebraucht und dadurch die Unterstellung herbeigeführt wird, daß die fakturierte Ware von dem Träger des Namens herrühre. (Entsch. d. R. G. St. v. 16./5. 96. B. f. P. M. u. Z. II, S. 365—67).

31. Die Angabe, daß eine Ware „nach dem System“ eines Anderen hergestellt sei, enthält in der Regel keinen Eingriff in das Namen= und Firmenrecht, es sei denn, daß in der äußeren Erscheinung der Aufschrift nur der Name ins Auge fällt (Entsch. d. R. G. St. v. 12/1. 97. B. f. P. M. u. Z. III, S. 61–65).

32. (Entsch. d. R. G. v. 2./12. 96. (vergl. oben § 13 II, pos. 3).

33. Das Recht der Namensführung ist übertragbar zum Zwecke der Warenbezeichnung. Der Gebrauch eines fremden Namens zur Warenbezeichnung (z. B. Dr. Lahmanns Reform=Baumwollenwaren) kann nur dann von dem Betreffenden als auf einem entschuldbaren thatsächlichen Irrtum beruhend bezeichnet werden, wenn Thatsachen angeführt werden können, aus denen sich schließen läßt, daß der Name seine Eigenschaft zur Bezeichnung der Persönlichkeit des Trägers desselben verloren habe und allgemein üblicher Warenname geworden sei, sonst ist Rechtsirrtum anzunehmen, der die Strafbarkeit nicht ausschließt. (Entsch. d. R. G. St. v. 1./2. 97. B. f. P. M. u. Z. III, S. 83).

34. Der § 14 des Gesetzes zum Schutze der Warenbezeichnungen setzt nicht voraus, daß der Träger des Namens sich des letzteren zur Bezeichnung von Waren bedient, daß er überhaupt Produzent oder Handeltreibender sei. (Entsch. d. R. G. St. v. 2./2. 97. B. f. P. M. u. Z. III, S. 84—85).

35. Für die Strafbarkeit einer Zeichenverletzung genügt das Bewußtsein des Thäters, daß das Zeichen geschützt ist, es wird nicht das Bewußtsein erfordert, daß der Gebrauch des Zeichens geeignet sei, eine Täuschung der Abnehmer herbeizuführen. (Entsch. d. R. G. St. v. 13./1. 97. B. f. P. M. u. Z. III, S. 109).

36. Eine Warenzeichenverletzung wird dadurch nicht ausgeschlossen, daß der Thäter nach der für einen Anderen erfolgten Eintragung eines Wortzeichens seine Firma mit einem dieses Wortzeichen enthaltenden Zusatz in das Handelsregister hat eintragen lassen. Dies gilt auch für den Gebrauch der mit solchem Zusatz versehenen Firma auf Geschäftsbriefen und Drucksachen („Kondor=Fahrrad=Werke“). (Entsch. d. R. G. St. v. 18./3. 97. B. f. P. M. u. Z. III, S. 109).

37. Für die Wissentlichkeit der Zeichenverletzung genügt es, daß der Thäter sich bewußt gewesen ist, das geschützte

Zeichen nachzubilden. Es bedarf nicht der Feststellung, daß er sich bewußt gewesen, die an dem eingetragenen Zeichen vorgenommenen Aenderungen seien nicht ausreichend, um die Verwechselungsgefahr auszuschließen. Gegen die strafrechtlich verfolgte Widerrechtlichkeit der Zeichenbenutzung ist der Einwand unstatthaft, das Zeichen enthalte Preismedaillen, die dem Inhaber nicht verliehen worden. (Entsch. d. R. G. St. v. 22. 4. 97. B. f. P. M. u. Z. III, S. 134).

38. Zum Nachweise der Verletzung des Namenrechts genügt es nicht, daß der Antragsteller den Namen führt und der Thäter auf diesen Namen kein Recht hat. Es ist überdies festzustellen, daß mit der Namensbezeichnung in einem mindestens die Gefahr der Verwechselung begründenden Maße auf die Person des Antragstellers hingewiesen ist. (Entsch. d. R. G. St. v. 30./4. 97. B. f. P. M. u. Z. III, S. 164).

39. Bei Veräußerung einer durch ein Zeichen geschützten Ware zum Zwecke des Weiterverkaufs ist im Allgemeinen nicht vorauszusetzen, daß dem Abnehmer der Gebrauch des Zeichens auch beim Weiterverkauf der Ware in veränderter Gestalt gestaltet sein soll. Mangels ausdrücklicher oder stillschweigender Einwilligung des Veräußerers liegt Widerrechtlichkeit nicht vor, so lange die Umgestaltung nicht die Art der Waren verändert, für die das Zeichen bei der Anmeldung bestimmt worden ist. (Entsch. d. R. G. St. v. 4./5. 97. B. f. P. M. u. Z. III, S. 165—66).

40. Die in § 14 des Warenbezeichnungsgesetzes hervorgehobenen Formen der Zeichenverletzung sind nicht als besondere Strafthaten aufzufassen. Die Verurteilung ist also auszusprechen, wenn statt des im Strafantrage angegebenen ein anderer Eingriff in das Zeichenrecht vorliegt, insbesondere die Anbringung auf Rechnungen statt der auf Waren. Ist in einem solchen Falle die Antragsfrist vom Zeitpunkte der strafbaren Eingriffshandlung ab gewahrt, so ist es unerheblich, daß seit der Kenntnis von dem im Strafantrage angegebenen, aber nicht strafbaren Thun die Antragsfrist verstrichen war. (Entsch. v. R. G. St. v. 24./6. 97. B. f P. M. u. Z. III, S. 216).

§ 15.

Wer zum Zweck der Täuschung in Handel und Verkehr Waren oder deren Verpackung oder Umhüllung, oder Ankündigungen, Preislisten, Geschäftsbriefe, Empfehlungen, Rechnungen oder dergleichen mit einer Ausstattung, welche innerhalb beteiligter Verkehrskreise als Kennzeichen gleichartiger Waren eines Anderen gilt, ohne dessen Genehmigung versieht, oder wer zu dem gleichen Zweck derartig gekennzeichnete Waren in Verkehr bringt oder feilhält, ist dem Verletzten zur Entschädigung verpflichtet und wird mit Geldstrafe von Mk. 100 bis Mk. 3000 oder mit Gefängnis bis zu 3 Monaten bestraft. Die Strafverfolgung tritt nur auf Antrag ein. Die Zurücknahme des Antrags ist zulässig.

I. Anmerkungen:

1. „Wer zum Zwecke der Täuschung im Handel und Verkehr ꝛc." Es ist dies die erste gesetzliche Bestimmung, die abgesehen von den diesbezüglichen Bestimmungen auf den Gebieten des Patent-, Muster- und Zeichenwesens zur Bekämpfung des unlauteren Wettbewerbs dienen soll, sie steht mit dem Schutze der Warenzeichen in näherem Zusammenhang und betrifft die am häufigsten vorkommenden Fälle des unlauteren Wettbewerbs auf gewerblichem Gebiete. Zur Ergänzung dieser sehr bedeutungsvollen und für den redlichen Verkehr wohlthätigen Schutzvorschrift ist nun noch das Gesetz vom 27. Mai 1896 zur Bekämpfung des unlauteren Wettbewerbs erlassen.

Für die zivil- wie strafrechtliche Verantwortlichkeit des Thäters wird hier gleichmäßig die Absicht einer Täuschung des kaufenden Publikums erfordert, also ein dolus (auch dolus eventualis genügt), ein vorsätzliches wissentliches Handeln, so daß Fahrlässigkeit jeden Grades hier ausgeschlossen ist d. h. weder zivil- noch strafrechtlich verantwortlich macht. Dieses subjektive Requisit des Thatbestandes d. h. die Absicht der Täuschung muß in jedem einzelnen Falle nachgewiesen werden, wird sich aber wohl in der Regel aus den begleitenden Umständen ableiten lassen.

2. „Waren oder deren Verpackung u. s. w. mit einer Ausstattung, welche u. s. w., versieht." Unter „Ausstattung" einer Ware kann alles verstanden werden, was zu deren Verpackung, Verzierung, Etikettierung ꝛc. überhaupt

mit einem Worte zu deren „Aufmachung" dienlich ist. Unter letzterem Ausdruck, der im gewerblichen Verkehr üblich geworden ist und eine gewisse technische Bedeutung erlangt hat, wird alles das zusammengefaßt, womit eine Ware verpackt, verziert, ausgestattet zu werden pflegt, ehe sie in den Verkehr gesetzt wird, z. B. Behältnisse und Umhüllungen aller Art wie Flaschen, Schachteln, Körbe 2c., lediglich zur Verzierung dienende bildliche Darstellungen, Etiketten, auch nicht eingetragene Warenzeichen, nach Form, Farbe 2c. eigentümliche Verpackungsweisen; alle dergleichen Ausstattungsmittel, welche der betr. Ware mit auf den Weg gegeben werden, verfolgen der Regel nach zugleich den Zweck, auch auf diese Weise die Herkunft der Waren aus einem bestimmten Geschäftsbetrieb erkennbar zu machen, dienen gewissermaßen als Surrogat eines eingetragenen Warenzeichens und unter Umständen noch besser als dieses, so daß ein wirkliches Bedürfnis eines gesetzlichen Schutzes gegen betrügliche Nachahmungen solcher Ausstattungsmittel von Seiten unredlicher Konkurrenten besteht.

3. „2c. welche innerhalb beteiligter Verkehrskreise als Kennzeichen gleichartiger Waren eines Anderen gilt 2c."

Der Gebrauch der Ausstattung oder Aufmachung einer Ware (Note 2), deren ein Anderer sich zu bedienen pflegt, ist aber nicht ohne Weiteres und schlechthin verboten, sondern nur unter der Voraussetzung der Gleichartigkeit der Ware, sowie der Anerkennung der betr. Ausstattung 2c. innerhalb beteiligter Verkehrskreise (d. h. der mutmaßlichen Abnehmer) als eines besonderen Kennzeichens der gleichartigen Waren eines Anderen.

Die Verwendung gleicher oder ähnlicher Verpackungs- oder Ausstattungsmittel ist bei mancherlei Waren üblich, auch, wenn nicht in der Absicht einer Täuschung gebraucht, an sich zulässig, auch häufig nicht zu umgehen mit Rücksicht auf die Natur der Ware und die Verkehrsverhältnisse; nur dann, wenn sich eine solche Ausstattung 2c. durch ihre charakteristische Eigentümlichkeit in Bezug auf bestimmte Warengattungen bereits bei dem kaufenden Publikum allgemeine Anerkennung in größerer Ausdehnung erworben hat und als Kennzeichen der Herkunft einer Ware betrachtet zu werden pflegt, darf ein Anderer sie nicht ohne Weiteres auch für seine gleichartigen Waren verwenden, wenn er sie nicht selbst früher schon in Gebrauch, also ebenfalls einen legalen Besitzstand für sich hatte, und er wohl in der Lage ist, eine andere, abweichende Ausstattung oder Aufmachung anwenden zu können; denn man wird alsdann mit Recht nur von einer widerrechtlichen Nachahmung zum Zwecke eines unlauteren Wettbewerbs sprechen und die Absicht einer Täuschung a priori annehmen können. Dieses Thatbestandsmoment muß aber ebenfalls zur Begründung einer Civilklage oder eines Strafantrags nachgewiesen werden.

4. Zum Schutze einer derartigen Ausstattung einer Ware kann unter den angegebenen Voraussetzungen auch Feststellungsklage erhoben sowie Antrag auf Erlaß einer einstweiligen Verfügung gestellt werden.

5. „2c. oder zu gleichem Zweck derartig gekennzeichnete Waren in Verkehr bringt oder feilhält 2c." Auch für diesen besonderen Thatbestand eines Vergehens nach § 15 wird die Absicht der Täuschung d. h. ein doloses nicht ein blos fahrlässiges Handeln vorausgesetzt. „Inverkehrbringen und Feilhalten": Was hierunter zu verstehen, ist bereits zu § 14 erläutert worden.

Bezüglich des Strafantrags und der Entschädigung ist ebenfalls auf § 14 zu verweisen.

II. Rechtsprechung:

1. Der Einwand des Nachahmers einer durch § 15 des Warenzeichengesetzes geschützten Ausstattung, er habe diese schon mehrere Jahre vor dem 1 Oktober 1894 benutzt, ist unbeachtlich, solange nicht feststeht, daß die Ausstattung als Kennzeichen seiner gleichartigen Ware innerhalb beteiligter Verkehrskreise gegolten hat.

Der § 20 a. a. O. findet auch auf Ausstattungen Anwendung. (Entsch. des R. G. St. v. 16./12. 94, B. f. P. M. u. Z. II, S. 175.)

2. Die Vorschriften der §§ 263 und 264 der St. P. O. (Veränderung des rechtlichen Gesichtspunktes einer Strafthat) finden auch auf den Fall Anwendung, daß die in der Anklage bezeichnete That nicht nur den angezogenen § 14, sondern zugleich den nicht erwähnten § 15 des Gesetzes zum Schutze der Warenbezeichnungen verletzt. (Entsch. des R. G. St. v. 8./6. 96, B. f. P. M. u. Z. II, S. 329—30.)

3. Der Thatbestand des § 15 des Gesetzes zum Schutze der Warenbezeichnungen wird dadurch nicht ausgeschlossen, daß

die Ausstattung von einer ganzen Reihe von Fabrikanten benutzt wird, sofern diese in bewußtem unlauterem Wettbewerb gehandelt haben. (Entsch. des R. G. St. v. 29./10. 96, B. f. P. M. u. Z. II, S. 334—35.)

4. Auch der zweite Thatbestand des § 15 des Warenzeichengesetzes — Inverkehrbringen und Feilhalten der widerrechtlich ausgestatteten Waren — ist nur erfüllt, wenn der Thäter eine Täuschung in Handel und Verkehr bezweckte. Es genügt nicht, daß die Ware zu diesem Zweck von einem Anderen mit der Ausstattung versehen war. (Entsch. des R. G. St. v. 5./11. 96, B. f. P. M. u. Z. II, S. 368—70.)

5. Der Schutz einer innerhalb beteiligter Verkehrskreise anerkannten Warenausstattung kann nicht dadurch aufgehoben werden, daß der betr. Nachahmer einer solchen Ausstattung dabei ein eigenes eingetragenes Warenzeichen verwendet hat. (Entsch. des R. G. St. v. 12./11. 96, B. f. P. M. u. Z II, S. 370—71.)

6. Für die Anwendung des § 15 des Gesetzes zum Schutze der Warenbezeichnungen genügt es nicht, daß die verwendete Ausstattung im Verkehr als von einem Anderen herrührend aufgefaßt wird. Es ist erforderlich, daß diese oder eine verwechselungsfähige Ausstattung von jenem Anderen thatsächlich angewendet worden ist und in beteiligten Verkehrskreisen als Kennzeichen seiner Ware gilt. Die Bezeichnung „Original-Selters echtes" ist bei Beurteilung dieser Frage als Ausstattung zu betrachten. (Entsch. des R. G. St. v. 14./12. 96, B. f. P. M. u. Z. III, S. 108—9.)

7. Die bloße Benennung der Ware erfüllt nicht den Begriff Ausstattung. Dazu ist vielmehr eine eigenartig hervortretende Gestaltung der wörtlichen Bezeichnung in der Warenausstattung erforderlich. Liegt eine fälschliche Herkunftsbezeichnung vor, so steht denjenigen Gewerbtreibenden, die sich der mißbrauchten Herkunftsbezeichnung richtiger Weise bedienen, die bürgerliche Klage zu, und zwar: a. auf Entschädigung für die Einbuße, die der Kläger durch den Wettbewerb in demselben Absatzgebiete unter mißbräuchlicher Anwendung derselben Herkunftsbezeichnung erleidet, b. auf Untersagung des ferneren Mißbrauchs, wobei eine Einschränkung des Klagantrags auf die „ohne Genehmigung" des Klägers stattfindende Bezeichnung nicht angezeigt ist. (Entsch. des R. G. C. v. 24./2. 97, B. f. P. M. u. Z. III, S. 131—34.)

8. Für die Anwendung des § 15 des Warenbezeichnungsgesetzes ist es unerheblich, daß die von dem Angeklagten verwendete Ausstattung als Kennzeichen der Waren des Antragstellers nicht gilt. War die Ausstattung von dem Berechtigten nur in bestimmter Richtung verwendet — nur für Etikettierung oder nur für Reklamezettel oder Empfehlungskarten — so wird der Ausstattungsschutz dadurch nicht begrenzt. Werden verschiedene Ausstattungen nacheinander benutzt, so hängt es von den Umständen des Falles ab, wann die frühere ihre Bedeutung verliert. Dies kann später eintreten, als die neue Ausstattung ein Kennzeichen im Sinne des § 15 geworden ist, und auch später, als der Berechtigte aufhört, die ältere Ausstattung für die neu versendeten Waren zu gebrauchen. (Entsch. des R. G. St. v. 26./5. 97, B. f. P. M. u. Z. III, S. 199—201.)

9. Durch § 15 des W. Bez. Gesetzes wird der Inhaber eines eingetragenen Zeichens gehindert, es zum Zwecke der Täuschung bei der Ausstattung der Ware so zu verwenden, daß dadurch die Uebereinstimmung mit einer fremden Ausstattung verstärkt wird. (Entsch. d. R. G. St v. 7./8. 97. B. f. P. M. u. Z. III, S. 217—20).

10. Die Anwendung des § 15 des W. Bez. Gesetzes wird dadurch nicht ausgeschlossen, daß für die nachgemachte Ausstattung lediglich ein für den Verletzten eingetragenes Warenzeichen in Betracht kommt. (Entsch. d. R. G. St. v. 6./7. 97. B. f. P. M. u. Z. III, S. 217).

NB. Die vorstehend mitgeteilten Reichsgerichts-Entscheidungen zu §§ 14 und 15 dieses Gesetzes lassen erkennen, daß in fast allen derartigen Fällen Vergehen gegen diese beiden §§ mit Strafantrag und nicht mit Civilklage verfolgt worden sind, es dürfte sich demgemäß in der Praxis der erstere Weg der strafrechtlichen Verfolgung in der Regel als der gangbarste erwiesen haben, auch schon mit Rücksicht auf den weit kostspieligeren und langwierigeren Weg des Civilprozesses vorzuziehen sein.

§ 16.

Wer Waren oder deren Verpackung oder Umhüllung oder Ankündigungen, Preislisten, Geschäftsbriefe, Empfehlungen, Rechnungen oder dergleichen fälschlich mit einem Staatswappen oder mit dem

Namen oder Wappen eines Ortes, eines Gemeinde- oder weiteren Kommunalverbandes zu dem Zweck versieht, über Beschaffenheit und Wert der Waren einen Irrtum zu erregen, oder wer zu dem gleichen Zweck derartig bezeichnete Waren in Verkehr bringt oder feilhält, wird mit Geldstrafe von Mk. 150 bis Mk. 5000 oder mit Gefängnis bis zu 6 Monaten bestraft.

Die Verwendung von Namen, welche nach Handelsgebrauch zur Benennung gewisser Waren dienen, ohne deren Herkunft bezeichnen zu sollen, fällt unter diese Bestimmung nicht.

I. Anmerkungen:

1. „Wer Waren oder deren Verpackung u. s. w. fälschlich mit einem Staatswappen oder Namen eines Ortes 2c. versieht 2c.“ Hierunter sind falsche Angaben über die Herkunft einer Ware zu verstehen, sofern der unrichtiger Weise angegebene Ort für die Herstellung (Produktion) oder den Vertrieb der betr. Ware von Bedeutung ist d. h. deren Wertschätzung von Seiten des kaufenden Publikums von dem bestimmten, als solchen bezeichneten Produktions- oder Vertriebsort abhängig ist (z. B. Nürnberger Lebkuchen, Münchener Bier, Nordhäuser Fruchtbranntwein) die Namen von Ländern kommen hierbei nicht in Betracht, wohl aber Wappen oder Ortsnamen des Auslandes.

2. „2c. zu dem Zweck, über Beschaffenheit und Wert der Ware einen Irrtum zu erregen 2c.“ Es wird somit auch für dieses Vergehen der fälschlichen Herkunftsbezeichnung vorsätzliches Handeln, Absicht der Täuschung, also dolus vorausgesetzt, daher ein Handeln aus grober Fahrlässigkeit ausgeschlossen ist d. h. nicht unter diese Strafbestimmung fällt. Dieselbe bezweckt in erster Linie Schutz des konsumiernden Publikums gegen Benachteiligungen durch täuschende Herkunftsbezeichnungen in Bezug auf ihm angebotene Waren, sodann aber auch den Schutz der redlichen Konkurrenten gegen Schädigungen durch diese besondere Art des unlauteren Wettbewerbs, welche auch unter § 1 des Gesetzes vom 1. Juli 1896 subsummiert werden könnte, und die bekanntermaßen

besonders in der Wein- und Cigarrenbranche häufig vorzukommen pflegt, da der Handelswert dieser und ähnlicher Waren in erheblichem Maße von dem Herkunftsort beeinflußt wird. Erfordert wird nicht, daß die betr. Ware als von dem bezeichneten Ort herstammend und ausdrücklich erklärt wird.

3. Die Eintragung eines falschen Ortsnamens als Warenzeichen, wenn irriger Weise erfolgt, schützt, wenn die gesetzlichen Voraussetzungen der Eintragung im Uebrigen vorliegen, nicht vor Bestrafung, ebenso auch nicht die Verbindung des falschen Namens oder Wappens mit anderen Zeichenelementen.

4. Absatz 2 nimmt von der Strafbestimmung des Absatz 1 diejenigen Ortsnamen aus, welche für die Bezeichnung bestimmter Waren oder Warensorten nach Handelsgebrauch allgemein übliche und auf diese Weise freie Warennamen, deren jeder sich bedienen darf, geworden sind, da sie nicht mehr als Herkunftsbezeichnungen im allgemeinen Geschäftsverkehr gelten z. B. „Cognac", „Havanna", „Bordeaux", „Berlinerblau", „Kölnisches Wasser" u. s. w. Dergleichen freie Sortenbezeichnungen kommen namentlich in der Wein- und Cigarrenbranche häufig vor.

II. Rechtsprechung:

1. Das fälschliche Versehen von Waren und Ankündigungen mit einem ausländischen Staatswappen mit unerheblichen Veränderungen, sowie mit einem Ortsnamen (z. B. Hüte mit englischem Staatswappen und der Ortsbezeichnung „London" oder „Manchester") ist ein nach § 16 strafbares Vergehen. (Entsch. des R. G. St. v. 3./10. 95, B. f. P. M. u. Z. I, S. 289—91.)

2. Für den Begriff „Beschaffenheit und Wert der Ware" (§ 16 des Warenzeichengesetzes) ist nicht der innere Wert, sondern der Handelswert entscheidend. (Entsch. des R. G. St. v. 15./5. 96, B. f. P. M. u. Z. II, S. 215.)

3. Entsch. des R. G. St. v. 24./2. 97 (vergl. oben § 15 II, pos. 7).

4. Entsch. des R. G. St. v. 26./5 97 (vergl. oben § 15 II, pos. 8).

Der Ausdruck „Natürliches Original-Selters" wird im Verkehr auf den berühmten Brunnen in Niederselters bezogen. Unter dieser Voraussetzung enthält der Gebrauch jenes Ausdrucks für Mineralwasser aus dem Dorfe Selters im Sinne des § 16 a. a. O. eine fälschliche Herkunftsbezeichnung.

§ 17.

Ausländische Waren, welche mit einer deutschen Firma und Ortsbezeichnung, oder mit einem in der Zeichenrolle eingetragenen Warenzeichen widerrechtlich versehen sind, unterliegen bei ihrem Eingang nach Deutschland zur Einfuhr oder Durchfuhr auf Antrag des Verletzten und gegen Sicherheitsleistung der Beschlagnahme und Einziehung. Die Beschlagnahme erfolgt durch die Zoll- und Steuerbehörde, die Festsetzung der Einziehung durch Strafbescheid der Verwaltungsbehörde (§ 459 der Strafprozeß-Ordnung).

Anmerkungen:

Für einen derartigen, auf Grund der Bestimmung dieses Paragraphen von seiten des Verletzten zu stellenden Antrag, der mit einer angemessenen Sicherheitsleistung zu verbinden ist, wird verlangt, genaue Bezeichnung der betr. eingeführten Ware, die mit deutscher, eingetragener Firma und mit Ortsbezeichnung (also mit beiden) oder mit einem Warenzeichen, das zur Zeichenrolle eingetragen ist, widerrechtlich versehen resp. bezeichnet ist.

Die vom Verletzten beantragten Maßnahmen (Beschlagnahme und Einziehung) werden von den zuständigen Zoll- oder Steuerbehörden in Vollzug gesetzt. Das Verfahren richtet sich nach den für Zollstrafsachen bestehenden allgemeinen Bestimmungen. Diese Vorschrift bezweckt die Verhinderung rechtswidriger Warenbezeichnungen durch Ausländer und deren Einfuhr.

§ 18.

Statt jeder der aus diesem Gesetze entspringenden Entschädigung kann auf Verlangen des Beschädigten neben der Strafe auf eine an ihn zu erlegende Buße bis zum Betrage von Mk. 10 000 erkannt werden. Für diese Buße haften die zu derselben Verurteilten als Gesammtschuldner.

Eine erkannte Buße schließt die Geltendmachung eines weiteren Entschädigungsanspruchs aus.

Anmerkungen:

Die Bestimmung dieses Paragraphen stimmt wörtlich mit der gleichen in § 37 des Patentgesetzes für Patentverletzungen getroffenen überein und kann daher der Kürze halber auf die Erläuterung zu § 37 des Patentgesetzes hier verwiesen werden.

§ 19.

Erfolgt die Verurteilung auf Grund der §§ 14 bis 16, 18, so ist bezüglich der im Besitz des Verurteilten befindlichen Gegenstände auf Beseitigung der widerrechtlichen Kennzeichnung, oder, wenn die Beseitigung in anderer Weise nicht möglich ist, auf Vernichtung der damit versehenen Gegenstände zu erkennen.

Erfolgt die Aburteilung im Strafverfahren, so ist in den Fällen der §§ 14 und 15 dem Verletzten die Befugnis zuzusprechen, die Verurteilung auf Kosten des Verurteilten öffentlich bekannt zu machen. Die Art der Bekanntmachung sowie die Frist zu derselben ist in dem Urteil zu bestimmen.

Anmerkungen.

1. Die in Absatz 1 angeordnete Beseitigung der widerrechtlichen Kennzeichnungen von Waren in den Fällen der §§ 14 bis 16 und 18 oder deren eventuelle Vernichtung kann sowohl im Civil- wie im Strafverfahren stattfinden und bedarf es im letzteren Falle keines besonderen Antrags.

2. Die Bestimmung des Absatz 2 die öffentliche Bekanntmachung der Verurteilung im Strafverfahren ist ebenfalls mit der diesbezüglichen Vorschrift für Strafurteile wegen Patentverletzung in § 36 Abs. 3 des Patentgesetzes völlig übereinstimmend und kann hierauf verweisen.

§ 20.

Die Anwendung der Bestimmungen dieses Gesetzes wird durch Abweichungen nicht ausgeschlossen, mit denen fremde Namen, Firmen, Zeichen, Wappen und sonstige Kennzeichnungen von Waren wiedergegeben werden, sofern ungeachtet dieser Abweichungen die Gefahr einer Verwechselung im Verkehr vorliegt.

I. Anmerkungen:

1. „Die Anwendung der Bestimmungen dieses Gesetzes ꝛc.“ Der in diesem Paragraph aufgestellte Grundsatz findet nicht blos auf eigentliche Warenzeichen Anwendung, obwohl dies der hauptsächlichste Fall ist, wo eine Verwechselungsgefahr von Bedeutung sein kann, sondern greift auch überall da Platz, wo der Gebrauch eines Namens, einer Firma, eines Wappens oder einer sonstigen Kennzeichnung einer Ware (Ausstattung u. s. w.) durch dieses Gesetz für unzulässig erklärt ist (z. B. § 4 pos. 1 und 2, § 16 ꝛc.).

2. „ꝛc. wird durch Abweichungen nicht ausgeschlossen mit denen fremden Namen ꝛc. Zeichen ꝛc. wiedergegeben werden ꝛc.“ Unter Abweichungen sind solche größere oder kleinere Abänderungen an einem fremden Namen, Zeichen ꝛc. zu verstehen, die geflissentlich von der betr. Person, die sich des fremden Namens oder Zeichens mit einer Abänderung bedienen will, zum Zweck einer Täuschung vorgenommen werden, um den Schein zu erwecken, als stammten die betr. Waren aus dem Geschäft des rechtmäßigen Inhabers des abgeänderten Namens u. s. w. her.

3. „ꝛc. sofern ungeachtet dieser Abweichungen die Gefahr einer Verwechselung im Verkehr vorliegt.“ Auf eine Verwechselung ist es hierbei, wie in Note 2 bemerkt, wohl in jedem Falle abgesehen, da ja sonst die Wiedergabe eines Zeichens mit meist geringfügigen Abweichungen, die in der Regel noch mit besonderem Raffinement bewirkt werden, keinen Sinn haben würde. Es ist dies einer der am häufigsten vorkommenden Fälle des unlauteren Wettbewerbs und die schlimmste Art, wenn der Nachahmer einer fremden Warenbezeichnung nur Aehnlichkeit anstrebt, um dem Vorwurf der identischen Nachahmung mit dem Hinweis auf die von ihm beliebten, aber die Verwechselungsgefahr nicht beseitigenden Abweichungen zu begegnen.

Die thatsächlich vorhandene Verwechselungsgefahr — auf die objektive Gefahr der Verwechselung, nicht auf die Absicht der Nachahmung kommt es hierbei an, obwohl letztere in der Regel vorliegen wird — kann selbstverständlich nur von Fall zu Fall durch den Augenschein und nähere Vergleichung geprüft werden; es ist hierbei im allgemeinen der Gesammteindruck, den das mit Abweichungen nachgeahmte Zeichen 2c. macht, zu beachten und hierfür die gewöhnlichen Verkehrsverhältnisse und die Urteils- und Unterscheidungsfähigkeit eines nicht gebildeten Durchschnittskäufers, der die Unterschiede zwischen dem wahren (Original) und dem nachgeahmten Zeichen der Regel nach nicht durch den Augenschein, sondern aus dem Gedächtnis prüfen müßte, maßgebend.

In dem früheren Markenschutzgesetz (§ 18) war eine ähnliche Bestimmung getroffen, inhaltlich welcher dergl. Abänderungen dann eine Täuschungsgefahr begründen sollten, wenn solche nur durch Anwendung besonderer Aufmerksamkeit wahrgenommen werden konnten.

II. Rechtsprechung:

1. Einem Warenzeichen, das eine Nachahmung des englischen Wappens (Löwe und Einhorn) mit englischer Umschrift, wurde wegen Gefahr der Täuschung auf Grund der §§ 4 z. 2 und 20 des Warenzeichengesetzes die Eintragung versagt. (Entsch. d. P.-A. v. 18./3. 95. B. f. P. M. u. Z. I, S. 275—76).

2. Die Beifügung der Firma zu einem figürlichen Zeichen hat in der Regel keine Unterscheidungskraft. Das Gleiche gilt von der Abbildung der Ware selbst, für die das Zeichen gewählt ist (Entsch. d. P.-A. v. 8./11. 95. B. f. P. M. u. Z. I, S. 313—14).

3. Rauchtabak und Cigarren sind gleichartige Waren. Bei Vergleichung figürlicher Zeichen wird auf die Firmenumschrift regelmäßig auch dann kein Wert gelegt, wenn sie in dem älteren Zeichen erscheint. (Entsch. d. P.-A. v. 6./12. 95. B. f. P. M. u. Z. II, S. 17—18).

4. Ob eine Verwechselungsgefahr vorliegt, wird von dem Patentamte nach freiem Ermessen entschieden. Dabei ist auch auf die zukünftige Entwickelung Rücksicht zu nehmen. Der Einwand, es seien Verwechselungen thatsächlich nicht vorge-

kommen, ist ohne Rechtserheblichkeit. (Entsch. d. P.-A. v. 11./1. 96. B. f. P. M. u. Z. II, S. 140).

5. Der § 20 des Warenzeichengesetzes findet auch auf Ausstattungen (§ 15) Anwendung. (Entsch. d. R. G. St. v. 16/12. 95. B. f. P. M. u. Z. II, S. 175—178. vergl. auch § 15 II, pos. 1).

6. Werden zwei geschützte Zeichen in Verbindung mit einander geführt, so kann dadurch ein älteres Kombinationszeichen verletzt werden. Liegt es nahe, einen einzelnen Bestandteil eines Kombinationszeichens für eine Vereinfachung des Letzteren zu halten, so besteht Kollision. (Entsch. d. R. G. C. v. 8./7. 96. B. f. P. M. u. Z. II, S. 332—34).

7. Bei Anwendung des § 20 des Warenbezeichnungsgesetzes ist ein Durchschnitts-Konsument vorauszusetzen, der zwar nicht mit besonderer Aufmerksamkeit, aber doch mit dem Bewußtsein, daß es sich um Unterscheidungsmerkmale handelt, das Gesammtbild ins Auge faßt. Ist Jemandem ein Zeichen ohne Farbe eingetragen, so kann gleichwohl ein Anderer die Kolorirung als Mittel benutzen, um sonst etwa vorhandene Unterschiede zu verschleiern, und dadurch die den Eingriff begründende Verwechselungsgefahr herbeiführen (Liebigs Fleischextrakt). (Entsch. d. R. G. C. v. 9/10. 97. B. f. P. M. u. Z. III, S. 255—56).

III. Entscheidungen des Reichsgerichts zu § 18 des Markenschutzgesetzes vom 30. Nov. 1874, der dem § 20 dieses Gesetzes entspricht:

1. Bei der Frage, ob eine Nachahmung eines Warenzeichens im Sinne des § 18 vorliegt, muß dessen Gesammterscheinung ins Auge gefaßt und geprüft werden, ob bezüglich derselben bei einer Vergleichung beider Warenzeichen diese sich derart ähnlich zeigen, daß die vorhandenen Verschiedenheiten nur bei besonderer Aufmerksamkeit wahrgenommen werden können. (R. H. G XXII, 1).

2. Im Sinne des § 18 ist für die Beurteilung der Verwechselbarkeit von Warenzeichen (d. h. täuschender Aehnlichkeit) der Standpunkt der Kleinhändler sowie des konsumierenden Publikums einzunehmen und deren Bedürfnisse und gewohnte Anschauungsweise als Maßstab anzulegen (R. H. G. XXII, 88).

3. Bei in Warenzeichen gebrauchten Worten kommt es bei deren Vergleichung nicht auf den Sinn und die Gleichheit derselben, sondern ebenfalls nur auf den Eindruck des Gesammt-

bildes für den Beschauenden an. Auch die Farbe einer Etikette kommt hierbei nicht in Betracht, da dieselbe ohne besonderen Eintrag kein Bestandteil des Warenzeichens bildet. (R. G. St. VII, 66).

4. Marke im Sinne des Gesetzes muß ein seitens einer Person rc. geführtes Zeichen sein, welches zu dem Zweck gebraucht wird, um in bestimmten Lebensverhältnissen erhebliche Beziehungen der Zeicheninhaber im Unterschied von gleichartigen Beziehungen anderer Personen bemerkbar zu machen und welches (als zu diesem Zweck geeignetes materielles Mittel) bestimmt und eigenartig, so wie durch Einfachheit der Bildung oder durch besonders schlagendes Hervortreten seiner ineinandergreifenden Hauptmomente so beschaffen ist, daß es demjenigen, welcher es auch ohne besondere Aufmerksamkeit wahrnimmt, unmittelbar einen individuellen, zur Unterscheidung von den Marken anderer Personen an sich geeigneten, Gesammteindruck hervorruft und der Auffassung einprägt. (R. G. C. XXII, 16).

§ 21.

In bürgerlichen Rechtsstreitigkeiten, in welchen durch Klage oder Widerklage ein Anspruch auf Grund dieses Gesetzes geltend gemacht ist, wird die Verhandlung und Entscheidung letzter Instanz im Sinne des § 8 des Einführungsgesetzes zum Gerichtsverfassungsgesetze dem Reichsgericht zugewiesen.

Anmerkungen:

1. Unter bürgerlichen Rechtsstreitigkeiten, in welchen durch Klage rc., sind alle Klagen aus diesem Gesetz, die auf Entschädigung wegen Zeichenverletzungen, auf Unterlassung widerrechtlicher Zeichenbenutzung, auf Feststellung eines Zeichenrechts oder auf Löschung eines Zeichens gerichtet sind, zu verstehen.

2. Die Zuständigkeit des Reichsgerichts soll hiernach als Revisionsinstanz für das ganze deutsche Reich, auch für Länder, die einen besonderen obersten Landesgerichtshof (wie Bayern) besitzen, begründet sein.

§ 22.

Wenn deutsche Waren im Auslande bei der

Einfuhr oder Durchfuhr der Verpflichtung unterliegen, eine Bezeichnung zu tragen, welche ihre deutsche Herkunft erkennen läßt, oder wenn dieselben bei der Zollabfertigung in Beziehung auf die Warenbezeichnungen ungünstiger als die Waren anderer Länder behandelt werden, so ist der Bundesrat ermächtigt, den fremden Waren bei ihrem Eingang nach Deutschland zur Einfuhr oder Durchfuhr eine entsprechende Auflage zu machen und anzuordnen, daß für den Fall der Zuwiderhandlung die Beschlagnahme und Einziehung der Waren erfolge. Die Beschlagnahme erfolgt durch die Zoll- und Steuerbehörden, die Festsetzung der Einziehung durch Strafbescheid der Verwaltungsbehörden (§ 459 der St. P. O.).

Anmerkung:

Diese Bestimmung wahrt das sogen. Retorsionsrecht gegenüber solchen Ländern, die deutsche Waren in der hier bezeichneten Art behandeln, sie ermächtigt den Bundesrat eintretendenfalls zur Ergreifung der erforderlichen Vergeltungsmaßregeln und ist vorzugsweise gegen England gerichtet, welches Land durch seine Mergandise Marks Akt vom Jahr 1887 die bekannte Vorschrift der Angabe des Ursprungslandes mit den Worten „made in Germany“ für in England eingeführte oder auch nur durchgeführte ausländische Waren erlassen hat.

§ 23.

Wer im Inlande eine Niederlassung nicht besitzt, hat auf den Schutz dieses Gesetzes nur Anspruch, wenn in dem Staate, in welchem seine Niederlassung sich befindet, nach einer im Reichsgesetzblatt enthaltenen Bekanntmachung deutsche Warenbezeichnungen in gleichem Umfange wie inländische Warenbezeichnungen zum gesetzlichen Schutz zugelassen werden.

Der Anspruch auf Schutz eines Warenzeichens und das durch die Eintragung begründete Recht können nur durch einen im Inlande bestellten Vertreter geltend gemacht werden. Der letztere ist zur Vertretung in dem nach Maßgabe dieses Gesetzes vor dem Patentamt stattfindenden Verfahren, sowie in den das Zeichen betreffenden bürgerlichen Rechtsstreitigkeiten und zur Stellung von Strafanträgen befugt. Für die das Zeichen betreffenden Klagen gegen den eingetragenen Inhaber ist das Gericht zuständig, in dessen Bezirk der Vertreter seinen Wohnsitz hat, in dessen Ermangelung das Gericht, in dessen Bezirk das Patentamt seinen Sitz hat.

Wer ein ausländisches Warenzeichen zur Anmeldung bringt, hat damit den Nachweis zu verbinden, daß er in dem Staate, in welchem seine Niederlassung sich befindet, für dieses Zeichen den Markenschutz nachgesucht und erhalten hat. Die Eintragung ist, soweit nicht Staatsverträge ein Anderes bestimmen, nur dann zulässig, wenn das Zeichen den Anforderungen dieses Gesetzes entspricht.

I. Anmerkungen:

1. „Wer im Inlande eine Niederlassung nicht besitzt 2c." Hierunter ist jede Art der Niederlassung, auch Zweigniederlassung (Filiale) zu verstehen, nicht ein bloßes Warenlager oder dergl., ohne Rücksicht auf Staatsangehörigkeit.

2. „2c. hat auf den Schutz dieses Gesetzes nur Anspruch, wenn u. s. w." Hiermit wird die vollständige Gegenseitigkeit für alle Arten des Schutzes für Warenbezeichnungen, für die Geltendmachung dieses Schutzes — sowohl die patentamtliche wie die gerichtliche — überhaupt für alle hier in Betracht kommenden, zeichenrechtlichen Verhältnisse verlangt, deren Prüfung d. h. der Frage, ob gegebenenfalls volle Gegenseitigkeit garantiert sei, ist lediglich Sache des Reichskanzlers und kann weder vom Patentamte noch von den Gerichten geprüft und festgestellt werden.

Laut Bekanntmachung im Reichsgesetzblatt besteht solche Gegenseitigkeit mit allen europäischen Staaten mit Ausnahme von Spanien, Portugal und Türkei, außerdem mit den Vereinigten Staaten von Nord-Amerika, Brasilien und Venezuela.

3. Absatz 2. Dieser enthält die erforderlichen Vorschriften bezüglich der Vertretung eines Zeicheninhabers, der im Inlande eine Niederlassung nicht hat, und bezieht sich nur auf Warenzeichen (Marken) im engeren Sinne (nicht auf Namen 2c, Warenausstattungen). Das Zeichenrecht ruht solange, als ein Vertreter im Inlande nicht vorhanden ist.

4. Absatz 3. Der erforderliche Nachweis ist durch Zeugnis der Registerbehörde des betreffenden Staates zu führen (jedoch ohne konsulare Beglaubigung) und zwar dahin, daß ein besonderer Markenschutz, nicht blos ein allgemeiner Schutz nach bürgerlichem Recht besteht.

Im übrigen ist das ausländische Zeichen nach Maßgabe dieses Gesetzes genau so, wie ein inländisches zu prüfen, es muß dasselbe somit auch den Anforderungen dieses Gesetzes entsprechen und überdies mit in dem Heimatsstaate eingetragenen Zeichen genau übereinstimmen.

Der Fortbestand des Schutzes eines ein Mal eingetragenen ausländischen Zeichens im Inlande ist nicht davon abhängig, daß der Schutz des betreffenden Zeichens auch im Auslande fortdauert.

Die Vorschriften des § 23 finden auf die deutschen Kolonien (Schutzgebiete) sowie auf auswärtige Bezirke mit Konsulargerichtsbarkeit keine Anwendung, vielmehr gelten hier die Bestimmungen dieses Gesetzes, da diese Kolonien 2c. als Inland zu betrachten sind.

II. Rechtssprechungen:

1. Die Löschung eines ausländischen Warenzeichens aus dem Grunde, weil dessen Eintragung unzulässig gewesen sei (§ 10 Absatz 2 und § 11 des Gesetzes vom 30. Nov. 1874) kann nicht verlangt werden, wenn der Anmeldende zwar den in § 20 Z. 2 des Gesetzes verlangten Nachweis geführt hat, nachträglich aber sich zeigt, daß in dem Heimatslande des Anmeldenden ein Schutz für das Zeichen nicht besteht. Die Eintragung war in diesem Falle unwirksam, nicht unzulässig (R. G. E. XIII, Nr. 1)

2. Unter dem in § 20 (des Gesetzes vom 30. Nov. 1874) gebrauchten Worte „Handelsniederlassung" ist nur eine Hauptniederlassung, nicht eine Zweigniederlassung zu verstehen (NB. dieser Standpunkt ist in dem neuen Gesetz zum Schutze der Warenbezeichnungen aufgegeben cf. Note 1 oben). Wappen auswärtiger Staaten oder Städte fallen nicht unter das Verbot des § 3 Abs. 2 (NB. nach dem neuen Gesetz § 4 pos. 2 fallen jetzt auch Wappen auswärtiger Staaten unter das Verbot). Bei Gewährung des sogen. internationalen Markenschutzes nach § 20 ist es nicht entscheidend, ob das Zeichen nach dem Recht des betr. Auslandes geschützt ist (R. G. C. XXI, Nr. 1).

3. Die Vorschrift, daß Warenzeichen nicht ausschließlich in Zahlen, Buchstaben oder Worten bestehen dürfen, bezieht sich nicht auf die Warenzeichen solcher Gewerbtreibenden, welche im Inlande eine Handelsniederlassung nicht besitzen d. h. Ausländer, und ist für diese das Markenrecht ihres Landes allein maßgebend (nach dem neuen vorliegenden Gesetz gilt der entgegengesetzte Grundsatz cf. § 23 Note 4) (R. G. St. XIV, S. 59).

4. Für eine inländische Firma können auch mit Rechtswirkung solche Marken angemeldet und eingetragen werden, welche ein Ausländer, der im Inlande keine Handelsniederlassung besitzt und dessen Zeichen wegen Mangels der Reciprocität keinen Schutz in Deutschland gewinnen können, für seine Waren gebraucht, wenn die inländische Firma mit Zustimmung des Ausländers dessen Waren in Deutschland einführen und mit der Marke in Verkehr bringen will (R. G. St. XVI, S. 97).

§ 24.

Auf die in Gemäßheit des Gesetzes über Markenschutz vom 30. Nov. 1874 in die Zeichenregister eingetragenen Warenzeichen finden bis zum 1. Oktober 1898 die Bestimmungen jenes Gesetzes noch ferner Anwendung. Die Zeichen können bis zum 1. Oktober 1898 jederzeit zur Eintragung in die Zeichenrolle nach Maßgabe des gegenwärtigen Gesetzes angemeldet werden und unterliegen alsdann dessen Bestimmungen. Die Eintragung darf nicht versagt werden hinsichtlich derjenigen Zeichen, welche auf Grund eines älteren landesgesetzlichen Schutzes in die Zeichenregister eingetragen worden sind. Die Eintragung geschieht unentgeltlich und unter dem Zeitpunkt der ersten Anmeldung. Ueber den Inhalt der ersten Eintragung ist ein Zeugnis der bisherigen Registerbehörde beizubringen.

Mit der Eintragung in die Zeichenrolle oder, sofern eine solche nicht erfolgt ist, mit dem 1. Oktober 1898 erlischt der den Warenzeichen bis dahin gewährte Schutz.

I. Anmerkungen:

1. Dieser Paragraph enthält die Uebergangsbestimmungen bezüglich der auf Grund des Markenschutzgesetzes vom 30. Nov. 1874 in die bei den Gerichten im Anschluß an die Firmen-Register geführten Register eingetragenen Warenzeichen. Dieselben sollen, wenn sie nicht bis zum 1. Oktober 1898 in die beim Patentamte geführte Zeichenrolle übertragen sind, was jederzeit auf Grund eines amtlichen Auszugs aus dem gerichtlichen Zeichenregister beantragt werden kann und unentgeltlich geschehen muß, mit diesem Zeitpunkte ohne weiteres erlöschen.

2. Bei der Uebertragung eines derartigen älteren geschützten Zeichens in die Zeichenrolle des Patentamtes muß das zu übertragende Zeichen dieselbe Prüfung auf Eintragsfähigkeit nach Maßgabe der Bestimmungen dieses Gesetzes bestehen, wie neu angemeldete Zeichen, wobei jedoch eine Ausnahme bezüglich derjenigen Zeichen, welche auf Grund älteren landesgesetzlichen Schutzes, der schon vor dem 30. November 1874 in einem deutschen Bundesstaate bestand, (nämlich in Rheinland und Westfalen, Bayern und Elsaß-Lothringen) in die Zeichenregister eingetragen worden sind, statuiert ist.

Die Uebertragungsanmeldung muß spätestens bis zum 30. September 1898 beim Patentamte eingereicht sein, kann bis dahin wiederholt geschehen d. h. versucht werden, da der Versagungsbeschluß keine materielle Rechtskraft erlangt und zwar von seiten der gerichtlich eingetragenen Firma als Zeicheninhaberin.

Das zur Zeichenrolle des Patentamts angemeldete Zeichen muß mit dem gerichtlich eingetragenen übereinstimmen, nur geringfügige Abweichungen, die das Zeichen etwa den Vorschriften des gegenwärtigen Gesetzes anpassen sollen, sind zulässig.

3. Ein älteres landesgesetzlich geschütztes Zeichen (Note 2), dessen Eintragung in die Zeichenrolle unter dem Datum der Anmeldung zum gerichtlichen Zeichenregister erfolgt, unterliegt bei seiner Anmeldung einer Prüfung von seiten des Patentamtes nur insoweit, als dessen Identität in Ansehung der Person des Anmelders, des Zeichens der Waren 2c. festzustellen ist, sowie auch auf etwaige Freizeichenqualität und kann trotz der Ausnahmestellung derartiger Zeichen von diesen Gesichtspunkten aus eine Versagung der Eintragung möglicher Weise erfolgen.

II. Rechtsprechung:

Durch ein nach früherem Recht ergangenes Urteil, das die Klage auf Unterlassung der Verwendung eines gerichtlich eingetragenen Warenzeichens abweist, wird dem Kläger die Möglichkeit entzogen, die Rechtswirksamkeit jenes Warenzeichens bis zum 1. Oktober 1898 zu bestreiten. Dies begrenzt auch die Wirkungen eines später in die Zeichenrolle des Patentamtes für den Kläger eingetragenen Wortzeichens. (Entsch. des R. G. C. v. 1./5. 97, B. f. P. M. u. Z. III, S. 198—99.)

§ 25.

Die zur Ausführung dieses Gesetzes erforderlichen Bestimmungen über die Einrichtung und den Geschäftsgang des Patentamts, sowie über das Verfahren vor demselben werden durch Kaiserliche Verordnung unter Zustimmung des Bundesrats getroffen (vergl. Abschnitt J).

§ 26.

Dieses Gesetz tritt mit dem 1. Oktober 1894 in Kraft.

Von dem gleichen Zeitpunkte ab werden Anmeldungen von Warenzeichen auf Grund des Gesetzes über Markenschutz vom 30. November 1874 nicht mehr angenommen.

Urkundlich unter Unserer Höchsteigenhändigen Unterschrift und beigedrucktem Kaiserlichen Insiegel.

Gegeben Neues Palais, den 12. Mai 1894.

(L. S.) **Wilhelm.**

von Bötticher.

J.

Ausführungs-Verordnungen etc. zum Gesetz zum Schutz der Warenbezeichnungen etc.

I. Verordnung

zur

Ausführung des Gesetzes zum Schutz der Warenbezeichnungen vom 12. Mai 1894 und des Gesetzes betr. den Schutz von Gebrauchsmustern vom 1. Juni 1891. Vom 30. Juni 1894.

Wir Wilhelm, von Gottes Gnaden Deutscher Kaiser, König von Preußen ꝛc. verordnen auf Grund der Bestimmung im § 25 des Gesetzes zum Schutz der Warenbezeichnungen vom 12. Mai 1894 (Reichs-Gesetzbl. S. 441) und auf Grund der Bestimmung im § 14 des Gesetzes, betreffend den Schutz von Gebrauchsmustern, vom 1. Juni 1891 (Reichs-Gesetzblatt S. 290) im Namen des Reichs, nach erfolgter Zustimmung des Bundesrats, was folgt:

I. Warenzeichen:

§ 1. Für die auf Warenzeichen bezüglichen Angelegenheiten wird in dem Patentamt eine besondere Abteilung gebildet, welche die Bezeichnung:

Abteilung für Warenzeichen

führt.

Die Abteilung besteht aus einem rechtskundigen Mitgliede als Vorsitzenden und aus Mitgliedern, welche rechtskundig oder in einem Zweige der Technik sachverständig sind. Die Zuweisung der Mitglieder an die Abteilung erfolgt durch den Reichskanzler.

Im Falle der Verhinderung eines Mitgliedes kann der Präsident des Patentamts einem anderen Mitgliede der Behörde die Vertretung übertragen.

§ 2. Für Beschwerden gegen die Beschlüsse der Abteilung für Warenzeichen, sowie für die Erstattung von Gutachten gemäß § 11 des Gesetzes vom 12. Mai 1894 ist die Beschwerdeabteilung I des Patentamtes zuständig.

§ 3. Die Beschlußfähigkeit der Abteilung für Warenzeichen ist durch die Anwesenheit von mindestens drei Mitgliedern bedingt.

Die Beschwerdeabteilung I entscheidet über Beschwerden gegen die Beschlüsse der Abteilung für Warenzeichen in der Besetzung von fünf Mitgliedern, von denen mindestens zwei rechtskundig sein müssen. Soweit es sich um die Erstattung von Gutachten handelt, genügt die Anwesenheit von drei Mitgliedern.

Die Bestimmungen der Civilprozeßordnung über Ausschließung und Ablehnung der Gerichtspersonen finden entsprechende Anwendung.

Zu den Beratungen können Sachverständige, welche nicht Mitglieder sind, zugezogen werden; dieselben dürfen an den Abstimmungen nicht teilnehmen.

§ 4. Der Beratung und Abstimmung in einer Sitzung bedarf es

a) in der Abteilung für Warenzeichen für die Beschlußfassung über die Versagung der Eintragung eines Warenzeichens, sowie für Beschlüsse, welche die Uebereinstimmung von Warenzeichen und in den Fällen des § 8 des Gesetzes vom 12. Mai 1894 die Löschung von Warenzeichen gegen den Widerspruch des Inhabers betreffen;
b) in der Beschwerdeabteilung I für die Beschlußfassung auf Beschwerden gegen Beschlüsse der Abteilung für Warenzeichen.

§ 5. Die Beschlüsse und Entscheidungen erfolgen im Namen des Patentamts; sie sind mit Gründen zu versehen, schriftlich auszufertigen und allen Beteiligten von Amtswegen zuzustellen.

§ 6. Ueber die Eintragung eines Warenzeichens in die Zeichenrolle erhält der Inhaber eine Bescheinigung.

§ 7. Ueber Modelle, Probestücke und sonstige Unterlagen einer Anmeldung trifft, insoweit deren Aufbewahrung nicht mehr für erforderlich erachtet wird, der Präsident des Patentamts im Einvernehmen mit der Abteilung für Warenzeichen Verfügung.

§ 8. Im Uebrigen finden auf die Einrichtung und den Geschäftsgang des Patentamts und das Verfahren vor demselben in Angelegenheiten des Schutzes der Warenzeichen die Bestimmungen in den §§ 4, 6, 8 bis 11. 13, 14, 25 bis 30 der Kaiserlichen Verordnung vom 11. Juli 1791 (Reichs-Gesetzblatt S. 349) entsprechende Anwendung.

II. Gebrauchsmuster.

§ 9. Insoweit in Angelegenheiten des Schutzes von Gebrauchsmustern das Patentamt zur Erstattung von Gutachten ermächtigt wird, sind hierfür die Beschwerdeabteilungen, und zwar jede innerhalb derjenigen Zweige der Technik zuständig, welche ihr hinsichtlich der Patentangelegenheiten gemäß §§ 1 und 2 der Kaiserlichen Verordnung vom 11. Juli 1891 zugewiesen sind.

Urkundlich unter Unserer Höchsteigenhändigen Unterschrift und beigedrucktem Kaiserlichen Insiegel.

Gegeben Kiel, den 30. Juni 1894,
an Bord Meiner Yacht „Hohenzollern".

(L. S.) **Wilhelm.**

von Boetticher.

II. Bestimmungen
über die
Anmeldung von Warenzeichen.

Auf Grund des § 2 Absatz 2 des Gesetzes zum Schutz der Warenbezeichnungen vom 12. Mai 1894 (Reichs-Gesetzblatt

S. 441) werden die folgenden Bestimmungen über die Anmeldung von Warenzeichen erlassen.

§ 1. Die Anmeldung eines Warenzeichens ist in der Form eines schriftlichen Gesuchs einzureichen, welchem die sonst erforderlichen Stücke als Anlagen beizufügen sind.

Für jedes angemeldete Zeichen ist ein besonderes Gesuch erforderlich.

Das Gesuch muß enthalten:

a) die Angabe des Namens, der Berufsstellung, des Wohnortes oder der Niederlassung des Anmelders;
b) den Antrag, daß das Warenzeichen in die Zeichenrolle eingetragen werde;
c) die Bezeichnung des Geschäftsbetriebs, in welchem das Zeichen verwendet werden soll;
d) ein Verzeichnis der Waren, für welche es bestimmt ist;
e) die Erklärung, daß die gesetzliche Gebühr von 30 M. an die Kasse des Patentamts — Berlin NW., Luisenstraße 32/34 — eingezahlt sei oder gleichzeitig mit der Anmeldung eingehen werde, sofern die Eintragung nicht unentgeltlich zu erfolgen hat (§ 24 des Gesetzes vom 12. Mai 1894);
f) die Aufführung der Anlagen des Gesuchs unter Angabe ihrer Nummer und ihres Inhalts;
g) die Unterschrift des Anmelders oder seines Vertreters.

§ 2. Das Gesuch ist in zwei Ausfertigungen einzureichen. Zu dem Gesuch, sowie zu allen sonstigen Schriftstücken, sind ganze Bogen in der Größe von 33 zu 21 cm zu verwenden. Die Schriftstücke müssen leserlich geschrieben oder gedruckt sein.

§ 3. Dem Gesuch ist eine Darstellung des Zeichens in vier gleichen Ausfertigungen beizufügen, von denen zwei je auf einem mit Heftrand versehenen halben Bogen zu kleben sind. Uebersteigt die Darstellung die Größe von 33 zu 21 cm, so ist zu derselben Zeichenleinwand zu verwenden. Die Darstellung muß sauber und dauerhaft ausgeführt sein und die wesentlichen Bestandteile des Zeichens deutlich erkennen lassen.

§ 4. Erachtet der Anmelder eine Beschreibung des Zeichens für erforderlich, so ist dieselbe in zwei Ausfertigungen einzureichen. Dasselbe gilt für Modelle und Probestücke der mit dem Zeichen versehenen Ware.

Die Anlagen und Nachträge des Gesuchs, einschließlich der Darstellungen, Probestücke u. s. w., müssen mit einer Aufschrift versehen sein, welche sie als Bestandteile der Anmeldung kennzeichnet.

§ 5. Hat die Prüfung der Anmeldung ergeben, daß die Eintragung des Zeichens in die Rolle erfolgen kann, so hat der Anmelder einen für die Vervielfältigung des Zeichens bestimmten Druckstock einzureichen.

Der Druckstock muß ein Holzschnitt, eine Zinkätzung oder ein Galvano sein. Behufs seiner Verwendbarkeit in der Buchdruckpresse muß er eine Schrifthöhe von 2,4 cm besitzen. Seine Größe soll 6,5 cm in Höhe und Breite nicht übersteigen; in Ausnahmefällen kann, falls die Deutlichkeit es erfordert, eine größere Ausführung zugelassen werden.

Der Druckstock muß derart beschaffen sein, daß er das angemeldete Zeichen in allen wesentlichen Teilen deutlich wiedergiebt. Ein mittelst desselben gefertigter Abdruck des Zeichens ist in zwei Ausführungen beizufügen.

Auf Antrag des Anmelders kann auf Kosten desselben die Anfertigung des Druckstocks durch das Patentamt veranlaßt werden.

§ 6. Handelt es sich um die Anmeldung eines in Gemäßheit des Gesetzes über Markenschutz vom 30. November 1874 eingetragenen Warenzeichens (§ 24 des Gesetzes vom 12. Mai 1894), so ist mit der Anmeldung eine beglaubigte Abschrift der in dem bisherigen Register enthaltenen Eintragungen vorzulegen. War das Zeichen auf Grund eines älteren landesgesetzlichen Schutzes eingetragen, so ist darüber eine Bescheinigung der Registerbehörde beizubringen.

Berlin, den 21. Juli 1894.

Kaiserliches Patentamt.
von Koenen.

III. Verzeichnis der Warenklassen.

(Blätter für Patent-, Muster- und Zeichenwesen I, S. 10.)

1. Ackerbau-, Forstkultur-, Gärtnerei- und Tierzucht-Erzeugnisse, sowie Ausbeute von Fischfang und Jagd.
2. Arzneimittel und Verbandstoffe für Menschen und Tiere,

Drogen, Tier- und Pflanzen-Vertilgungsmittel, Konservierungsmittel, Desinfektionsmittel.

3. Bekleidungsgegenstände, außer Pelzwaren 12 u. Spitzen 30.
   a. Hüte und andere Kopfbedeckungen sowie Putz,
   b. Schuhwaren,
   c. Gestrickte und gewirkte Waren,
   d. Sonstiges (Kleider, Wäsche, Korsets, Hosenträger, Schlipse und dergl.).
4. Beleuchtungs-, Heizungs-, Koch- und Ventilationsapparate und Geräte.
5. Borsten und Borstenwaren (Bürsten, Besen, Schrubber, Pinsel) sowie Kämme, Schwämme, Frisiergeräte und Verwandtes.
6. Chemische Produkte, außer den unter 2, 8, 11, 13, 20, 34 und 36 angeführten, sowie mineralische Rohprodukte, außer den unter 37 genannten.
7. Dichtungs- und Packungsmaterialien, Wärmeschutz- und Isolir-Mittel, Asbestfabrikate, Putzwolle.
8. Dünger, natürlicher und künstlicher.
9. Eisen, Stahl, Kupfer und andere Metalle, sowie Waren aus solchen Metallen, außer den unter 4, 17, 22, 23, 32, 33 und 35 genannten.
   a. Metalle, roh oder teilweise bearbeitet,
   b. Messerschmiedswaren (Messer, Gabeln, Sensen, Sicheln, Strohmesser, Beile, Sägen, Hieb- und Stichwaffen) und Werkzeuge (Feilen, Hammer, Amboße, Schraubstöcke, Hobel, Bohrer und dergl.),
   c. Nähnadeln, auch für Nähmaschinen, Heftnadeln, Stecknadeln, Haarnadeln, Fischangeln,
   d. Hufeisen und Hufnägel,
   e Gußwaren, emaillierte und verzinnte Waren,
   f. Sonstige Metallwaren.
10. Fahrzeuge (Wagen aller Art, einschließlich Kinder- und Krankenwagen, auch Fahrräder und Wasserfahrzeuge).
11. Farben, außer Malfarben und Tinten 32.
12. Felle, Häute, Leder, Pelze und Pelzwaren.
13. Firnisse, Lacke, Harze, Klebstoffe, Wichse, Bohnermasse und dergl.
14. Garne und Zwirne, Bindfäden, Seile aus Faserstoffen und Metalldrähten.

15. Gespinnstfasern (Wolle, Baumwolle, Flachs, Hanf, Jute und dergl.) und Polstermaterial (Roßhaar, Seegras, Indiafaser, Bettfedern und dergl.)
16. Getränke:
   a. Bier,
   b. Wein und Spirituosen,
   c. Mineralwässer und kohlensauere Wässer, sowie Brunnen- und Badesalze.
17. Gold- und Silberwaren, echte und unechte Schmucksachen aller Art, leonische Waren, Alfenide-, Neusilber-, Britania-, Nickel- und Aluminiumwaren.
18. Gummi-, Kautschuck- und Guttaperchawaren, auch Rohstoffe.
19. Hand- und Reisegeräte (Schirme, Stöcke, Koffer, Reisetaschen u. dergl.)
20. Heiz- und Leuchtstoffe, sowie Schmiermittel:
   a. Kohlen, Torf, Brennholz, Koks, Briketts, Kohlenanzünder,
   b. Fette und Oele, außer den zur Nahrung bestimmten 26b, sowie Schmiermittel,
   c. Kerzen und Nachtlichte, sowie Dochte.
21. Holz-, Kork-, Horn-, Schildpatt-, Elfenbein-, Meerschaum-, Celluloid- und ähnliche Waren, Drechsler und Schnitzwaren.
22. Instrumente und Apparate, außer Musikinstrumenten 25 und Uhren 40;
   a. ärztliche und zahnärztliche Apparate, pharmazeutische, orthopädische, gymnastische Bandagen, Desinfektionsapparate und dergl.
   b. physikalische und chemische, optische, geodätische, nautische und Meßinstrumente, Waagen, Kontrolapparate, photographische Apparate und dergl.
23. Maschinen, Maschinenteile und Geräte, einschließlich Haus- und Küchengeräte.
24. Möbel- und Polsterwaren.
25. Musikinstrumente.
26. Nahrungs- und Genußmittel, außer Getränken 16 und Tabak 38:
   a. Fleischwaren, Fleischextrakte, Konserven, einschließlich Fruchtsäfte und Gelees und Delikatessen,
   b. Eier, Milch, Butter, Käse, Kunstbutter, Speisefett und Speiseöle,
   c. Kolonialwaren (Kaffee und Kaffee-Surrogate, Thee, Zucker, Mehl, Gewürze, Essig und dergl.),

d. Kakao, Chokolade, Zuckerwaren, sowie Back- und Konditorwaren, einschließlich Hefe und Backpulver,
e. Sonstige Nahrungs- und Genußmittel, auch für Tiere, sowie natürliches und künstliches Eis.

27. Papier, Pappe, Karton, Papier- und Pappwaren, Roh- und Halbstoffe zur Papierfabrikation (Lumpen, altes Papier, Zellstoff, Holzschliff und dergl.).
28. Photo- und lithographische Erzeugnisse, sowie Erzeugnisse sonstiger vervielfältigender Künste und der Druckerei.
29. Porzellan-, Töpfer- und andere Thonwaren, Glas und Glaswaren, Glasmosaiken, Glasuren.
30. Posamentier- und Tapisseriewaren, auch Spitzen und Tülle.
31. Sattler-, Riemer- und Täschnerwaren, Lederwaren nicht genannte, auch Albums und Bilderständer.
32. Schreib-, Zeichen- und Malwaren, einschließlich Tinte, Tusche und Malfarben, Komptoirgeräte, einschließlich Geschäftsbücher, Schulgeräte, Lehrmittel.
33. Schußwaffen und Geschosse.
34. Seifen, Putz- und Poliermittel, Rostschutzmittel, Waschmittel, Parfümerien und Toilettenmittel.
35. Spiele und Spielwaren.
36. Sprengstoffe, Zündwaren, Feuerwerkskörper.
37. Steine, natürliche und künstliche, und andere Baumaterialien (Cement, Gyps, Kalk, Kies, Asphalt, Theer, Pech, Rohrgewebe und Dachpappen).
38. Tabakfabrikate (Cigarren, Cigaretten, Rauch-, Kau- und Schnupftabak).
39. Teppiche und andere Fußbodenbeläge, Tischdecken, Bettdecken, Gardinen, Rouleaux, Portieren.
40. Uhren.
41. Webstoffe, einschließlich Bänder:
   a. Sammete und Plüsche,
   b. leinene, halbleinene und andere Wäschestoffe,
   c. sonstige Webstoffe (seidene, wollene, baumwollene 2c.).
42. Sammelwaren. Hier werden diejenigen Zeichen behandelt, welche für eine größere Anzahl verschiedenartiger Waren (insbesondere Export- und Kommissionswaren) bestimmt sind.

K.

Das Gesetz zur Bekämpfung des unlauteren Wettbewerbs v. 1. Juli 1896.

Allgemeine Bemerkungen.

In diesem Gesetz wird auch eine nähere Definition des Begriffs „unlauterer Wettbewerb" nicht gegeben d. h. keine allgemeinen Rechtsgrundsätze, auf die sich die einzelnen Fälle des unlauteren Wettbewerbs zurückführen ließen, aufgestellt, sondern es werden in rein kasuistischer Weise in den einzelnen Paragraphen dieses Gesetzes einer Reihe verschiedener Thatbestände formuliert, welche als unlauterer Wettbewerb anzusehen und schadensersatzpflichtig oder strafbar machen sollen. Es sind dies folgende Fälle: 1. schwindelhafte Reklame (§ 1—4), 2. Quantitätsverschleierungen (§ 5), 3. Anschwärzungen (dénigrement) (§§ 6 und 7), 4. Aneignung fremder Namen, Firmen- oder Geschäftsbezeichnungen (§ 8), 5. Verrat von Geschäfts- oder Betriebsgeheimnissen oder Erschleichung von solchen (§§ 9 und 10). Damit sind aber die Fälle, in welchen ein unlauterer (oder unredlicher) Wettbewerb als vorhanden angenommen werden kann, keineswegs in erschöpfender Weise aufgeführt, sondern nur die im geschäftlichen Verkehr erfahrungsmäßig am häufigsten vorkommenden und prägnantesten Fälle eines solchen.

Es erscheint somit nicht ausgeschlossen, daß auch noch andere Fälle dieser Art vorkommen können, welche nach allgemeinen

Bestimmungen des bürgerlichen Gesetzbuchs (§ 823 ff.) civilrechtlich verfolgbar sein (d. h. einen Anspruch auf Schadenersatz begründen) oder sich unter Umständen strafrechtlich als Betrug qualifizieren können.

Auch die Verletzungen eines Patent-, Muster-, Modell- oder Markenrechts sind als Fälle des unlauteren Wettbewerbs anzusehen, ganz besonders die Vergehen gegen die §§ 15 und 16 des Gesetzes zum Schutze der Warenbezeichnungen, welche Bestimmungen eigentlich mehr in den Rahmen dieses Gesetzes passen.

Demzufolge erscheinen die durch dieses Spezialgesetz gewährten Rechtsbehelfe gegen einzelne Fälle eines unlauteren Wettbewerbs gewissermaßen mehr als Notbehelfe zum Schutze des redlichen Verkehrs im Geschäftsleben; denn es fehlt, wie bemerkt, diesem Gesetz an anerkannten allgemeinen Rechtsgrundsätzen in dieser Beziehung, welche sich erst noch durch die Praxis herausbilden müssen, sowie an einer Generalklausel. Diese Oekonomie des Gesetzes wurde auch bei der Kommissionsberatung ausdrücklich anerkannt.

Ob aber diese, in dem vorliegenden Gesetz befolgte, kasuistische Methode sich in der Praxis bewähren wird, muß erst die Erfahrung lehren. Nicht unerwähnt lassen möchte ich schließlich noch die bekannte Thatsache, daß von einem unlauteren Wettbewerb in diesem Sinne nicht nur bei den gewerblichen sondern unter Umständen auch bei gelehrten Berufsständen füglich gesprochen werden kann und erinnere in dieser Beziehung beispielsweise nur an die bei Ausübung der ärztlichen Praxis bekanntermaßen nicht selten vorkommenden Ausschreitungen dieser Art, die mitunter schon einen recht bedenklichen Charakter annehmen.

§ 1.

Wer in öffentlichen Bekanntmachungen oder in Mitteilungen, welche für einen größeren Kreis von Personen bestimmt sind, über geschäftliche Verhältnisse, insbesondere über die Beschaffenheit, die Herstellungsart oder die Preisbemessung von Waren oder gewerblichen Leistungen, über die Art des Bezugs oder der Bezugsquelle von Waren, über den Besitz von Auszeichnungen, über den Anlaß oder Zweck des Verkaufs unrichtige Angaben thatsächlicher Art macht, welche geeignet sind, den Anschein eines besonders günstigen Angebots hervorzurufen, kann auf Unterlassung der unrichtigen Angaben in Anspruch genommen werden. Dieser Anspruch kann von jedem Gewerbtreibenden, der Waren oder Leistungen gleicher oder verwandter Art herstellt oder in den geschäftlichen Verkehr bringt, oder von Verbänden zur Förderung gewerblicher Interessen geltend gemacht werden, soweit die Verbände als solche in bürgerlichen Rechtsstreitigkeiten klagen können.

Neben dem Anspruch auf Unterlassung der unrichtigen Angaben haben die vorerwähnten Gewerbtreibenden auch Anspruch auf Ersatz des durch die unrichtigen Angaben verursachten Schadens gegen denjenigen, der die Angaben gemacht hat, falls dieser ihre Unrichtigkeit kannte, oder kennen mußte. Der Anspruch auf Schadensersatz kann gegen Redakteure, Verleger, Drucker oder Verbreiter von periodischen Druckschriften nur geltend gemacht werden, wenn dieselben die Unrichtigkeit der Angaben kannten.

Die Verwendung von Namen, welche nach dem Handelsgebrauch zur Benennung gewisser Waren dienen, ohne deren Herkunft bezeichnen zu sollen, fällt unter die vorstehenden Bestimmungen nicht.

Im Sinne der Bestimmungen des Absatzes 1 und 2 sind den Angaben thatsächlicher Art bildliche Darstellungen und sonstige Veranstaltungen gleich zu achten, die darauf berechnet und geeignet sind, solche Angaben zu ersetzen.

Unter Waren im Sinne dieses Gesetzes sind

auch landwirtschaftliche Erzeugnisse, unter gewerblichen Leistungen auch landwirtschaftliche zu verstehen.

Anmerkungen:

1. Die §§ 1—4 behandeln die verschiedenartigen Fälle schwindelhafter Reklame, welche unwahre zur Täuschung des Publikums geeignete Angaben über geschäftliche Verhältnisse jeder Art enthalten. Die Reklame ist ein im geschäftlichen Verkehr seit neuerer Zeit weit verbreitetes, für unentbehrlich gehaltenes und an sich wohl erlaubtes Mittel zur Heranziehung von Kundschaft, doch muß sich dieselbe in erlaubten Grenzen halten, die indessen erfahrungsmäßig stark überschritten zu werden pflegen, und im Konkurrenzkampfe nicht zur Zurückdrängung von Geschäftsgenossen, die dieselben oder gleichartigen Waren vertreiben, mißbraucht werden. Zur Verhütung solcher mißbräuchlichen, unredlichen Anwendung der Reklame im Geschäftsleben sollen diese Bestimmungen gegen den unlauteren Wettbewerb, der sich auf diesem Gebiete besonders häufig und wirksam bemerklich macht, dienen.

2. „zc. in öffentlichen Bekanntmachungen oder in Mitteilungen zc." Die gewöhnliche und beliebte Art von öffentlichen Bekanntmachungen sind bekanntlich Zeitungsannoncen; sie können auch durch Plakate, Zirkulare, Preiskourante und dergl. geschehen, ebenso auch durch Ausrufungen auf Märkten u. s. w.

3. „zc. für einen größeren Kreis von Personen" müssen sie bestimmt sein z. B. durch Versendung von Zirkularen, Preiskouranten zc. nicht etwa blos an eine einzelne Person.

4. „zc. über geschäftliche Verhältnisse zc." Diese Worte sind im weitesten Sinne zu verstehen, sie umfassen nicht blos die einzelnen in diesem § aufgeführten Beispiele, wie die Beschaffenheit, Herstellungsart oder Preisbemessung von Waren u. s. w., sondern auch andere Dinge, wie Alter oder Umfang des betr. Geschäfts, Größe des Lagers und dergl. und stellen gewissermaßen die Generalklausel für alle erdenklichen Fälle schwindelhafter Reklame dar.

5. Die weiteren in diesem § gegebenen Beispiele dieser Art bedürfen keiner näheren Erläuterung. Die besonders häufig vorkommenden unrichtigen Angaben über „den Anlaß oder Zweck des Verkaufs" sind z. B. Geschäftsaufgabe,

Konkurs, Wegzug, überhaupt Ausverkäufe aus irgend einer vorgespiegelten Ursache, die fast immer mehr oder weniger permanent sind d. h. unter fortwährender Erneuerung oder Ergänzung des Warenlagers fortgesetzt zu werden pflegen.

6. „2c. unrichtige Angaben thatsächlicher Art 2c." also wirklich fälschliche, dem wahren Sachverhalt widersprechende Angaben werden hierbei vorausgesetzt, so daß blos allgemeine, anpreisende, sozusagen marktschreierische Empfehlungen einer Ware (Selbstbelobigungen) wie z. B. „billigste Preise", „vorzügliche Qualität", „reiche Auswahl" und dergl. Schnickschnack nicht hierher gehören.

7. „2c. geeignet sind, den Anschein eines besonders günstigen Angebots hervorzurufen 2c." Damit soll ausgedrückt werden, daß das betr. Angebot vor anderen entschieden den Vorzug verdiene mit Rücksicht auf die beigefügten, fälschlichen, empfehlenden Angaben und sind daher in dieser Beziehung ganz allgemein gehaltene Angebote nicht hierunter zu rechnen. Das richterliche Ermessen hat hier unter Berücksichtigung aller obwaltenden Umstände weiten Spielraum und kommt es hierbei auf den Nachweis, daß eine Täuschung wirklich eingetreten oder beabsichtigt gewesen sei, nicht an.

8. „2c. auf Unterlassung in Anspruch genommen werden 2c." Klage hierauf kann von jedem dabei interessierten Gewerbtreibenden (gewissermaßen als Popularklage) als Einzelperson auch von Mehreren gleichzeitig, wie auch von gewerblichen Verbänden, Vereinen u. s. w., sofern solche Korporationsrechte besitzen oder nach bürgerlichem Recht prozeßfähig sind, erhoben werden.

9. Daneben kann (nach Absatz 2) zugleich auf Schadensersatz separat geklagt und auch beide Klagen verbunden werden. Die Entschädigungsklage steht selbstverständlich nur einem unmittelbar interessierten Gewerbtreibenden, der dadurch einen wirklichen Schaden erlitten hat, zu, nicht aber gewerblichen Verbänden 2c.

10. „2c. falls dieser (der die Angaben gemacht) ihre Unrichtigkeit kannte oder kennen mußte 2c." Unbedingte Voraussetzung eines Anspruchs auf Entschädigung ist hiernach die Wissentlichkeit oder grobe Fahrlässigkeit. Das letztere subjektive Erfordernis des Thatbestandes muß aus den Umständen des Falles hervorgehen, setzt den Mangel

der gewöhnlichen Aufmerksamkeit voraus und ist vom Verletzten, der Schadensersatz beansprucht, zu erweisen.

11. Die in Absatz 2 in Ansehung dieses Schadensersatzanspruchs, insoweit er gegen die Presse (Redakteure u. s. w.) gerichtet werden soll, gemachte Einschränkung, die dahin geht, daß diese Personen, welche als Verbreiter derartiger schwindelhafter Reklame in Anspruch genommen werden können, nur im Falle der Wissentlichkeit nicht der groben Fahrlässikeit schadensersatzpflichtig sein sollen, bezweckt die Verantwortlichkeit der Presse nicht auf solche Fälle, wo ihr bei Aufnahme von derartigen Annoncen Mangel an gewöhnlicher Aufmerksamkeit vorgeworfen werden könnte, auszudehnen, mit Rücksicht auf die Eigenartigkeit des Preßgewerbes als solchen.

12. Absatz 3: Diese weitere Ausnahmebestimmung deckt sich im Wesentlichen mit der Vorschrift des § 16 des Gesetzes zum Schutze der Warenbezeichnungen, es kann daher hier auf die zu § 16 des letzteren Gesetzes gegebenen Erläuterungen verwiesen werden und wäre daher hier eigentlich entbehrlich gewesen.

13. Absatz 4 bestimmt, daß auch „durch bildliche Darstellungen und sonstige Veranstaltungen" dergleichen nach Absatz 1 verbotene Reklamen d. h. falsche Angaben thatsächlicher Art gemacht werden können, enthält also ebenfalls in gewissem Sinne eine Generalklausel in dieser Beziehung (z. B. bildliche Darstellung eines Arbeitsgeräts oder einer Fabrik, eines Geschäftshauses und dergl.). Es ist bekannt, in welch' erfinderischer, oft sinnreichen Weise der Reklameschwindel namentlich durch Zeitungsannoncen mit Vignetten 2c. getrieben wird, häufig mehr durch symbolische, charakterisierende, bildliche Darstellungen, figürliche Hinweise wie durch Worte, und sollen gerade auch Erstere durch diese Bestimmung getroffen d. h. nicht frei gelassen werden, zumal man sich ihrer oft nur zu dem Zweck bedient, um die Absicht, schwindelhafte Reklame zu treiben, mehr zu verschleiern.

14. Absatz 5. Diese den Begriff Ware und gewerbliche Leistungen erläuternde Bestimmung bezweckt namentlich die Feststellung, daß auch landwirtschaftliche und gärtnerische Erzeugnisse 2c. hierunter begriffen sein sollen.

15. Schließlich muß noch darauf hingewiesen werden, daß es bis jetzt auf diesem an sich schon sehr heikeln Gebiete, auf dem voraussichtlich vielfach zweifelhafte Fragen zum Vorschein kommen werden, noch an jeder Praxis fehlt, daß eine konstante Rechtsprechung sich noch nicht bilden konnte wegen Kürze der Zeit, daß es daher sehr empfehlenswert sein dürfte, bei Anwendung der hier gewährten zweischneidigen und nicht ganz gefahrlosen Mittel zur Bekämpfung des unlauteren Wettbewerbs durch Reklamen 2c. mit besonderer Vorsicht zu Werke zu gehen und die Verfolgung von Ausschreitungen auf diesem schwierigen Gebiete thunlichst gewerblichen Fachvereinen zu überlassen, die jedenfalls eine größere Objektivität und Umsicht dabei beweisen werden, wie ein einzelner, sich vielleicht mit Unrecht beeinträchtigt fühlender, Gewerbtreibender.

§ 2.

Für Klagen auf Grund des § 1 ist ausschließlich zuständig das Gericht, in dessen Bezirk der Beklagte seine gewerbliche Niederlassung oder in Ermangelung einer solchen seinen Wohnsitz hat. Für Personen, welche im Inlande weder eine gewerbliche Niederlassung noch einen Wohnsitz haben, ist ausschließlich zuständig das Gericht des inländischen Aufenthaltsortes, oder wenn ein solcher nicht bekannt ist, das Gericht, in dessen Bezirk die Handlung begangen ist.

Anmerkung:

Die hier für Klagen aus § 1 auf Unterlassung einer schwindelhaften Reklame oder Entschädigung bestimmte ausschließliche Gerichtsstand des Domicils bezweckt die Vermeidung von unnötiger Häufung von gleichartigen Prozessen, indem das betr. Gericht die Verbindung derartiger, gleichzeitig von verschiedenen interessierten Personen anhängig gemachter Prozesse anordnen kann.

§ 3.

Zur Sicherung des im § 1 Absatz 1 bezeichneten Anspruchs können einstweilige Verfügungen erlassen werden, auch wenn die in §§ 814, 819 der Civilprozeßordnung bezeichneten Voraussetzungen nicht zutreffen. Zuständig ist auch das Amtsgericht, in dessen Bezirk die den Anspruch begründende Handlung begangen ist; im übrigen finden die Vorschriften des § 820 der Civilprozeßordnung Anwendung.

Anmerkungen:

1. „Einstweilige Verfügungen", die auf Grund der einschlägigen Vorschriften der C. P. O. (§§ 814, 819 und 820) in dringenden Fällen d. h., wenn ein besonderes Interesse an einer sofortigen Unterdrückung einer schwindelhaften Reklame besteht und glaubhaft gemacht werden kann, erlassen werden können. Glaubhaftmachung kann auch durch Kautionsleistung unter Umständen ersetzt werden.

2. Antragberechtigt ist jeder Gewerbtreibende, der als Konkurrent ein unmittelbares Interesse an der Sache hat, ohne daß es des Nachweises eines besonderen rechtlichen Interesses hierzu bedarf.

3. Die Art und Weise, wie eine desfalls erlassene einstweilige Verfügung in Vollzug zu setzen ist, richtet sich nach den Umständen des jeweiligen Falles z. B. durch Verbot, unter Strafandrohung, Sequestrierung eines Warenlagers u. s. w. Kautionsleistung von seiten des Antragstellers dürfte zur Vermeidung von Chikanen in der Regel zu verlangen sein.

4. Im übrigen finden die Vorschriften der C. P. O. in dieser Beziehung entsprechende Anwendung, insbesondere bezüglich der Zuständigkeit, des weiteren Verfahrens, der Rechtsmittel und des Instanzenzugs.

§ 4.

Wer in der Absicht, den Anschein eines besonders günstigen Angebots hervorzurufen, in öffentlichen Bekanntmachungen oder in Mitteilungen, welche für einen größeren Kreis von Personen bestimmt sind, über die Beschaffenheit, die Herstellungsart oder Preisbemessung von Waren oder gewerblichen Leistungen, über die Art des Bezugs oder die Bezugsquelle von Waren, über den Besitz von Auszeichnungen, über den

Anlaß oder Zweck des Verkaufs wissentlich unwahre und zur Irreführung geeignete Angaben thatsächlicher Art macht, wird mit Geldstrafe bis zu Mk. 1500 bestraft.

Ist der Thäter bereits einmal wegen einer Zuwiderhandlung gegen die vorstehende Vorschrift bestraft, so kann neben oder statt der Geldstrafe auf Haft oder Gefängnis bis zu 6 Monaten erkannt werden; die Bestimmungen des § 245 des St. G. B. finden entsprechende Anwendung.

Anmerkungen:

1. „Wer in der Absicht, den Anschein eines besonders günstigen Angebots hervorzurufen 2c.“ Hiermit ist der Thatbestand der strafrechtlich verfolgbaren schwindelhaften Reklame gegeben. Im Gegensatz zu der nach § 1 nur zivilrechtlich verantwortlich machenden schwindelhaften Reklame wird hier die Absicht der Täuschung, also bewußt doloses Handeln, erfordert, um die schwindelhafte Reklame auch mit Strafe belegen zu können, also nicht blos Wissentlichkeit, sondern auch Täuschungsabsicht.

2. Der Thatbestand dieses § stimmt im Uebrigen mit dem des § 1 überein mit der Modifikation, daß hier die in § 1 mit den Worten „über geschäftliche Verhältnisse“ gegebene Generalklausel wegfällt und die Strafbarkeit nur in den hier speziell angeführten Fällen von unwahren Angaben begründet wird, aber auch mit Rücksicht auf den erforderlichen dolus nur dann, wenn sie „wissentlich“ unwahr sind, ferner, daß auch die in § 1 Absatz 4 für zivilrechtliche Haftung genügende „bildlichen Darstellungen oder sonstigen Veranstaltungen“ zum Zweck einer derartigen Reklame für die strafrechtliche Seite derselben nicht in Betracht kommen können.

3. Die strafrechtliche Verfolgung von derartigen absichtlich täuschenden schwindelhaften Reklamen erfolgt nur auf Antrag und kann nach § 12 mittelst Privatklage geschehen.

4. Absatz 2 enthält die Strafverschärfungen (resp. „Erhöhungen) des Rückfalls, die keine Erläuterung bedürfen.

§ 5.

Durch Beschluß des Bundesrats kann festgesetzt werden, daß bestimmte Waren im Einzelverkehr nur in vorgeschriebenen Einheiten der Zahl, der Länge und des Gewichts oder mit einer auf der Ware oder ihrer Aufmachung anzubringenden Angabe über Zahl, Länge oder Gewicht gewerbsmäßig verkauft oder feilgehalten werden dürfen.

Für den Einzelverkehr mit Bier in Flaschen oder Krügen kann die Angabe des Inhalts unter Festsetzung angemessener Fehlergrenzen vorgeschrieben werden.

Die durch Beschluß des Bundesrats getroffenen Bestimmungen sind durch das Reichsgesetzblatt zu veröffentlichen und dem Reichstag sogleich oder bei seinem nächsten Zusammentritt vorzulegen.

Zuwiderhandlungen gegen die Bestimmungen des Bundesrats werden mit Geldstrafen bis Mk. 150 oder mit Haft bestraft.

Anmerkungen:

1. Die Festsetzung zu der der Bundesrat durch die Vorschrift des Absatz 1 dieses § allgemein ermächtigt ist, hat den Zweck, die im Handelsverkehr d. h. beim Detailverkauf von Waren mancherlei Art (z. B. Garne, Zwirne, Nadeln, Seifen, Lichter und dergl.) bekanntermaßen vorkommenden Quantitätsverschleierungen in Ansehung der Zahl, Länge oder des Gewichts der betr. Gegenstände zu verhüten, d. h. dieser besonderen und vielfach beliebten Art eines unlauteren Wettbewerbes, bei dem die scheinbar niedrigeren Preise durch entsprechend geringere Quantitäten der betr. Waren ausgeglichen werden, mit öffentlichen Strafen entgegengetreten und die in dieser Beziehung reellen Konkurrenten sowie auch das kaufende Publikum vor derartigen betrügerischen Manipulationen, welche darauf hinauslaufen, durch schwer erkennbare Verminderung der vorge-

schriebenen und verlangten Quantität einer Ware einen scheinbar billigeren Preis vorzuspiegeln, zu schützen.

2. Durch das hier gebrauchte Wort „im Einzelverkehr" ist zum Ausdruck gebracht, daß diese Bestimmung nur auf Detailgeschäfte sich bezieht, nicht auf den Verkehr zwischen Fabrikant, Großhändler und Detailist

3. In Absatz 2 wird von der Bestimmung des Absatz 1 insofern eine Modifikation (Einschränkung) gemacht, als beim Einzelverkehr mit Bier nur der Inhalt der betr. Gefäße (Flaschen, Krüge) nach Liter, wie bei der Aiche, angegeben sein muß, ohne daß es zugleich auf den Verkauf in einer bestimmten Einheit (nach Litermaß) ankommt.

4. Dergleichen Quantitätsverschleierungen können zivilrechtliche Folgen nicht haben, sondern sind nur mit öffentlicher Strafe nach Absatz 4 belegt und tritt die Strafverfolgung von Amtswegen ein, kann aber durch Anzeige angeregt werden.

§ 6.

Wer zu Zwecken des Wettbewerbs über das Erwerbsgeschäft eines Anderen, über die Person des Inhabers oder Leiters des Geschäfts, über die Waren oder gewerblichen Leistungen eines Anderen Behauptungen thatsächlicher Art aufstellt oder verbreitet, welche geeignet sind, den Betrieb des Geschäfts oder den Kredit des Inhabers zu schädigen, ist, sofern die Behauptungen nicht erweislich wahr sind, dem Verletzten zum Ersatz des entstandenen Schadens verpflichtet. Auch kann der Verletzte den Anspruch geltend machen, daß die Wiederholung oder Verbreitung der Behauptung unterbleibt.

Die Bestimmungen des ersten Absatzes finden keine Anwendung, wenn der Mitteilende oder Empfänger der Mitteilung an ihr ein berechtigtes Interesse hat.

Anmerkungen:

1. „Wer zu Zwecken des Wettbewerbs über ꝛc."

Die Anschwärzung d. h. die Aufstellung oder Verbreitung übler Nachreden über das Erwerbsgeschäft eines anderen oder die Person des Inhabers u. s. w. im Sinne dieses Paragraphen setzt hiernach von vornherein die Absicht der Herabsetzung der geschäftlichen Leistungsfähigkeit ꝛc. eines Konkurrenten, um die eigene, des Thäters, damit ins Licht zu setzen, voraus, also gewissermaßen eine dolose Handlungsweise, wobei es jedoch darauf nicht ankommt, daß eine solche Anschwärzung gerade wider besseres Wissen geschehen und eine Kredit- oder sonstige Schädigung dadurch bewirkt worden ist, d. h. daß die betr. üble Nachrede als verleumderische Beleidigung nach § 187 des St. G. B. bezw. nach § 7 dieses Gesetzes auch strafrechtlich verfolgt werden kann.

2. „ꝛc. Behauptungen thatsächlicher Art aufstellt ꝛc." Die das Erwerbsgeschäft eines Anderen herabsetzenden Behauptungen müssen bestimmte, greifbare Thatsachen enthalten, allgemeine, abfällig kritisierende Bemerkungen ohne thatsächliche Unterlage in dieser Richtung genügen nicht für die Geltendmachung civilrechtlicher Ansprüche auf Grund dieses Paragraphen, wie auch die marktschreierische Anpreisung der eignen Waren oder Leistungen nicht als unerlaubte Reklame resp. unlauterer Wettbewerb zu betrachten ist.

3. „ꝛc. welche geeignet sind, den Betrieb des Geschäfts oder den Kredit des Inhabers zu schädigen ꝛc." Weiter wird für die Anwendbarkeit der Bestimmungen dieses Paragraphen sonach verlangt, daß auch ein solcher Erfolg einer derartigen anschwärzenden Behauptung im Bereiche der Möglichkeit liegt, d. h. unter Umständen von dem Betreffenden vorausgesehen werden kann. Sonstige üble Nachreden, die menschlichem Ermessen nach eine solche Folge wohl nicht nach sich ziehen können, fallen nicht unter diesen Paragraphen. Beispiele von Anschwärzungen ersterer Art sind: Die Behauptung der Verwendung giftiger Stoffe zur Fabrikation, Verfälschung von Waren durch minderwertige, wenn auch nicht gerade schädliche Stoffe, Zerstörung einer Fabrik, eines Etablissements, Lagers und dergl. durch Feuer oder Wasser, Feilhalten geschmuggelter Waren und dergl. mehr.

4. „ꝛc. sofern die Behauptungen nicht erweislich wahr sind ꝛc." Es kommt hier nur auf die objektive Unwahrheit der betr. Behauptung an, nicht aber braucht dieselbe auch subjektiv unwahr d. h. gegen besseres Wissen

aufgestellt zu sein. Der Urheber derselben muß die Wahrheit beweisen können, wenn er sich den civilrechtlichen Folgen entziehen will, ihn nicht den Angeschwärzten trifft selbstverständlich die Beweislast in dieser Beziehung.

5. Nach Absatz 2 sollen die Bestimmungen dieses Paragraphen keine Anwendung finden, wenn der Mitteilende 2c. „an ihr ein berechtigtes Interesse“ hat und ist hierbei in erster Linie an Auskunftserteilungen gedacht, welche im kaufmännischen und gewerblichen Verkehr bekanntlich eine allgemein übliche Einrichtung und ein ganz legales Hülfs- resp. Sicherungsmittel gegen Kreditgewährungen an faule Kunden ist, ein Geschäft, das sogar vielfach gewerbsmäßig betrieben wird.

Diese Ausnahmebestimmung versteht sich eigentlich von selbst und wäre eigentlich hier entbehrlich gewesen, da ja hierbei ein wesentliches Moment des Thatbestandes des § 6 Absatz 1, nämlich das, daß die betr. Mitteilung „zum Zweck des Wettbewerbs“ geschehen sein muß, von vornherein als ausgeschlossen betrachtet werden muß d. h. nicht angenommen werden kann.

6. Im Falle des Vorhandenseins sämmtlicher Thatbestandsmomente einer solchen Anschwärzung im Sinne dieses Paragraphen erwächst dem dadurch Betroffenen civilrechtlich ein Anspruch auf Unterlassung sowie eventuell auch auf Entschädigung, welche sowohl neben einander wie auch nach einander geltend gemacht werden können nach den einschlägigen Bestimmungen der C. P. O.

§ 7.

Wer wider besseres Wissen über das Erwerbsgeschäft eines Anderen, über die Person des Inhabers oder Leiters des Geschäfts, über die Waren oder gewerblichen Leistungen eines Anderen unwahre Behauptungen thatsächlicher Art aufstellt oder verbreitet, welche geeignet sind, den Betrieb des Geschäfts zu schädigen, wird mit Geldstrafe bis zu eintausendfünfhundert Mark oder mit Gefängniß bis zu einem Jahre bestraft.

Anmerkungen:

1. „Wer wider besseres Wissen ꝛc." Die Aufstellung oder Verbreitung bewußt unwahrer Behauptungen der in § 6 bezeichneten Art d. h. die Anschwärzung wider besseres Wissen also in doloser Absicht ist ein in Gemäßheit der Bestimmung dieses § 1 strafbares Vergehen, gewissermaßen zur Ergänzung der parallelen Strafbestimmung des § 187 des St. G. B. der verleumderischen Beleidigung, indem hiernach dergleichen üble Nachreden, auch soweit sich solche nur als Kreditbeeinträchtigungen charakterisieren, unter Strafe gestellt werden.

2. Abgesehen vom dolus müssen im übrigen dieselben thatsächlichen Momente wie bei der nur civilrechtlich verfolgbaren Anschwärzung des § 6 für die Erfüllung des Thatbestandes dieses Vergehens vorliegen, sind erforderlich mit Ausnahme der auf einen unlauteren Wettbewerb gerichteten Absicht des betreffenden Urhebers, was in § 6 mit den Worten „zu Zwecken des Wettbewerbs" ausgedrückt ist. Der Beweis der Unwahrheit der betr. Behauptung muß aber direkt geführt werden können im Gegensatz zu dem Thatbestandsmoment des § 187 des St. G. B. „nicht erweislich wahr".

3. Es enthält somit dieser Paragraph eine allgemeine reinstrafrechtliche Bestimmung, dient, wie bemerkt, zur Ergänzung des St. G. B. in der einschlägigen Materie und eigentlich nicht direkt zur Bekämpfung des unlauteren Wettbewerbs, der allerdings durch solche dolose Anschwärzungen unter Umständen indirekt gefördert werden kann, wenn auch die Absicht nicht darauf gerichtet war.

Auf Grund desselben können auch falsche Anschuldigungen wegen Zuwiderhandlungen gegen die §§ 1 und 4 dieses Gesetzes verfolgt werden und dient somit diese Strafbestimmung zugleich als Korrektiv gegen mißbräuchliche Anwendung der Rechtsbehelfe dieses Gesetzes.

§ 8.

Wer im geschäftlichen Verkehr einen Namen, eine Firma oder die besondere Bezeichnung eines Erwerbsgeschäfts, eines gewerblichen Unternehmens oder einer Druckschrift in einer Weise benutzt, welche darauf berechnet und geeignet ist, Verwechselungen mit dem

Namen, der Firma oder dergl. besonderen Bezeichnung hervorzurufen, deren sich ein Anderer befugterweise bedient, ist diesem zum Ersatze des Schadens verpflichtet. Auch kann der Anspruch auf Unterlassung der mißbräuchlichen Art der Benutzung geltend gemacht werden.

Anmerkungen:

1. Die Vorschrift dieses Paragraphen, soweit sie die mißbräuchliche Anwendung des Namens oder der Firma eines anderen Gewerbtreibenden betrifft, läßt sich wohl als Korrelat zu den einschlägigen Bestimmungen des H. G. B. (Art. 15, 20 und 27), sowie des § 14 des Gesetzes betr. den Schutz der Warenbezeichnungen vom 12. Mai 1894 betrachten, dient als Ergänzung dieser Schutzvorschriften bezüglich der Individualrechte auf Namen und Firma. Es soll hierdurch die Benutzung fremder Namen oder Firmen u. s. w. namentlich in den nicht selten vorkommenden Fällen von synonymen oder ähnlichen Namen zum Zwecke der Täuschung d. h. des unlauteren Wettbewerbs verhindert werden. (Ich erwähne hier nur die bekannte mißbräuchliche Anwendung des Namens „Johann Maria Farina“ für kölnisches Wasser.)

2. „Wer im geschäftlichen Verkehr einen Namen zc.“ Die solchermaßen mißbräuchliche Benutzung eines fremden Namens, Firma zc. muß im geschäftlichen Verkehr zum Zweck des Betriebs eines Erwerbsgeschäfts irgend welcher Art geschehen sein (hierher gehört z. B. auch die mißbräuchliche Benutzung von gleichlautenden Namen bei Aerzten und dergl.) Bei Privatpersonen d. h. außerhalb des geschäftlichen Verkehrs ist selbstverständlich die Anwendung gleichlautender Namen zc. unbeschränkt gestattet.

3. „zc. einen Namen, eine Firma oder besondere Bezeichnung eines Erwerbsgeschäfts u. s. w.“ Nicht nur der täuschende Gebrauch eines fremden Namens oder Firma sondern auch der von besonderen Bezeichnungen eines Erwerbsgeschäfts zc. begründet die zivilrechtliche Verantwortlichkeit d. h. einen Anspruch auf Entschädigung und Unterlassung. Unter einer solchen besonderen Bezeichnung sind z. B. die im Verkehrsleben allgemein üblich gewordenen, auch zu

Reklamezwecken dienlichen Benennungen von Geschäften wie „Die goldene 144", „Zum Elephanten" und dergl. Phantasienamen, auch die besonderen Namen vom Gasthöfen, wie „Zum Stern", „Zum Adler" und dergl. zu verstehen. Die betr. besonderen Bezeichnungen müssen aber einen eigentümlichen, unterscheidenden, auf ein bestimmtes Erwerbsgeschäft hinweisenden Charakter haben d. h. nicht ganz indifferente oder allgemein übliche Benennungen für dergl. Geschäfte sein (wie z. B. „Kleiderbazar", „Stehbierhalle", „Micado").

4. „Erwerbsgeschäft ꝛc." Der Begriff eines solchen ist derselbe wie in § 6 und fallen hierunter auch Hotels, Zeitungsunternehmen, Druckschriften aller Art (auch Musikalien) Bankgeschäfte u. s. w., also im weitesten Sinne des Wortes. Als besondere Bezeichnungen von Druckschriften sind beispielsweise zu erwähnen die allgemein bekannten Titel wie „Struwwelpeter", „Kladderadatsch", „Ulk", „Nord und Süd", „Ueber Land und Meer" u. s. w.

5. „ꝛc. in einer Weise benutzt, welche darauf berechnet und geeignet ist, Verwechselungen hervorzurufen u. s. w." Nach diesen Worten wird für die Anwendbarkeit dieser Vorschrift eigentlich die Absicht einer Täuschung, eine betrügerische Absicht vorausgesetzt, indessen ist nach den Kommissionsberatungen kein Unterschied zwischen vorsätzlichem oder fahrlässigem Handeln hierbei gemacht worden, so daß auch eine blos fahrlässige Benutzung eines fremden Namens ꝛc. Verfolgung des zivilrechtlichen Anspruchs möglich erscheinen läßt. Es darf hiernach sogar der eigene Name nicht in dieser Weise zum Zwecke der Täuschung gebraucht werden und kann eine solche mißbräuchliche Benutzung des Namens ꝛc. nicht nur auf Schildern von Läden, Gasthäusern und Plakaten, sondern auch in Briefen, Zirkularen, Preiskouranten und dergl. geschehen.

6. Die Feststellung der Verwechselungsmöglichkeit, welche selbst bei scheinbar geringfügigen Abweichungen vorliegen kann, sowie die erforderliche unredliche Absicht ist Thatfrage und in jedem einzelnen Fall erforderlich.

7. Die zivilrechtlichen Folgen dieser besonderen Art des unlauteren Wettbewerbs (von einer strafrechtlichen Verfolgung ist hierbei abgesehen worden) sind die Ansprüche auf Schadensersatz und Unterlassung, die den hierdurch geschädigten

resp. verletzten Gewerbtreibenden zustehen in derselben Weise wie bei § 6. Auch Antrag auf Erlaß einer einstweiligen Verfügung ist wie in den anderen Fällen eines unlauteren Wettbewerbes (§§ 1 und 6) zulässig.

§ 9.

Mit Geldstrafen bis zu Mk. 3000 oder mit Gefängnis bis zu einem Jahr wird bestraft, wer als Angestellter, Arbeiter oder Lehrling eines Geschäftsbetriebs, Geschäfts- oder Betriebsgeheimnisse, die ihm vermöge des Dienstverhältnisses anvertraut oder sonst zugänglich geworden sind, während der Geltungsdauer des Dienstverhältnisses unbefugt an Andere zu Zwecken des Wettbewerbes oder in der Absicht, dem Inhaber des Geschäftsbetriebes Schaden zuzufügen, mitteilt.

Gleiche Strafe trifft denjenigen, welcher Geschäfts- oder Betriebsgeheimnisse, deren Kenntnis er durch einen der in Absatz 1 bezeichneten Mitteilungen oder durch eine gegen das Gesetz oder die guten Sitten verstoßende eigene Handlung erlangt hat, zu Zwecken des Wettbewerbes unbefugt verwertet oder an Andere mitteilt.

Zuwiderhandlungen verpflichten außerdem zum Ersatz des entstandenen Schadens. Mehrere Verpflichtete haften als Gesammtschuldner.

Anmerkungen:

1. Der Verrat von „Geschäfts- oder Betriebsgeheimnissen" (Fabrikgeheimnisse) ist hier unter Strafe gestellt, nach dem Vorbilde des § 300 des St. G. B. und damit einem in allen industriellen Kreisen schwer empfundenen Bedürfnis nach Schutz gegen diese schlimmste Art des unlauteren Wettbewerbs abgeholfen worden, ohne dabei eine nähere Definition dieses Begriffs zu geben, welche nach den Motiven nicht für erforderlich erachtet worden ist wegen der Gemeinverständlichkeit des Wortes „Geheimnis" und um auch nicht den Richter durch

eine Legaldefiniton bei der Würdigung der besonderen Umstände des Einzelfalles einzuengen. Indiskretionen bezüglich bekannter Dinge fallen jedenfalls nicht unter diesen Begriff.

2. „2c. wer als Angestellter, Arbeiter oder Lehrling eines Geschäftsbetriebs 2c." Vorausgesetzt wird demgemäß irgend ein dienstliches, kontraktliches Verhältnis zu dem betr. Geschäftsinhaber als Voraussetzung für diese Art strafbaren Vertrauensmißbrauchs.

3. „2c. die ihm vermöge des Dienstverhältnisses anvertraut oder sonst zugänglich geworden sind 2c." Es wird hiernach vorausgesetzt, daß es sich um solche Geheimnisse, die dem betr. Angestellten durch seine dienstliche Stellung bekannt geworden sind, handeln muß, ferner daß er auch Kenntnis von den Umständen gehabt haben muß, welche die von ihm unbefugt mitgeteilten Gegenstände (Einrichtungen, Verfahrungsweisen 2c.) als geheim kennzeichnen, wobei es jedoch nicht darauf ankommt, ob ihm das betr. Geheimnis in seiner dienstlichen Eigenschaft anvertraut worden oder ob er zufällig außerhalb seiner dienstlichen Obliegenheit davon Kenntnis erhalten hat.

4. „2c. während der Geltungsdauer des Dienstverhältnisses 2c." Hiermit soll gesagt sein, daß die Pflicht zur Geheimhaltung mit der Auflösung des Dienstverhältnisses aus irgend welchen Gründen aufhört und sich nicht auf die ganze Dauer der vertragsmäßig festgesetzten Zeit desselben erstreckt, wenn die Auflösung vorzeitig erfolgt ist. Eine vertragsmäßige Verlängerung der Schweigepflicht eines Angestellten 2c. über das Dienstverhältnis hinaus, ist zwar möglich, deren Verletzung kann aber strafrechtliche Folgen im Sinne dieses Gesetzes nicht haben, wohl aber eventuell civilrechtliche Haftbarkeit begründen.

5. „2c. unbefugt Anderen zu Zwecken des Wettbewerbs mitteilt 2c." Mit diesen Worten wird das für den Thatbestand dieses Vergehens erforderliche subjektive Moment des dolus, der rechtswidrigen Absicht, durch Verrat eines Geschäfts- 2c. Geheimnisses einem anderen Gewerbtreibenden unlauteren Wettbewerb durch dessen unbefugte Benutzung zu ermöglichen, bezeichnet, wobei es gleichgültig ist, ob der Wettbewerb zu eigenem oder nur zum Vorteil des Anderen geschehen soll.

6. „2c. oder in der Absicht, dem Inhaber des

Geschäftsbetriebs Schaden zuzufügen ꝛc." Diese Erweiterung in Ansehung des subjektiven Moments des dolus ist noch hinzugefügt worden, um nicht blos den Verrat von Betriebs- ꝛc. Geheimnissen, der aus gewinnsüchtiger Absicht d. h. zum Zwecke des Wettbewerbs geschehen, sondern auch den aus blanker Bosheit etwa aus Rache erfolgten Verrat mit dieser Strafbestimmung zu treffen.

7. Absatz 2. Die gleiche Strafbestimmung (des Abs. 1) soll auch auf jede andere, nicht in einem dienstlichen Verhältnis zu dem betreffenden Geschäftsinhaber stehende, Person Anwendung finden, die aus dem Verrat eines Geschäftsgeheimnisses Nutzen gezogen oder solches zu gleichem Zweck weiter mitgeteilt hat, wobei es keinen Unterschied macht, ob das betr. Geheimnis ihm von einer der in Absatz 1 benannten Personen mitgeteilt worden ist oder ob er durch eine eigene, gegen die guten Sitten verstoßende Handlung (etwa durch Einschleichen in die Geschäftsräume oder dergl.) davon Kenntnis erhalten hat.

8. Absatz 3 normiert die selbstverständliche civilrechtliche Folge dieses in Absatz 1 und 2 pönalisierten Vergehens d. h. den Anspruch auf Schadensersatz, der nach allgemeinen rechtlichen Grundsätzen zu beurteilen ist und unter Umständen auch wegen Fahrlässigkeit begründet sein kann, wenn auch von einer fahrlässigen Begehung dieses Delikts im Sinne dieses Paragraphen keine Rede sein kann.

§ 10.

Wer zum Zweck des Wettbewerbs es unternimmt, einen Anderen zu einer unbefugten Mitteilung der im § 9 Absatz 1 bezeichneten Art zu bestimmen, wird mit Geldstrafe bis zu Mk. 2000 oder mit Gefängnis bis zu neun Monaten bestraft.

Anmerkungen:

Diese blos strafrechtliche Bestimmung hat nur den Zweck, auch den erfolglosen Versuch, einen Anderen zum Verrat eines Betriebs- oder Geschäftsgeheimnisses zu veranlassen, unter Strafe zu stellen, und läßt sich hieraus schließen, daß der Anstifter im Falle des Gelingens d. h. der Vollendung des fraglichen Vergehens nach allgemeinen strafrechtlichen Grundsätzen mit der Strafe des § 9 belegt werden muß.

§ 11.

Die in den §§ 1, 6, 8, 9 bezeichneten Ansprüche auf Unterlassung oder Schadensersatz verjähren in sechs Monaten von dem Zeitpunkte an, in welchem der Anspruchsberechtigte von der Handlung und von der Person des Verpflichteten Kenntnis erlangt, ohne Rücksicht auf diese Kenntnis in drei Jahren von der Begehung der Handlung an.

Für die Ansprüche auf Schadensersatz beginnt der Lauf der Verjährung nicht vor dem Zeitpunkte, in welchem ein Schaden entstanden ist.

Anmerkungen:

1. Die hier normierten Verjährungsfristen beziehen sich nur auf die, in den erwähnten Paragraphen vorgesehenen, civilrechtlichen Klagen auf Unterlassung und Entschädigung.

Für die Verjährung der strafrechtlich verfolgbaren Vergehen der §§ 4, 5, 7, 9 und 10 dieses Gesetzes sind die allgemeinen Bestimmungen des St. G. B. (§§ 67—72) maßgebend.

2. Bei fortgesetzten Zuwiderhandlungen gegen die für die civilrechtlichen Ansprüche maßgebenden Vorschriften der §§ 1, 6, 8 und 9, z. B. durch Bekanntmachungen, durch Zeitungsannoncen u. s. w., läuft die Verjährungsfrist von dem Tage der letzten Fortsetzung der betr. Handlung, weil jede Wiederholung selbständig den Anspruch auf Unterlassung ꝛc. begründet.

§ 12.

Die Strafverfolgung tritt mit Ausnahme der in § 5 bezeichneten Fälle nur auf Antrag ein. In den Fällen des § 4 hat das Recht den Strafantrag zu stellen, jeder der im § 1 Absatz 1 bezeichneten Gewerbtreibenden und Verbände.

Die Zurücknahme des Antrags ist zulässig.

Strafbare Handlungen, deren Verfolgung nur auf Antrag eintritt, können von den zum Strafantrage Berechtigten im Wege der Privatklage verfolgt werden, ohne daß es einer vorgängigen Anrufung der Staatsanwaltschaft bedarf. Die öffentliche Klage wird von der Staatsanwaltschaft nur dann erhoben, wenn dies im öffentlichen Interesse liegt.

Geschieht die Verfolgung im Wege der Privatklage, so sind die Schöffengerichte zuständig.

Anmerkungen:

1. Nur die Zuwiderhandlungen gegen § 5 (die Quantitätsverschleierungen) werden von Amtswegen durch die Staatsanwaltschaft verfolgt, während alle übrigen Vergehen gegen die §§ 4, 7, 9 und 10 nur auf Antrag von seiten der Verletzten, als welche in den Fällen des § 4 alle in Absatz 1 des § 1 bezeichneten Personen gelten. Die Antragsfrist beträgt, wie bei allen übrigen Antragsdelikten 3 Monate.

2. Der Strafantrag kann an die Staatsanwaltschaft gerichtet oder auch im Wege der Privatklage gestellt werden. Im ersteren Falle steht dem Verletzten gegen den ablehnenden Bescheid des Staatsanwalts der Beschwerdeweg in Gemäßheit der einschlägigen Bestimmungen der St. P. O. offen. Die Privatklage kann bis zur Verkündigung des Urteils zweiter Instanz zurückgenommen werden, was jedoch nicht den Verlust der civilrechtlichen Ansprüche des Verletzten nach sich ziehen kann. Im übrigen gelten hierfür die einschlägigen Bestimmungen der §§ 414—434 der St. P. O.

§ 13.

Wird in den Fällen des § 4 auf Strafe erkannt, so kann angeordnet werden, daß die Verurteilung auf Kosten des Schuldigen öffentlich bekannt zu machen sei.

Wird in den Fällen des § 7 auf Strafe erkannt, so ist zugleich dem Verletzten die Befugnis zuzusprechen, die Verurteilung innerhalb bestimmter Frist auf Kosten des Verurteilten öffentlich bekannt zu machen.

Auf Antrag des freigesprochenen Angeschuldigten kann das Gericht die öffentliche Bekanntmachung der Freisprechung anordnen; die Staatskasse trägt die Kosten, insofern dieselben nicht dem Anzeigenden oder dem Privatkläger auferlegt worden sind.

Ist in den Fällen der §§ 1, 6 und 8 auf Unterlassung Klage erhoben, so kann in dem Urteile der obsiegenden Partei die Befugnis zugesprochen werden, den verfügenden Teil des Urteils innerhalb bestimmter Frist auf Kosten der unterliegenden Partei öffentlich bekannt zu machen.

Die Art der Bekanntmachung ist im Urteil zu bestimmen.

Anmerkungen:

1. Während die öffentliche Bekanntmachung der Verurteilung in den Fällen des § 4 vom richterlichen Ermessen abhängt, muß sie in den Fällen des § 7 auf Antrag des Verletzten geschehen.

2. Nach Absatz 3 kann (also ebenfalls nach dem Ermessen des Gerichts) auf Antrag des freigesprochenen Angeschuldigten dessen Freisprechung öffentlich bekannt gemacht werden, sofern ein Interesse desselben an einer solchen Bekanntmachung (z. B. wegen in Folge der gegen ihn erhobenen Anklage eingetretener Benachteiligungen in seinem Geschäftsbetrieb) anzunehmen ist.

3. Absatz 4 läßt auch in Fällen einer civilrechtlichen Verurteilung zur Unterlassung nach § 1, 6 und 8 (nicht auch bei einer Verurteilung nur zur Entschädigung) das Zusprechen einer Publikationsbefugnis nach dem Ermessen des Gerichts zu, solche kann jedoch selbstverständlich nur auf Antrag der obsiegenden Partei verfügt und nur bezüglich der Urteilsformel (Tenor der Entscheidung) angeordnet werden.

4. Die Art der Bekanntmachung, ob durch die Presse oder ob durch Anschlag an der Gerichts- oder Ortstafel hat ebenfalls das Gericht nach seinem Ermessen zu bestimmen und wird hierbei hauptsächlich die größere oder

geringere Verbreitung der betr. Aeußerungen (Reklame, Anschwärzung 2c.) in Betracht zu ziehen sein.

§ 14.

Neben einer nach Maßgabe dieses Gesetzes verhängten Strafe kann auf Verlangen des Verletzten auf eine an ihn zu erlegende Buße bis zum Betrage von Mk. 10 000 erkannt werden. Für diese Buße haften die zu derselben Verurteilten als Gesammtschuldner.

Eine erkannte Buße schließt die Geltendmachung eines weiteren Entschädigungsanspruchs aus.

Anmerkung:

Dieser von der Zuerkennung einer Buße handelnde § stimmt mit den hierauf bezüglichen Bestimmungen des Patent- und Musterschutzgesetzes völlig überein und kann daher hier auf die dort hierzu gegebenen Erläuterungen (vergl. § 37 des Patentgesetzes und die Anmerkungen hierzu) verwiesen werden.

§ 15.

Bürgerliche Rechtsstreitigkeiten, in welchen durch Klage ein Anspruch auf Grund dieses Gesetzes geltend gemacht ist, gehören, insoweit in I. Instanz die Zuständigkeit der Landgerichte begründet ist, vor die Kammern für Handelssachen, die Verhandlung und Entscheidung letzter Instanz im Sinne des § 8 des Einführungsgesetzes zum Gerichtsverfassungsgesetze wird dem Reichsgericht zugewiesen.

Anmerkung:

Die prozeßualen Vorschriften dieses § bedürfen keiner näheren Erläuterung und stimmen auch mit den bezüglichen Bestimmungen des Patentgesetzes (vergl. § 38) sowie der Gesetze zum Schutze der Gebrauchsmuster (§ 12) und zum Schutze der Warenbezeichnungen (§ 21) überein.

§ 16.

Wer im Inlande eine Hauptniederlassung nicht besitzt, hat auf den Schutz dieses Gesetzes nur insoweit Anspruch, als in dem Staate, in welchem seine Hauptniederlassung sich befindet, nach einer im Reichs-Gesetzblatt enthaltenen Bekanntmachung deutsche Gewerbtreibende einen entsprechenden Schutz genießen.

Anmerkung:

Durch die Bestimmung dieses § wird der Grundsatz der Reciprocität ausgesprochen in ähnlicher Weise wie durch die entsprechenden Bestimmungen des Gesetzes zum Schutze der Gebrauchsmuster (cf. § 13) sowie des Gesetzes zum Schutze der Warenbezeichnungen (cf. § 23) nur mit dem Unterschied, daß es dort genügt, wenn der betr. Schutzsuchende einen Wohnsitz oder eine Niederlassung irgend welcher Art, sei es auch nur eine Zweigniederlassung (Filiale) im Inlande hat, während hier zur Begründung der Reciprocität verlangt wird, daß der Betreffende eine Hauptniederlassung besitze (also bloßer Wohnsitz oder Zweigniederlassung nicht hinreichend ist).

§ 17.

Dieses Gesetz tritt am 1. Juli 1896 in Kraft.

Urkundlich 2c. 2c.

Gegeben 2c. 2c.

L.

Staatsverträge des Deutschen Reiches mit außerdeutschen Staaten.

I. Staatsverträge, die sich auf das Patent-, Muster- und Zeichenwesen beziehen.

1. Uebereinkommen mit Oestreich-Ungarn vom 6. Dez. 1891 (R. G. B. 1892, S. 289).

Art. 1. Die Angehörigen des einen der vertragschließenden Teile sollen in den Gebieten des anderen in Bezug auf den Schutz von Erfindungen, von Mustern (einschließlich der Gebrauchsmuster) und Modellen, von Handels- und Fabrikmarken, von Firmen und Namen dieselben Rechte wie die eigenen Angehörigen genießen.

Art. 2. Den Angehörigen im Sinne dieser Vereinbarung sind gleichgestellt andere Personen, welche in den Gebieten des einen der vertragschließenden Teile ihren Wohnsitz oder ihre Hauptniederlassung haben.

Art. 3. Wird eine Erfindung, ein Muster oder Modell, eine Fabrik- oder Handelsmarke in den Gebieten des einen der vertragschließenden Teile behufs Erlangung des Schutzes angemeldet und binnen einer Frist von 3 Monaten die Anmeldung auch in den Gebieten des anderen vertragschließenden Teiles bewirkt, so soll

a) diese spätere Anmeldung allen Anmeldungen vorgehen, welche in den Gebieten des anderen Teils nach dem Zeitpunkt der ersten Anmeldung eingereicht worden sind.
b) durch Umstände, welche nach dem Zeitpunkt der ersten Anmeldung eintreten, dem Gegenstande derselben die Neuheit in den Gebieten des anderen Teiles nicht entzogen werden.

Art. 4. Die in Art. 3 vorgesehene Frist beginnt:
a) bei Mustern und Modellen, sowie Handels- und Fabrikmarken mit dem Zeitpunkt, in welchem die erste Anmeldung erfolgt;
b) bei Erfindungen mit dem Zeitpunkt, in welchem auf die erste Anmeldung das Patent erteilt wird;
c) bei Gegenständen, welche in Deutschland als Gebrauchsmuster, in Oestreich-Ungarn als Erfindungen angemeldet werden, mit dem Zeitpunkt der ersten Anmeldung, falls diese in Deutschland erfolgt, und mit dem Zeitpunkt, in welchem das Patent auf die erste Anmeldung erteilt wird, falls diese in Oestreich-Ungarn erfolgt.

Der Tag der Anmeldung oder der Erteilung wird in die Frist nicht eingerechnet.

Als Tag der Erteilung gilt der Tag, an welchem der Beschluß über die endgültige Erteilung des Patents zugestellt worden ist.

Art. 5. Die Einfuhr einer in den Gebieten des einen Teils hergestellten Ware in die Gebiete des anderen Teils soll in den letzteren den Verlust des auf Grund einer Erfindung, eines Musters oder Modells für die Ware gewährten Schutzrechtes nicht zur Folge haben.

Art. 6. Dem Inhaber einer in den Gebieten des einen Teils eingetragenen Handels- und Fabrikmarke kann die Eintragung in den Gebieten des anderen Teils nicht aus dem Grunde versagt werden, weil die Marke den hier geltenden Vorschriften über die Zusammensetzung und äußere Gestaltung der Marken nicht entspricht.

Zu den Vorschriften über die Zusammensetzung und äußere Gestaltung der Marken werden diejenigen Vorschriften nicht gerechnet, welche in den Marken die Verwendung von Bildnissen der Landesherren oder der Mitglieder der landesherrlichen Häuser oder von Staats- oder anderen öffentlichen Wappen verbieten.

Art. 7. Handels- und Fabrikmarken, welche in den Gebieten des einen Teils als Kennzeichen der Waren von Angehörigen eines bestimmten gewerblichen Verbandes, eines bestimmten Ortes oder Bezirks Schutz genießen, sind, sofern die Anmeldung dieser Marken vor dem 1. Oktober 1875 in den Gebieten des anderen Teiles erfolgt ist, hier von der Benutzung als Freizeichen ausgeschlossen. Außer den Angehörigen eines solchen Verbandes, Ortes oder Bezirkes hat niemand Anspruch auf Schutz dieser Marken.

Warenzeichen, welche öffentliche Wappen aus den Gebieten des einen Teiles enthalten, sind in den Gebieten des anderen Teiles von der Benutzung als Freizeichen ausgeschlossen. Außer demjenigen, welcher die Erlaubnis zur Benutzung der Wappen besitzt, hat niemand Anspruch auf den Schutz dieser Zeichen.

Art. 8. Jeder der vertragschließenden Teile wird, soweit dies noch nicht geschehen ist, Bestimmungen gegen den Verkauf und das Feilhalten solcher Waren treffen, welche zum Zweck der Täuschung in Handel und Verkehr mit Staatswappen des anderen Teils oder mit Namen oder Wappen bestimmter, in den Gebieten des anderen Teils belegenen Orte oder Bezirke behufs Bezeichnung des Ursprungs versehen sind.

Art. 9. Muster und Modelle, sowie Handels- und Fabrikmarken, für welche deutsche Angehörige in der östreichisch-ungarischen Monarchie einen Schutz erlangen wollen, sind sowohl bei der Handels- und Gewerbekammer in Wien für die im Reichsrate vertretenen Königreiche und Länder, als auch bei der Handels- und Gewerbekammer in Budapest für die Länder der ungarischen Krone anzumelden.

Art. 10. Das gegenwärtige Uebereinkommen tritt am 1. Oktober 1892 in Kraft und bleibt bis zum Ablauf von 6 Monaten nach erfolgter Kündigung von seiten eines der vertragschließenden Teile in Wirksamkeit.

Schlußprotokoll:

Die Bestimmungen in Art. 6 Abs. 1 des Uebereinkommens bezweckt nicht, der in den Gebieten des anderen Teils eingetragenen Marke in den Gebieten des anderen Teiles auch dann einen Anspruch auf Eintragung zu gewähren, wenn hier befunden wird, daß der Inhalt der Marke gegen die Sittlichkeit oder öffentliche Ordnung verstößt, oder mit den thatsächlichen Verhältnissen in einem das Publikum irreführenden Widerspruch steht. Liegt eine dieser Voraussetzungen vor, so kann die Eintragung versagt werden 2c.

2. Uebeinkommen zwischen dem Deutschen Reich und Italien 2c. vom 18. Jan. 1892 (R. G. B. 1892, S. 293).

Art. 1 (stimmt mit Art. 1 des Uebereinkommens mit Oestreich-Ungarn überein mit folgendem Zusatz): Sie werden demgemäß denselben Schutz und dieselben gesetzlichen Mittel gegen jede Verletzung ihrer Rechte haben wie Inländer, vorausgesetzt, daß sie die Förmlichkeiten und Bedingungen erfüllen, welche die innere Gesetzgebung eines jeden der beiden Staaten den Inländern auferlegt.

Art. 2 (wie Art. 2 des Oestr.-Ung. Uebereink.)
Art. 3 (wie Art. 3 " " " ")
Art. 4 (wie Art. 4 " " " ")
Art. 5 (wie Art. 5 " " " ")
Art. 6 (wie Art. 6 " " " " jedoch ohne den Absatz 2).

Art. 7. Handels- und Fabrikmarken, welche in dem Ursprungslande im freien Gebrauch stehen, können auch in den Gebieten des anderen Teiles nicht den Gegenstand ausschließlicher Benutzung bilden.

Art. 8. Das gegenwärtige Uebereinkommen tritt am 1. Februar 1892 in Kraft und bleibt bis zum Ablauf von 6 Monaten nach erfolgter Kündigung von Seiten eines der vertragschließenden Teile in Wirksamkeit.

3. Uebereinkommen zwischen dem Deutschen Reich und der Schweiz vom 13. April 1892 (R. G. B. 1892, S. 511).

Art. 1 (gleichlautend mit Art. 1 des Oestr.-Ung. Uebereink. mit folgendem Zusatz): Sie werden demgemäß denselben Schutz und dieselben gesetzlichen Mittel gegen jede Verletzung ihrer Rechte haben, wie die Inländer, vorausgesetzt, daß sie die Förmlichkeiten erfüllen, welche die innere Gesetzgebung eines jeden der beiden Staaten den Inländern auferlegt.

Art. 2 (wie Art. 2 des Oestr.-Ung. Uebereink.)

Art. 3. Wird eine Erfindung, ein Muster oder Modell, eine Handels- oder Fabrikmarke in dem Gebiete des einen der vertragschließenden Teile angemeldet und binnen einer Frist von 3 Monaten die Anmeldung auch in dem Gebiete des anderen vertragschließenden Teiles bewirkt, so soll diese spätere Anmeldung dieselbe Wirkung haben, als wenn sie am Tage der ersten Anmeldung geschehen wäre.

Art. 4 (wie Art. 4 des Oestr.=Ung. Uebereink., doch lautet der letzte Absatz, wie folgt): Als Tag der Erteilung gilt in Deutschland der Tag, an welchem der Beschluß über die endgültige Erteilung des Patents zugestellt, in der Schweiz der Tag, an welchem das Patent in das Patentregister eingetragen worden ist.

Art. 5. Die Rechtsnachteile, welche nach den Gesetzen der vertragschließenden Teile eintreten, wenn eine Erfindung, ein Muster oder Modell, eine Handels- oder Fabrikmarke nicht innerhalb einer bestimmten Frist ausgeführt, nachgebildet oder angemeldet wird, sollen auch dadurch ausgeschlossen werden, daß die Ausführung, Nachbildung oder Anwendung in dem Gebiete des anderen Teils erfolgt. (Absatz 2 wie Art. 5 des Oestr.=Ung. Uebereink.)

Art. 6 (wie Art. 6 des Oestr.=Ung. Uebereink. jedoch mit Weglassung des Absatz 2).

Art. 7. Angehörige des einen der vertragschließenden Teile, welche ein Patent in dem Gebiete des anderen Teils erlangt haben, sind in dem letzteren von jeder gesetzlichen Verpflichtung befreit, behufs Geltendmachung der aus dem Patente sich ergebenden Rechte, die nach dem Patent hergestellten Gegenstände oder deren Verpackung als patentiert zu kennzeichnen. Ist eine solche Kennzeichnung nicht erfolgt, so muß behufs Verfolgung des Nachahmers der Nachweis schuldhaften Verhaltens besonders geführt werden.

Art. 8 (wie Art. 8 des Oestr.=Ung. Uebereink. jedoch mit Ausschluß der Wappen).

Art. 9. Das gegenwärtige Uebereinkommen soll ratifiziert und die Ratifikationsurkunden sollen sobald als möglich in Berlin ausgewechselt werden.

Das Uebereinkommen tritt mit dem Ablauf von 2 Wochen von dem Tage des Austausches der Ratifikationsurkunden ab in Kraft und bleibt in Wirksamkeit bis zum Ablauf von 6 Monaten nach erfolgter Kündigung seitens einer der vertragsschließenden Teile. (Die Auswechselung der Ratifikationsurkunden hat am 2. August 1894 stattgefunden. R. G. B. 1894, S. 515).

Schlußprotokoll:

1. Zu Art. 1. Die Gleichstellung der beiderseitigen Staatsangehörigen soll hinsichtlich des Firmenschutzes auch die Wirkung haben, daß Firmen aus dem Gebiete des einen Teiles, um einen Schutz gegen mißbräuchliche Verwendung zur Warenbezeichnung in dem Gebiete des anderen Teiles zu genießen, hier der Hinterlegung und Eintragung als Marke nicht bedürfen.

2. Zu Art. 3. Angehörige des einen der vertragschließenden Teile, welche eine Erfindung, ein Muster oder Modell, eine Handels- oder Fabrikmarke in einem dritten Staate anmelden, können auf Grund dieser Anmeldung in dem Gebiete des anderen vertragschließenden Teiles Rechte aus dem vorliegenden Uebereinkommen nicht herleiten.

3. Zu Art. 4. Im Sinne des Art. 4 Abs. 1 kann eine Erfindung auch vor dem Zeitpunkte, an welchem auf die erste Anmeldung das Patent erteilt wird, in dem Gebiete des anderen Teils mit der in Art. 3 vorgesehenen Wirkung angemeldet werden, vorausgesetzt, daß die Erteilung des Patents auf die erste Anmeldung nachträglich erfolgt.

4. Zu Art. 5. Rechtsnachteile, welche nach den Gesetzen der vertragschließenden Teile bei Erfindungspatenten im Falle der Lizenzverweigerung eintreten, werden durch die Vorschriften des Art. 5 nicht ausgeschlossen.

5. Zu Art. 6. Die Bestimmung im Art. 6 Abs. 1 des Uebereinkommens bezweckt nicht, der in den Gebieten des einen Teils eingetragenen Marke in den Gebieten des anderen Teils auch dann einen Anspruch auf Eintragung zu gewähren, wenn hier befunden wird, daß der Inhalt der Marke gegen die Sittlichkeit oder öffentliche Ordnung verstößt oder mit den thatsächlichen Verhältnissen in einem das Publikum irreführenden Widerspruch steht. Liegt eine dieser Voraussetzungen vor so kann die Eintragung versagt werden.

Zusatzprotokoll:

Die Bestimmungen des Art. 5 des Uebereinkommens finden auf diejenigen Erfindungen keine Anwendung, welche nach den Gesetzen der vertragschließenden Teile vom Patentschutz ausgeschlossen sind.

4. Uebereinkommen zwischen dem Deutschen Reich und Serbien 2c. vom 21. August 1892 (R. G. B. 1893, S. 317).

NB. Dasselbe entspricht im Wesentlichen dem Uebereinkommen mit Oestreich-Ungarn und Italien, soweit solche sich auf Muster und Marken beziehen, unter Weglassung der auf Erfindungen bezüglichen Bestimmungen.

II. Staatsverträge, die sich nur auf den Schutz der gewerblichen Muster (und Modelle) und der Warenbezeichnungen (sowie Namen und Firmen) beziehen,

sind abgeschlossen mit: 1. Belgien, 2. Großbritannien, 3. Schweden und Norwegen, 4. Serbien und 5. den Vereinigten Staaten von Nord-Amerika.

Dieselben haben alle übereinstimmend den Inhalt, daß in Bezug auf die Bezeichnung der Waren oder Verpackung derselben, sowie bezüglich der Fabrik- und Handelsmarken (event. auch Muster) die Angehörigen des einen der beiden Staaten in dem anderen Vertragsstaate denselben Schutz wie die eigenen Angehörigen genießen sollen, daß ferner die Angehörigen des einen Landes, um in dem anderen ihren Marken oder Mustern den Schutz zu sichern, nach Maßgabe der in diesem Lande durch die Gesetze und Verordnungen vorgeschriebenen Bedingungen und Förmlichkeiten die Hinterlegung ihrer Marken oder Muster zu bewirken haben.

III. Staatsverträge, die sich nur auf den Schutz von Warenbezeichnungen beziehen,

sind abgeschlossen mit: 1. Brasilien, 2. Bulgarien, 3. Dänemark, 4. Frankreich, 5. Griechenland, 6. Luxemburg, 7. Den Niederlanden, 8. Rumänien, 9. Rußland und 10. Venezuela, und haben im Wesentlichen denselben Inhalt, wie die unter 2 aufgeführten Verträge.

Sachregister.

(Die Zahlen beziehen sich auf die Seiten.)

A.

R.

T.

V.

W.

Z.

v. Münchow'sche Hof- u. Universitäts-Druckerei, Gießen.

FSC
www.fsc.org
MIX
Papier | Fördert gute Waldnutzung
FSC® C083411

Kolibri 360 GmbH
Ferdinand-Jühlke-Straße 7
99095 Erfurt, Deutschland
produktsicherheit@kolibri360.de